산재를 말하다

산재의
문제,
변화

그리고
과제

권동희 지음

산재를 말하다

숨쉬는
책공장

차례

들어가며

2004년 처음 맡은 산재 사건은 불승인을 받았다. 헤르페스바이러스뇌염 노동자 사망사건이었다. 두 아이의 아버지는 그렇게 세상을 떠났지만 나는 그 사건을 감당할 자신이 없었다. 그리고 얼마 뒤 나는 증권회사 노동자의 자살사건을 맡게 되었다. 자살이라는 사건이 주는 무게는 상당했다. 다행히 승인은 받았지만 나는 아직도 자살사건이 버겁고 힘들다. 그럼에도 불구하고 가장 애착이 간다.

산재라는 것은 단순히 질병과 사고, 사망이 초래하는 문제가 아니라 한 명의 노동자가 인간으로서 가진 존엄성을 확인하는 투쟁의 과정이다. 그 과정을 고용노동부와 근로복지공단은 왜곡했고, 축소했고, 때론 방임했다. 제대로 된 판정기준을 만들지도 않았고, 법원에서 인정되는 기준을 수용하지 않았다. 노동자에게 쉽고 간편한 절차와 서비스를 제공하지 않았다. 노동자들의 아픔은 산재신청과 보상과정을 통해 더 큰 고통과 슬픔이 되었다.

그래서 이야기하고 싶었고 싸우고 싶었다. 최소한 내가 가진 작은 능력은 글을 쓸 수 있는 것밖에 없었다. 한두 번의 기고를 통해 써 본다는 것이 12년이 넘었다. 《매일노동뉴스》 지면을 통해 2012년 10월 8일부터 2022년 11월 11일까지 매달 한 번씩 써 왔다. 지면을 제공해 줘서 너무나 감사하다.

어떤 기고는 몇 달을 고민해서 쓴 것도 있지만, 최소 몇 주 또는 며칠을 숙고하고 쓴 것이다. 이런 나의 동력은 지식이 아니라 분노와 절망에 가까운 체념에서 나온 노동자들의 목소리였다. 상담에서, 노동현장에서, 산재심사위원회, 산재재심사위원회 회의에서 만난 노동자와 산재 유가족의 절규와 눈물이었다. 그 목소리와 눈물들을 외면할 수 없었다.

12년간 쓴 글을 주제별로 다시 분류해서 다듬고, 해제작업을 해 이 책에 담았다. 어떤 것이 달라졌고 어떤 면이 변하지 않았는지를 주제별로 앞쪽에 실었다. 해제작업을 위해 다시 기고를 꼼꼼히 읽어 보았다. 부족한 글도 많았고, 쓰지 못한 주제도 많다. 너그러운 아량으로 봐 주었으면 한다.

1974년 2월 4일, 32살의 아버지는 강원탄광 채탄부로 6년간 일하다가 붕괴사고로 돌아가시면서 나와 네 명의 누나들을 어머니에게 남겼다. 고통과 인내 그리고 사랑으로 나를 길러 주신 어머니에게 이 작은 책을 바친다. 그리고 나에게 지식보다 현장을 가르쳐 준 수많은 노동자들과 그 가족들에게 감사의 말을 드리고 싶다. 그들의 벗으로 오랫동안 남고 싶을 뿐이다.

권동희

PART
01

산재 실무 대응법

산재신청의 기본 이해

2021년도 고용노동부 산업재해 현황을 보면, 재해자는 12만 2,713명이며, 사고 재해자는 10만 2,278명, 질병 재해자는 2만 435명이다. 잘 알려졌듯이 한국은 OECD 국가 중 산재사망률 1위의 오명을 벗어나고 있지 못하다. 산재 사망자 2,080명 중 사고 사망자는 828명, 질병 사망자는 1,252명이다. 고용노동부의 통계에서 사업장 외 교통사고, 체육 행사, 폭력행위, 출퇴근사망 등은 제외된다. 사고성재해의 93% 이상은 근로복지공단에서 산재로 승인되고 있으며, 2021년도 질판위 회부된 1만 6,441건 중 1만 383건의 질병 사건이 산재로 승인되었다. 전체 승인율은 63.2%이며, 뇌심질환은 2,305건 중 889건(38.6%), 근골질환은 1만 1,649건 중 7,764건(66.6%), 직업성 암은 470건 중 311건(66.2%), 정신질환은 695건 중 492건(70.8%)이 승인되었다.

　실제 노동자들이 산재를 어떻게 대처해야 하는지 잘 아는 경우는 드물다. 본인이 이미 산재사고나 질병에 대응해본 경험이 있다면 다르지만 무엇보다 산재교육이나 산재 대응·실무에 대한 교육이 이루어지지 않기 때문이다. 현재 〈산업안전보건법〉에 따르면 노동자에 대한 교육 중 산재에 대한 교육이 포함되어 있다. 그러나 안전보건교육은 형식적이고, 대부분 안전과 보건에 관한 교육이 이루어진다. 막상 본인이나 가족이 다치거나 아프기 전까지는 산재는 사실상 미지의 영역이다.

산재는 다치거나 아픈 상태 또는 사망, 장해 상태 등을 공단에서 산재로 인정받는 과정이다. 간단할 수도 있고 매우 복잡한 과정을 거칠 수도 있다. 실무를 관장하는 기관의 특성과 그 기관의 판단 기준과 절차를 이해하는 것이 필요하다. 공단은 세부적인 기준과 방식, 절차와 지침을 가진다. 법원의 판단 기준과 거리가 먼 지점도 많다. 이런 차이를 알고 접근하는 것이 가장 필요하다. 업무상질병, 업무상사고, 쟁송절차로 구분했다. 앞서 지적한 것 같이 일부 개선된 것이 사실이다. 근골격계질환에 대해 공단은 2019년 7월 22일 〈근골격계 6대 상병 추정의 원칙〉을 마련했다. 경추간판탈출증, 회전근개파열 등 6개 상병으로 진단된 일부 직종에 대해 산재로 인정하는 기준을 마련했다. 2022년 4월 24일 고용노동부는 〈뇌혈관 질병 또는 심장 질병 및 근골격계 질병의 업무상 질병 인정 여부 결정에 필요한 사항〉 일부 개정 고시(고용노동부고시 제2022-40호)를 통해 이를 명시했다. 직업성 암에 대해서도 반도체를 비롯한 일부 직종에서 발생한 암에서 추정의 원칙을 일부 도입했다. 뇌심질환 인정 기준도 고시 개정을 통해 현재는 만성과로 기준을 52시간과 가중 요인으로 낮추었다.

〈산재보험법〉은 2008년 이후 크게 개정되지는 않았으나 세부 질환과 판단 기준은 시행령, 고용노동부 고시 또는 공단의 판정 지침을 통해 일부 개정되었다. 이런 변화는 공단과 고용노동부의 내부적 노력에 의한 것이라기보다는 노동계의 비판과 투쟁, 법원의 판결 등에 기인한 측면이 크다. 관련해 산재사망을 낮추기 위한 노동계, 시민사회단체 등의 헌신적 노력 끝에 〈중대재해처벌 등에 관한 법률〉이 2021년 1월 26일에 제정되어 2022년 1월 27일부터 시행됐다. 중대산업재해의 정의에 대해서는 "사망자가 1명 이상 발생"한 것으로 규정했다. 이에 기업이 뇌·심장질환 사망 건에 대한 산재 비협조 행위가 만연해질 우려가 있으며, 현재 기저질환이나 위험인자가 있는 노동자에 대한 채용심사가 엄격해지고 있다. 〈산재보험법〉 제116조를 개정해 사업주의 산재조력 의무를 구체화하고, 위반 시 처벌해야 한다.

산재신청은 '질병/사고-산재조사-산재 판정-불승인 대응' 등의 과정을 인지한 후 멀리 보고 천천히 접근하는 것이 필요하다. 반드시 노무사나 변호사의 조력이 필수가 아니라는 점도 명심해야 한다. 앞서 다루지 못했던 중요한 사례 중에는 기타의 질병(소음성 난청, 진폐증 및 합병증) 및 장해급여 및 간병급여 산재 사건이 있다. 이러한 사건들은 대부분 초기의 의학적 진단과 판단이 중요한 사안이라 법률상 대리인이 꼭 필요하지 않다. 오히려 노동자와 그 가족에게 필요한 것은 산재가 자신의 문제라는 인식과 노력이 아닐까 싶다.

한국은 OECD 국가 중 산업재해 사망률이 최고 수준이다. 산재사고는 끊임없이 증가하지만, 이를 감추기 위한 통계상 조작과 착시현상, 그리고 산재 은폐가 지속되고 있다. 산재 문제를 과연 어떻게 봐야 할지, 어떤 관점에서 접근하고 고민해야 할지는 매우 중요하다.

우선, 산재는 노동자 생명과 존엄의 문제다. 산재는 노동자의 생명과 건강에 큰 손실로 이어진다. 돈으로 살 수 없는 것이 생명이며, 인간의 존엄성이다. 인간의 생명보다 가치 있는 것은 없다. 생명의 손실은 그가 맺는 관계의 총체가 무너지는 것이다. 이 점에서부터 출발해야 한다. 최고의 가치를 인간 생명에 두지 않고, 여러 대책과 보상을 논의하는 것은 아무런 의미가 없다.

둘째, 산재는 필연적으로 발생할 수밖에 없다는 점이다. 완벽한 안전보건 조치 또는 예방 조치라는 것은 존재할 수 없다. 기업은 무재해운동, 무사고 O일 같은 은폐적 관점에서 "산재는 나쁜 것이며, 노동자 잘못"이라는 인식을 강요한다. 아무리 안전조치를 하더라도 산재는 발생할 수밖에 없다는 관점에서 접근해야 한다. 공상처리 등으로 산재를 은폐하면 더 큰 문제를 야기한다.

셋째, 산재는 노동자 잘못으로 발생하는 것이 아니다. "직업병은 노예의 운명이자, 죄에 대한 대가"라는 중세시대 인식은 1,500년간 지속됐다. 20세기 초 재해 메커니즘을 설명하는 도미노이론 등은 노동자의 결함을 강조했다. 그러나 현재 이론은 재해의 궁극적 원인으로 사업주와 경영의 문제를 지적한다. 즉 안전보건에서 가장 중요한 것은 회사(대표이사)의 의식과 실행조치다. 산재를 노동자 부주의나 불완전한 행동 탓으로 돌리는 것은 근본원인을 감추는 일이다. 우리나라는 〈산업안전보건법〉을 통해 사업주 책임과 조치를 규정하지만 사전에 이행되는 경우가 드물다. 산재가 집중적으로 발생하는 하도급 사업장에서 원청 사업주에게 법적 책임을 묻는 수준으로는 부족하다.

넷째, 노동자 질병은 곧 산재라는 인식이다. 많은 노동자가 '직업'과 질병과의 관련성을 잘 알지 못한다. 그래서 많은 직업성 질병이나 사고로 인한 후유증이 산재로 드러나지 않는다. 질병의 의학적 원인이 명확히 밝혀진 것이 적다는 문제와 별개로 산재와 직업병이라는 인식을 갖지 못했기 때문이다. 자살도 직업 관련성이 크지만 산재신청은 1년에 수십 건에 불과하다. 각종 암이나 뇌혈관질환·면역성질환·피부질환 등 직업병 범주에 포함되는 상병이 실제 산재신청으로 이어지는 경우는 매우 적다.

다섯째, 산재 여부는 의학적 판단 영역이 아니다. 산재 영역 확대에서 의학적인 연구와 성과가 상당히 영향을 준 것은 사실이지만, 결국 산재는 법률적 판단의 영역이자 사회보험적 관점에서 규정된다. 그래서 산재와 관련한 법률에서는 '상당인과관계'라는 표현을 사용하고 있고, 법원의 최종 판결을 받는다.

여섯째, 산재승인을 위해 반드시 전문가 도움이 필요한 것은 아니다. 1년에 발생하는 9만여 건의 일반 노동자 산재 사건 중 실제 산재로 인정되는 비율은 90%다. 대부분 추락·끼임·미끄러짐 등 인과관계가 분명한 사고이기 때문이다. 질병은 1년 동안 9,000여 건이 신청되고, 이 중 약 45%가 승인된다. 일반적 사고, 그리고 이후 의학적 판단에 주로 국한되는 장해급여·재요양·추가상병 사건은 전문가에게 위임할 필요가 사실상 없다. 또한 근골계질환은 노동자가 업무 내용과 특성을 가장 잘 알고 있다는 점에서 스스로 해결할 수 있는 사안이다.

노동자는 산재신청과 안전한 환경에서 일할 권리를 가진다. 불과 200년 전만 하더라도 영국에서는 굴뚝 청소를 하는 노동자는 대부분 어린이였다. 이들에게 발생한 음낭암은 직업성 암의 시초로 기록되지만, 실제 각종 질식·추락으로 인한 사망이 더 큰 문제였다. 우리나라에서 1988년 7월 2일 15세 소년 문송면은 수은중독으로 사망했다. 2016년 5월 28일 구의역에서 19세 노동자가 무분별한 외주화와 안전조치 미흡으로 열차와 스크린도어 사이에 끼여 숨졌고, 노동자 6명이 휴대전화 가공업체에서 일하다 메탄올 중독으로 실명 위기에 처했다. 예전에 비해 노동환경은 개선됐고, 산재를 당할 확률은 낮아졌다. 그러나 노동현장은 여전히 열악하고, 직업성 암과 같은 전통적 직업병뿐 아니라 정신질환 등 신종 직업병이 양산되고 있다.

삼성반도체에서 근무하다 얻은 백혈병으로 사망한 노동자가 법원에서 산재로 인정될 때까지 7년 이상이 걸렸다. 주야간 교대제 노동을 하는 노동자에게 발생한 수면장애는 5년이 걸려서야 산재로 인정됐다. 이에 직업성 암 인정 기준이 일부 개정됐고, 수면장애가 공식적으로 직업병으로 편입됐다. 현재도 온전한 산재보험 제도를 만들기 위해 수많은 노동자와 노동조합이 헌신적으로 노력한다. 노동자의 권리와 존엄성을 인정받기 위한 투쟁이다. (2016.12.29.)

산재보험 사용 설명서 (1)

한 해 10만건 이상의 산업재해가 발생하고, 2,000명 이상이 일터에서 죽는다. 일하다 죽거나 다치는 사람들은 다른 세계에 있는 것이 아니다. 정작 자신이 아프거나 가족이 다쳐야만 본인 문제로 인식한다. 그래서 잘못 대처하거나 산재신청을 못하는 경우도 많다. 심지어 산재 불승인을 받는다. 산재는 개인에서 가족으로 가난과 불행을 대물림하는 요인이 된다. 특히 산재 불승인은 불행의 터널이 길다. 산재보험을 잘 사용하는 방법 10가지를 전한다.

1. 거의 모든 질병이 산재다. 일단 일터에서 다치거나 아픈 일이 생기면 내 탓이 아니라고 생각하는 것이 우선이다. 퇴직하거나 휴직 중에 발생해도 마찬가지다. 노동자라는 신분으로 일하거나, 일한 이후에 발생하는 질병을 모두 산재로 생각해볼 필요가 있다. 산재신청과 판단은 그다음 문제다.

2. 승인율이 낮지 않다. 실제 일을 하다가 다친 사고는 92% 이상,

질병은 64% 이상 산재로 승인된다. 의무기록지나 관련 진술서 등을 통해 일하다 다친 사실을 증명하면, 특수한 사항을 제외하곤 문제가 없다. 뇌심장질환은 40% 이상, 골병으로 불리는 근골격계질환과 직업성 암은 70% 이상 승인된다. 이외에도 일반인이 알지 못하는 많은 질병이 산재로 처리된다.

3. 산재신청은 복잡하지 않다. 서류 2장이면 산재신청이 가능하다. 다만 다치거나 아픈 경우 필요한 검사를 통해 진단받아야 한다. 요양급여 신청서와 의사에게 발급받은 산업재해보상보험 요양급여신청 소견서 각 2장이면 신청할 수 있다. 사망했을 때 사인이 명백하지 않으면 부검하는 게 유리하다.

4. 대부분 사건은 대리인이 필요 없다. 재해 경위가 명확한 사고, 업무부담이나 발병요인이 명확한 질병, 기능장해(각도)가 쟁점인 장해급여, 소음발생 사업장에서 3년 이상 근무 후 발생·진단된 (감각신경성) 난청, 의학적 판단이 문제인 사안(진료계획·간병급여·상병판단·수술 필요성·진폐병형), 재요양 사건 등이 그렇다.

5. 3년이 지나도 산재신청은 가능하다. 즉 아프거나 다쳤다면 3년이 지났어도 산재신청이 가능하다. 다만 산재로 인정될 경우 과거 보험급여(요양비·휴업급여 등)는 신청 전 3년치만 지급된다. 그래서 될 수 있는 한 3년 이내 하는 것이 좋다. 사망사건은 사망한 다음 날부터 5년 내 신청해야 한다.

6. 사업주가 승인의 열쇠를 쥐고 있다. 일하다가 다친 경우 이외에도 과로사·골병(근골격계질환), 직업병·자살을 포함한 모든 산재는 사업주

가 산재승인의 중요한 역할을 할 수 있다. 업무 관련 명세나 자료, 진술 확보 등 사업주의 조력이 클수록 산재승인 가능성이 커진다. 적절한 관계 설정, 초기 자료 확보가 중요하다.

7. 산재승인에는 본인의 노력이 필수적이다. 일단 사건을 담당하는 재활보상부 담당자, 질판위 위원이 누구인지도 중요하지만, 본인의 의지와 노력도 못지않게 중요하다. 산재증명 책임이 노동자와 그 가족에게 있고, 이러한 노력이 판정에 영향을 미칠 수 있다. 특히 각 질판위·산재심사위·산재재심사위 등에 참여해 진술하는 것이 좋다. 참여하지 않은 경우보다 승인율이 높다는 통계가 증명한다.

8. 일단 재심사청구까지 해보자. 심사청구·재심사청구에는 비용이 들지 않고 각각 15%·9% 이상 인정된다. 불승인된 사유를 정보공개청구를 통해 살펴보는 것이 필요하다. 법원에서 노동자가 이기는 경우가 20% 이상이다. 근로복지공단 입장이 법원과 다른 사안은 소송을 제기해볼 필요가 있다.

9. 산재는 일부만 보상된다. 산재승인 이후 요양급여·휴업급여·장해급여·유족급여 등이 지급된다. 본인 부담 비급여도 많고, 휴업급여는 임금의 70%만 지급된다. 산재는 사고로 인한 보상의 일부일 뿐이다. 사망처럼 손실이 크거나 장해가 있는 경우 사업주에 대한 민사배상 청구를 적극적으로 해야 한다.

10. 산재보상은 노동자의 권리다. 사업주나 국가의 시혜가 아니다. 산재신청 권리를 박탈하거나 산재를 은폐하는 것은 중대한 범죄행위다. 그 어떤 노동자도 일터에서 죽거나 다치거나 병들어서는 안 된다.

사업주는 노동자 안전에 대한 배려의무가, 국가는 감시·감독 의무가 있다.

(2020.07.07.)

산재보험 사용 설명서 (2)

산업재해는 많이 이슈화됐다. 하지만 여전히 다른 사람의 일이거나 텔레비전에서 보는 뉴스로 여기는 경향이 크다. 나와 내 가족, 그리고 동료에게 일어나기 전까지는 그렇다. 앞서 소개한 '산재보험 사용 설명서'에 이어 산재보험을 사용하는 몇 가지 방법을 추가로 알려주고자 한다.

1. 초기 대응이 가장 중요하다. 사고가 발생한 경우 현장 보존과 사고 발생상황에 대한 조사가 중요하다. 업무 중 발생한 사고는 거의 산재로 승인되지만, 중요한 것은 사업주의 민사상 배상 문제다. 사업주의 과실 유무, 안전조치 유무, 보호구 등 지급 유무, 안전교육의 실시 유무 등이 향후 사업주 배상책임의 핵심 요인으로 작용한다. 배상받기 위해 재해자나 유족은 경찰·근로감독관의 조사에 적극적으로 대응하고, 필요하면 고소·고발 조치를 해야 한다.

2. 사업주와의 합의에 신중해야 한다. 사망 같은 중대재해가 발생하거나 사고가 큰 경우 산재처리와 별도로 사업주가 합의를 요청하기

도 한다. 사업주가 재해자나 유족에게 일정한 합의금을 지급하고, 산재 처리를 피하거나 민·형사상 책임에서 벗어나려는 시도다. 합의는 사고 발생 초기보다 산재신청 후 근로복지공단에서 보상이 확정된 시점에서 하는 것이 좋다. 원칙적으로 사업주로부터 합의금을 받으면 공단은 그 금액의 한도 내에서 산재 보험급여 지급의무가 없다. 다만 금액의 성질을 "산재보험급여와 별도의 위로금으로 명시"한 경우 받을 수 있다. 보상금액의 적절성, 사업주 과실, 합의서 문구 등 법률 자문이 필요할 수 있다.

3. 사고 발생 경위의 일관성이 필요하다. 업무상 사고의 경우 90% 이상이 산재로 승인된다. 대부분 업무 중 추락하거나 미끄러지는 등 명확한 재해이기 때문이다. 다만 업무상 사고더라도 사고 발생 경위가 명확하지 않거나 일관성이 부족한 경우 산재로 승인되기 어렵다. 재해발생 일시를 정확히 특정해, 그 경위를 일관되게 주장해야 한다. 이를 위해 사고 발생 시 가급적 빠른 시일 내에 병원에 가야 한다. 사고 경위를 말하고, 이를 의무기록지에 기재되도록 해야 한다. 사고 경위 판단의 핵심적인 근거는 의무기록지라는 점을 잊지 말아야 한다.

4. 상병 진단이 매우 중요하다. 치료가 필요한 요양 사건의 경우 병명이 특정·진단돼야 한다. 이를 위해 필요한 검사 등을 시행해야 하지만, 중요한 것은 정확한 진단인지 여부다. 일부 의사는 잘못된 진단이나 수술을 하기도 한다. 동일한 MRI더라도 의사마다 다르게 판독하는 사례도 많다. 정확한 진단을 위해서는 해당 부위를 전문으로 하는 의사(가급적 3차 병원)에게 진단받는 게 좋다. 가령 어깨가 아프면 동네 정형외

과가 아니라 어깨(견관절) 전문의를 찾아가야 한다.

5. 산재 사건을 대행 또는 위임할 때 신중해야 한다. 단순한 사고일 때는 의료기관에 요양신청을 대행할 수 있지만, 업무상질병의 경우 병원에 위임하는 것은 삼가야 한다. 원무과 산재 담당자 중 전문지식이 있는 이들이 드물기 때문이다. 또한 대리인에게 위임할 때도 전문지식이 있는지, 사건처리 경험이 많은지 등을 보고 신중히 선택해야 한다. 과잉 광고로 사건을 받은 뒤 형식적으로 처리하는 일도 많다. 재해경위서와 준비서면·촉탁신청서류·증거자료를 어떻게 작성하고 제출하는지 요청해서 살펴봐야 한다.

6. 산재승인에서 본인 과실 여부는 중요하지 않다. 사고 발생 시 본인이 안전모를 쓰지 않는 등 잘못이 있어도 산재승인을 받을 수 있다. 질병도 마찬가지다. 흡연·음주력·고혈압·건강관리 소홀 같은 본인의 기왕력이나 기존 질병이 있더라도 과로·스트레스가 있어 뇌출혈·심근경색 등이 발생했다면 산재로 인정받을 수 있다. 노동자가 내성적인 성격이라도, 직장내괴롭힘으로 우울증 같은 정신질환이 발생했더라도 마찬가지다. 오랫동안 담배를 피웠더라도 용접 등 발암물질에 노출되어 폐암이 발생했다면 산재다. 본인의 과실 유무, 기존 질병이 아니라 회사에서 사고나 질병을 발생시킨 업무적 요인이 산재 판단의 중요한 근거다.

7. 산재승인뿐 아니라 이후 과정이 중요하다. 산재 제도는 모두 노동자나 유족의 청구를 기반으로 운용된다. 최초 요양신청 이후 새로운 상병이 발생하면 추가상병을 신청하고, 산재승인 전 사용한 의료비용

에 대해서는 요양비 청구를 해야 한다. 최초 요양승인 기간 이후 치료를 위해 요양기관 의사를 통한 진료계획서를 작성·제출해야 한다. 상급병원 등에서 진료가 필요하다면 병행진료제도나 전원신청제도를 활용한다. 요양기간에 대해 휴업급여를 청구하고, 2년의 요양기간이 지난 이후 중증 요양상태인 경우 상병보상연금을 신청한다. 요양이 종결된 이후 장해가 남으면 장해급여를 청구하고, 상병이 재발하면 재요양 청구를 해야 한다. (2021.07.27.)

노동자가 알아야 할 산재 상식

산업재해 승인 이후에도 많은 금원을 받을 수 있는데 노동자와 유족이 이를 제대로 알지 못해 불이익을 당하는 경우가 너무 많다. 이를 몇 가지 일러주고자 한다. 일단 중요한 것은 사용자와의 합의에 유의해야 한다는 점이다. 산재사고에 대해 회사가 손해배상금 명목으로 지급할 경우 (산재)보험급여가 나오지 않을 수 있다. 즉 근로복지공단은 민법상 손해배상을 받은 것으로 볼 경우 당해 금원만큼 산재급여를 지급하지 않는다(《산재보험법》 제80조 3항). 합의금은 추후 산재처리가 종결된 이후 (장해급여를 수령한 뒤) 일종의 위로금으로 명시해서 받는 것이 좋다.

다음으로 왜 산재가 승인됐는지 반드시 살펴봐야 한다. 공단 지사에 정보공개신청서를 작성·제출해 사건 관련 일체의 자료를 요구한다. 사업주의 거짓이나 잘못된 진술·증거가 있는지 여부를 파악하기 위해서다. 이를 통해 산재사고에 대해 노동자의 과실률·사업주의 책임 유무를 파악한다. 노사 각 과실률에 따라 손해배상금액의 차이가 크다. 잘못된 경위로 신청서가 제출된 경우 공단에 서류 반려요청을 하고 정확한 내용과 자료로 다시 신청해야 한다.

각종 급여도 꼼꼼히 파악해야 한다. 우선 산재승인 시점 이전 기간의 병원 치료비에 대해 요양비 청구를 해야 한다. 이때는 진료비 영수증과 진료비 세부명세서를 발급받아 첨부한다. 약국 비용에 대해서는 약제비 명세서를 첨부해 약제비를 청구한다. 그리고 요양 승인된 기간(중환자실이나 회복실 기간 제외)에 간병인이나 가족이 간병했다면 간병료를 청구한다. 이때 간병의 필요성이 있다는 주치의 소견을 첨부하는 것이 필요하다. 그 밖에 환자의 이송과 통원(동행 간호인 포함)에 필요한 비용(이송료) 및 각종 의료기구 사용을 위한 비용(보조구)도 청구한다.

휴업급여를 제대로 받는 것도 중요하다. 요양승인 기간(일하지 못한 기간)에 대한 보상금으로 평균임금의 70%를 받을 수 있다. 재해자 또는 회사가 제출한 월급명세서·임금대장을 기초로 산정되는데, 평균임금이 제대로 산정됐는지 여부를 확인해야 한다. 공단에 '정보공개신청서'를 제출하면서 '평균임금산정내역서'를 요구하면 된다. 한번 산정된 평균임금은 산재보험급여의 기준이 되기에 면밀히 살펴야 한다. 잘못 산정됐다면 평균임금 정정 및 보험급여 차액 청구서를 작성한 뒤 재산정을 요구해야 한다.

또한 요양치료를 연기하기 위해 내원하는 병원에서 진료계획서를 공단에 제출해야 한다. 이때 의사들이 일반 기준에서 취업치료 가능 또는 부분 취업치료 가능으로 기재하는 경우가 많다. 이를 근거로 공단에서 휴업급여를 지급하지 않을 수 있다. 따라서 재해자는 자신의 상태와 직업적 조건을 잘 알려주고 취업치료가 될 수 없다는 점을 진료계획서에 기재해달라고 요구해야 한다. 게다가 노동자들이 산재를 신청하고 나서 승인되기까지 오래 걸리는 경우가 많다. 승인 전 기간 내 병원 치료내역이 없는 경우 등에 대해서는 휴업급여가 지급되지 않는다. 이를 유의해서 병원 치료를 꾸준히 받을 필요가 있다.

산재신청 이후 노사 간 임금협상 및 회사의 임금인상조치 등으로 임금이 오른 경우 평균임금을 다시 산정해야 한다. 공단이 직권으로 재산정하지 않으면 재해자가 직접 평균임금 정정신청을 하면 된다. 임금협상 합의서 등 임금인상 자료를 첨부해서 제출한다. 휴업급여를 대신해서 더 많은 상병보상연금을 지급받을 수도 있다. 즉 산재사고로 인해 2년이 지난 시점에도 중증의 치료를 받는 경우, 다시 말해 폐질등급이 1~3급으로 진단되는 경우다. 그리고 재해자가 사망 시 사망 전 발생한 요양급여·휴업급여 등 각종 미지급 보험급여에 대해서는 유족이 청구·수령할 수 있다. 또한 사망의 원인이 산재승인사고나 질병으로 인한 경우 당연히 유족급여 및 장의비를 별도로 청구해야 한다. 유족급여는 대부분 매월 연금으로 수령하는 것이 유리하다는 점에 유의해야 한다.

요양치료가 종결된 이후 장해급여 신청을 하는 것도 빼놓지 말아야 한다. 주치의는 자신의 환자가 장해가 남았다는 사실을 인정하는 것에 소극적이다. 또한 산재장해등급을 제대로 알지 못하는 경우가 많다는 점도 유념해야 한다. 요양치료가 종결된 뒤 간병치료가 필요하다면 간병급여를 청구해야 한다. 회사가 단체상해보험에 들었다면 산재보상과 별도로 수령할 수 있다. 보험 약관에서 재해자에게 불리한 경우가 많은데 이 경우 금융감독원 진정이나 민사소송을 통해 구제받을 수 있다. (2014.06.17.)

나 홀로 산재신청을 위한 몇 가지 원칙

근로복지공단의 2014년 자료에 따르면 업무상사고의 1.9%(8만 8,403건 중 1,697건), 업무상질병의 10.8%(1만 2,498건 중 1,357건)가 공인노무사 위임 사건이다. 불필요한 대리인 선임도 문제지만 "산재가 어렵다"라는 선입견이나 정보 부족으로 산재를 신청하지 못하는 것은 더욱 큰 문제다. 과로사나 복잡한 질병 사건이 아닌 이상 거의 대부분의 산재 사건은 몇 가지 원칙만 파악하고 접근하면 대리인 없이 쉽게 진행할 수 있다.

첫째, 상병에 대한 확인이다. 증상이나 통증만으로 산재를 신청할 수 없다. 산재신청서류인 요양급여 청구서에는 초진 소견서를 첨부해야 한다. 초진 소견서 양식에는 한국표준질병분류표상 진단명이 필요하다. 근로복지공단은 상병 진단 오류를 이유로 '변경 승인'을 하거나 불승인하는 경우가 많다. 처음부터 상병이나 다친 부위에 대한 전문의의 진단이 중요하다. 가령 어깨 부위를 다쳤는데 수지(손) 전문 정형외과에서 진단·치료를 받아서는 안 된다.

둘째, 상병이 사고로 유발됐다는 것을 분명히 해야 한다. 즉 재해 경위의 명확성과 구체성이 중요하다. 재해 경위는 육하원칙에 따라 정확하게 기재해야 한다. 사고 목격자가 있을 경우 목격자 진술서를 반드시 확보해서 첨부한다. 사고 목격자가 없거나 불분명한 경우 산재로 승인받기 어렵다.

외상은 재해와 병원에 가는 시간 간격이 길수록 불리하다. 외상사고의 가장 좋은 증명법은 사고 즉시 병원치료를 받는 것이다. 최소 7일 이내 내원해서 진료를 받아야 한다. 병원에 가서 사고 경위를 반복해서 진술하고 그것이 의무기록지에 기재되도록 하는 것이 좋다. 공단은 의무기록지를 가장 중요한 증거로 삼는다.

셋째, 사고 발생 원인을 증명해야 한다. 산재보험제도는 무과실책임 원칙에 따라 운영된다. 현실적으로 산재보험에 의한 보상만으로는 산재로 인한 손해 전체를 보상받지 못한다. 사업주에 대한 추가 배상책임을 물어야 하는 것이다. 통상 12급 이상 장해가 남거나 사망한 사건의 경우 산재보상과 별도로 사업주 책임을 물을 수 있다. 산재 발생 원인에서 사업주 책임이 클수록 사업주에게 청구할 수 있는 손해배상 금액이 커진다. 산업안전보건 기준에 관한 규칙 위반을 비롯해 사업주 과실 유무를 분명히 확인해야 한다.

넷째, 퇴행성 질병은 외상사고로 인정받기 어렵다는 것을 알아야 한다. 통상 노동자들은 추락·전도·부딪힘이나 과다한 중량물 취급 등 1회 외상으로 상병이 발생할 경우 사고성재해로 산재를 신청한다. 의학적으로 볼 때 회전근개파열 또는 추간판탈출증 등에서 외상으로 인한 상병과 퇴행으로 인한 상병은 달리 판단된다. 상병이 외상성 질병이 아니라면 공단에서 1회 외상으로 사고와의 관련성을 인정받기 어렵다.

다만 퇴행성 질병이라도 소송 등 추후 사고와의 관련성을 인정받으려면 이전 동일 부위 병력이 없어야 한다. 또한 다친 뒤 관련 상병을 치료했거나 진료했다는 기록이 중요하다. 예컨대 추락사고 뒤 몇 달 만에 (퇴행성) 회전근개파열을 추가로 진단받은 경우라면 최초 사고 때 어깨 통증에 대한 진료 또는 검사 기록을 반드시 남겨야 한다.

다섯째, 사고가 아니라 업무 부담 작업이 동반됐을 경우 질병, 다시 말해 근골격계질환으로 접근해야 한다. 퇴행성 질병코드나 진단이 있다면 외상사고로 산재가 발생한 것으로 판단하지 않는다. 외상사고가 상병의 악화 발현에 기여하는 것으로 볼 수도 있지만, 실무상 업무 부담이 인정되지 않으면 공단에서는 불승인된다. 결국 대표적 퇴행성 질환인 추간판탈출증이나 회전근개파열·반월상연골파열은 직업력을 증명해야 한다. 중요한 위험 요인은 반복동작과 부적절한 자세, 중량물 취급, 진동 작업이다.

여섯째, 사고성 재해로 신청했다가 불승인된 사안도 때에 따라 최초 신청을 다시 해야 한다. 대표적인 것이 사고 이후 발생한 근골격계질환이다. 이런 경우 산재가 불승인되는 이유는 단순하다. 1회 사고로 인해 퇴행성 질병이 발생할 수 없다는 의학적 판단 때문이다. 공단은 지침 변경을 통해 심사청구 단계에서 직업력 조사를 위해 질판위로 사건을 이송시키지 않는다. 이런 사건은 심사청구·재심사청구를 하는 것이 아니라 근골격계질환으로 요양급여 신청을 다시 해야 한다.

(2015.05.04.)

업무상 사고에 접근하는 기본 방법

동일한 사물이라도 보는 사람의 입장과 시선에 따라 달리 보일 수 있다. 또한 동일한 사건이라도 접근하고 분석하는 방법에 따라 산업재해로 보일 수도 있고 그렇지 않을 수도 있다.

　노동자 A는 다른 피자 배달 아르바이트생이 업무를 마친 후 외부에서 배달용 오토바이를 인계받고 귀가하던 중 교통사고로 사망했다. 숯가마공장 노동자 B는 사업주가 마련해준 컨테이너를 숙소로 사용했다. 당시 추위를 막기 위해 숯 몇 개를 가져와 난로로 삼았는데, 불행히 수면 중 연기에 질식해 숨졌다. 노동자 C는 출근 후 부서장 허가를 받고 사업장 내에 있는 차량판매센터에서 구매상담을 받은 후 자전거를 타고 복귀하다가 넘어지는 사고를 당했다.

　3가지 사례는 모두 공단 지사에서 산재로 불승인됐다. 업무상 사고를 분석하고 접근하는 관점에 대해 생각해볼 필요가 있다.

업무상질병을 제외한 나머지 범주를 업무상 사고라고 하면, 업무수행 중 사고가 사용자의 지휘·감독하에 발생한 경우 업무상재해로 인정될 가능성이 높다. 그러나 업무수행 중 사고라 하더라도 재해경위가 불명확한 경우, 근로시간이 아닌 경우, 기존 동일 질환이 있었던 경우, 당해 재해로 발생할 수 있는 성질의 상병이 아닌 경우, 비업무적 활동으로 인한 사고인 경우(대법원 2006. 10. 13. 선고 2006두7669 판결)에는 업무상 재해로 승인받지 못한다. 일단 업무상 사고 유형을 판단할 때 업무수행 중 사고, 업무 준비 또는 마무리 중 사고, 시설물 결함 사고, 〈산업안전보건법〉 위반 등 안전의무 위반 사고, 통근 중 사고, 휴게시간 중 사고, 출장 중 사고, 해외 출장 또는 파견 사고, 행사 중 사고, 회식 중 사고, 요양 중 사고, 타인 가해행위에 의한 사고, 노조활동 중 사고, 자해행위에 따른 사고 등 어떤 유형인지를 판단해야 한다. 유형이 겹치는 경우 각각의 유형을 동시에 주장할 수 있다. 각 유형에서 최대한 산재로 포함되는 요소를 확보하고, 이에 대한 증거를 수집해야 한다.

A는 통근 중 재해로 볼 수 없고, 업무시간 이외 업무와 무관한 재해로 판단돼 불승인됐다. 그러나 평소에도 피자 배달을 위해서는 오토바이를 필수적으로 이용했고, 근무일이 아닌 날 오토바이를 인계받은 것은 실질적으로 다음 날 배달을 위한 '업무준비행위 또는 업무에 따르는 필요적 부수행위'로 평가될 여지가 있었다. 또한 오토바이 소유권이 사업주에게 있는 이상 명시적인 지시가 없었더라도 사실상 사용자 허가 없이 오토바이를 인계할 수 없었다고 봄이 타당하다.

B는 숯 사용을 하면서 사업주 허가를 받지 않는 등의 이유로 사적

행위 재해로 불승인됐다. 숯을 훔친 것에 대해 절도죄로 고소하지 않은 이상, 사업주는 이미 숯 사용을 사실상 용인한 것이다. 컨테이너가 사업주가 제공한 시설물인 만큼 그 시설물을 안전하게 관리해야 할 의무는 사업주에게 있다. 또한 겨울철 난방조차 제공하지 않아 부득이 숯을 난로로 삼은 것은 애초 시설물에 하자가 있거나 사업주가 〈산업안전보건법〉에 따른 안전의무를 다하지 않은 것이다. 법원도 이를 넓게 해석한다.

"사업주가 근로자에게 시설물을 제공하는 경우라면, 사업주로서는 해당 시설물을 미리 점검해 그것이 안전성을 갖추지 못한 상태에 있을 경우 시설물 관리주체에게 그 시정을 요구하고, 만일 그 시설물 관리 주체가 이에 응하지 아니할 경우 안전한 다른 시설을 마련해 근로자에게 제공할 의무가 있으므로, 사업주가 이러한 주의의무를 게을리했다면 '사업주가 관리하는 시설의 결함 또는 사업주의 시설관리 소홀'에 해당하는 것으로 해석해야 한다."(서울행정법원 2006. 08. 08. 선고 2005구합34701 판결, 대법원 확정) C는 업무와 무관한 사적행위로 판단돼 불승인됐다. 사업주가 근무시간 중 허가를 한 이상 포괄적인 지배하에 있다고 볼 여지도 있다. 차량판매센터는 사업주가 제공한 복리후생시설이므로, 이를 이용하는 것이 업무와 무관하다고 할 수 없다(대법원 2009. 10. 15. 선고 2009두10246 판결). 둘째, 재해자가 복귀하던 과정은 '통상적 경로와 방법'이었다. 법원은 작업장 범위에 들어온 이후 통근행위는 업무와의 관련성을 인정한다(서울고등법원 2004. 09. 24. 선고 2004누628).

셋째, 재해 시간은 근무시간이지만 실질적으로 업무에서 벗어난 사실상 휴게시간이었다. 법원은 통상·정형·관례적 방법에 따라 휴게시간 중 재해가 발생한 경우 이를 업무상재해로 판단한다(대법원 2003. 10. 10. 선고 2003두7385 판결).

결국 A와 B의 재해는 산재심사위에서 원처분이 취소돼 각 사안이 산재로 승인됐다(A 사건번호 2015-003951, B 사건번호 2011-909304). C의 경우 3가지 논리가 모두 수용돼 서울행정법원에서 산재로 판단됐다(서울행정법원 2017. 01. 12. 선고 2016구단58195 판결).   (2017.02.02.)

봄철 체육행사, 산재승인 조건은

안전보건공단은 2013년 2월 11일 "봄철 오전 10시, 체육행사, 뇌심혈관질환 주의"라는 제목으로 보도자료를 배포했다. 그 내용은 2008년부터 2012년까지 5년간 발생한 산업재해 46만 424건을 분석한 결과 28개 재해 유형 중 체육행사로 인한 사고(37.84%)의 봄철 재해 발생률이 가장 높고, 다음으로는 뇌혈관계질환(32.92%)이라는 것이다.

체육행사를 산재로 승인받는 것은 만만치 않은 일이다. 필자가 2013년에 담당한 사건 또한 회사를 대표한 축구경기에서 다친 사건으로 공단에서 불승인됐지만, 법원 소송에서 업무상재해로 인정될 수 있었다(서울행정법원 2012. 12. 12. 선고 2012구단 6820 판결). 이는 '행사 중 재해'에 대한 공단의 인정 기준이 생각보다 까다롭기 때문이다.

〈산재보험법〉시행령 제30조는 '행사 중 사고'를 규정한다. 즉, "운동경기·야유회·등산대회 등 각종 행사(이하 '행사')에 근로자가 참가하는 것이 사회통념상 노무관리 또는 사업운영상 필요하다고 인정되는 경우로서 다음 각호의 어느 하나에 해당하는 경우 근로자가 그 행사에 참가(행사 참가를 위한 준비·연습을 포함한다)해 발생한 사고는 법 제37조제1항제1호라목에 따른 업무상사고로 본다"라고 명시한다. 그리고 "1. 사업주가 행사에 참가한 근로자에 대해 행사에 참가한 시간을 근무한 시간으로 인정하는 경우 2. 사업주가 그 근로자에게 행사에 참가하도록 지시한 경우 3. 사전에 사업주의 승인을 받아 행사에 참가한 경우 4. 그 밖에 제1호부터 제3호까지의 규정에 준하는 경우로서 사업주가 그 근로자의 행사 참가를 통상·관례적으로 인정한 경우"라고 각호를 규정한다.

문제는 위와 같은 명시적인 경우의 체육행사가 전부가 아니라는 점이다. 대표이사가 근무시간으로 간주하고, 지시하고, 사전에 승인받은 행사 외에도 다양한 체육행사·동아리 주관행사·노조 주관행사·명시적 승인을 받지 않았지만 사실상 회사를 대표해 참가한 행사 등이 있다. 이런 행사들은 위 '각호'에 해당하지 않는다. 이런 경우 공단은 대부분 사업주의 지배·관리하에 있는 행사가 아니라고 판단한다. 공단은 행사 관련 문서 여부와 참여를 적극적으로 지시했는지 여부, 근무시간 간주 등 업무로 볼 수 있는지 여부 등 형식적인 지표를 주요하게 본다. 반면 법원은 "행사나 모임의 주최자·목적·내용·참가인원과 그 강제성 여부·운영방법·비용부담 등 사정에 비춰 사회통념상 그 행사나 모임의 전반적인 과정이 사용자의 지배나 관리를 받는 상태에 있는 경우 이를 업무상재해로 봐야 한다"라며 종합적 지표를 분석해 판시한다(대법원 1992. 10. 09. 선고 92누11107 판결, 대법원 1997. 08. 29. 선고 97누7271 판결, 대법원 2007. 03. 29. 선고 006두19150 판결 참조).

법원은 단순히 형식적인 지표만이 아니라 실질적으로 그 행사가 사업주의 노무관리상 필요한 행사인지 여부, 사업주가 실질적으로 주최한 성격으로 볼 수 있는지 여부를 중요한 판단 기준으로 삼고 있다. 또한 사업주가 그 행사에 참여할 것을 독려했는지 여부도 중요한 표지로 여긴다(대법원 2008. 10. 23. 선고 2008두 12283 판결). 이에 대법원은 근로자가 토요일 오후에 회사 근처 체육공원에서 동료 직원들과 족구경기를 하다가 넘어지면서 부상을 입은 사안에서 "족구경기는 노무관리상 필요에 의해 사업주가 실질적으로 주최하거나 관행적으로 개최된 행사"라고 판단했다(대 법원 2009. 05. 14. 선고 2007두24548 판결). 또한 대법원은 근로자가 마라톤동호회의 정기연습에 참여했다가 급성심근경색(추정) 사망한 사안에서 "사업주가 전 직원들에게 대회에 참여할 것을 독려하고 이를 지원한 점, 마라톤 동호회를 주축으로 해 대회참가를 위한 연습까지 하도록 지시한 점"을 들어 업무상재해로 인정했다(대법원 2009. 05. 14. 선고 2009두58 판결).

결국 쟁송에서 체육행사를 산재로 판단받기 위해서는 사전에 사업주에게 행사계획서를 제출하고, 회사 인트라넷이나 공문을 통해 행사의 증표를 남겨야 한다. 또한 단체협약에 행사를 명시하고, 사업주의 참여 지시 사실과 회사의 비용부담 증거를 형성·확보할 필요가 있다.

(2013.05.06.)

연말연시에는 대개 술을 동반한 회식이 잦은 터라 사고 유형이 매우 다양하다. 회식장소에서 음주로 인한 추락이나 미끄러짐 같은 사고, 부서원끼리 폭행사고, 제3자와 붙은 시비로 인한 폭행사고, 2차 또는 3차 회식장소 이동 중 사고, 회식 후 대중교통을 이용해 귀가하다 추락하거나 넘어져 다치는 사고, 회식 후 음주운전을 하다 낸 교통사고, 회식 중 음주 과다로 인한 사망사고, 회식에서 먹은 음식물이 목에 걸리거나 토하던 중 사망한 사고, 음식물 중독으로 인한 질병처럼 유형도 다양하다. 이는 크게 '회식장소에서 발생한 사고와 회식장소 이외에서 발생한 사고'로 구분할 수 있다.

〈산재보험법〉 제37조1항1호라목은 "사업주가 주관하거나 사업주의 지시에 따라 참여한 행사나 행사준비 중에 발생한 사고"를 업무상재해로 규정한다. 〈산재보험법〉 시행령 제30조에서는 '행사 중 사고'의 4가지 요건을 명시한다. 법률은 회식의 경우 명확하게 사업주 주관하에 이뤄진 행사만을 산재로 규정한다. 그러나 현실에서 회식은 매우 다양한 조건하에서 이뤄지고 있으며, 그 유형도 일반화하기 어렵다.

우선적으로 알아야 할 점은 회식에 대한 대법원 판례를 실무상 운용하는 근로복지공단이 엄격하게 해석한다는 것이다. 이에 회식 중 사고에서 유달리 많은 판례가 생성되고 있다. 대법원은 기본적으로 "행사나 모임의 주최자, 목적·내용, 참가인원과 그 강제성 여부, 운영방법, 비용부담 등의 사정들에 비춰 사회통념상 그 행사나 모임의 전반적인 과정이 사용자의 지배나 관리를 받는 상태에 있어야 할 것"이라고 판단한다(대법원 1992. 10. 09. 선고 92누11107 판결). 실무상 공단은 "사업주가 회식을 계획·주관하고 소요경비를 지급했는지 여부, 회식 참석이 강제되는지 여부, 재해 행위가 노동자의 사적행위로 발생했는지 여부(평소 주량이나 비자발적 음주 여부, 종료 시점, 경로이탈 등), 거래처 접대 등 업무 연장인지 여부, 참석자의 사적·자의적 유흥 행위인지 여부(2차 회식 이상이거나 주점 등)를 조사해 판단한다. 계획성 및 주관성의 측면, 비용의 지급주체 및 처리실태, 인원이 참여한 측면, 자발적 음주 여부를 엄격하게 해석한다. 따라서 "부서장이 아닌 하급 관리자에 의해 회식이 개최된 경우, 공식적인 보고나 공지가 없었던 경우, 친목 도모의 성격이 강한 경우, 비용의 일부를 노동자가 지불한 경우, 일부 인원만이 참석한 경우나 이탈한 경우, 필요 이상의 과다한 음주행위가 있었던 경우, 주점 등 상당한 비용이 지급된 경우, 회식 주관자 등이 이탈한 경우" 같은 사안이라면 공단에서 업무상재해로 인정받지 못할 가능성이 높다.

2차든 3차든 회식이 사업주 지배·관리하에 있었다는 점이 인정되면 회식장소에서 발생한 사고 또는 회식장소 이동 중 사고는 업무상재해다. 다만 부서 내 폭행사건에서는 그 계기가 '업무로 인해 유발됐는지 여부'에 따라 판정이 달라진다. 이에 반해 제3자와의 시비로 인한 폭행사고는 기본적으로 업무 관련성이 부정된다. 회식장소 밖의 사고 중 음식물이 원인이 된 사고는 업무관련성이 인정될 수 있다. 다만 회식에서 과다한 음주로 인해 발생한 사고는 일정한 요건하에서만 인정된다. 그러나 만취해 음주운전을 하다 발생한 교통사고는 '범죄행위'로 봐서 업무 관련성이 부정된다(대법원 2009. 04. 09. 선고 2009두508 판결). 다만 소량의 음주나 음주 자체로 인해 발생된 것으로 해석할 여지가 있는 적은 경우 법원에서 산재가 인정될 여지가 있다. 회식에서 과음행위로 인해 발생한 귀가 중 사고(음주운전을 제외)는 기본적으로 업무 관련성이 인정될 수 있지만(대법원 2008. 11. 27. 선고 2008두12535 판결), 과음 원인에 대한 증명이 매우 중요하다. 일단 사업주가 제지하거나 만류한 사실이 있는 경우 업무 관련성이 없다고 본다.

2015년 11월 대법원이 종래 요건보다 엄격한 해석을 내놓으면서 노동자가 매우 불리해졌다(대법원 2015. 11. 12. 선고 2013두25276 판결). 대법원은 "업무와 과음, 재해 사이에 상당인과관계가 있는지는 사업주가 음주를 권유하거나 사실상 강요했는지 아니면 음주가 근로자 본인의 판단과 의사에 의해 자발적으로 이뤄진 것인지, 재해를 당한 근로자 외에 다른 근로자들이 마신 술의 양은 어느 정도인지, 그 재해가 업무와 관련된 회식 과정에서 통상 수반하는 위험의 범위 내에 있는 것인지, 회식 또는 과음으로 인한 심신장애와 무관한 다른 비정상적인 경로를 거쳐 발생한 재해는 아닌지 등 여러 사정을 고려해 신중하게 판단해야 한다"라고 판시했다.   (2016.11.28.)

대규모 자동차 제조회사에서 근무하던 노동자 A는 무릎부위 상병인 반월상연골손상이 발생했다. 노조에 문의해보니 사고성 재해로 신청하면 승인이 잘된다고 했다. 노조 담당자는 "갑자기 앉았다 일어나면서 무릎부위에 상병이 발생했다"라고 재해경위를 작성해줬다. 노동자 B는 허리부위 상병인 요추간판탈출증(M512)이 발생해 노조에 문의했다. 담당자는 디스크는 산재승인이 잘 안 되니, 최소한 염좌라도 승인받자고 제안했다. 다시 진단을 받아 '요추부 염좌와 요추간판탈출증'의 상병으로 초진 소견서를 제출했다. 결국 A와 B 모두 산재 불승인 처분을 받았다.

제조업 노동자 산재 사건에서는 담당자의 산재에 대한 이해 및 실무능력 부족으로 불승인되는 사례를 자주 접한다. 또한 노조 담당자가 2년에 1회 교체됨에 따라 자료 축적이 미비하고, 전문교육이 부재해 실제 근골격계질환 산재신청을 해본 담당자도 별로 없다. 다른 질환과 달리 근골격계질환은 해당 근로자의 적극성과 노조 담당자의 노력 여하에 따라 승인 가능성이 가장 높은 질환이다. 근골격계질환에 대한 몇 가지 이해와 접근방법을 알려주고자 한다.

첫째, 근골격계질환 상병의 특징을 이해해야 한다. 가장 중요한 것은 △상병이 순수한 사고로 발생했는지 △사고가 동반된 근골격계질환인지 △사고가 동반되지 않은 근골격계질환인지 여부를 판단해야 한다. 위 사례에서 B의 디스크는 M512, 즉 퇴행성 요추간판탈출증으로 진단됐다. A의 반월상연골손상은 사고성 여부가 불분명하다. 허리 부위와 달리 무릎이나 어깨는 상병코드(S 사고성·M 퇴행성)만으로 판단이 어렵다. 이 경우 주치의에게 문의해 상병이 사고성인지, 퇴행성인지 판단해야 한다. A처럼 사고 사실이 없다면 근골격계질환으로 접근해야 한다. 일회성 외상 기전(현상)으로 근골격계질환이 발생한다는 것은 사실상 불가능하다.

둘째, 사고가 있다면 재해 경위를 구체적으로 입증해야 한다. 예를 들어 "허리 부위 통증을 갑작스럽게 느꼈다"라고 진술할 것이 아니라 "넘어지면서 왼쪽 허리 부위를 바닥 부위 요철에 부딪치면서 급작스럽게 통증이 발생했다"라고 해야 한다. 즉 정확하게 재해경위를 진술하고 목격자들의 확인서를 첨부해야 한다. 사고성 재해와 마찬가지로 사고와 동반된 근골격계질환도 '사고 자체에 대한 증명'이 일단 중요하다.

셋째, 재해 노동자의 업무가 '근골격계 부담업무'인지 아닌지 증명해야 한다. '근골격계부담작업의 범위(고용노동부 고시 2011-38호)'를 참조하면 된다. 실제 A의 업무를 살펴봤는데, 고시 제5호 "하루에 총 2시간 이상 쪼그리고 앉거나 무릎을 굽힌 자세에서 이뤄지는 작업"이었다. 일단 고용노동부 고시에 충족한다면 이를 주장하는 것이 좋다. 직접적 충족이 어렵다면 이에 준하는 작업으로 주장하고 증명해야 한다.

넷째, 각 공정에 대한 구체적 위험 요인을 제시해야 한다. 재해경위서로 갈음할 수도 있고, 재해 노동자 본인의 진술서를 제출해도 된다. 유의해야 할 점은 현장의 노조나 재해 노동자도 '상병 발생 당시 공정'만을 부각하는 것이 아니라 전 공정을 증명해야 한다는 것이다. 입사

전 근골격계 부담업무에 종사했다면 이 또한 증명하고 정리해야 한다. 이를 통해 각 부담업무에 대한 "작업속도, 반복동작 횟수와 시간, 무리한 힘의 사용, 작업자세의 부자연성, 각 부위의 꺾임이나 비틀림, 진동작업, 중량물의 무게·동작·횟수, 작업공간이나 작업대의 적절성, 개인의 신체(키와 몸무게)적 상태"를 구분해 간략하게 제시해야 한다. 이를 뒷받침할 수 있는 작업사진이나 동영상을 제출할 필요가 있다.

다섯째, 동일하거나 비슷한 상병으로 치료받은 전력이 있을 경우 업무로 인한 치료임을 적극적으로 소명하는 것이 좋다. 또 동일업무 종사자의 공상을 포함한 산재사례 또는 근골격계 사례 등을 제시하면서 해당 직무와 공정이 '근골격계 다발 업무'라고 주장한다. 근골격계유해요인조사서상 유리한 부분이 있으면 그것도 제출한다.

이상을 토대로 노조 스스로 근골격계질환에 대해 산재처리를 할 수 있는 실력을 키우고 자료를 축적해야 한다. 이것이 최소한 조합원을 위해 노조가 존재하는 이유이기도 하다. (2014.08.04.)

뇌심질환이 산재인정을 받는 방법

2014년 뇌심혈관계질환은 2,088건이 심의돼 그중 471건이 승인됐다. 외형상 높은 수치지만 많은 노동자와 그 가족이 뇌심혈관계질환이 산재(업무상재해)가 될 수 있는지조차 모르고 있다. 또한 발병 후 산재처리 이해가 부족해 많은 비용을 낭비한다. 학교교육과 산업안전교육을 비롯한 사전교육에서 접할 기회가 없었던 탓이다. 한국인 사망률 1위 뇌심장질환에 대해 산재처리 접근법을 아는 것은 매우 필요한 일이다.

가장 중요한 것은 회사 조력을 받는 것이다. 현재 〈산재보험법〉에는 사업주 조력을 규정하는데 정작 처벌규정이 없다. 따라서 사업주가 마음만 먹는다면 산재승인을 방해할 수 있다. 사업주 날인 없이 산재신청은 가능하지만, 회사가 각종 근로시간·업무스트레스 자료 제출을 거부하거나 동료들의 접촉을 차단할 경우 이를 근본적으로 막을 방법이 없다. 보험가입자의견서·문답서·업무시간확인원 등에서 부정적인 견해를 보인다면 산재승인에 큰 장애가 된다.

둘째, 병명이나 사인을 밝혀야 한다. 병원이 아닌 곳에서 사망할 경우 병원에 도착하더라도 사망진단서가 발급되지 않는다. 단지 사체검안서를 통해 추정 사인을 기재할 뿐이다. 사체검안서에서도 추정 사인이 명시되지 않을 경우(가령 내인성급사 등으로 기재) 부검을 해야 한다. 원칙적으로 법원뿐 아니라 공단 지침(뇌혈관질병·심장질병 업무상질병 조사 및 판정지침)이 사인 미상 재해는 과로사로 인정하지 않기 때문이다.

셋째, 근로복지공단의 판단원칙을 이해할 필요가 있다. 공단과 질판위가 조사하는 방향은 크게 돌발과로·단기과로·만성과로 등 3가지다. 문제는 24시간 이내에 급박한 상황이 발생(돌발과로)하거나 평소 업무시간보다 1주일 이내 30% 이상 증가하는 상황(단기과로)은 거의 발생하지 않는다는 것이다. 결국 과로성 질병 문제의 핵심은 만성과로에 해당하는지 여부다.

공단과 판정위가 중요시하는 것은 결국 발병 전 12주 동안 1주 평균 60시간을 초과하는지와 발병 4주 동안 1주 평균 64시간을 초과하는가다. 해당 판단 기준은 일종의 하한선이다. 공단에서 업무상재해로 승인받기 위해서는 근로시간에 관한 자료를 최대한 확보해야 한다. 근태기록부·초과근무대장·근무일지·출입카드 기록·급여명세서·컴퓨터 로그기록·와이파이 접속기록·출퇴근교통카드·택시 이용 영수증·CCTV·동료진술서로 입증해야 한다. 작업준비시간은 물론 종료 후 처리시간·대기시간·체조시간 등 근로시간에 산입 가능한 시간을 최대한 늘려야 한다.

근로시간 외에도 야간근무나 교대근무를 했는지, 육체적 강도가 센 업무인지, 출장 업무가 있었는지, 불규칙한 근무 형태였는지, 고온이나 저온 또는 소음발생 사업장인지 여부를 증명해야 한다. 이는 출장자료·기상청 날씨자료·작업환경측정결과서·근골격계유해요인보고서·동료진술서 등으로 증빙할 수 있다.

넷째, 업무적 스트레스를 입증해야 한다. 현재 공단은 지침상 '별표2'로 '정신적 긴장을 동반하는 업무의 평가 기준'을 거의 작성·활용하지 않는다. 그렇지만 업무적 스트레스 요인을 규명할 때 과로성 질병 발병·악화에 근로시간만큼 중요한 요소다. 따라서 '별표2'를 참조하되, 업무적 스트레스가 많았음을 적극적으로 입증해야 한다.

다섯째, 기존 질환이나 위험인자를 확인해야 한다. 건강검진결과서와 건강검진문진표(각 5년), 건강보험요양급여 내역(10년)을 건강보험

공단 지사에서 발급받으면 된다. 기존 질환으로 치료받은 병력이 있을 경우 적절한 약치료를 통해 잘 관리돼 왔음을 소견서 등으로 증빙한다. 운동으로 건강상태를 적절히 유지했음을 증명하는 것도 중요하다.

여섯째, 공단과 법원의 판단 기준이 다르다는 것을 이해해야 한다. 공단은 지침을 통해 지나치게 정량화된 근로시간을 가장 중요한 판단원칙으로 삼고 있지만 법원은 다르다. 공단 인정 기준이 법률상 과로성 질환 상당인과관계에 부합하는 것이 아니다. 따라서 객관적 근무시간이 공단 기준보다 적더라도 정신적 스트레스가 과다했다면 업무량 증가나 다른 특이 상황을 증명하고 소송에서 다툴 필요가 있다.

(2015.03.02.)

과로성 질병 산재의 기초적 이해

2018년 사망 원인 통계에서 1위는 암이다. 나머지는 심장질환·폐렴·뇌혈관질환·자살 순이다. 심장질환과 뇌혈관질환은 과로성 질환으로 산업재해로 평가된다. 여전히 뇌혈관·심장질환은 인정받기 가장 어려운 산재로 인식되고 있다. 상병 특징상 재해 노동자가 쓰러지거나 사망한 경우가 많고, 가족이나 주위 사람들이 산재에 대해 지식이 거의 없기 때문이다.

과로성 질병 산재에는 반드시 알아야 할 사항이 있다. 우선 근로복지공단의 과로성 질환 산재인정률이 41%(2019년 3,077건 신청·1,265건 승인)로 높아졌고, 산재로 인정하는 상병이 생각보다 많다. 〈산재보험법〉 시행령에는 산재의 원인이 되는 뇌혈관·심장질환을 '뇌실질내출혈·지주막하출혈·뇌경색·심근경색증·해리성 대동맥자루' 5가지로 명시한다. 대동맥박리·죽상경화심장병·심근경색의증·심장동맥경화·비후성심근병증·복부대동맥류파열·폐혈전색전증처럼 뇌혈관·심장질환으로 평가될 때도 산재로 여긴다. 면역성 질환으로 평가되는 (헤르페스) 바이러스 뇌염·길랭바레 증후군·급성심근염은 법원에서 산재로 인정될 수 있다.

둘째, 부검을 하는 것이 훨씬 유리하다. 부검할 경우 통상 급성심장사·급성심근경색·허혈성심장질환·급성내인사 같은 사인이 추정된다. 물론 부검해도 사인이 추정되지 않을 수 있다. 공단은 사인 미상이라도 지침에서 "다른 질병이나 손상 등에 의한 심폐정지나 심장정지가 아닌 경우 일반적으로 심장의 문제(급성심근경색·부정맥 등)로 볼 수 있음"이라고 명시하고 있어 산재평가 대상이다.

셋째, 고혈압·당뇨 같은 기존 질환이나 음주·흡연을 포함한 위험인자는 산재 판정 시 중요하지 않다. 공단 판정 근거가 되는 고용노동부 고시(2017-117호)에서 "건강 상태"를 삭제했기 때문이다. 기존 질환이 주된 원인이라도 업무상 과로·스트레스가 겹쳐서 뇌혈관·심장질환을 유발 또는 악화시켰다면 상당인과관계가 있다고 본 법원 판단이 축적된 영향이다. 실무상 위험인자가 없는 것이 유리하지만, 건강 상태나 기존 질환을 불승인 요인으로 평가하지 않도록 했다.

넷째, 일했던 시간이 핵심적 평가 대상이며 이를 업무시간이라고 한다. 사업주가 임금 지급 대상으로 삼는 근로시간이 아니라 업무 준비·수행·마무리 행위를 포괄하는 개념이다. 밤 10시부터 다음 날 오전 6시까지는 30%를 가산한다. 명시적 출퇴근 기록이 없더라도 동료나 사업주의 진술이 있다면 이를 평가의 중요 근거로 삼는다. 택시는 타코미터를 근거로 삼고 있다. 경비 노동자는 근무 장소에서 독립된 수면 공간이 없을 경우와 5시간 이상의 수면이 보장되지 않을 경우 업무시간에 포함한다.

다섯째, 접근 방향은 크게 3가지다. 돌발과로·단기과로·만성과로로 구분된다. 발병 전 24시간 이내 돌발적이고 예측이 어려운 사건이 있으면 돌발과로다. 발병 전 1주일 이내의 업무량이나 업무시간이 2~12주 평균보다 30% 증가하면 단기과로다. 증상 발생 전 12주의 업무시간이 1주를 평균해 60시간을 초과하는 경우 만성과로여서 산재로 인정된다. 다만 1주 평균 업무시간이 52시간을 초과하지만 60시간에 미달하는 경우 7가지 가중 요인 중 하나라도 있으면 만성과로다. 7가지 가중 요인은 △근무일정 예측이 어려운 업무 △교대제 업무 △휴일이 부족한 업무 △유해한 작업 환경(한랭·온도변화·소음)에 노출되는 업무 △육체적 강도가 높은 업무 △시차가 큰 출장이 잦은 업무 △정신적 긴장이 큰 업무다.

다섯째, 공단 질판위의 판정상 한계가 뚜렷하다. 공단·산재심사위·산재재심사위는 고용노동부 고시(2017-117호)의 문리적 문구에만 한정해 판단하는 경우가 대부분이다. 이에 12주 내 1주일 평균 업무시간이

52시간에 미달되는 경우와 가중 요인이 다수 있더라도 불승인하는 경향이 강하다. 즉 정량적 기준으로 기계적 접근을 한다. 고용노동부 고시는 산재 판단에 예시사항에 불과할 뿐이라는 것이 법원의 일관된 입장이다. 실제 공단에서 산재가 불승인된 사건 중 행정소송에서 취소되는 사건이 많다. 뇌심혈관계질환 공단 패소율은 2018년 22.4%, 2019년 11.3%다. 이는 조정으로 취하(산재인정)되는 경우를 제외한 수치이므로 실제 20%가 법원에서 산재로 인정된다.

여섯째, 공무원 노동자에 대한 평가 기준은 특이성이 있다. 급성과로·단기과로·만성과로로 구분되는 것은 동일하다. 다만 단기과로는 30%라는 수치 없이 "현저하게 증가해 적응하기 어려운 정도"라는 기준이다. 또한 만성과로는 "발병 전 3개월간 일정시간 이상의 초과근무로 인해 육체·정신적으로 과중한 부담을 초래한 경우"라며 수치는 제시하지 않고 있다. 가중 요인은 △교대제 근무 △유해한 업무 환경에 노출되는 업무 △육체적 강도가 높은 업무 △정신적 긴장이 큰 업무 △시차가 큰 출장이 잦은 업무다. 초과근무시간은 시간 외 수당이 아니라 실제 종사한 시간이 평가 대상이다. 다만 일반 노동자와는 달리 기초 질환이나 위험 인자를 주요 요인으로 평가한다. (2020.06.15.)

세계보건기구(WHO)가 2015년 7월 발표한 《멘털헬스(mental health atlas, 2014)》 개정판에 따르면 전 세계 국민 10명 중 1명은 정신건강질환을 동반하며 살아가고 있다. WHO는 개정판에서 2020년에는 질병 부담률에서 우울장애가 허혈성 심장질환에 이어 2위가 될 것으로 전망했다. 이렇게 자주 발생하는 질병인데도 정신질환이 산업재해 신청으로 이어진 경우는 드물다. 2015년 기준 질판위 통계상 정신질환 산재는 150건이 신청돼 46건이 인정됐다. 인정률은 30.7%다. 이마저도 자살사건을 포함한 통계다.

사회적으로 정신질환을 터부하는 탓에 노동자들은 정신질환으로 산재를 신청하기 꺼려 한다. 산재로 인정되는 것조차 모른다. 정신질환의 산재인정 기준과 판정의 특이성을 몰라 불승인되는 경우도 많다. 정신질환도 산재라는 인식을 가져야 한다. 일을 하다가 손과 팔이 부러지는 사고를 당하는 것이나 일로 인해 정신질환을 얻는 것이나 산재라는 본질은 같다. 업무로 인한 스트레스는 노동자의 개인적 문제가 아니라 사업주가 책임져야 할 위험요소이자 직업병 유발원인이다.

〈산재보험법〉 시행령은 '별표'에서 '신경정신계질병'에 속하는 3가지 정신질환을 명시한다. 업무와 관련해 정신적 충격을 유발할 수 있는 사건에 의해 발생한 외상후스트레스장애와 업무와 관련해 고객 등으로부터 폭력 또는 폭언 등 정신적 충격을 유발할 수 있는 사건 또는 이와 직접 관련된 스트레스로 인해 발생한 적응장애 또는 우울병 에피소드다. 3가지 상병 외에 다른 정신질환도 업무와 관련성이 인정되면 산재가 될 수 있다.

근로복지공단은 2016년 3월 28일 〈정신질병 업무관련성 지침〉(제2016-11호)을 마련했다. 공단은 지침에서 대표적 정신질환으로 △우울병 에피소드 △불안장애 △적응장애 △외상후 스트레스장애와 급성스트레스 반응 △자해행위 및 자살 △수면장애를 예시하고, 인정 기준과 조사 요령을 명시했다.

산재신청을 위해서는 일단 진단명이 확정돼야 한다. 우리나라 정신건강의학과 의사는 2013년 5월 기준으로 미국 정신의학회(APA)의 '정신장애 진단 및 통계편람 제5판(DSM-5)'을 활용해 진단한다. 수면장애의 경우 '2주 이상의 수면일지와 수면기록'의 부가적인 자료가 필요하다.

공단이 '심리 외상성 사건, 최초 증상 발생 전 6개월의 주요 변화요인, 일상적 업무상 스트레스 요인'을 우선적으로 조사한다는 사실도 참조해야 한다. 주요한 심리 외상성 사건을 증명하고, 근로시간이나 업무실패 및 과중한 책임, 업무의 양과 질의 변화, 역할 변화, 직장내 대인관계, 스트레스 가중 요인 같은 주요 변화가 6개월 이내에 일어났다는 것을 증명할 수 있도록 준비해야 한다. 일상적 업무상 스트레스 요인 증거자료는 근무시간·근무형태·직무요구도·직무자율성·노력보상 불균형·직업불안정성·사회적 지지·고객응대업무 여부에 초점을 맞출 필요가 있다.

공단의 문답 조사 과정이나 재해조사에서 개인적 특성이나 가족력, 업무 이외 다른 스트레스 요인이 부각돼서는 안 된다. 이런 사항이 드러날수록 업무 관련성은 부정적으로 평가된다는 점에 유의해야 한다.

무엇보다 정신질환 산재 판정이 과도한 의학적인 평가에 치우치고 있다는 점을 알아야 한다. 즉 정신건강의학과 의무기록지, 다면적 인성검사(MMPI) 같은 임상심리검사에 의해 결과가 좌우된다. 공단 지사에서 지침에 따라 많은 자료를 확보하고, 재해자의 스트레스 요인이 다양한 증거자료에 의해 증명되더라도 결국 판단의 가장 중요한 근거는 의무기록지다. 의무기록지상 업무 스트레스 요인이 기재되지 않거나 업무 이외 개인적 사안이 기재되는 경우 부정적으로 평가될 수밖에 없다. 질판위에 참여한 정신건강의학과 의사의 영향력이 과도하게 작용하기 때문이다. 결국 정신질환 산재신청을 염두에 둔다면 초기 의사 면담 과정부터 비업무적 요소나 내용을 언급하는 것은 자제해야 한다.

정신질환을 산재로 인정받는 과정에서 가장 큰 어려움은 사업주의 태도다. 이런 사건에서는 사업주가 비협조적 태도를 드러내기 일쑤다. 사업주 스스로 노동자를 정신질환에 걸리게 할 정도로 업무 스트레스를 줬다는 사실을 인정하기 어렵기 때문이다. 이런 상황에서 명확한 외상사고가 아닐 경우 증명이 어려울 수밖에 없다. 동료의 진술서나 확인서 등은 참고사항일 뿐이다. 의무기록이나 각종 검사에서 업무 관련 사항과 업무 스트레스를 자주 언급하고, 이런 사항이 기재되도록 하는 것이 산재를 인정받는 최선의 방법이다. (2016.07.28.)

자살은 산업재해 중 가장 힘들고 마음이 무거운 사건이다. 유족뿐 아니라 대리인들도 접근방법을 잘 이해하지 못해 실수하는 경우가 많다. 산재인정을 위해서는 일단 자살의 〈산재보험법〉상 인정요건과 접근방법을 이해할 필요가 있다.

〈산재보험법〉 제37조 2항은 "근로자의 고의·자해행위나 범죄행위 또는 그것이 원인이 돼 발생한 부상·질병·장해 또는 사망은 업무상의 재해로 보지 않는다. 다만 그 부상·질병·장해 또는 사망이 정상적인 인식능력 등이 뚜렷하게 저하된 상태에서 한 행위로 발생한 경우로서 대통령령으로 정하는 사유가 있으면 업무상의 재해로 본다"라고 규정한다. 자살은 기본적으로 고의적 행위이고, 자해행위지만 "정상적인 인식능력 등이 뚜렷하게 저하된 상태로 평가된 조건하에서 발생된 행위일 경우 예외적으로 업무상재해로 인정한다"라는 취지다.

〈산재보험법〉 시행령 제36조는 3가지 유형으로 자살의 산재인정 요건을 구분한다. 첫째 유형은 업무상 사유로 발생한 정신질환으로 치료 경력이 있는 근로자가 정신적 이상 상태로 평가할 수 있는 조건에서 자해행위를 한 경우다. 업무상 사유로 발생한 정신질환이 미리 산재 승인을 받은 것을 전제조건으로 하는 것은 아니다.

둘째 유형은 업무상재해로 산재승인을 받은 사람이 요양 중에 업무상재해로 정신적 이상 상태로 평가할 수 있는 조건에서 자해행위를

한 경우다. 셋째 유형은 정신질환이나 업무상재해로 요양 중인 경우가
아닌 경우에서 업무상의 사유(과로나 스트레스 등)로 급작스럽게 정신적 이
상 상태로 평가될 수 있는 조건에서 자해행위를 했다는 것이 의학적으
로 평가될 수 있는 경우다.

〈산재보험법〉의 "정상적인 인식능력 등이 뚜렷하게 저하된 상태
에서 한 행위"가 시행령에서는 "정신적 이상 상태에서 자해행위를 한
경우"와 "정신적 이상 상태에서 자해행위를 했다는 것이 의학적으로 인
정되는 경우"로 범위가 좁혀져서 규정되고 있다. 〈산재보험법〉 취지를
감안할 때 시행령 제36조의 각 유형은 자해행위 또는 자살의 예시규정
일 뿐이다. 3가지 유형 외의 자살도 업무와 상당인과관계가 인정되면
업무상재해에 해당한다.

일단 자살사건에서 가장 중요한 판단 기준은 정신질환 병력이 있
는지 여부다. 특히 입사 이후 정신적 스트레스로 인해 정신질환 발병·
치료기록이 있을 경우 산재를 승인받는 데 유리하다. 당해 정신질환이
이미 산재승인을 받았다면 더욱 그러하다. 결국 정신질환 치료 등에 대
한 의무기록지의 내용이 가장 중요한 판단근거가 된다.

둘째, 자살사건은 근로복지공단 산하 서울질판위 심의 대상이다.
산재인정 여부에 가장 영향을 미치는 것은 정신건강의학과 의사인 질
판위위원의 견해다. 정신질환 치료 병력이 없을 경우 자살 이전 언행이
나 심리변화에 대한 자세한 기술이 필요하다. 유서·이메일·메모·확인서
등으로 일자별·기간별 구분을 통해 우울증 등 정신적 이상 상태가 심해
지고 있었음을 증명하는 것이 중요하다. 내과 등에서 진료를 받았다면

의무기록지상 불안·불면·수면 등의 증상을 증명해야 한다.

셋째, 스트레스 요인을 구체적으로 입증할 필요가 있다. 질판위에서 "사실상 그 정도의 스트레스는 다른 이들에게도 발생하는 일반적인 것"이라고 볼 경우 산재로 인정되기 어렵다. 재해자에게 발생한 스트레스 요인(실적압박·승진문제·업무변경·업무가중·동료 간 갈등·감정 노동·초과근로·업무특성·사업주 질책·부당전보·부당해고 등)이 굉장히 심했다는 것을 증명해야 한다.

넷째, 질판위는 개인적 취약성 등 업무 외적인 요인에 보다 많은 가중치를 둔다. 초기 경찰 조사기록(내사보고서·진술조서 등) 일체를 정보공개 신청해 조사 결과가 유리하다면 증거로 제출해야 한다. 또한 재해자의 중·고등학교 생활기록부를 확보해 재해자가 내성적이고 소심한 성격이 아니라는 점을 부각해야 한다. 또한 가족의 건강보험요양급여 내역 등을 확보해 유전·개인적 속성에 의해 발병된 것이 아님을 증명한다.

다섯째, 근로복지공단의 기본적인 입장은 "자살이 사회평균인의 입장에서 볼 때 도저히 감수하거나 극복할 수 없을 정도의 업무상 스트레스와 그로 인한 우울증에 기인한 것이 아닌 한 상당인과관계를 인정할 수 없다"(대법원 2007두2029 판결, 2011두24644 판결)는 것인데, 이는 예외적인 판결일 뿐 법원 입장의 주류는 "자살 또한 재해자 본인 기준으로 판단해야 한다"(대법원 2011두3944 판결, 2011두11785 판결)는 것이다.

현재 근로복지공단과 산재재심사위는 자살사건을 심의할 때 사회평균인 입장에서 본 의학적 평가에 치우치고 있다. 자살사건이 공단에 비해 법원에서 보다 객관적으로 인정되는 현실이 안타깝다.

(2017.06.04.)

통계청이 발표한 2014년 '우리나라 국민의 사망 원인'을 보면 악성신생물(종양)로 인한 사망자는 7만 6,611명이다. 이어 심장질환 사망자 2만 6,588명, 뇌혈관질환 사망자 2만 4,486명, 자살 사망자 1만 3,836명 순이다. 악성신생물, 즉 암에 걸려 사망한 사람이 28.6%로 부동의 1위를 차지한다. 실제 암으로 산업재해 신청을 하는 경우는 100건 내외고, 인정되는 사건은 평균 30건이 안 된다. 암으로 숨진 사람의 5%가 직업 관련성이 있다고 볼 때, 산재로 인정되는 경우는 극히 적다.

일단 직업성 암의 산재인정 기준에 대한 일반적인 이해가 필요하다. 직업성 암은 〈산재보험법〉 시행령 '별표3'에 규정돼 있다. 직업성 암은 그중 10번째 질병으로 명시했다. 석면으로 인한 후두암과 난소암을 비롯해 6가 크롬으로 인한 폐암, 콜타르피치·라돈·결정형 유리규산 등으로 인한 폐암, 벤젠·포름알데히드·산화에틸렌 등으로 인한 백혈병처럼 직업성 암을 유발하는 원인물질 23종과 이와 연관성이 확인된 21종 암을 업무상질병으로 인정한다.

이런 직업성 암 기준을 충족하면 업무상질병, 즉 산재로 인정하고 기준에 미달하면 각각의 상병이 법률상 상당인과관계를 충족하는지 여부에 따라 판단해야 한다. 이를 혼합주의 인정 기준이라고 하며, 〈산재보험법〉의 기본 원칙이다. 이런 원칙을 오해해서 직업성 암에 예시되지 않은 암에 대해서는 인과성을 부정해 판단하는 경우가 있다.

둘째, 직업성 암의 산재신청이 적은 가장 큰 이유는 '암'이 산재가 될 수 있다는 인식이 미흡하기 때문이다. 특히 폐암은 직업 관련성이 가장 인정되기 쉬운 상병인데도 직업 때문에 암에 걸렸다고 의심하는 경우가 드물다. 한국의 높은 흡연율 탓이다. 게다가 실제 암 치료를 담당하는 의사가 산재를 몰라 초진 소견서 작성을 거부하는 사례를 흔히 본다. 노동자나 가족, 이를 치료하는 의사도 직업성 암에 대한 인식이 부족하기에 산재신청이 적다. 따라서 직업성 암 산재신청의 원칙은 "일단 신청해야 한다"라는 것이다. 직업성 암의 경우 공단 산하기관인 직업성폐질환연구소·산보연 또는 이들의 위탁을 받은 병원이 역학조사를 한다. 특별히 대리인을 선임할 필요성이 적다.

셋째, 직업성 암은 과로·스트레스와의 관련성보다 노출된 발암물질이 무엇인지를 밝히는 것이 중요하다. 예를 들어 백혈병의 경우 벤젠·포름알데히드·산화에틸렌 등에 노출됐다는 사실을 증명해야 한다. 폐암은 크롬·니켈·스프레이 도장작업 등 발암물질과의 관련성도 인정돼야 한다. 유해 위험인자가 무엇인지를 정확히 파악하고 이로 인한 노출 여부·노출량·노출기간·보호구·상병상태의 경과를 증명하는 것이 필요하다.

건강검진표·특수건강검진표·작업환경측정결과표·물질안전보건자료(MSDS)를 비롯한 각종 자료를 구비한 뒤 이를 분석해봐야 한다. 현장에서 사용하는 유해화학물질의 경우 일반적으로 개선돼왔거나 사용하더라도 현장 근로자들이 이에 대해 정확한 성분을 알지 못하는 경우가 많다. 회사에서 영업비밀이라는 사유로 정보를 공개하는 것을 꺼리는 경우도 적지 않다.

넷째, 너무 많은 자료와 내용을 제시할 필요가 없다. 역학조사기관이 조사하기 때문이다. 재해자나 가족이 집중해야 할 부분은 과거 업무 이력·업무 환경, 업무 시 사용한 물질, 노출기간 및 보호구에 대한 진술이다. 대다수 노동자가 자신이 사용한 물질에 대해 교육받은 적이 없다. 이 때문에 기억에 의존해 최대한 구체적인 진술이나 확인서를 작성해 제출해야 한다. 무엇보다 과거와 현재의 차이, 즉 사용물질·노출기간·업무 환경의 차이에 집중해야 한다. 이런 확인서를 동료에게서 받아 제출하고, 역학조사 과정에서 본인과 동료의 진술 내용이 반영될 수 있도록 하는 것이 중요하다.

다섯째, 직업성 암은 직업환경의학과 의사가 담당하는 분야다. 본인의 진술서나 동료의 확인서 등 기초자료가 구비될 경우 직업성 암을 전문으로 하는 작업환경의학의를 면담해 '업무 관련성 평가서(소견서)'를 구비하는 것이 좋다. 이를 산재신청 시 제출하고, 추후 질판위에서 진술할 때 이를 강조해야 한다. (2016.01.05.)

근로복지공단이 2019년 판정한 직업성 암 관련 사건은 386건이다. 이 중 286건(74.1%)이 산업재해로 승인됐다. 직업성 암 중 가장 많은 질병은 폐암이다. 하지만 노동자들은 잘 모르거나 너무 어렵게 생각한다. 노동자들이 꼭 알았으면 하는 9가지를 정리하고자 한다.

1. 폐암은 산재승인이 가장 쉬운 암이다. 2017년 우리나라에서 발생한 암 중 폐암은 세 번째로 많다. 2만 6,985명이 걸렸다. 암의 직업 관련성은 평균 4% 내외(폐암의 경우 12.5%)로 평가하는 점을 감안하면, 최소 1,000명 내지 3,000명 이상은 직업과 관련이 있다. 그럼에도 산재신청이 거의 없다. 노동자 스스로 폐암이 업무 때문에 발생한 것이라는 생각을 거의 하지 못하기 때문이다. 특히 10년 이상 잠복기를 거쳐 발병하기에 퇴직한 뒤 발생하는 경우가 대부분이다. 따라서 가장 중요한 것은 폐암이 직업병이라고 인식하는 일이다.

2. 담배를 핀 사실은 불리하지 않다. 노동자가 폐암을 유발하는 직종이나 산업에 종사했음에도 흡연 때문에 산재신청을 하지 않는 경우가 많다. 폐암 유발원인 중 80%가 흡연인 것은 맞다. 하지만 흡연은 오히려 산재인정에 유리한 요인으로 작용하는 경우가 많다. 흡연자가 석면이나 실리카(결정형 유리규산) 같은 발암물질에 노출될 경우 독성이 상승작용하기 때문이다.

3. 현장에서 사용하는 물질을 항상 의심해야 한다. 몇 년 전 대기업 자동차공장과 제철소에 갔다. 현장에서 실리카를 함유한 모래를 사용 중이었지만 노동자뿐 아니라 회사 보건관리자조차 가장 대표적인 폐암 유발물질인 실리카를 알지 못했다. 3호선 기관사인 노동자는 사망할 때까지 평생 일했던 지하공간이 대표적인 발암물질인 라돈에 노출됐는지 몰랐다. 폐암 유발물질을 회사에서 알려 주는 경우는 거의 없다. 노동자 스스로 항상 의심해야 한다.

4. 현재 사용하는 물질이 중요한 것은 아니다. 1980~1990년대 현장에서 석면으로 만든 보온재를 사용하는 것은 일반적이었다. 또한 용접 작업을 하면서 석면포를 많이 사용했다. 지금은 개선됐기에 직업병인줄 모른다. 그러나 폐암은 과거 유해물질에 지속적으로 노출된 결과이거나 상당 기간 잠복기를 거쳐 발병한다. 때문에 현재의 발암물질 노출 여부가 결정적 요인은 아니다.

5. 과거를 생각해야 한다. 폐암 피해 노동자들은 유해물질 사용업무에 종사한 최근 이력만 말하는 경우가 많다. 실제로는 과거 유해물질 노출기간이 길수록 유리하다. 또한 본인이 취급한 사용물질만 생각하지 말고 인근 공정도 고려해야 한다. 가령 보온공이 용접공하고 함께 일할 때 석면을 쓴 보온재에만 노출되는 것이 아니다. 용접흄이라는 발암물질에 동시에 노출된다. 실제 연구에서도 2가지 이상 폐암 발암물질에 노출되는 경우가 많다고 나타났다.

6. 본인이나 동료의 진술이 중요하다. 폐암의 경우 첫 유해물질 노출부터 10년 정도 이후에 발병하는 것이 일반적이다. 유해물질의 노출

기간이 길수록 예전 작업환경·유해물질 등을 조사하는 것이 불가능할 때가 많다. 이 경우 재해 노동자 또는 동료의 진술이 중요한 단서가 된다. 근로복지공단도 객관적인 증명이 불가능하기에 노동자 진술에 중요한 의미를 둘 수밖에 없다는 점을 명심해야 한다.

7. 산재신청은 생각보다 간단하다. 직업성 암과 관련한 산재신청을 제대로 준비하려면 많은 노력이 필요하다. 그러나 산재신청 서류는 (원발성) 폐암 진단서 하나면 사실상 가능하다. 조사가 복잡하고 판정이 오래 걸리는 것은 차치하더라도 신청서류가 복잡하지 않다. 요양급여 청구서와 진단서 또는 요양급여 소견서를 제출하면 된다. 조사와 서류확보는 공단과 전문조사기관이 담당할 몫으로 넘길 수 있다.

8. 대리인이 반드시 필요하지는 않다. ①2009년 이전에 석면이 포함된 제조공정에서 10년 이상 종사한 경우 ②석면 광업·선박 수리업에서 직업적 석면 노출이 10년 이상인 경우 ③탄광부·용접공·석공·주물공·도장공에 10년 이상 종사한 경우 발생한 폐암은 근로복지공단에서 전문조사를 생략하거나 절차를 간소화해 보다 쉽게 산재로 승인된다. 또한 진폐증·규폐증 진단을 받거나 석면폐나 흉막반이 영상필름에서 보이는 경우 산재승인이 쉽다.

9. 산재인정 받은 사례는 많다. 대표적인 폐암 관련 직종은 용접공·스프레이 도장공이다. 또한 광업·석재가공업·요업·채석업·레미콘업·고무제조업·연탄제조업·페인트제조업·주물공장·도금공장·지하철·철도·정비수리업·건설업(보온공·용접공·착암공·발파공·덕트 설치공 등)이 대표업 종이다. 이 밖에 연탄구이집 노동자·환경미화원·마필관리사·반도

체 노동자처럼 다양한 사례가 있다. 노동자가 이러한 직종과 업종에 종사 한 경우 발병한 폐암은 직업병으로 의심하고, 산재신청을 해야 한다.

(2020.03.30.)

산재재심사 청구 시 유의해야 할 몇 가지

노동자 산업재해 불승인사건의 사실상 종착지는 산재재심사위다. 산재재심사위는 2019년에 3,462건을 처리해 525건(15.16%)을 취소했다. 2020년에는 8월 말까지 3,098건을 처리해 279건(9.01%)을 취소했다. 2018년 6월 〈산재보험법〉 개정으로 위원 수가 기존 60명에서 90명(2020년 현재 88명)으로 증가했고, 위원 구성도 많이 바뀌었다. 그럼에도 법리적 타당성에 근거한 심리 판단이 미흡한 면도 있다. 행정심판위원회로서 산재재심사위를 제대로 활용하는 방법에 대한 이해가 필요하다.

일단, 근로복지공단 지사와 산재심사위의 모든 자료를 정보공개 청구해야 한다. 그리고 다시 내용과 증거를 제출해야 한다. 대부분 대리인이나 노동자들이 질판위 사건을 다투면서 위원별 심의의견을 정보공개 청구하지 않는다. 산재재심사위는 당사자 제출자료, 원처분 지사 의견서 등 일부 자료와 심사관이 작성하는 사건 개요서를 근거로 판단한다. 특히 재심사 청구 시 최초 청구 및 심사청구 시 제출했던 자료를 다시 정리해 이유서와 증거로 모두 제출하는 것이 좋다.

둘째, 재해자나 대리인이 집중적으로 제기해야 할 부분은 원처분 판단에서의 사실인정 부분과 법리판단 부분이다. 전자에 대해서는 지사의 조사가 무엇이 잘못됐는지, 증거나 진술 채택에서 위법·부당한 점이 무엇인지 지적해야 한다. 산재재심사위가 2019년부터 증거조사 신청을 수용하기로 한 만큼, 재해자나 대리인이 이를 적극적으로 활용해야 한다. 또한 원처분에서 의학적 판단이 미흡하거나 필요한 검사를 하지 않았다면 특별진찰을 요구해야 한다. 특히 법리판단을 할 때 원처분 지사 판단의 위법성이 무엇인지를 구체적으로 제시하고 설득해야 한다. 이 경우 공단 지침, 동일 유사 심사결정례, 재결례 등을 기반으로 삼아야 한다. 다만 산재재심사위 법리 사건을 담당하는 위원 대부분이 변호사라는 점을 참고해야 한다. 즉 자신의 산재신청 사건과 유사한 법원 판결이 있을 때 이를 근거로 설득해야 한다.

셋째, 대부분 근골격계질환 사건이나 외상사고에서 상병의 불일치 또는 미인지 사건이 많다. 가령 회전근개 파열이 없거나 추간판 파열이 뚜렷하지 않은 사안이다. 이런 사건은 영상의학과 전문의와 해당과 의사가 동시에 판단하고 있음을 참조할 필요가 있다. 이 경우 필요한 검사를 했는지 살펴보고, 충분한 의학적 검사가 진행됐다면 이를 보충하는 주치의 소견을 구체적으로 제시할 필요가 있다. 또한 대학병원 해당과 전문의 또는 영상의학과 전문의에게 상병이 인지된다는 구체적인 소견서를 추가로 발급받아 제출해야 할 수도 있다.

넷째, 뇌심장 질환 사건 대응이다. 일단 원처분 조사를 할 때 업무시간 등을 공단 지침에 부합하게 조사했는지를 면밀히 반박해야 한다. 산재재심사위 심사관들은 기존 질판위 또는 원처분지사, 산재심사위 등에서 현출된 자료만을 취합하고 정리할 뿐이다. 능동적으로 추가조사를 하는 경우가 드물다. 막연히 질판위의 위법성을 주장할 것이 아니라, 공단과 질판위의 조사가 무엇이 잘못됐는지 공단 지침을 근거로 구체적으로 제시해야 한다. 추가조사 필요성이 큰 경우 '증거조사 신청서'를 작성·제출해, 공단 지사의 조사 미진사항을 부각해야 한다. 또한 질판위 소수의견이 있다면 구체적으로 첨부해 제시해줘야 한다.

다섯 째, 근골격계질환 사건 대부분은 상병 발생 이전의 업무력에 대한 조사·판단이 부족해서 불승인된다. 공단의 심의 조사과정을 보면, 재해자의 상병 발생 당시 업무공정 등에 대해서는 조사가 돼 있지만, 상병 이전의 업무력에 대해서는 그렇지 않은 경우가 많다. 재해자의 업무종사 기간 전체를 다시 분석하고, 상병 발생 이전에도 부담업무가 있었다면 이를 정리하고 주장해야 한다. 근골격계질환 판단은 직업환경의사 위원들이 심의하고 있어, 이 부분을 가장 중요한 판단 요소로 삼고 있다. 공단 촬영 영상을 검토하고 부실하다면 직접 촬영해 제출하는 것도 방법이다. 또한 근골격계질환은 재해 당사자가 직접 출석해서 설명하는 것이 보다 유리하다는 점을 인식해야 한다.

여섯 째, 대부분 장해급여 사건이 기각되는 이유는 판단 대상이 없기 때문이다. 기능장해 여부가 대부분의 쟁점인데, 재해 노동자가 출석하지 않으면 다친 부위의 운동 각도를 측정할 방법이 없다. 심리 회의에 나오지 않는다면 원처분을 유지할 수밖에 없다. 또한 운동 각도가 쟁점인 사건에서 재해자가 주치의가 측정한 각도보다 운동 각도가 적다고 주장하면 신뢰성을 의심할 수밖에 없는 점에도 유의해야 한다. 나아가 타인이 운동 각도를 측정하는 것이 아닌, 스스로 운동 각도를 보여줄 때는 보다 명확한 의학적 자료와 근거를 제출해야 한다.

전략과 방법을 세우는 것보다 중요한 것은 진술이고, 최선을 다하는 모습이다. 청구서만 던져놓고, 사망 사건인데도 대리인이 심의에 참여하지 않거나 유가족조차 심의회의에 보내지 않는 일부 사건을 볼 때 여전히 답답하고 안타깝다. (2020.11.30.)

산재소송의 이론과 실제 (1)

산업재해 사건 피해자들은 예기치 못한 재해로 절박해질 때가 많다. 쟁송을 신중히 선택하지 못해 돌이킬 수 없이 큰 피해를 당하는 경우가 많다. 산재로 불승인된 사건은 치밀하게 유불리를 따져본 후 대응 방법을 선택해야 한다. 재해 노동자와 유족이 알아야 할 산재소송의 특징과 과정, 방법을 살펴보고자 한다.

첫째, 쟁송 방법 문제다. 일반적으로 불승인처분을 내린 근로복지공단에 문제를 제기하는 방법은 심사청구(산재심사위)와 재심사청구(산재재심사위)다. 특별행정심판 절차다. 이미 고용노동부와 근로복지공단 지침상 불승인이 예상되는 사건은 바로 소송을 제기하는 게 낫다. 실제 심사청구와 재심사청구를 거친 사건보다 전심절차를 거치지 않은 사건의 승소율이 더 높다. 전심절차가 오히려 소송을 포기하게 하는 역기능을 한다는 사실에 유의해야 한다.

이 밖에 감사원에 심사청구를 할 수 있다. 다소 시간이 오래 걸리지만 법원 판례가 형성된 사건에서는 유용한 수단이다. 원처분 공단 지사의 중대한 절차상 흠결이 존재할 경우 이의신청 또는 재청구를 해서 다시 처분을 요구할 수 있다. 공단이 수용해야 할 강제력은 없지만 소송자료 확충을 위해 국민익위원회에 진정을 제기할 수 있다.

둘째, 소송 실익 문제다. 소송이 1심에서 종결되는 경우는 많지 않다. 2심 소송까지 지불해야 할 비용(경제·시간적 비용)과 승소 시 얻을 수 있는 이익을 비교해야 한다. 변호사 선임비용은 승소 시 모두 돌려받지 않고 대법원 규칙(변호사 보수의 소송비용 산입에 관한 규칙)에 의해 계산된 금액만 돌려받는다. 산재소송가액은 5,000만 원이므로, 심급당 330만 원 정도(감정비 별도)를 돌려받을 수 있다. 다만 공단은 변호사가 아닌 지역본부 송무부 직원이 수행하는 소송이므로, 패소하더라도 변호사 비용 부담이 없다. 이 경우 주의해야 할 부분은 선임비용이 아니라 승소 시 성공보수 과다 문제다. 최소 15% 내지 30%로 책정되는 성공보수가 일시금으로 환산하면 얼마인지 명확히 알아야 한다.

셋째, 승소 가능성 문제다. 공단 패소율은 2015년 11.3%, 2016년 11.1%였다. 2016년 620건의 취하사건(소취하율 33%) 중 실질적인 공단 패소사건이 348건임을 감안하면, 공단의 실질 패소율은 29.6%다. 평균

10건 중 3건 정도는 승소가 가능하지만 사안에 따라 가능성이 1% 이하일 수도 있다. 불승인처분에 어떤 문제가 있는지, 당해 사건이 소송을 제기할 만한 법리가 형성된 사건인지, 의학적 감정에 따라 결과가 달라질 수 있는 사건인지, 증거신청 등으로 원처분 판단의 위법성을 증명할 수 있는지, 회사와 증인의 조력은 가능한지 분석해야 한다. 대법원에서 완고하게 패소하는 사건(가령 간암과 과로 스트레스와의 인과성 문제)은 새로운 법리를 형성하고자 하는 의도가 아니면 포기해야 한다. 언론에서 보도되는 사건은 거의 모두 승소하는 사건 위주다. 동일한 질환과 케이스더라도, 소송은 각 개별 사건을 판단하는 것임을 명심해야 한다. 결국 기존 사건은 모두 단순한 참고사항이며, 새로운 사건에 대한 도전임을 알아야 한다.

넷째, 대리인 선임 문제다. 통상 질병과 사고로 인한 재해 특성상 '나 홀로 소송'은 사실상 어렵다. 재판부에서도 의학적 증거절차 등을 위해 변호사를 선임하기를 바라는 경향이 있다. 공인노무사나 변호사도 산재 분야 전문가가 되기 위해서는 5년 이상의 공부와 경험이 필요하다.

결과적으로 산재소송의 특수성으로 인해 대리인 선임은 필수적이지만 주의해야 한다. 소송을 맡을 변호사(사무실)의 경험·능력·열정을 확인해야 한다. 즉 산재소송 경험이 풍부한지, 공단 실무와 법원의 차이를 정확하게 꿰뚫는지, 사건을 면밀히 분석하는지, 과다하게 승소 가능성을 이야기하지는 않는지, 입증계획 등을 고민하는지, 특히 진료기록감정은 어떤 방식으로 진행할지, 소송에서 당사자와 어떻게 소통하고 교류할 것인지를 주의 깊게 살펴봐야 한다. 착수금 없이 소송하거나 사무장이 단독으로 소송하는 방식은 경계해야 한다.

무엇보다 당사자의 의지가 중요하다. 소송은 대리인이 수행하지만 무조건 맡기고 본다는 태도는 바람직하지 않다. 소장·준비서면·사실조회나 진료기록감정서·증인신문사항 등 각 증거신청 서류를 면밀히 살펴보고, 끊임없이 변호사(사무실)와 소통해야 한다. '알아서 잘할 거야'라고 착각하지 말고, '소송도 내 문제'라는 생각과 의지로 발 벗고 나서야 한다. 소송은 간절하고 절박한 산재 사건을 다툴 수 있는 마지막 기회이기 때문이다. (2017.10.10.)

산재소송의 이론과 실제 (2)

산업재해 소송은 대부분 요양급여 또는 유족급여 청구 불승인과 관련한 사건이다(그 밖에 장해급여·적용징수가 있다). 일단 요양급여 또는 유족급여 청구사건 중 업무상사고 사건을 위주로 기술한다.

소송의 가장 큰 부담은 산재인지 아닌지 증명할 책임이 주장하는 자에게 있다는 것이다. 산재소송은 바로 여기에서 출발한다. 일단 산재가 왜 인정되지 않았는지 냉철히 분석한다. 심사 청구를 했다면 산재심사위, 재심사 청구를 했다면 산재재심사위에 정보공개를 신청해야 한다. 관련 자료 일체를 받아 불승인된 사유와 내용을 위주로 살펴보자. 사실관계 판단 차이인지, 증거 판단이 잘못됐는지, 법리 해석 차이인지를 면밀하게 분석할 필요가 있다.

근로복지공단은 재해조사서(요양급여사건) 또는 중대재해조사복명서(유족급여사건)라는 양식으로 사건조사 내용을 기재한다. 재해조사서 또는 중대재해조사복명서에서 사실관계를 제대로 파악하는지, 틀린 부분이나 오류가 있는지부터 검토하자. 필요 사항을 조사했는지, 회사에서 제출되거나 문답된 내용에 오류가 있는지를 기타 관련자 조사서와 확보된 자료에서 살펴야 한다.

업무상사고의 경우 사건 유형이 무엇인지부터 보고 소송을 이해해야 한다. 〈산재보험법〉 제37조에 규정된 업무상재해 중 업무상사고는 △업무수행 중 사고 △시설물 결함으로 인한 사고 △출퇴근 중 사고 △휴게시간 중 사고 △출장 중 사고 △행사 중 사고 △회식 중 사고 △요양 중 사고 △타인의 가해행위로 인한 사고 △노조활동 중 사고 △자살 사고 등으로 구분할 수 있다.

일단 사고성재해는 자살 사고 외에는 의학적 판단 문제가 아니라는 사실을 인식해야 한다. 사실관계에 대한 증명과 법률 해석·판단 문제로 귀결된다. 유·불리 사실에 대한 분석과 확정, 이로 인한 법리 적용 가능성 문제로 인식하고 접근해야 한다.

둘째, 공단과 법원의 판단 기준 차이를 알아야 한다. 업무상사고의 경우 공단은 여러 지침(업무상재해 판단 관련 업무지시, 요양팀-1939, 2009년)을 비롯해 유형별 사고에 관한 지침·지시를 두고 있다. 사건 유형별로 판단하는 공단의 지침 세부 기준이 무엇인지, 조사항목은 무엇인지, 판단 경향은 무엇인지를 먼저 법원 판례와 비교하자.

셋째, 증거신청을 통한 사실관계 확정이 필요하다. 산재신청과 심사 청구 및 재심사 청구 과정에서는 법률상 증거신청제도가 기능하지 않는다. 그런데 법원에서는 판사 재량에 따라 이를 허용한다. 최대한 판사 심증을 넓힐 수 있도록 증거신청을 통한 사실관계의 오류를 바로잡고, 증거를 확보하는 과정이 필요하다. 사업주에게 사실조회 신청을 하는 것이 가장 효과적이다. 그 밖에 증인신문이나 문서송부촉탁 신청이나 문서제출명령 신청을 통해 관련 문서를 확보해야 한다.

넷째, 증거 신청을 통한 사실확정과 더불어 법리 해석 가능성을 염두에 둬야 한다. 즉 하나의 사고도 여러 범주의 재해에 포함될 수 있다. 예컨대 노동자 A가 회사 출근 이후 사내에 설치된 차량판매센터를 다녀오다 사고를 당했다. A는 산재를 신청했지만 사적 목적으로 이동하다 다친 것이므로 업무와 무관한 재해라며 불승인됐다. A는 이 사건에서 출근 이후 부서장 허가를 얻어 회사에 등록된 자전거를 타고 오다 당한 사고였으므로 (사내) 통근 중 재해(통상적인 경로와 방법), 휴게시간 중 재해(통상적이고 정형적인 사내활동), 업무준비 중 재해(업무 복귀를 위한 행위)라고 주장했다. 최종적으로 이를 포괄해 업무준비 중 재해로 판단됐다(대법원 2017. 11. 09. 선고 2017두55404 판결).

다섯째, 증거와 법 논리 그리고 이를 담은 서면이 핵심이다. 사실관계 확장 또는 증명을 통해 법리 적용이 가능한 논리를 담아 준비서면을 내고 증거를 제출해 판사를 설득하는 과정이 뒤따라야 한다. 변론기일 전 통상 5일 전에 제출해 판사가 미리 준비서면을 볼 수 있도록 하는 것이 좋다. 피고 답변서에 추가적인 반론이 필요할 경우 변론이 종결된 이후라도 대응(참고서면)을 멈추지 말아야 한다.

산재소송의 가장 큰 행운은 좋은 판사를 만나는 일이다. 그러나 그건 쉽지 않다. 이런 행운을 기대하기보다 노동자와 그 가족은 오히려 본인의 산재소송이 어떻게 이뤄지는지 자세히 알아야 한다. 　(2017.12.04.)

업무상질병 산재소송의 이론과 실제

2020년 질판위 불인정(일부 인정 포함) 사건 7,474건 중 불과 23.3%만이 심사청구 및 재심사청구를 제기했다. 산재재심사위에서 기각되면 이미 2~3번이나 불승인 판정을 받은 절망적 상황이기에 거의 대부분 소송을 포기한다. 경제·정신적으로 가장 많은 피해를 초래하는 것은 업무상질병 불승인이다. 이를 해결할 마지막 관문이라고 할 수 있는 행정소송과 실무적 대응 방법에 대한 이해가 필요하다.

우선 판정기관별로 업무상질병의 판단 기준이 다르다는 점을 인식하는 것이 중요하다. 근로복지공단과 산재재심사위는 고용노동부 산하 소속기관이기에 판단의 방식이나 기준이 비슷하다. 그러나 법원 은 고용노동부의 고시나 공단의 지침 등에 구속되지 않는다. 이로 인한 차이는 생각보다 크다. 2020년 공단의 소송상황 분석보고서를 보면, 보험급여에 대해 2,228건의 소송이 신규로 제기됐다. 이 가운데 확정 된 1,842건 중 공단이 패소한 사건은 247건으로, 패소율은 13.1%다. 다만 소송 중 취하된 사건 가운데 산재인정 취지로 처분을 변경한 사건은 386건이다. 이를 반영하면 공단의 실질 패소율은 33% 정도다. 소송 상황을 종합하면, 업무상질병 및 이로 인한 사망사건의 경우 공단 패소율은 매우 높다. 이런 차이를 인식하고 불승인 처분에 대응하는 것이 필요하다. 무조건 공단과 산재재심사위의 처분에 승복하는 태도는 바람직하지 못하다.

둘째, 뇌심장질환 및 유족(사망) 사건의 경우 사건은 공단의 패소율이 특히 높다는 것을 알아야 한다. 조정 취하사건을 반영하지 않더라도 뇌·심장질환의 경우 공단 패소율은 2020년 21.5%, 2021년 8월 18.4%다. 사망 사건인 유족급여 소송사안은 2020년 25.3%로 다른 사안에 비해 공단 패소율이 높다. 이런 이유는 공단과 산재재심사위가 고용노동부 고시(2020-155)를 예시적 기준이 아닌 사실상 절대적 기준으로 적용하기 때문이다. 이와 달리 법원은 고용노동부 고시를 대외적으로 국민과 법원에 대한 구속력이 없는 내부 지침이나 행정규칙에 불과하다고 일관되게 판단한다.

따라서 기초적 사실관계 판단이 달라질 수 있는 사안, 업무시간 계산에 오류가 있는 사안, 고시 기준에 근접한 사안, 돌발적 상황 및 이로 인한 스트레스에 대한 판단이 부재한 사안, 복합가중 요인에 대한 판단이 부재한 사안, 단기과로 해석의 오류가 있었던 사안, 질판위 또는 산재재심사위 소수의견이 기재된 사안, 정신적 긴장이나 스트레스에 평가가 없었거나 낮았던 사안 등은 행정소송 제기를 고려해볼 수 있다.

셋째, 소송 시 증명책임은 원고(노동자)에게 있기에, 공단 처분의 법·의학적 판정 근거를 깨뜨리기 위해 적극적으로 증거신청을 해야 한다. 사측이나 제3의 기관(부검기관이나 경찰 등)에 대한 사실조회 또는 문서송부 촉탁신청, 유리한 증인이 있는 경우 증인신청, 필요하다면 원고 본인이 증인이 될 수 있는 당사자 증인신문 등을 요청해야 한다.

가장 중요한 것은 업무관련성을 증명하기 위한 진료기록 감정이다. 대부분의 산재 노동자·유족은 직업환경의학과에 진료기록 감정신청을 한다. 진료기록 감정을 위해 사실조회나 문서송부 촉탁신청을 해서 추가 증거나 자료를 수집하고, 충분한 자료가 확보되기 전까지 진료기록 감정을 미루는 것이 좋다. 통상 공단 소송수행자는 과로성 재해 사건에서도 직업환경의학과의 감정을 배척해달라고 요구하고, 일부 재판부는 이를 수용하는 경우도 있다. 또한 근골격계질환의 경우 업무관련성에 대한 감정도 피고 소송수행자는 직업환경의학과가 아니라 정형외과나 신경외과에 감정을 요청한다. 변론 시 업무관련성에 대한 의학적 평가는 직업환경의학과 과목이라고 판사를 설득해야 한다. 부득이 판사가 각각 진료기록감정을 명한 경우(원고는 직업환경의학과, 피고는 신경과·심장내과 등) 피고의 진료과에 대한 의견서와 질의서를 적극적으로 제출해야 한다. 직업성 암 사건에서는 전문조사 보고서의 문제점을 면밀히 분석한 준비서면을 제출하거나, 전문조사기관인 산보연·직업환경연구원 등에 사실조회 신청을 해 역학조사의 문제점을 부각한 이후 진료기록감정을 하는 것이 좋다. 실제 소취하로 산재가 인정된 사건 대부분은 유리한 감정결과를 반영한 사건이다.

넷째, 산재소송은 '나 홀로 소송'이 어렵기에 좋은 대리인을 만나는 것이 중요하다. 과다한 광고와 선례로 현혹하는 대리인을 경계하고, 차분하고 종합적으로 산재 사건을 분석하고 대응할 수 있는 능력이 있는지 직접 만나 따져 봐야 한다. 이를 위해 공단의 사실조사에서 어떤 문제점이 있는지, 공단 처분의 근거와 지침이 어떤 문제가 있는지, 법원 판례가 무엇이고 이 사건에 적용 가능한지, 소송 시 어떤 계획으로 증명할 수 있는지 등을 면밀히 듣고 신중히 선임해야 한다. 좋은 판사를 만나는 것은 운이지만, 좋은 대리인을 만나는 것은 노력이 필요한 문제다.　　　　　　　　　　　　　　　　　　　　(2021.12.17.)

PART

02

산재 사건을
말하다

산재 사건을 말하다

사건을 기고로 쓴 이유는 사건 자체에 중대함이 있을 뿐 아니라 그 사건 자체에서도 〈산재보험법〉의 여러 문제와 한계를 드러낼 수 있었기 때문이다. 산재 사건의 특징 중 하나는 비슷한 사건은 있어도 동일한 사건은 없다는 것이다. 또한 산재는 노동자의 몸에 새겨진 질병과 장해, 그리고 사망이다. 그래서 산재는 노동자의 온 삶과 그가 맺어온 사람들의 관계를 드러낸다. 그리고 죽음 이후 가족의 남겨진 고된 삶이 있다. 산재 사건을 진행하다 보면 사고와 질병을 넘어 삶과 가족과 사람에 대해 질문하게 된다. 필자가 기고로 남긴 사건은 모두 간접적으로 간여했거나 직접적으로 대리한 경우다. 그중 산재가 인정된 사건도 있고 그렇지 않은 사건, 다시 신청해서 인정된 사건도 있다. 크게 10개의 사건 모두 많은 이의 눈물과 고민, 그리고 투쟁이 담겨 있다.

2011년에 기고한 고(故) 김주현의 자살은 알려진 삼성전자의 직업성 암 등 직업병 분야와 달리 삼성의 노무관리 실체를 여실히 보여준

사건이었다. 유족이 삼성과의 합의 이후 산재신청은 더 이상 진행되지 않았다. 현재는 장시간 노동과 유해한 작업환경이 삼성만의 문제가 아닌 전자산업 일반의 문제임을 알 수 있다. 제니 챈·마크 셀던·푼 응아이가 쓴 《아이폰을 위해 죽다》(나름북스, 2021)에서도 서술했듯이, 10명 이상의 폭스콘 노동자가 폭압적 노무관리와 장시간 노동으로 자살했다. 한국은 OECD 1위의 자살국가로, 2021년에 1만 3,352명, 하루 36.5명이 자살했다. 노동자의 자살은 실로 여러 직종과 산업에 만연한 문제다. 경찰청 통계는 최소 500여 명 이상이 직장 내 문제로 자살한다고 본다. 그러나 산재신청은 1년에 50~70건으로 적다. 한국 노동자의 자살 원인은 제대로 규명되지 않고 있고, 보상도 미흡하다. 안타까운 현실이 지속되고 있다.

교대제와 수면장애가 법원에서 확정된 이후에도 이에 대한 산재신청은 미흡했다. 무엇보다 공단 지침이 이를 가로막았다. 지나치게 엄격한 진단 기준이 문제다. 현재 공단은 '일주기 리듬의 교란 여부를 파악하기 위해 최소 2주 이상의 수면일지와 수면기록 제출을 요구'한다. 이를 어렵게 마련해서 산재를 신청하더라도 "오랜 교대제에 적응했기에 업무 관련성을 인정할 수 없다"라는 불승인 처분도 있었다. 이에 수면장애가 산재로 인정된 케이스는 손가락으로 꼽을 정도다. 야간근무자와 교대근무자의 20% 이상이 수면장애로 어려움을 호소한다. 공단이 수면장애 진단의 인정요건을 완화하거나 특진 등의 방법을 도입하지 않는다면, 수면장애가 노동자의 공인된 직업병으로 정착하기는 어렵다.

삼성 백혈병 산재 사건은 오랜 과제였다. 1차 소송은 공단이 상고를 포기했고, 결국 황유미 씨와 이숙영 씨가 백혈병으로 사망한 일은 산재승인을 받았다(서울고법 2014. 08. 21. 선고 2011누23995판결). 필자는 1차 소송을 담당한 변호사, 노무사 6인 중 한 명이었다. 주된 담당은 법리와 판례분석과 대응이었다. 소장을 제출하기 전 10여 차례 회의했고, 당시 백혈병과 비호지킨림프종으로 법원에서 검색 가능한 41건의 판결문을 일주일간 분석했다. 법원의 기존 판결문을 분석해보니, 전자산업이나 반도체는 사례가 없었지만 인정요건을 완화하거나 백혈병 등을 적극적으로 인정해준 판결이 있었다. 준비회의에서 판결문 분석을 발표했을 때, 우리는 한번 해볼 수 있다는 자신감이 조금 생겼다. 5년 이상 무보수로 행정소송을 열심히 참여해준 다섯 명의 소송단원의 노고도 있었지만 피해 당사자와 그 가족들, 그리고 반올림, 수많은 시민과 전문가의 도움 덕분에 길이 열린 것이다. 논란이 된 "'삼성전자 반도체 등 사업장에서의 백혈병 등 질환 발병과 관련한 문제 해결을 위한 조정위원회'의 조정권고안"은 2018년 11월 중재형식으로 합의되어 일단락되었다. 황유미 씨가 사망한 2007년 3월로부터 10년이 넘게 오랜 투쟁이 이어지면서 한국 노동자의 직업성 암 문제가 새롭게 조명되었고, 적지 않은 제도적 변화가 가능했다.

〈철도 기관사 K에게〉도 가슴 아픈 사건을 다룬다. 결국 대법원에서 기각되었고, 그날 선고를 법정에서 듣고 충격받아 필자는 집에 가서 소주를 마시고 뻗었다. 불승인된 사건을 맡아 소송에서 뒤집기 위해 노력했다. 대법원에서 2년 반 계류되어 파기환송을 기대했다. 이 사건은 여러 언론에서 보도되었는데, 사건의 이면을 알고 싶다는 《한겨레21》이

경미 기자님의 전화를 받았다. 이 기자님 덕분에 대법원의 자살과 관련된 판결문들을 구해서 철저하게 분석했다. 이후 기고에 언급된 불승인된 기관사 노동자의 자살을 법원에서 산재로 인정받을 수 있었다. 대법원 판결이 있던 날, 그 소식을 노동자 형님에게 전했다. "괜찮다고, 노무사님 수고해주신 거 다 안다고" 수년간 동생의 간병을 맡아서 힘겨운 삶을 이어온 가족들은 오히려 나를 위로했다. 눈물 섞인 소주를 마셨지만 그 위로와 격려가 이후 다른 산재 사건을 진행하는 데 밑거름이 되었다.

세월호 사건은 아직도 가슴 아프다. 제대로 된 진상규명도, 사건의 원인도 밝혀지지 못했다. 세월호 사건 이후 필자는 우연히 고(故) 이지혜 선생님의 가족을 상담했다. 그때 가족들이 보여준 이 선생님과 학생들이 찍은 사진이 몇 달 동안 머리에서 지워지지 않았다. 당시 상담에서 기간제교사라 공무원 신분이 아니므로, 순직 처리는 세상이 바뀌거나 법이 바뀌지 않는 이상 어렵다고 답변해드렸다. 그런데 2017년 촛불 정권이 들어선 이후 문재인 전 대통령의 지시로 두 분의 죽음은 2017년 5월 순직인정이 되었다. 그리고 2018년 3월 20일에 제정된 〈공무원재해보법〉에 '공무수행사망자' 개념을 도입했다.

갑을오토텍 노동자의 산재는 결국 3번째 신청 후 산재로 승인되었다. 산재 사건을 맡으면서 많은 노동안전 활동가를 만나왔고, 강의와 상담을 했다. 당시 갑을오토텍지회의 사건 담당자는 안재범 노안부장이었다. 불승인된 기록을 검토해보니 문제가 많았다. 당시 유성지회와 더불어 노조파괴에 혈안이 된 사업장이었다. 논리의 근거를 마련하는 것은 노무사인 필자가 할 수 있는 연대의 표시였기에 이를 근거로 천안지사와 다시 싸워 승인을 받았다. 이 사건 전에도 그랬지만 안재범 노안부장은 지회뿐 아니라 지역에서도 모범적인 노안활동을 해오고 있다. 노안활동가들의 고충과 어려움은 상당하다. 활동가들이 힘에 부치지 않고 휴식과 재충전이 될 수 있는 세상은 과연 올 수 있을까. 오늘도 현장에서 열심히 노동안전 활동을 하는 노조 활동가들의 건투를 빈다.

메틸알콜 급성중독사건은 필자에게도 큰 충격이었다. 당시 현장에 가봤는데 전자산업 하청 노동자들의 노동환경이 너무나 열악했다. 〈산업안전보건법〉에 규정된 모든 것은 사문화된 현장이었다. 청년 노동자들은 어떤 교육도, 보호구도 지급받지 못했다. 이 사건의 산재신청은 김현주 교수님 부탁으로 담당했는데, 15년 이상 산재업무를 담당하면서 산재신청 당일 승인된 유일한 사건이었다. 그만큼 사회적 파장도 컸고, 노동자들의 희생이 많이 가슴 아팠다. 이 사건을 오랫동안 취재한 《오마이뉴스》 선대식 기자의 〈실명의 이유〉는 왜 청년들이 이렇게 될 수 밖에 없었는지에 대한 자세한 이야기를 싣고 있다. 2021년 민사소송이 마무리되어, 이제 세상에서 잊혀가지만 당사자들의 눈물과 고통은 끝나지 않았다.

한국사회는 이제 이주노동자의 노동 없이는 제대로 기능할 수 없다. 2020년 등록된 이주노동자는 114만 5,540명이며, 이 중 7,321명이 산재로 승인되었다. 미등록 이주노동자는 39만 2,196명이며, 457명이 산재로 승인되었다. 그러나 이런 산재발생률은 실제 산재를 반영하지 못한다. 대부분의 이주노동자는 명백한 외상사고로 크게 다치는 경우가 아니면 산재신청을 하지 못한다. 산재심사위 위원을 하면서 이주노

산재를 말하다

동자가 단속을 피해 도망가다가 사고가 발생하면 산재로 인정되지 못한다는 사실을 알게 되었다. 2018년 민주노총 노동자대회를 가보니 또 비슷한 사건에서 불승인된 사안이 있었고, 노동조합에서 서명을 받고 있었다. 그래서 이 사건을 분석해 기고했다. 2019년 3월 고용노동부는 〈불법체류자 단속 피신 중 발생한 사고의 업무처리요령〉을 마련해 시행했다. 사업주의 묵시적 지시로 인해서 도주 중 사고가 생기면 산재로 처리될 수 있도록 한 것이다. 하루빨리 이주노동자의 사업장 변경권이 인정되어야 하고, 5인 미만 농업·임업·어업·수렵업 중 비법인 사업주의 사업에서도 산재보험을 필히 적용해야 한다.

고(故) 박선욱 씨 가족을 처음 면담했을 때, 산재가 승인될 수 있느냐는 의구심이 컸다. 이 사건은 한국사회 간호사의 현실을 대변한다. 고인의 죽음 이후로 많은 토론과 촛불집회가 이어졌다. 그러나 입사 1년 만에 30%의 간호사가 그만두는 절망적인 상황은 여전히 해결되지 않았다. 오히려 최근에는 코로나19로 인해 간호 인력의 고통과 어려움이 커졌다. 이 사건이 산재로 승인될 수 있었던 것은 박선욱 공대위와 시민의 응원, 가족의 고귀한 노력이 있었기 때문이다. 이후 고(故) 서지윤 간호사의 자살도 산재로 승인되었다. 2019년 2월 14일 광화문 집회에서 연단에 올라 여러 이야기를 드렸다. 그리고 마지막에 이렇게 덧붙였다. "기억과 행동은 중요한 연대의 방법이라고 생각합니다. 오늘 우리가 박선욱을, 서지윤을, 기억하는 이 자리에 모인 것은 고인에 대한 가장 소중한 연대를 의미를 보여주는 것이 아닐까 합니다." 여전히 우리가 할 수 있는 가장 좋은 연대는 기억과 행동이다.

포스코 노동자들의 직업병 투쟁은 현재 진행형이다. 금속노조 포스코 지회와 직업성·환경성 암환자 찾기 119의 첫걸음이 중요했다. 담당했던 두 건의 폐암과 특발성 폐섬유화증이 산재로 인정되면서 노조를 포함한 여러 당사자의 자신감이 더욱 높아졌다. 그리고 포스코 자본의 말들은 진실이 아닌 것으로 드러나고 있다. 이 사건을 담당하면서 두 분이 가장 기억에 남는다. 한 분은 투철한 기자정신을 가진 포항 MBC 장성훈 기자다. 다큐멘터리 〈그 쇳물을 쓰지 마라〉를 만들었던 언론인이다. 이에 포스코에서 손해배상청구도 당했다. 그리고 이윤근 선생님(노동환경연구소 소장)이다. 〈그 쇳물을 쓰지 마라〉를 보면, 포스코에서 내부 고발자로 겪었던 고통의 눈물을 만나게 된다. 두 분의 노고와 노동조합 활동가의 헌신으로 조금씩 포스코 노동자들의 고통과 직업병이 밝혀진다. 아직도 가야 할 길이 멀다.

고 김주현 씨 사건으로 본 자살사건의 산재인정 기준 개선 과제

2011년 1월 3일 삼정전자 LCD사업부 탕정공장 기숙사에서 23세 여성 노동자가 18층에서 투신자살했다. 그리고 8일 뒤 아직 앞선 죽음의 장례식을 치르지 못한 상황에서 26세였던 김주현 씨가 같은 기숙사 13층에서 뛰어내려 자살하는 사건이 발생했다. 현재 20대 사망률 1위가 자살이라는 비정상적인 한국에서 자살 정신병과 치유, 그들을 자살로 이끄는 기형적인 사회구조, 기업의 노무관리에 대한 반성과 개선 없이는 젊은 노동자들의 죽음은 계속될 것 같아 안타깝다.

　김씨의 경우 전형적인 업무상재해, 즉 산재 요건에 부합한다는 사실이 드러났다. 일단 당초 근로계약에서 예정된 근로시간보다 상당히 긴 14시간을 노동함으로써 과로와 업무스트레스에 노출됐다. 입사 초기 다른 노동자들보다 업무에 능숙해지기 위해 보다 많은 주의와 노력이 필요했던 가운데, 방진복에 고인이 노출됐던 각종 화학물질을 차단하는 기능이 없어 자극성접촉성피부염이 발병해 업무에 종사하는 게 더 어려웠다. 2010년 9월에는 자재부서로 전보됐고, 전공과 무관한 업무·직상급자의 질책으로 상당한 스트레스를 받았다. 결국 스트레스로 인해 같은 해인 2010년 11월 '우울증' 진단을 받았다. 그러나 고인은 업무복귀 강제로 어쩔 수 없이 복귀해야 했고, 충분한 치료받지 못한 상황에서 정상적인 인식 능력이나 행위선택 능력을 극도로 제약했던 점 등으로 볼 때 〈산재보험법〉 시행령 제36조제1호 "업무상 사유로 발생한 정신질환으로 치료를 받았거나 받는 사람이 정신적 이상 상태에서 자해행위를 한 경우"에 해당되는 것으로 판단될 여지가 상당했다.

이 사건에는 큰 문제점이 있다. 이는 무엇보다 사업주의 비이성적 행태에 기인한다. 일단, 고인의 의무기록지를 보면 "2010년 9월 부서가 바뀌어서 업무가 바뀌고, 사람도 바뀌고 힘들다. 모든 걸 다 놔 버리고 싶다. 높은 곳에서 뛰어내리고 싶다"라는 등과 같은 전형적인 우울증의 증상과 표현이 나타난다. 복직면담 시 사내의사와 심리상담사가 이러한 상황을 충분히 주지하고 있었음에도 인사담당자는 이를 위한 적극적 조치를 하지 않았다. 즉 우울증 환자의 3분의 2가 자살을 생각하고 실제 10%가 자살을 기도한다는 것이 의학적 상식임을 감안하면, 회사의 복직결정 조치는 납득하기 어렵다.

둘째, 사망 직전 CCTV 내용을 보면 네 차례 투신시도가 있었고 2차 시도 시 방제요원들이 13층 복도창문에 앉아 있는 망인을 방에 데려다 놓고 1~2분 만에 철수하는 등 우울증 환자에 대한 보호조치를 하지 않았다. 또한 응급구조자격을 지닌 이들이 '〈정신보건법〉 제24조에 있어 정신질환자는 의사의 판단에 의해 즉시 입원치료가 가능함'에도 이를 위한 조치를 하지 않았다. 셋째, 사업주로서는 2개월의 휴직만 허용해 〈산업안전보건법〉에 따라 질병자의 근로를 금지·제한하는 규정에 위반하는 행위를 저질렀다.

관련 판례도 있다. 대법원은 "사용자는 노동자가 노무를 제공하는 과정에서 생명·신체·건강을 해치는 일이 없도록 물적 환경을 정비하고 필요한 조치를 강구할 보호의무를 부담하며, 이러한 보호의무는 실질적인 고용계약의 특수성을 고려해 신의칙상 인정되는 부수적 의무를 부담해, 고의 또는 과실로 이러한 보호의무를 위반함으로써 노무수급인의 생명·신체·건강을 침해해 손해를 입힌 경우 불법행위로 인한 손해배상책임을 부담한다"라고 판시했다(대법원 1997. 04. 25. 선고 96다53086 참조).

결국 사업주의 고의 과실로 인해 보호의무를 다하지 않아 노동자가 자살한 것은 민사상 불법행위뿐 아니라 형사상 업무상과실치사죄로 책임질 수도 있다. 김주현 씨의 사건처럼 회사에서 취업규칙과 급여명세서조차 공개하기를 거부한다면, 우울증으로 인한 자살 사안에서 노동자가 업무로부터 스트레스를 받았는지 입증하기가 어렵다. 한편으로 회사로부터 방해받을 수도 있다. 따라서 우울증이 업무로부터 유발된 것이 의학적으로 인정될 경우 이로 인한 자살은 업무상재해로 인정하고, 그에 대한 반증은 사업주가 하는 것이 마땅하다.   (2011.03.07.)

수면장애 판결로 본 노동안전보건사업의 과제

"예전 근골격계 투쟁을 처음 시작할 때 조합원들의 그 뜨거웠던 분위기를 느낄 수 있었네요." 2011년 '교대제와 수면장애 설명회'에 참석한 분의 이야기다. 많은 산재 사건을 접하고 판결에 익숙해지다 보면 어느덧 모든 산재 사건의 판단 기준이 기존의 판례와 근로복지공단의 실무인정 기준이 된다. 예를 들어 과거에는 근로복지공단에서 인정해줬지만 지금은 대법원에서 부정하는 '추간판팽윤', 과거에는 공단이 인정하지 않았지만 대법원이 인정해주다가 지금은 부정하는 과로·스트레스로 인한 '간암' 등이 있다. 당해 상병에 대해 산재로 새롭게 접근할 엄두조차 내지 못하는 것이 사실이다.

그런 측면에서 2010년에 있었던 수면장애 상병의 업무상질병 인정 판결(서울행정법원 2010. 12. 22. 선고 2010구단4400 판결)은 최초 사례라는 의의를 떠나 재해 노동자가 당해 상병을 '교대제로 인한 업무상질병'으로 인식하고 또 고군분투해 인정받았다는 점에서 대단히 중요하다. 주변 모두가 '그게 무슨 문제냐. 너만 잠을 못자는 것이 아니다, 그게 왜 산재냐. 과연 인정해주겠냐'라는 선입견에 휩싸여 있을 때 노동자가 업무 중 발생한 것은 산재가 될 수밖에 없다는 생각 아래 노력해서 결국 획기적인 사안을 만든 것이다.

이미 산업의학 등 학계에서는 교대제가 노동자의 건강권에 미치는 영향에 대해서는 생체리듬을 혼란하게 하는 것뿐 아니라 정신적 긴장 야기·행복감 감소 생리적 기능 이상·피로감 증가·불면증·과다수면·소화기 장애·심혈관계 질환 등 각종 건강 이상에 대한 영향이 연구된 바 있다. 또 멜라토닌 생성이 억제돼 유방암·대장암 등 유병률이 증가한다는 보고도 있다. 대표적인 연구결과에 따르면 교대제가 수면 장애·스트레스 호소율·삶의 질·정신건강 척도에서의 불안호소 등에 영향을 준다고 나타난다(교대근무가 건강에 미치는 영향, 대한산업의학회지 제14권 제3호). 수면장애 중 일주기 리듬 수면장애에 대해서는 '야간근무자와 교대 근무자들은 약 25%가 일주기리듬 수면장애를 겪는 것으로 추정된다'며 신경정신의학에서도 교대근무와의 관련성을 인정한다(신경정신의학제2판, 대한신경정신의학회). 당시 판결을 계기로 금속노조는 '야간노동과 수면장애 조사사업'을 주요 과제로 설정해 실태조사를 추진했으나 본 사건은 단일 '산별노조' 단위에서도 해결하기 어려운 과제였다.

금속노조라는 산별노조뿐 아니라 교대제 노동자가 대다수를 차지하는 보건 및 의료·화섬·운수 등 각 산별단위에서 공동으로 실태조사가 진행돼 노동자의 심각한 건강상태를 부각시키는 것이 필요하다. 또 현재 '30%의 정량적 근무시간 여부로 뇌심혈관계질환의 업무상질병을 판단하는 공단의 기준'에 반박하기 위해서라도 교대제가 뇌심혈관계질환에 미치는 영향 또한 다각적으로 분석·연구돼야 한다. 그리고 수면장애 상병이 진단되더라도 현행 〈산재보험법〉에 판단 기준이 없는 점, 이에 대해 산업보건 기준에 관한 규칙 중 제282조 '직무스트레스에 의한 건강장해 예방 조치'만이 형식적으로 규정된 점 등 입법적인 개선도 필요하다.

사업장 단위에서는 교대제 수면장애 관련 교육뿐 아니라 심리상담의 검진항목 추가, 교대제 노동자 보건지침 설정, 수면장애 노동자의 전환배치 등이 필요하다. 수면 장애가 실태조사를 통해 진단이 될 때 집단적 산재신청 및 소송을 통해 공단의 불합리한 산재인정 기준을 폭로하고 투쟁해야 할 과제도 있다. 또 '45세 이상의 노동자는 주간근무만 시행'(공공노조 경북대병원분회), '주간연속 2교제의 실시'(금속노조 두원정공지회) 등 현장의 모범적인 사례를 참조해 익숙한 관행과 결별해야 한다.

언젠가 한 노동안전 활동가 한 분이 했던 말이 생각난다. "모든 노동자의 질병은 산재다." (2011.04.04.)

근로복지공단 삼성 백혈병 판결 항소 이유 유감

근로복지공단은 2011년 삼성전자 백혈병 피해자·유가족과 면담하고 삼성백혈병 1심 판결 항소에 대해 "전문가 의견수렴 등을 거쳐 결정하겠다"라고 약속했다. 그러나 이를 이행하지 않고 항소를 제기했다. 절차적인 과정은 차치하고, 공단이 검찰에 보고한 '항소제기 의견서'에 드러난 항소이유에 대해 문제점을 지적하고자 한다.

공단의 '항소제기 의견서'에는 크게 2가지 문제가 있다. 첫 번째는 '상당인과관계론'이라는 〈산재보험법〉의 핵심에 대한 것이다. 공단은 삼성 백혈병 사건에 대한 법원 판결에 대해 "근로자로서 재직 중인 시점이 있었음과 이 사건의 상병 발병한 사실이 있음을 이유로 사적영역에 의한 상병까지 인정하라는 것에 다름 아니다"라고 법원의 판단을 왜곡해 그 가치를 절하시키고 있다. 또 공단은 "법원이 유해물질이 구체적으로 무엇이고 노출량도 제대로 판단하지 못한 채 그 입증의 추단도 명백히 업무상질병으로 인정될 정도의 상당인과관계를 의미하는 점을 원심 법원이 도외시한 것"이라고 주장했다.

현행 〈산재보험법〉 제37조 제1항 단서에는 업무(업무적요인)가 재해 발생에 어느 정도 기여할 경우 업무상재해로 포함될 수 있는가에 대해 일단의 규정을 둔다. 법원은 "인과관계는 반드시 의학·자연과학적으로 명백히 증명해야 하는 것이 아니라 규범적 관점에서 상당인과관계의 유무로 판단되어야 한다"(대법원 2011. 06. 09. 선고 2011두3944 판결), "입증의 방법 및 정도는 반드시 직접증거에 의해 의학·자연과학적으로 명백히 입증해야만 하는 것은 아니고 간접사실에 의해 일정한 개연성이 추단될 정도로 입증되면 족하다"(대법원 1997. 11. 14. 선고 97누13573 판결)라고 규범적 판단임을 일관되게 판시해왔다.

공단은 상당인과관계에 대해 "명백히 업무상질병으로 인정될 정도의 상당인과관계를 의미한다"라고 의견서에 여러 차례 명시한다. 하지만 '명백함과 상당인과관계'는 개념상 모순이다. 공단의 주장은 판례 및 학설상 상당인과관계론인 "질병에 다수의 원인이 경합할 때 업무가 타 원인과 함께 질병의 공동원인으로 평가받을 경우 상당인과관계가 있다고 보는 공동원인설"과도 배치된다. 공단의 입장처럼 '명백한 상당 인과관계'가 인정될 수 있으려면 "질병에 대해 업무가 가장 유력하고 결정적인 원인으로 평가될 때만 업무와 질병 사이의 상당인과관계를 인정해야 한다"라는 '최유력원인설'에 기초할 수밖에 없다. 이는 현재 보다 업무상재해의 인정 범위를 좁히자는 것이다.

두 번째는 산재보험 제도의 영역설정을 보는 문제다. 항소제기 의견서에는 '업무상질병에 대한 〈산재보험법〉의 관점'이라는 제목 아래 공단이 산재보험 제도를 어떠한 시각으로 보는지 나온다. 공단은 △산재보험 제도는 일반적인 사회보장 제도와는 달리 기본적으로 사용자와 근로자의 관계를 특별히 규율하기 위한 제도로 근로자들의 일반적인 복지를 보장하기 위한 제도가 아님 △사업주가 보험료를 내고 피고 공단이 그들의 책임을 대신해주는 보상보험으로 한정된 재원을 바탕으로 법령에 근거해 보험사업을 집행해야 할 의무가 있다고 명시했다. 이는 산재보험제도를 지나치게 보상보험이나 책임보험적 기능 측면으로 보는 단편적 시각에 불과하다. 산재보험 제도의 성립 과정이나 생활보장적 법리, 생존권적 기본권에서 산재보험수급권이 구체화되는 헌법적 가치 등을 고려하지 않고, 사업주의 보험료로 대신 보상을 집행해주는 기관으로 '위치'를 규정하는 것이다.

2011년 공단은 9,756억 원의 흑자를 낼 것으로 예상되며, 이에 산재보험기금 적립금이 7조 5,491억 원에 달할 것으로 전망했다. 이 기금 중 공단과 산업안전보건공단의 건설 및 이전비로 총 1,579억 원이 들어갈 예정이라고 했다. 이것이 결국 '책임보험 제도로 운영되는 산재보험 제도의 현주소'다. (2011.08.02.)

삼성 백혈병 사건, 삼성이 문제다

서울고등법원은 2014년 8월 21일 선고를 통해 황유미 씨와 이숙영 씨의 백혈병이 업무상재해라고 판결한 일은 세계 최초의 반도체 백혈병 산업재해의 사례가 됐다. 2014년까지 지난 8년간 피해자들과 반도체 노동자의 건강과 인권 지킴이 반올림·전문가·시민 등 많은 이의 말할 수 없는 노력과 고통이 있었다. 2012년 11월 항소심 진행 중 삼성은 소송단에 협상을 제의했다. 삼성이 가장 두려워했던 점은 백혈병 인정 사례를 법원 판결로 남기는 것이다. 논의 끝에 반올림이 협상에 참여하게 됐다. 이후 2014년 8월 반올림과 6명의 피해 가족이 결별하면서 가족대책위원회가 꾸려졌고, 반올림·가족대책위원회·삼성이 교섭하게 됐다. 그 이후 가족대책위와 삼성의 요구로 '조정위원회'가 꾸려졌다. 삼성은 "조정위원회를 수용하는 것이 최선의 선택"이라고 선전했고, 이에 응하지 않은 반올림을 비난했다. 결국 반올림은 조정위에 참여했고 2015년 7월 23일 조정위 권고안이 발표됐다. 삼성과 가족대책위 일부(5명)는 '신속한 보상'을 이유로 권고안을 거부했다. 2015년 9월 3일 삼성은 단독으로 보상위원회를 구성해 피해 가족들과 개별적으로 만나 보상했다.

삼성 백혈병으로 지칭되는 이 사건은 4명이 법원에서, 3명이 공단에서 산재를 승인받았다. 2015년 11월 현재 39명이 공단과 법원에서 쟁송 중이다. 그리고 217명이 삼성반도체 및 LCD 사업장에서 당한 피해를 제보한 상태다. 일단 사건의 규모, 직업병의 성격, 쟁송 과정, 당사자들의 대표성으로 볼 때 이 사건의 실질적 대표는 반올림이다. 삼성은 조정위에 반올림이 참여하지 않는다고 비난했을 때와 보상위 구성 및 개별 보상방식을 추진하는 과정에서 가족대책위의 입장이 동일했다. 삼성은 5명의 피해자만 중요하고 나머지 200명 이상의 피해자는 안중에도 없었다.

보상위를 통한 개별보상 방식과 수준도 문제다. 삼성이 개별적 인권리포기 각서를 요구했는가는 차치하더라도, 신속한 보상이 가장 시급한 과제라고 생각했으면 대체 8년 동안 무엇을 했는지 묻고 싶다. 2015년 5월 14일 권오현 대표이사가 기자회견을 통해 "제3의 중재기구가 구성되도록 하고, 중재기구에서 나온 보상 기준과 대상 등 필요한 내용을 정하면 그에 따르겠다"라고 발표한 것은 실언에 불과한가. 이 사건 쟁송에서 의학적 상당성을 부정한 전문가를 위촉한 보상위가 공정정과 객관성을 담보한다고 장담할 수 있을지 의문이다.

사건의 본질은 "산업재해와 그에 대한 책임, 배상의 문제"일 뿐이다. 이미 삼성이 8년 동안 부정해왔던 산재가 국가와 법원에서 정식으로 승인됐다. 그간 삼성은 부정과 은폐, 책임회피로 일관해왔고, 지금도 마찬가지다. 산재의 본질은 기업의 안전관리 소홀로 인해 발생한 범죄행위다. 이를 은폐하고 개별 보상으로 책임졌다고 치부하는 것은 또 다른 책임회피다. 기업과 자본의 속성상 어쩔 수 없다고 단정할 부분이 아니다.

일부 피해자가 개별보상을 요구하는 행위에 대해 도덕적으로 비난할 수는 없지만, 이에 이 사건의 본질이 은폐되는 것은 온당하지 못하다. 이 사건은 피해자 및 그 가족, 더 나아가 삼성에 소속된 모든 노동자와 그 가족의 문제이기 때문이다. 전자산업 등 전체 노동자에게 발생할 수 있는 문제로 그 범주가 바뀐 지 오래됐다. 이 사건으로 인해 한국사회에서 직업병과 직업성 암 문제, 기업의 안전관리 문제, 〈산재보험법〉의 한계 등 각종 문제가 제기됐고, 현재도 진행 중이다. 삼성이 밝혔듯이 "노동자의 건강과 안녕은 회사의 핵심가치"다. 하인리히 법칙을 보더라도, 70여 명의 사망자가 발생한 사업장을 안전하다고 할 수 없다. 삼성의 시각처럼 특수한 개별 문제이거나 산재가 아니라는 전제에서 출발해서는 안 된다. 그 과정에서 삼성의 잘못된 안전관리 책임이 실종되고, 노동자 죽음이 개인의 불운 탓으로 돌려지고, 개별 보상으로 모든 문제가 해결되는 것처럼 왜곡돼 선전되고 있다. 안전보건관리의 기본원칙 중 1순위는 '최고경영자의 자세와 의지'다. 지난 8년간 삼성이 보여 준 자세와 의지는 '산재 문제 은폐와 책임회피'일 뿐이다.

(2015. 11. 02.)

철도 기관사 K에게

2013년 12월 28일 영하의 바람에도 철도 민영화를 반대하는 10만 명의 인파가 서울광장에 운집했습니다. 그 광장 끝에서 펄럭이는 철도노조 각 지부 깃발을 보면서, 가슴 아프기에 잊을 수 없는 당신과 당신의 산재 사건을 잠시 생각했습니다.

당신의 상병 명은 무산소성뇌손상. 보통 식물인간이라고 하는 것이지요. 당신은 2007년 5월 4일 병원에서 정신과 진료 대기 중 화장실에서 목을 매어 자살을 시도했지요. 항상 그렇지만, 자살이 불승인된 사건을 맡았을 때 처음 보는 것은 정신과 치료 전력입니다. 그러나 당신에게는 그런 병력이 없었습니다.

2000년 7월 29일 당신이 기관사로 처음 사고를 낸 일은 동료 전기원 사망이었지요. 철도 기관차의 특성상 제동거리가 최소 500미터인 상황에서 급제동했지만 미처 열차를 피하지 못했겠지요. 그 전기원은 3대 독자라 유가족이 찾아와 당신의 멱살을 몇 번이나 잡았다고 들었습니다. 그리고 두 달 뒤 선로에서 자살하기 위해 뛰어든 사람을 충돌·사망하게 한 사고가 있었지요. 아마 자살자는 당신의 눈을 똑바로 쳐다봤을 겁니다. 사상사고 이후에도 유가족의 질책과 폭언보다 더 두려웠던 것은 그 지점을 통과할 때마다 죽은 자를 떠올릴 수밖에 없었던 두려움이겠지요. 일주일에 몇 번은 그 죽은 사람의 눈빛을 생각할 수밖에 없었겠지요. 꿈에서도 나올 수밖에 없었던 그 악몽에 당신은 너무나 괴로웠을 겁니다.

2013년 12월에 다른 사건으로 다른 승무사업소에 갔다가 '손 씻기'에 대해 이야기하자, 기관사들이 어떻게 아느냐고 묻더군요. 2009년 당신의 사건을 조사하면서 처음 알게 된 것이지요. 사상사고로 인해 분리된 신체를 한곳으로 수습하고, 다시 운행한 후 사고보고서를 씁니다. 그리고 술집으로 달려가 소주를 담은 대접에 손을 씻는 관행이 있지요.

그리고 폭음으로 이어진다는 것을…….

한국철도공사에서 사상사고를 낸 기관사들에 대해 3일의 휴가를 주고 심리상담을 받게 하는 제도는 한참이 지나 2004년 단체협약에 명시됐지요. 회사의 필요가 아니라 노조의 요구로 가능해졌습니다. 그러나 실제로 〈철도안전법상〉 정신과 병력이 있는 경우 기관사 면허가 박탈될 수 있기에 사상사고를 내더라도 휴가를 쉽게 쓸 수 없는 분위기라고 들었습니다.

2012년 철도공사에서는 3명의 기관사가 자살했지요. 두 명에 대해 산재신청을 했고, 한 분이 산재로 인정됐습니다. 산재가 인정되지 않았던 분의 마지막도 가슴 아픈 사건입니다. 동료 기관사가 운행하던 열차에 몸을 던져서 자살했으니 말입니다. 그분은 2003년 자살자에 대한 사상사고를 낸 후 전동열차로 전직했고, 나중에 보조기관사로 옮겨 차를 운행하지도 않았습니다. 두려웠던 것이지요. 그런데 이분도 정신과적 치료 전력이 없다고 산재가 불승인됐습니다.

산재가 인정된 분의 사연도 가슴 아프기는 마찬가지입니다. 운행 중 깜빡하고 정지 위치를 어겨 차량이 역에서 300미터 지나 정차한 사고를 냈는데, 공사는 무기한 직위해제 조치를 했지요. 그 이후에도 중징계를 예정하고 징계처분한 뒤 인증심의를 했습니다. 아마 공사 창립 이후 처음이라고 들었습니다. 직위해제 당시 홀로 빈 회의실에서 규정을 옮겨 쓰는 고통보다 징계와 신규 기관사에게 하는 인증심의가 더 많은 모멸감을 줬을 것입니다. 그리고 차량정비업무로 옮겨 달라는 고충신청서를 제출하고 며칠 뒤 아파트 옥상에서 투신했지요.

저는 당신의 자살(시도)로 인한 현재의 상병이 업무상재해라고 확신합니다. 두 번의 사상사고는 당신이 원해서 벌어진 것이 아닙니다. 기관사의 업무 특성상 발생할 수밖에 없는 휴먼에러(Human Error)였고, 그로 인해 외상후스트레스장애·공황장애·우울장애 등이 발생했던 것이지요. 기관사라는 일은 교번제로 인해 뇌심혈관질환이 발생해 죽을 수 있거나 휴먼에러로 인해 정신질환이 발생할 수 있는 우울한 직종입니다. 2014년 1월 당신의 사건에 대해 대법원에 상고를 제기한 지 2년 반이 다 돼 갑니다. 2013년 12월 28일 서울광장에서 당신의 동료들이 높이 든 그 깃발들을 보면서, 그래도 한 가닥 희망을 품고 돌아왔습니다. 열심히 도와준 많은 동료 덕분에 대법원에서 당신의 사건이 산재로 인정되지 않겠냐는, 그게 안 되더라도 노조가 살아 있다면 이전에도 그랬듯이 철도 노동자의 건강권을 위해 싸우지 않겠느냐는 그런 희망 말입니다.

(2014.01.06.)

세월호 희생 교사의 순직과 의사자 인정 당연하다

2014년 세월호 참사 당시 남윤철 선생님은 난간에 매달린 학생들에게 구명조끼를 던져 주고 학생들을 비상구로 대피시켰다. 박윤근 선생님은 학생들을 갑판에 데려다 놓고 "죽어도 학생들과 죽겠다. 한 명이라도 더 구해야 한다"라고 했다. 최혜정 선생님은 "걱정하지 마. 너희부터 나가고 선생님 나갈게"라며 학생들을 탈출시켰다. 양승진 선생님과 고창석 선생님은 구명조끼를 학생들에게 내주면서 탈출하라고 외쳤다. 세월호에서 숨진 선생님들은 사고가 발생하자마자 아이들을 구하기 위해 4층으로 뛰어내려 갔고 마지막까지 아이들과 함께했다.

죽음 앞에서 보상 문제를 거론하기란 쉽지 않다. 하지만 최소한 고귀한 죽음은 적절한 보상과 예우가 필요하다. 세월호 참사로 자살한 교감선생님을 포함해 사망·실종 교사는 12명이고, 이 중 2명은 기간제 교사다. 이에 대해 일부 신문에서 정부에서 순직 처리가 불가능하다는 취지의 기사가 나가자, 안전행정부는 2014년 5월 26일 해명자료를 통해 "법적 요건에 해당하면 순직 인정 가능하다"라는 원칙적인 입장을 밝혔다.

우선 자살한 교감선생님도 공무상재해로 인정돼야 한다. 유서에서도 확인됐듯이, 수학여행을 추진했다는 책임감과 자살 당시 200명 이상이 희생당한다는 상황에 급격한 정신적 충격을 받은 것이다. 이에 자살한 행위는 일반적 의미에서 고의적 행위가 아니다. 정규직 교사는 '수학여행 인솔'이라는 공무 중 사망한 것이다. 당연히 공무상재해다. 문제는 〈공무원연금법〉에 따른 순직공무원의 인정 여부다. 공무상 사망했더라도 〈공무원연금법〉 제3조2호의 "생명과 신체에 대한 고도의 위험을 무릅쓰고 직무를 수행하다가 다음 각 목의 어느 하나에 해당하는 위해(危害)를 입고 이 위해가 직접적인 원인이 돼 사망한 공무원"이 순직공무원 대상이 된다. 〈공무원연금법〉에 따르면 순직공무원과 일반 공무상 사망과는 보상 수준에서 상당한 차이가 있다. 통상 순직공무원은 경찰관·소방공무원 등 위험업무 종사자가 대상이다. 다만 〈공무원연금법〉 제3조 2호파목은 "그 밖에 제75조의2에 따른 순직보상심사위원회가 가목부터 타목까지의 위해에 준한다고 인정하는, 위험한 직무를 수행하다가 입은 위해"로 규정해 순직공무원 대상 범위를 넓히고 있다.

서두에서 지적했듯이 세월호에서 희생된 선생님들 모두 학생들을 위해 고귀한 목숨을 희생했다는 점을 부정할 수 없다. 또한 당시 선생님들의 학생 인솔 업무가 '학생안전'을 포괄한 책임을 지는 점, 실제 사고에서 구조 등 위험업무를 하다가 희생된 점, 침몰하는 배에서 학생구조업무는 위험한 직무를 수행한 것으로 볼 수 있는 점 등을 본다면, 위 파목의 적용이 가능하다. 선생님은 당연히 순직공무원으로 승인되는 것이 마땅하다. 법률 규정 해석 이전에 정부의 정책적 의지로도 충분히 해결 가능하다. 문제는 비정규 노동자인 기간제 교사다. 현행 기간제 교사도 교육공무원이기는 하나 〈교육공무원법〉 및 〈국가공무원법〉에서 규정하는 중요한 신분규정을 보장받지 못한다(교육공무원법 제32조, 서울중앙지법 2012. 06. 25. 선고 2011가단170494 판결).

따라서 기간제 교사는 일반 근로자의 지위에서 〈산재보험법〉에 따라 유족보상 및 장의비 대상이다. 실무상 정규직 교사와는 달리 〈공무원연금법〉에 따라 순직공무원의 적용 대상이 될 여지가 없다. 기간제 교사의 보상차별 문제는 이미 언론을 통해 보도됐다. 기간제 교사는 여행자보험에 가입돼 있지 않았으며, 복지 포인트로 가입하는 교직원 단체보험 대상도 되지 않는다. 순직공무원으로서의 보상받기도 어려울 뿐 아니라 사망보험금 대상도 아니다. 그럼에도 함께 아이들을 가르쳤고 마지막까지 함께했던 고귀한 희생에 대한 보상이 필요하다. 기간제 교사에 대한 차별에 대해 정부와 교육청이 어떤 노력을 하는지 끝까지 지켜봐야 한다. 아울러 〈공무원연금법〉에 따르면 순직공무원과 달리 의사상자 등 예우 및 지원에 관한 법률상 의사자로 인정이 가능하다. 이에 대해 당시 구난행위 등 입증을 요구하는 것은 올바르지 못하다. 함께 승선했던 학생들 거의 대부분이 사망한 사안에서 입증하기란 거의 불가능하다. 게다가 그분이 사망했다는 점이야말로 가장 진실된 반증자료가 아닌가. 결국 정규직 교사의 순직공무원 인정과 기간제 교사의 의사자 인정 문제는 정부가 세월호 참사와 그 희생자를 어떻게 보는지 중요한 시험대가 될 것이다. (2014.06.02.)

갑을오토텍 노동자, 산재승인이 맞다

2015년 4월 30일 갑을오토텍 노동자들은 출근하려고 회사에 도착했다. 그러나 이미 기업노조 소속 용병들이 바리케이드를 쳐놓고 출근하려는 노동자들을 폭행하기 시작했다. 당시 회사 전무이사·노무부장·총무차장은 뒤에서 이런 상황을 지켜보고 있었다. 상해를 당한 6명의 노동자는 산업재해를 신청했으나, 6월 10일 근로복지공단 천안지사로부터 불승인 처분을 받았다(최초 요양급여 신청서 처리결과 알림: 재활보상부-5065, 2015. 06. 10.). 이후 노동자들은 요양신청을 다시 제기했으나, 6월 22일 다시 불승인 회신을 받았다(원처분 취소신청에 따른 검토결과: 재활보상부-5393, 2015. 06. 23.).

전례도 없고 요양업무처리규정에도 없는 '재활보상부 전원 참석 회의'라는 결정 과정상의 하자는 차치하더라도 천안지사의 두 차례 처분은 사실조사와 법리판단 측면에서 모두 심각한 문제점이 있다.

첫째, 공단은 부당노동행위 판단기관이 아니다. 갑을오토텍 노조 파괴 사건은 검찰과 경찰조사, 그리고 고용노동부의 조사가 진행 중이다. 공단은 조사 과정과 그 결론을 보고 판단하면 된다. 그러나 천안지사는 스스로 "회사가 기업노조의 출근방해와 폭력행위를 묵인·방조했다고 인정할 만한 증거나 유관기관 조사내용이 확인된 바 없다"라고 밝혔다. 실제 공단이 고용노동부나 검찰의 기록이나 자료를 모두 심리하고 판단한 것으로 보이지는 않는다. 천안지사는 재해조사 복명서에서 이를 인정한다. 스스로 판정할 권한이 없는데도 사건의 실체를 단순 노노갈등으로 보고 업무상재해를 부정한 것은 판단 전제에서 심각한 흠결을 드러낸 것이다.

둘째, 공단은 예견할 수 없을 정도로 노동자 스스로 급박한 충돌 상황을 만들었다고 한다. 당시 금속노조 위원장의 현장순회가 출근 이후 예정된 점, 회사와 노동자 모두 충돌을 예상하지 못한 것으로 진술한 점, 당시 피해 노동자 중 산재 요양 후 처음 출근한 노동자가 있었던 점 등의 사실로 볼 때 '예견 가능성'을 이유로 불승인을 하는 것은 사실에 부합하지 않는다. 설사 예견 가능성을 인정하더라도 이는 업무상재해를 부정하는 요인은 아니다. 〈산재보험법〉은 고의·자해행위만 업무기인성을 부정할 뿐 중과실에 대해서도 상당인과관계를 인정하기 때문이다.

셋째, 공단의 사실조사도 심각한 흠결이 있다. 경찰의 CCTV에서도 확인할 수 있는 바와 같이 당시 조합원 진입 도중 피해가 발생한 것이 아니라 정문에 진입한 이후 사건이 일어났다. 게다가 조합원들이 별도의 집회나 출근선전전 등 조합활동을 하던 중에 충돌이 발생한 것도 아니다. 공단이 잘못된 전제를 가지고 기본적 사실에 대한 심리 미진 또는 왜곡한 것이다.

넷째, 공단은 "이 사건 부상이 사업주가 안전배려의무를 다하지 않아 발생한 것이 아니며 안전배려의무 위반으로 인한 사고는 업무상재해가 아니다"라고 했다. 이는 '시설물 결함의 하자'에서 파생한 안전배려의무에 대한 법리오인 또는 사업주의 안전배려의무에 대한 위법한 판단이다. 〈산업안전보건 기준에 관한 규칙〉 제22조(통로의 설치)제1항은 "사업주는 작업장으로 통하는 장소 또는 작업장 내에 근로자가 사용할 안전한 통로를 설치하고 항상 사용할 수 있는 상태로 유지해야 한다"라고 규정한다. 당시 회사는 안전통로 설치의무를 명백히 위반했다.

대법원은 "사용자는 근로계약에 수반되는 신의칙상 부수적 의무로서 근로자가 노무를 제공하는 과정에서 생명·신체·건강을 해치는 일이 없도록 인적·물적 환경을 정비하는 등 필요한 조치를 강구해야 할 보호의무를 부담한다"라고 판시했다(2006. 09. 28. 선고 2004다44506 판결, 2010.

01. 28. 선고 2009두5794 판결). 즉 대법원은 시설물 결함의 하자를 단순히 물적 시설물로 한정하지 않는다. 또한 사업주의 안전배려의무 위반행위는 업무기인성을 바로 인정하는 요소다.

천안지사도 회사와 금속노조가 2015년 6월 23일 합의를 통해 기업노조 위원장을 포함한 52명을 퇴사조치한 사실을 알게 됐을 것이다. 52명에 대한 전격적 퇴사라는 막강한 조치를 한 것을 봐도 지배·개입 부당노동행위가 없었다는 판단이 얼마나 섣불렀는지 공단은 반성해야 한다. 이 사건 상해는 사업주 지시에 의한 폭행이라는 점은 제쳐 놓더라도 출근 과정 중 회사 정문에 진입 이후 발생한 점, 가해자 스스로 문답서에서 사적 감정 없이 출근 준비를 막기 위해(업무방해) 폭행한 것을 인정하는 점, 사고 장소가 출근준비를 위한 통상적인 과정과 경로였던 점, 회사가 적법한 통로와 안전배려의무를 위반한 점을 볼 때 업무상재해로 마땅히 승인해야 한다.　　　　　　　　　　　　　　(2015.07.13.)

메틸알코올 급성중독 사건의 과제

고용노동부는 2016년 2월 4일 보도자료를 통해 부천 지역 전자업체에서 일하던 파견 노동자 4명이 메틸알코올 노출로 인해 시력이 손상됐거나 실명 위기에 처했다고 발표했다. 같은 달 25일에는 사업장 지도점검을 했는데도 인천 남동구 소재 휴대전화 부품 가공업체 노동자가 뇌신경·시력 이상 증상으로 의식이 혼미한 상태라고 밝혔다. 해당 사건은 한국의 안전보건 실태를 여실히 보여준다는 점에서 당시 충격적이었다. 또한 그 과정에서 고용노동부 대응에 상당한 문제가 있었다는 점이 널리 알려졌다. 게다가 삼성전자를 비롯한 원청의 책임 문제는 명확하다. 즉 3차 하청업체에서 불법파견과 메틸알코올을 사용하는 문제를 인지했다는 것이다. 그럼에도 이를 제지하지 않은 것은 비윤리적이고 반사회적인 태도다. 이 사건을 다시 돌아보자.

우선 파견 노동자를 사용한 사용사업주들 문제다. 재해가 발생한 두 곳의 사업주를 면담한 결과, 사업을 하면서 메틸알코올과 관련한 고용노동부의 점검을 받아 본 적이 없다고 했다. 유해성을 인지하거나 교육받은 사실이 없었다는 점도 시인했다. 사업주는 국소배기장치 설치나 물질안전보건자료(MSDS) 작성, 보호구 지급 같은 기본 조치를 전혀 취하지 않았다. 이들은 제조업 직접생산공정 업무에 상시적으로 파견 노동자를 사용하면서도 불법이라고 인식하지 못했다. 짧게는 2년, 길게는 십수 년간 급성중독을 유발하는 유해물질을 사용하고, 불법파견을 한 것이다. 중소사업장은 〈산업안전보건법〉과 불법파견의 사각지대나 다름없었다.

파견업체 사업주 또한 파견 노동자들이 수행하는 구체적 업무를 파악하지 못했다. 사업주들은 파견 노동자들이 CNC 가공업체에서 생산공정 업무를 한다는 것은 인지했지만 실제 사용하는 유해물질·환기장치·보호시설이나 보호구 등은 관심 밖이었다. 근로계약을 체결했을 뿐 사용업체로부터 수수료를 받는 것에 급급했다. 실제 사고가 터진 이후에도 불법파견과 더불어 유해위험물질에 노동자들이 노출됐던 사실을 알지 못했다. 산재를 신청하라고 요양신청서 앞장에 날인만 해줬을 뿐이다. 무엇을 어떻게 해야 하는지 알지 못했다. 지난 수년간 직접생산 공정 업무에 노동자를 파견시켰으면서도 말이다.

피해 노동자를 최초로 진료한 병원의 대응은 주목할 만하다. 노동자를 진료한 신장내과 의사가 직업환경의학과 의사에게 협진을 요청하지 않았다면 사건은 땅속에 묻힐 뻔했다. 그간 메틸알코올 중독은 증기에 의한 노출이 아닌 직접 흡입한 경우에만 발생한다고 알려졌다. 처음에 전문가들도 증기에 의한 노출이 가능한지 의심할 정도였다. 이대목동병원 직업환경의학과 김현주 교수의 노력과 신속한 대처가 유효했다. 반면 근로복지공단의 역할은 사실상 없었다. 당시 필자는 노동자 2명에 대한 산재신청을 대행해주면서 우리나라 산재신청제도 자체에 문제가 있다는 것을 다시 느꼈다. 노동자와 가족은 산재신청을 어떻게 해야 하는지, 무엇을 발급받고 어디에 신청해야 하는지조차 알지 못했다. 급성중독으로 산재가 명백한 사안인데도 현장 노동자와 가족에게 산재신청은 큰 과제였다.

고용노동부는 "안전의식이 미약해서 발생했다"라며 사업주에게 책임을 전가했다. 관리대상유해물질·특수건강진단·작업환경측정 같은 〈산업안전보건법〉 조항들은 현장에 적용되지 않았다. 사업주가 이런 사실조차 몰랐다면 그 책임은 고용노동부에 있다. 기업 생산성을 높인다는 이유로 산업안전보건 규제를 완화하는 데 앞장섰던 곳도 고용노동부 아닌가. 중대재해와 각종 사고에 대해 사업주를 제대로 처벌해왔던가. 안전과 생명에 대한 근본적인 인식 전환과 특단의 조치가 없다면 메틸알코올 사고는 반복될 수밖에 없다. 또 다른 문제는 파견업무 제한 규정이 사실상 무의미해졌다는 사실이 재확인된 것이다. 이미 제조업체에는 수많은 파견 노동자가 상시적으로 일하고 있다. 〈파견근로자보호 등에 관한 법률〉(파견법) 제5조 3항에 의한 금지대상 업무에는 '관리대상유해물질' 사업장이 포함되지 않는다. 168개 관리대상유해물질 사업장을 파견금지 대상에 포함시키는 법 개정이 시급하다.

단기적으로 명백한 산재사고에 대해서는 근로감독관 또는 근로복지공단 위임을 통한 산재처리가 가능해져야 한다. 장기적으로는 독일식으로 의사에 의한 산재신청제도를 염두에 둬야 한다. 불필요한 위임과 브로커 개입을 막아 비용을 줄이고, 재해자와 가족이 정확하고 신속한 산재처리를 받는 것이 중요하기 때문이다. (2016.03.07.)

이주노동자 피신 중 사상사고, 산재로 인정해야

2018년 8월 22일 경기도 김포 한 건설현장에서 인천출입국·외국인청 단속반원이 미등록 이주노동자 단속을 하던 중 27세의 미얀마 출신 노동자 딴저테이 씨가 이를 피하려다 창문 너머 8미터 아래로 추락하는 사고를 당했다. 그는 2018년 9월 8일 사망했고, 그의 아버지는 4명의 한국인에게 아들의 장기를 기증했다. 딴저테이 경우와 같은 사망사고는 매년 발생한다. 2017년 금태섭 더불어민주당 의원이 법무부에서 받은 자료에 따르면 2008년부터 2017년 7월까지 미등록 체류 노동자를 단속하면서 80명의 사상자가 발생했다. 숨진 사람은 9명이었다. 대부분은 단속을 피해 무리하게 도망가려다 사고가 난 것으로 파악됐다. 미등록 이주노동자에 대한 강제단속과 추방 문제는 어제오늘 제기된 것이 아니다. 소위 현대판 노예제도라 불리는 고용허가제도가 그 원인으로 지적된다.

미등록 이주노동자는 오랫동안 '불법'이라는 굴레 속에서 '근로자'임을 부정당해왔다. 다행히 대법원은 1995년 판결을 통해 불법체류 노동자도 〈근로기준법〉에 따라 근로자임을 인정했다(대법원 1995. 09. 15. 선고 94누12067 판결). 그러나 근로복지공단은 미등록 이주노동자가 출입국 단속반원의 단속 과정 중 사상사고가 발생한 경우 다른 사고나 질병과 달리 산재로 보상하지 않는다. 공단이 업무상재해로 판단하지 않는 이유는 다음과 같다. 첫째, 미등록 이주노동자가 근로계약을 체결했더라도 '도주 과정 중 재해'는 애초 사업주 지배·관리하에 있다고 보지 않기 때문이다. 통상적인 업무 중 행위가 아니라는 입장이다. 둘째, 출입국관리법에 의해 3년 이하 징역 또는 2,000만 원 이하 벌금이 부과되는 '불법행위'를 피하기 위한 행위, 즉 '고의 또는 범죄행위'가 원인이 된 행위로 간주하기 때문이다. 이는 공단이 법률을 위반한 근로계약에만 초점을 맞춘 해석이다.

결국 근로복지공단은 미등록 이주노동자의 단속 과정에서 사업주가 도주 행위를 직접 또는 간접적으로 지시했더라도 업무상재해로 인정하지 않는다는 입장을 고수한다. 그러나 공단 입장은 다음과 같은 점에서 타당하지 않다. 먼저 도주 과정에서 사업주의 직접적인 지시행위 또는 관리자를 통한 지시행위가 있었다면 이는 사업주 지배·관리의 범주에 포함돼야 마땅하다. 일반 내국인 노동자에 대한 지시·관리 징표를 이주노동자에게 달리 판단해야 할 근거는 없다.

둘째, 사업주가 묵시적으로 지시·관리한 경우에도 업무상재해로 포함돼야 한다. 즉 사업주가 평소 단속과정에 대해 대피요령이나 지시를 했거나 도주로를 확보하기 위한 시설이나 설비를 갖출 때를 말한다. 이러한 사안에서 산재심사위는 2015년에 이미 업무상재해로 인정한 바 있다. 법원도 마찬가지로 판단했다. 부산고등법원은 '사업주는 관리부장을 통해 직접 원고를 비롯한 불법체류자들에게 마산출입국관리사무소(현 창원출입국·외국인사무소) 단속반의 단속을 피해 도주하도록 지시한 점'을 근거로 업무상재해로 판단했다(부산고법 2008. 06. 20. 선고 2008누792 판결, 대법원 2008. 11. 13. 선고 2008누12344 판결). 게다가 서울고법은 '불법체류자들의 행동수칙과 사업장의 대응방안에 대해 포괄적인 지침을 제시한 점'을 근거로 업무상재해로 판결했다(서울고법 2016. 07. 08. 선고 2015누541417판결).

셋째, 간접적인 지시·관리 징표가 없는 경우에도 이주노동자가 단속을 피하기 위한 과정 중 일어난 사상사고는 마땅히 업무상재해다. 이주노동자 채용은 사업주의 '사업 이익'을 위한 행위다. 채용이라는 행위에 이미 이주노동자의 단속 과정 중 피신이 포함됐다고 평가할 수 있다. 이는 사업주가 이미 예견한 것이며, 사업주의 '업무상 위험 범주에 속하는 행위'다. 산재심사위도 2002년 결정에서 "이러한 도피도 근로 조건에 부대되거나 예상할 수 있는 것"이라고 했다.

넷째, 공단의 법률 해석에 오류가 있다. 피신행위 중 발생하는 사상사고는 이주노동자가 재해를 일부러 발생시키는 '고의적 행위'가 아니다. 피신행위 자체는 '범죄행위'가 아니다. 범죄행위로 업무상재해를 부정당하는 경우는 사업 자체 또는 행위 자체가 법률 위반이 명백한 경우일 뿐이다. 산재보험은 노동자 산재사고에 대한 공정하고 신속한 보상을 목적으로 한다. 공단은 이주노동자에 대해 차별적 판단을 반복해서는 안 된다. [2018.12.07.]

고 박선욱 간호사의 산재인정 의의와 과제

2019년 3월 6일 서울질판위는 '고(故) 박선욱의 자살사건은 〈산재보험법〉 제37조 2항에 따른 업무상 사유에 의한 사망'이라고 판정했다. 질판위는 "평소 고인의 성격을 감안할 때 중환자실에서의 교육 과정과 긴박한 업무수행이 고인에게 상당한 심리적 부담으로 작용한 것으로 보이고, 특히 간호사 교육의 구조적인 문제로 직장 내에서 적절한 교육 체계 개편이나 지원 등이 이뤄지지 않으면서 자기학습 과정에서 일상적인 업무 내용을 초과하는 과중한 업무를 수행한 것으로 보이는 점 등을 종합하면 고인은 정신적인 억제력이 현저히 저하돼 합리적인 판단을 기대할 수 없을 정도로 정신적 이상상태에 빠져 자살에 이르게 된 것으로 추정되므로 고인의 사망과 업무 사이에 타당한 인과관계가 인정된다는 것이 심의회의에 참여한 위원들의 일치된 의견"이라고 밝혔다.

이 사안은 근로복지공단에서 간호사 자살사건을 최초로 업무상재해로 인정받았다는 것보다 중요한 의의가 있다. 즉 병원사업장의 구조적인 문제로 인해 사건이 발생했음을 분명히 했다는 점이다. 이 사건은 당초 좁은 의미에서 태움(의료계 권위주의로 인한 갑질, 가령 상급자가 하급자를 업무적으로 괴롭힘)뿐 아니라 병원사업장의 구조적 문제로 인해 재해가 발생했음을 주장하고 접근했다. 구조적 문제는 특히 병원 교육 시스템 미비, 간호사의 과중한 업무, 인력부족 등으로 집약할 수 있다.

병원사업장, 특히 대형병원은 간호사 인력을 단순히 수익 문제로 접근한다. 근본적으로 간호사 인력을 충원해 업무 부담을 경감시키는 것이 아니라 퇴사인력이 발생할 때마다 순차적으로 투입하기 위해 많은 신규인력을 뽑아 대기시킨다. 고인도 2017년 1월 서울아산병원 채용에 합격한 이후 같은 해인 2017년 9월 1일 정식으로 입사할 수 있었다. 프리셉터(교육을 담당하는 간호사)인 선배 간호사도 과중한 업무에 시달리면서 제대로 된 매뉴얼도 없이 신규간호사 교육을 담당하도록 했다. 신규 간호사는 두 달 교육 이후 숙련되지 않은 상태로 독립해 과중한 업무에 매달려야 하는 악순환 구조가 이어진다. 이에 대해 질판위는 "위중한 생명을 다루는 중환자실 특성상 간호사의 실수는 생명과 직관

돼 있어 항상 정신적 긴장을 유지해야 하는데, 고인은 짧은 교육기간과 충분하지 않은 교육내용으로 업무가 미숙한 상태에서 중환자실 업무를 담당하게 됐다"라고 지적했다.

고인은 불완전한 교육 이후 중환자실에서 2명의 환자를 담당하다가 곧바로 3명을 담당했다. 외국의 경우 중환자실에서 한 간호사가 1명을 담당한다. 그보다 업무량이 두세 배가 많다는 건 그만큼 과중하다는 뜻이다. 신규간호사의 33%가 1년 내 병원을 그만두는 가장 중요한 이유는 바로 인력 부족과 과중한 업무 때문이다. 제대로 가르치고 배울 수 없는 환경 속에서 좋은 선배도 좋은 후배도 될 수 없다. 이는 비단 간호사만의 문제가 아니다. 병원장을 수직 구조로 한 각 부서장-전임 의사-비전임 의사(임상조교수)-펠로-전공의 등으로 이어지는 의사들도 상상 이상의 장시간 노동, 과중한 업무, 폭력, 그리고 업무 할당 방식의 수탈이 만연하다.

질판위는 구조적인 문제로 병원사업장 내 자살을 업무상재해로 분명히 인정함으로써 기존 근로복지공단 지침(정신질병 업무관련성 조사지침)이 사건 위주로 접근하는 한계를 지적했다. 공단 조사지침에는 발병 전 6개월 내 "충격적 사건"(심리 외상성 사건)을 조사하도록 규정돼 있다. 향후 공단은 지침에 사건과 대인적 관계(괴롭힘)뿐 아니라 구조적 차원에서 정신적 스트레스가 발생할 수 있는 점을 추가해야 한다. 실무적으로 조사단계에서도 이를 적극적으로 반영해 청구인의 진술이 부족하거나 증명이 부족하더라도, 스트레스의 구조적 원인을 규명하는 것을 놓치지 말아야 한다.

그런데 이번 사건의 가장 큰 책임자인 서울아산병원의 사과나 정부의 대책이 보이지 않는다. 사고가 발생한 지 1년이 지났을 무렵까지도 서울아산병원은 유족에게 아무런 사과도 하지 않았다. 내부 감사보고서에서 "부족한 교육과 과도한 업무로 고인에게 스트레스를 준 것"으로 명시한 사실을 아직도 부정한다. 정부도 실효성이 부족한 직장 내 괴롭힘 관련 법안과 매뉴얼 적용에만 급급하지 말고 간호사들이 죽어나갈 수밖에 없는 병원사업장의 불합리한 구조를 바뀌는 작업에 시급히 착수해야 한다. (2019.03.18.)

포스코 직업성 암 사건이 주는 시사점

2021년 2월 22일 국회 환경노동위원회 산업재해 청문회에 최정우 포스코 회장은 보험사기꾼들이 제출한다는 요추부염좌 진단으로 의원들의 질책을 받았다. 사실 요추부염좌는 노동자들 사이에서 가장 빈번한 사고성 재해지만, 최 회장이 그런 사고를 당했을 리 만무하다. 포스코는 2016년 이후로 한 해 평균 4명이 중대재해로 사망했다. 이러한 사고성 재해와 별도로 2010년에서 2019년까지 포스코 노동자의 사고성 재해는 175건, 질병 산재는 43건에 불과하다. 특히 직업성 암으로 산재를 신청한 사건은 5건에 불과하고, 그중 3건이 승인된 바 있다. 그리고 2021

년 2월 18일 대구질판위는 포스코 포항제철소 선탄계 수송반에서 29년 간 근무한 바 있는 노동자의 특발성 폐섬유화증을 업무상질병으로 승 인했다. 포스코 노동자의 산업재해 중 특히 직업성 암 사안의 판정서와 전문조사 보고서를 분석해보면 다음과 같은 심각한 문제점이 나온다.

일단 직업성 암 신청 및 승인이 사실상 없었다. 포스코 노동자는 1만 7,000명이 넘는다. 산업보건학에서 일반 암 사안 중 직업성 암으로 추정되는 비율은 통상 4%로 추정한다. 포스코가 1968년에 출범한 회 사임을 고려하면, 사실상 직업상 암 사건은 없었다고 봄이 타당하다. 그 나마 인정된 사건은 2017년 다발성골수종 및 악성중피종, 2018년 악 성중피종 3건, 그리고 최근 특발성 폐섬유화증 4건에 불과하다. 노동자 수, 발암물질 규모, 철강업의 특징, 기업 역사 등을 보면 최소한 직업성 암 100건 이상은 이미 산재로 승인됐어야 한다.

둘째, 산재신청에 대한 배제와 폐쇄적이고 억압적 노무관리 문화 다. 애초부터 군사적 노무관리 문화가 포스코를 지배했고 지금도 마찬 가지다. 현장에서 노동자의 직업병이나 산재신청은 배제됐고, 이를 극 복할 수 있는 노동조합이나 투쟁은 없었다. 퇴직 후에도 관리되는 기업 문화와 폐쇄적 지역주의 특권으로 인해 퇴직한 노동자들은 자신의 직 업병을 드러내지 못했다. 그나마 노조가 출범하고 포스코 직업병 문제 가 집중적으로 언론에 조명받고 있지만, 여전히 노동자들은 오랜 세월 지속한 포스코의 배타적 노무관리 지배력에서 벗어나지 못한다.

셋째, 직업병을 인식하거나 교육받을 기회를 얻지 못했다. 포스코 공정 대부분은 발암물질을 발생시킨다. 코크스의 원료라고 할 수 있는

석탄을 취급하는 공정에서는 결정형 유리규산 노출로 인해 폐암과 특발성 폐섬유화증이 유발될 수 있다. 화성공장이라 불리는 코크스 오픈 공정에서는 코크스오픈배출물질(COE)과 다핵방향족탄화수소(PAHs)로 인해 폐암·백혈병·신장암·방광암·전립선암이 발생할 수 있다. 석면 및 석면포 사용으로 인해 폐암·후두암·악성중피종 등이 발생한다. 그 밖에 6가 크롬·니켈·비소·전리방사선 등도 방출된다. 그러나 현장 노동자는 수십 년간 퇴사할 때까지 자신이 종사하는 공정에서 발생하는 발암물질이 무엇인지에 대해 그 어떤 교육도 받지 못했다.

넷째, 포스코는 직업성 암 산재를 적극적으로 무시하거나 왜곡했다. 최근 있었던 특발성 폐섬유화증 사건에서 포스코는 사업주 의견을 통해 분진 노출 기준($5mg/m^3$) 미만인 $3m^3$당 0.0445~2.662mg에 불과해 안전하다고 했다. 그 근거로 1994~2001년 작업환경측정결과를 제시했다. 발암물질에 대한 작업환경측정결과는 30년간 보존해야 함에도, 이 중 일부만 제출했다. 그런데 노출 기준 미만이라도 안전한 것이 아니다. 특히 역학조사에서도 기존 포스코의 작업환경측정 결과의 신뢰성에 상당한 의문을 제기했다. 포스코에서 벤젠 측정은 화성공장에서만 실시됐고, 1994년부터 2000년까지는 0.0~0.75ppm 수준이다. 2006년부터 2015년까지 작업환경측정에서는 불검출되거나 가장 높은 수준은 0.045ppm이었다. 이는 기존의 문헌연구(영국 사례)와 2000년 및 2006년의 산보연의 전문조사에서 현장 측정치(0.366ppm)와 상당한 차이가 있다. 결국 다발성골수종 사안에서 업무상질판위는 포스코의 주장과 달리 과거 노출 수준이 10ppm을 충분히 초과했으리라 판단했다.

그 밖에 석면으로 인한 악성중피종 사안에서도 포스코는 1992년 이후로 사용하지 않아 안전하다고 했지만, 실제 역학조사 과정에서 보일러 배관 수리 과정 등 사업장에서 광범위하게 보온재 사용 등으로 인해 이미 노동자들이 노출됐음을 인정한 바 있다.

포스코 직업성 암 사건을 보면 한국에서 노동자들의 현실이 어떠했는지 충분히 알 수 있다. 막장보다 더한 곳에서 수십 년간 숨죽여 일했던 노동자들의 직업병을 왜곡·은폐하고, 산재신청 권리를 차단하는 것은 노동자의 생명을 죽이는 행위나 다름없다. (2021.03.02.)

PART
03

산재 심층 분석

뇌심혈관계질환

2021년 사망통계를 보면, 심장질환 사망자는 3만 1,569명이며, 뇌혈관 질환 사망자는 2만 2,607명이다. 사망 원인의 각 2위, 4위다. 노동자의 사망 원인도 이와 다르지 않다. 문제는 뇌심장질환의 산재인정 기준이다. 이에 대해 필자는 2011년부터 2020년까지 8번 이상 기고했다. 판례를 분석하고, 재결례를 분석해서 문제점을 제시한 적도 있다. 세부 내용과 문제점은 칼럼의 내용을 읽어가면 알 수 있다. 그러나 가장 중요한 문제는 바뀌지 않았다. 즉 고용노동부 고시가 예시적 판정 기준이 아니라 절대적 판정 기준으로 작용된 것이다. 〈산재보험법〉이 생긴 이후 단한 번도 법원은 고용노동부 고시의 법률적 효력을 인정하지 않았다. 내부지침일 뿐이다. 주60시간이 되지 않는 경우 산재가 불인정되던 시절이 불과 몇 년 전이다. 현재도 주 40시간 근로시간제하에서 주 52시간이상 일하고, 특별한 가중 요인이 있는 경우에만 산재로 인정될 수 있다. 산재 법리에 어긋난 터무니없는 판정 기준으로 인해 수많은 노동자와 그 가족들이 가난·절망·고통이라는 벼랑 끝으로 내몰렸고, 지금도 마찬가지다.

2020년 뇌심 사건의 공단 패소율은 18.9%이며, 이 중 유족급여 사건의 패소율은 21.5%이다. 물론 소취하 사건 중 산재승인 사건을 포함하면 33% 이상이다. 10건 중 3건의 과로질환의 뇌심 사건이 법원에서 산재라고 여전히 판단되는 것이다. 혹자는 그래도 질판위에서 뇌심질환 인정률이 38.6%(2021년도)로 높지 않냐고 반문할 수 있다. 이는 착시효과일 뿐이다. 2006년 인정률은 40% 이상이었다. 다만 당시에는 '업무수행 중 뇌출혈이 산재로 인정되는 규정'이 있었다는 점이 다르다. 지금도 뇌심질환은 고용노동부 고시대로 기계적으로 판단되고 있다. 현장조사는 드물고 문답조사로 대체된다. 고용노동부와 공단의 직무유기 상황이 지속되고 있을 뿐이다.

2009년 우리나라에서 3대 사망 원인은 암·뇌혈관질환·심장질환이었다. 이로 인한 사망이 총사망자의 47.8%를 차지했다. 10대 사인은 암·뇌혈관 질환·심장 질환·고의적 자해(자살)·당뇨병·운수사고·만성질환·간질환·폐렴·고혈압질환으로 총사망자의 70.9%가 이 때문에 사망했다. 이 통계를 보면서 가장 먼저 떠오른 생각은 국민의 사망 원인 중 핵심적 질환인 뇌심혈관계질환은 현재 노동자들이 산재로 가장 인정받기 힘들다는 점이다. 2010년 9월 이정선 한나라당 의원이 공개한 질판위 질병판정 발생 현황 통계(2008~2010. 05.)를 보면, 개정된 〈산재보험법〉이 시행된 시점인 2008년 7월부터 12월 사이에 뇌심혈관계질환 산재 불승인율은 78.3%, 2009년에는 84.4%, 2010년 5월에는 84.5%로 10건당 1건 정도만 공단에서 산재로 승인됐다. 2006년 59.9%라는 통계를 참조해보면 상당한 정도가 아니라 엄청난 수가 불승인되는 실정임을 쉽게 알 수 있다.

　문제는 과연 공단의 뇌심혈관계질환의 산재인정 기준이 합리성을 가지냐는 점이다. 구법상 뇌심혈관계질환의 산재인정 기준은 시행규칙 '별표'에 규정됐는데, 현행법에는 시행령상 '별표'로 규정해 사실상 '법규명령'으로 효력을 가지나 내용 면에서는 오히려 개악됐다. 실제 그 인정 기준은 고용노동부 고시인 〈뇌혈관질환 또는 심장질환 및 근골격계질환의 업무상질병 인정 여부 결정에 필요한 사항; 노동부 고시 제

2008-43〉에 규정돼 있다. 이를 보면 각 급성과로·단기과로·만성과로로 구분해 24시간 내 돌발적인 과로 상황의 실제 여부, 발병 전 1주일 이내 30%의 업무 증가 여부, 발병 전 3개월 이상 만성과로가 있었는지 등으로 규정해 판단하도록 돼 있다.

이러한 노동부 고시 등을 포함한 산재인정 기준의 법리적인 문제점에 대해서는 한 논문(이희자,《산업재해보상보험법상 업무상재해의 인정 기준에 관한 연구》, 성균관대학교 박사학위논문, 2008, 164~179쪽)에서 충분히 비판된 바 있다. 가장 대표적인 문제점만 언급해보면, △업무수행 중 뇌출혈의 경우 업무수행성의 인정 시 산재가 인정된 것을 삭제한 점 △30%의 정량적 기준을 일률적으로 제시하는 점 △법률상 근로시간이 아닌 사실상 근로시간을 기준으로 해 장시간근로자의 경우 오히려 산재인정에서 불리해지는 점 등이 지적됐다. 따라서 현재 뇌심혈관계질환의 경우 업무수행 중 뇌출혈이 일어난 경우에도 동일하게 업무기인성 판단을 받고 있다. 1주 30%라는 획일적 기준을 적용함으로써 우리나라와 같은 장기간 노동조건하에 있는 근로자의 경우 실근로시간 이상의 30%의 초과근로가 사실상 불가능하기에 산재승인율이 급격하게 떨어지는 것이다.

만성과로의 경우 2010년 7월 공단 보험급여국에서 작성한 문건을 보면 '운영상의 문제점'으로 "만성과로에 대한 개념이 모호, 만성과로에 대해 시간적 개념만 도입하게 될 경우 실무에 있어 시간에만 중점을 두고 운영해 의학적 인과관계를 반영하지 못할 우려, 개인적인 위험 요인이 있는 경우 이를 고려하는 기준이 미흡, 판정 시 기존질환에 대한 건강관리를 했는지 여부에 대한 판단 기준이 없어 혼선"이라고 스스로 문제점을 인정했음을 확인할 수 있다.

또 다른 문제는 인과관계의 판단 기준을 법원과 달리 보고 있다는 것이다. 법원은 "업무와 사망과의 인과관계의 유무는 보통 평균인이 아니라 당해 근로자의 건강과 신체조건을 기준으로 판단해야 한다"(대법원 2006. 03. 09. 선고 2005두13841 판결)라고 판시했다. 그러나 실제 운영의 기준이 되는 〈뇌심혈관계질환 업무상질병 판정 지침〉(지침 2008-30호)을 보면, "업무 과중성의 판단은 객관적 기준으로 평가하는 것이지 특정 근로자를 대상으로 업무량을 비교해 판단하는 것은 아니다"라고 명시한다.

공단과 질판위 운영을 보면 사실상 최초 재해조사서인 〈뇌심혈관계질환 체크리스트〉가 지나치게 근로시간의 평가 및 측정에 초점을 맞추고 있어 뇌심혈관계질화의 유발 악화요인으로 법원에서 중요하게 판단하는 스트레스 평가를 배제한다. 그러나 일반적으로 법원은 과로와 스트레스를 동일가치에서 비교해 검토하고 있어 단지 시간적 측면에서 근로시간의 과다라는 요인만으로 산재인정을 결정하지는 않는다.

2010년 9월 대법원은 개성공단 근로자의 뇌출혈의 산재인정 파기환송 판결에서 "원고가 받았던 스트레스의 정도에 따라 다르겠지만 심한 스트레스였다면 뇌내출혈의 유발원인이 될 수 있다"라고 판시했다. 이어 과로보다 오히려 "스트레스에 대한 사실"을 중요한 요소로 보고 업무상재해로 인정했다(대법원 2010. 09. 09. 선고 2010두10372 판결). 따라서 뇌심혈관계의 업무상재해 인정 기준과 관련해 시급히 개선해야 할 과제는 근로자 본인을 기준으로 판단하고 현행 고용노동부 고시가 모방한 일본의 '뇌혈관질환 및 허혈성심질환 등의 인정 기준'처럼 기준근로시간을 기준으로 판단하는 것이다. 또한 심리적 부하의 스트레스를 재해 조사 시 적극적으로 조사·반영하는 것이 필요하다. (2011. 01. 10.)

개정된 뇌심질환 판정 지침, 과연 올바른가

2011년 산업재해 현황 분석(안전보건공단)에 따르면 뇌심혈관질환 산재 승인자가 5,655명, 2010년에는 6,237명이다. 1년 새 무려 572명이 줄었다. 뇌심혈관계질환 산재승인률이 12%대까지 떨어지면서 발생하는 문제다. 이를 개선하기 위한 방향으로 고용노동부는 〈만성과로 기준〉 개정고시를 발표했고, 근로복지공단도 후속 대책으로 〈뇌혈관질병·심장질병 조사 및 판정 지침〉을 내놓았다. 판정 지침은 공단 지사 담당자의 조사 기준으로 작용한다. 또 지사의 재해조사시트가 판정위 심의안으로 100% 반영된다. 심의안만으로 회의가 개최되는 현실을 감안하면 대단히 중요한 지침이다. 판정 지침 또한 아무런 여론 수렴 없이 작성됐고, 7월 중 고시발표와 함께 시행될 예정이다.

일단 긍정적인 부분은 뇌심질환에 대한 의학적 자문의 범위가 바뀐다는 점이 눈에 띈다. 기존에는 공단 지사 자문의사(신경과·신경외과·순환기내과 등 임상의)가 업무관련성을 판단했다. 자문의사들의 소견이 판정위·심사위·재심사위 등에서 중요한 기준과 자료가 돼 불승인율을 높이는 하나의 원인으로 작용했다. 상병은 이미 진단된 상태에서 산재신청을 하는 것이므로, 임상의가 업무관련성을 판단할 필요가 전혀 없었다. 판정 지침에서는 단순히 근로자의 질 병상태와 의학적 발병원인 등에 대해서만 자문하도록 했다.

판정 지침의 중요한 문제점은 기존에 제기됐던 단기과로 인정요건이 전혀 개선되지 않았다는 것이다. 판정 지침은 일상 업무보다 30% 이상 증가했을 때, 즉 통상적으로 하던 업무에서 30%가 증가할 때 과로로 인정한다. 또 동종의 근로자라도 적응하기 어려운 정도로 업무 환경 등이 바뀌면 과로로 인정한다. 이는 〈산재보험법〉 취지에 맞지 않을 뿐 아니라 판례 법리에도 위배된다. 쟁점인 만성과로 기준 판정 지침의 문제점은 종합검토 원칙이 훼손되고 있다는 것이다. 다시 말해 "업무량과 업무시간, 휴일·휴가 등 휴무시간, 업무 강도 및 책임, 정신적 긴장의 정도, 수면시간, 작업환경, 그 밖에 연령 및 건강상태 등을 종합해 판단한다"라는 원칙이 실제 세부 요령과 '뇌혈관질병 또는 심장질병 재해조사시트'에 반영되지 않는다. 시트는 만성과로와 관련해 발병 전 12주에 해당하는 주당 총 업무시간·휴일수·주당평균 업무시간 등으로 분류해 조사하도록 돼 있다. 그러나 그 밖의 요인에 대해서는 '업무 일반'을 분류할 뿐 과로의 구체적인 내용을 조사·평가하도록 하고 있지 않다.

반면 공단이 이번 판정 지침으로 사실상 베껴온 일본의 과로 지침을 보면 "노동시간·불규칙한 근무·구속시간이 긴 근무·출장이 많은 업무·교대제 근무 및 심야근무·작업환경(습도환경, 소음, 시차)"과 같이 세부적인 부하 요인을 평가하도록 돼 있다. 더불어 이에 해당하는 자료가 무엇인지 확인하고 몇 페이지까지 기록한다. 반면 현재 시트에는 '별표2'를 통해 '정신적 긴장을 동반하는 업무의 평가 기준'이 첨부돼 있을 뿐 이를 시트에 어떻게 조사에 반영할지가 누락돼 있다. 공단의 만성과로에 대한 기준과 판단은 근로시간(1주 평균 60시간) 여부에 집중돼 있어 종합적으로 판단하는 것과 거리가 멀다. 그렇다고 1주 평균 60시간 이상 근무한다고 곧바로 만성과로로 간주하지 않는다. 경비직 등 감시·단속적 노동자의 경우 반드시 업무 강도를 조사하도록 돼 있다. 결국 1주 평균 60시간은 하나의 참고자료에 불과하다. 그뿐 아니라 원칙적으로 대기시간은 근로시간으로 간주하지 않아 업무시간 평가에서 제외하도록 한다. 이 경우 업무시간의 계량적 기준만을 사실상 판단요소로 삼지만 이것도 임의로 운영될 여지가 상당하다. 게다가 정신적 긴장의 내용, 즉 업무스트레스 내용을 시트에 구체적으로 조사·반영하는 부분도 미비하다. 뇌심질환 불승인율이 더 올라가지 않을까 우려스럽다. [2013.06.03.]

뇌심질환 산재인정 기준의 함정

과연 우리가 아는 산재해인정 기준이 제대로 된 것일까. 특히 뇌심혈관 계질환 인정 기준은 어떨까. 2008년 〈산재보험법〉이 개정시행되면서 '업무수행성 기준'이 삭제됐다. 이에 당시 산재승인사건이 급격히 감소하리라 예상됐다. 이후 2013년 7월 변경된 〈만성과로 기준에 대한 고시〉(발병 전 12주 동안 업무시간이 1주 평균 60시간, 발병 전 4주 동안 1주 평균 64시간)가 기계·획일적으로 적용되고 있다. 다만 2008년 개정 〈산재보험법〉 시행 이후 12%까지 떨어졌던 승인율은 2014년 평균 22.6%를 보인다. 다행인 것일까. 노동계를 포함한 이해당사자들도 이제는 뇌심질환 기준과 승인율·승인 수에 대해 함구한다. 마치 뇌심질환 산재인정 기준의 함정에 빠진 것처럼 보인다.

일상 업무보다 30% 이상 증가해야만 단기과로 요건을 충족한다는 것은 모순이다. 평소에 일을 많이 하던 사람은 일을 적게 하던 사람보다 불리하다. 법정 기준이 아닌 일상적인 업무량과 시간은 상대적인 기준이기 때문이다. 일을 적게 하다가 갑자기 많이 하는 경우는 산재가 될 수 있다. 그렇지만 많이 하다가 더 많이 하는 경우 30%를 충족하기가 거의 불가능하다. 특히 만성과로에 가까운 한국적 상황에서는 단기과로 충족은 요원한 문제다.

그렇다면 단기과로 기준은 객관·의학적으로 타당한 것인가. 〈근로기준법〉에 따라 주당 근로시간은 최대 52시간이다. 2008년 고용노동부의 연구용역 보고서인 〈뇌심혈관계 질환 과로 기준에 관한 연구〉(2008년 11월, 연세대)에 따르면 연구진은 단기과로 기준을 1주일 근로시간이 60시간을 초과하는 경우로 봐야 한다고 제안한 바 있다. 다만 보고서에서도 알 수 있듯이 근무시간이 절대적 기준으로 작용해서는 안 된다. 하지만 현실은 이와 다르게 적용되고 있다.

만성과로 기준은 어떤가. 2013년 고시를 도출하기 위한 직업환경

의학 전문의 4인의 합의서를 보면 주 평균 52시간 이상을 만성과로로 기준으로 봤다. 위 뇌심혈관계질환 과로 기준에 관한 연구 보고서도 마찬가지다. 최초에는 "발병 직전 3개월의 근무시간이 월 209시간을 초과한 경우"를 말한다고 했다. 이는 주당 평균 47.5시간이다. 연구진은 결론에서 3개월 이상 동안 주당 52시간(월평균 225시간) 이상 근로한 것 또는 휴일이 월 2일 미만인 경우로 정의했다. 최종 보고서에 주당 52시간을 만성과로 기준으로 본 것은 〈근로기준법〉과 문헌고찰, 산재 사례분석에 의거한 것이었다. 12주 평균 60시간 이상인 기준과 차이가 너무 크다. 52시간 내지 58시간의 주당 평균 근로시간 사례는 거의 불승인되고 있다. 결국 만성과로 기준에서 12주 평균 60시간은 과학적이지도 않고, 의학적 기초를 수반한 것도 아니다. 결국 2008년 연구 보고서로 제안된 단기과로 요건이 2013년 만성과로 기준에 변형돼 적용된 것이다. 공단과 질판위의 기준은 60시간에 매몰돼 있다고 해도 과언이 아니다. "야간근무가 더 많은 육체·정신적 부담을 발생시킬 수 있다"라지만, 이에 대해 얼마나 가중치를 두는지 의문이다. 실제 적용하지 않는 경우도 많다. 2008년 연구 보고서에서는 야간근무에 대해 20%를 추가해 근무시간에 산입할 것을 제안한 바 있음을 상기할 필요가 있다.

　　스트레스에 대해서도 제대로 조사·반영하지 않는다. 지침상 '별표 2(정신적 긴장을 동반하는 업무의 평가 기준)'도 제대로 작성하지 않는다. 시트에서 일부 업무 강도와 특이사항이 체크되지만, 서술적으로 기술되지 않아 판정에 반영되지 못한다. 법원에서 중요한 판단 요소 또는 단일 요인으로도 뇌심질환의 위험인자로 간주하는 직책에 따른 책임·업무 강도에 따른 스트레스·인력 부족·열악한 근무환경·단기 업무량 증가에 따른 스트레스·물리적 충격으로 인한 스트레스·업무발령에 따른 스트레스는 판정위 심의안에 구체적으로 기술되지 않는다.

2006년 뇌심질환 신청자 3,413명 중 1,384명(40.6%)이 산재를 승인받았다. 2008년 급속하게 추락했던 승인율이 2006년의 절반 수준으로 올랐다. 뇌심질환은 단일상병으로 산재급여액의 8% 이상을 차지할 정도로 가장 급여액이 많은 질환이다. 마치 함정에 빠진 느낌이다. 22.6%의 승인율 착시효과 때문인지 당사자들도 문제를 제기하지 않는다는 것이 더 큰 문제다.   (2015.07.02.)

법원 판결로 본 근로복지공단 뇌심질환 인정 기준의 문제점

근로복지공단의 뇌심혈관질환 판단 기준은 법률에 부합하는가. 만성 과로 인정 기준인 '1주 평균 60시간 초과 근로'는 타당한가. 공단의 〈뇌혈관질병·심장질병 조사 및 판정 지침〉(2013-32호, 2013. 07. 31.)은 제대로 된 조사를 담보할 수 있는가. 공단 재해조사는 제대로 되는 것인가. 왜 공단이 불승인한 산업재해 사건이 법원에서 뒤집히는가. 이런 의문을 풀기 위해 공단이 법원에서 패소한 판결문을 분석해봤다. 2013년에는

59건, 2014년에는 49건의 공단 패소 판결이 나왔다. 판결문을 살펴보니 공단의 산재인정 기준에 많은 문제가 있다는 점을 알 수 있었다.

먼저 법원은 고용노동부 고시와 공단 지침에서 규정한 뇌심질환 영향 요인인 '발병 전 12주 동안 1주 평균 60시간을 초과 과로' 같은 획일적 기준을 적용하지 않는다. 법원은 상당인과관계론에 입각해 당해 근로자의 건강과 신체조건을 기준으로 판단한다. 현재 공단 질판위는 고시 및 지침에 의거해 주 59시간 근로했더라도 과로가 아니라는 판정을 남발한다. 이는 〈산재보험법〉의 대원칙인 '상당인과관계론'에 위배되는 것이다.

둘째, 공단은 지침에서 사인미상 재해의 경우 원칙적으로 업무와의 인과관계를 인정하기 어려운 질병이라고 명시한다. 이에 업무 기인성을 거의 부정한다. 반면 법원은 사인미상이더라도 구체적인 과로와 스트레스 정도를 분석해 인정한다.

셋째, 법원은 과로와 스트레스로 인한 산재를 인정하면서 '업무 자체의 강도'를 심리·판단해 적용한다. 공단은 '업무 강도가 높은 업무, 정신적 긴장도가 높은 업무, 책임·부담이 높은 업무'를 예시하지만, 실제 업무 강도를 구체적으로 조사하지 않는다. 업무 강도로 인한 영향이 조사 복명서와 질판위 심의안에 반영되지 않는 이유다.

넷째, 법원은 공단처럼 업무상 부담 요인을 '발병 전 24시간 이내, 1주 이내, 3개월 이상으로 구분해 각각 돌발과로·단기과로·만성과로'로 나눠 판단하지 않는다. 단기과로를 재해 전 12일 기준으로 보기도 하고, 만성과로 기준을 2개월 또는 1개월 기준으로 보는 경우도 있다.

다섯째, 법원은 과로를 '단기과로 요건인 업무량·시간 30% 이상 증가, 만성과로 요건인 발병 전 12주 동안 업무시간 1주 평균 60시간 초과'로 판단하지 않는다. 사망 전 1주일간 1일을 제외한 초과·휴일 근무한 경우나 재해 전 12일간 휴무 없이 10.5~11.5시간 근로한 경우를 단기과로의 요인으로 인정한 바 있다. 또한 주 52시간 또는 57시간을 초과한 경우, 매월 80시간 연장근무한 경우, 1일 8시간 대비 업무량이 20~30% 증가한 경우 등을 만성과로로 인정했다.

여섯째, 법원은 스트레스 요인을 구체적으로 살피고, 스트레스 요인을 '과로' 기준과 동일하거나 비슷한 부담을 초래하는 요인으로 판단한다. 하지만 공단은 지침과 재해 복명서상 업무 내용과 관련된 특이사항만 간략하게 기술한다. 지침상 '정신적 긴장을 동반하는 업무의 평가기준'을 '별표2'로 제시하지만 작성된 사례가 거의 없다. 결국 뇌심혈관질환의 중요한 요인인 '스트레스'에 대한 심의가 공단에서는 이뤄지지 않는다.

일곱째, 공단은 업무 환경상 부담요인을 과소평가하는 데 반해 법원은 이를 구체적으로 평가해 반영한다. 공단은 현재 작업환경에서 비롯된 특이사항을 '밀폐·고열·한랭·산소부족·습도·소음·냄새'로 한정해 조사한다. 이마저도 현장조사 부재로 인해 반영하지 못한 사례가 상당하다.

여덟째, 법원은 교대제 야간노동을 뇌심혈관질환의 중요한 위험요인으로 파악하나, 공단은 이를 적극적으로 반영하지 않는다. 법원에서는 야간근무가 생리적 불균형을 초래하고, 주야간 교대제가 뇌심혈관질환 발생 가능성을 높이는 데다 뇌경색 발병요인이라는 점을 분명히 한다. 야간근무와 교대근무를 적극적 인정요인으로 보는 것이다. 그 밖에 공단은 기존 질환이나 위험인자를 상병의 주요 요인으로 보는 반면 법원은 과로와 스트레스가 기존 질환을 '악화시킬 수 있는 요인이나 상태'였는지 여부를 살핀다.

결국 고용노동부 고시와 공단 기준이 법률상 상당인과관계에 바탕을 둔 판단이 아니라는 점을 쉽게 확인할 수 있다. 고용노동부 장관에게 묻고 싶다. 공단이 판정 지침을 절대적 운영 기준을 삼고 주 60시간 넘는 불법근로만 과로성 재해로 인정하는 현실을 언제까지 방치할 것인지.   (2016.04.04.)

개정된 뇌심질환 인정 기준 고시와 근로복지공단 지침 평가

2007년 〈산재보험법〉을 전면 개정한 이후 뇌심혈관질환 인정 기준은 가장 큰 문제로 자리했다. 고용노동부는 고시(뇌혈관질병 또는 심장질병 및 근골격계질병의 업무상질병 인정 여부 결정에 필요한 사항, 2008-43호)로 인정 기준을 정했다. 이후 2013년 고시를 개정(2013-32호)하면서 만성과로 기준에 시간적 개념(주 60시간)을 도입했다. 당시 고용노동부는 노동계 반대에도 일방적으로 고시 개정안을 시행했다. 법원에서는 지속적으로 고용노동부 고시의 문제점을 철저하게 지적해왔다. 그리고 2017년 고용노동부가 고시를 다시 개정(2017-117호)했다. 근로복지공단도 뇌혈관질병·심장질병 업무상질병 조사 및 판정 지침을 개정(2018-2호)했다.

고시와 판정 지침 개정으로 고용노동부가 과거 잘못을 면책할 수 있는 것은 아니다. 2013년 고시 개정 당시 노사 추천 전문가는 제시안(2012년)에서 사실상 주 52시간 만성과로 기준을 권고했다. 게다가 2008년 노동부의 뇌심혈관질환 과로 기준 연구용역 보고서에서도 주 52시간을 넘으면 만성과로로 인정하고 야간노동은 업무시간을 주간노동보다 20% 할증하는 방안을 제시했다. 그러나 이 모든 것이 노동부 의지 부족으로 좌절됐다. 고용노동부는 이번에 고시를 개정한 이유에서 "과로 기준시간에 노동자의 업무 강도나 업무부담 가중 요인을 반영하는 등 뇌심혈관계질병으로부터 산재 노동자를 적극적으로 보호하고자 규정을 개정했다"라고 설명했다. 이미 10년간 수많은 비판에도 귀를 막았던 고용노동부다. 위법한 기준에 의해 불이익을 당한 노동자가 과연 진정성을 느낄 수 있을까.

고용노동부는 고시 개정 이전의 불이익 처분을 구제하는 조치를 시급히 진행해야 한다. 현행 고시는 부칙에 "2018년 1월 1일부터 시행한다"라고 정한다. 2018년 1월 1일 이후 진행되는 산재 사건에만 고시를 적용하게 되는 것이다. 불승인사건 중에서도 개정 고시를 적용할 경우 업무상재해로 인정될 가능성이 상당한 사건이라면 별도 구제조치(소멸시효 기간 이내 재신청 요청 및 질판위 재심사)가 필요하다. 공단도 주요 지침을 개정할 때 여러 차례 구제 조치를 한 바 있다. 고시는 주 52시간의 만성과로 기준 및 예시적 기준을 명확히 하지 않은 문제가 있다. 노동시간이 주 60시간을 초과하면 만성과로와 발병 사이 관련성이 강하다고 인정하지만, 주 52시간인 경우 가중 요인이 하나라도 있어야 이를 인정한다. 주 52시간의 만성과로를 배제하는 것이다. 이는 역학연구 결과와 〈근로기준법〉 취지에 위배된다. 고시는 법률적 구속력이 없으며, 하나의 예시적 기준(대법원의 확립된 태도)에 불과하다. 예시적 기준을 고시에 명시해 현재와 같이 계량적 수치로만 접근하고 판단하는 오류를 벗어나야 한다.

고시의 세부 내용도 문제다. 업무와 관련한 돌발적이고 급격한 업무 환경 변화의 발병 영향을 '증상 발생 전 24시간 이내'로 한정하는데, 법원 태도와 반대된다. 또한 '52시간 이하 및 가중 요인에 복합적으로 노출되는 경우'에는 "관련성이 증가한다"라고만 명시했다. 이미 2012년 전문가 안에서도 "업무와의 관련성이 높다"라고 한 부분이었다. 이에 업무 관련성이 부정될 여지가 있다. 업무의 가중 요인에 '시차가 큰 출장이 잦은 업무'로 명시하는데, 이는 기존 지침의 '출장이 많은 업무'에서 축소된 것이다. 또한 야간근무의 경우 업무시간을 30% 가산하나, 감시·단속적 노동자는 배제한다.

공단 판정 지침도 허점이 많다. 단기간 과로 판단요령에서 발병 전 2~12주 업무시간이 40시간 미만인 경우 일률적으로 40시간으로 간주한다. 이는 당해 노동자의 구체적 조건을 기준으로 하는 법리에 위배된다. 업무 환경 변화에서 '진동·압력의 변화'가 삭제돼 그 범위가 축소됐다. 또한 만성과로 판단 요령에서 택시 노동자 업무시간을 계산할 때

야간근무 시 운전⁽주행⁾한 시간에 대해서만 30% 가중한다. 이는 대기시간도 업무시간임에도 불구하고 이를 배제해 일반 노동자와 비교했을 때 형평성을 잃은 것이다. 업무에 부담을 주는 가중 요인에서 유해한 작업환경 중 '고온 작업 또는 폭염 작업'이 삭제됐다. 육체적 강도가 높은 업무를 '별표3'으로 명시하나, 직종 범위가 상당히 한정적이다. 그리고 고시와 지침이 업무상 스트레스를 폭넓게 규정하지 않는다. 즉 질적인 기준과 평가를 여전히 간과한다. 판단지침은 정신적 긴장을 동반하는 업무⁽10가지⁾를 구분해 체크하도록 한다. 그러나 이는 가중 요인의 하나로밖에 평가되지 못하며, 실제 업무상 스트레스를 반영할 수 없는 구조다.

고용노동부의 위법한 고시로 인해 매년 수백 명의 노동자와 그 가족이 산재 불승인 고통을 겪고 있고 현재도 고통은 계속되고 있다. 그 중 다수는 현행 고시 인정 기준을 적용하면 산재로 인정될 여지가 있다. 막대한 금전적 손실은 차치하더라도 산재 불승인은 노동자의 명예와 가치를 부정하는 것이다. 고용노동부의 진정성은 이런 문제를 해결하는지 여부로 판단해야 한다. (2018.01.22.)

뇌심질환 고시의 한계와 평가

2017년 질판위는 뇌심혈관계질환으로 산업재해보상을 신청한 1,809건 중 589건을 인정했다. 32.6% 승인율이다. 2018년 8월까지 1,332건이 신청돼 550건이 인정됐다(승인율 41.3%). 업무상질판위 도입 이후 최고 인정률이다. 근로복지공단의 뇌심질환 산재인정률이 '정점을 찍었다'는 평가도 나온다.

2018년 승인율 상승의 가장 큰 요인은 고용노동부 고시(뇌혈관질병 또는 심장질병 및 근골격계질병의 업무상질병 인정 여부 결정에 필요한 사항) 개정과 시행이다. 고시의 긍정적 효과에도 불구하고 고시의 기준과 업무상질판위의 실무상 적용·판단의 한계도 차츰 명확해진다. 필자는 고시 시행 직후 '개정 뇌심혈관 인정 기준 고시와 근로복지공단 지침 평가'(《매일노동신문》2018년 1월 22일 14면 참조)로 문제점을 지적한 바 있다. 산재재심사위에 위원으로서 참여하며 또한 법원 판결을 분석하는 가운데 인지한 문제를 몇 가지 지적하고자 한다.

가장 큰 문제는 고시 기준의 예시적 성격이 간과되는 것이다. 업무상질판위 판단 경향은 업무시간이 60시간을 초과하는지, 또는 52시간을 초과하는지에 초점이 맞춰져 있다. 이후 가중 요인인 △근무 일정 예측이 어려운 업무 △교대제 업무 △휴일이 부족한 업무 △유해한 작업 환경(한랭·온도변화·소음)에 노출되는 업무 △육체적 강도가 높은 업무 △시차가 큰 출장이 잦은 업무 △정신적 긴장이 큰 업무에 해당하는지 여부를 판단한다. 이런 판단 절차 이후의 중요한 과정이 생략돼 있다. 고시는 뇌심질환 판단의 예시적 기준일 뿐이다. 당연히 고시 기준을 충족하지 않는 경우 케이스별로 업무와 상당인과관계를 판단해야 한다. 고시 기준을 충족하지 않기에 관련성이 없다고 판단하고, 이를 판정서에 명시하는 것은 법률상 심대한 오류를 범하는 것이다.

둘째, 고시 성격이 외형적인 업무시간에 초점이 맞춰져 있기에 뇌심질환 발병의 가장 중요한 요인인 '정신적 스트레스'에 대한 판단이 사실상 되지 않고 있다. 현재 고시상 가중 요인의 마지막 사항으로 '정신적 긴장이 큰 업무'가 제시돼 있기는 하다. 또한 공단은 뇌혈관질병·심장질병 업무상질병 조사 및 판정 지침에 '정신적 긴장이 큰 업무, 책임·부담이 높은 업무'를 제시했지만 실무상 조사단계에서 구체적인 조사와 기술이 부족한 경우가 대부분이다. 지침상 예시된 업무, 가령 '사납금 등 과도한 영업 목표로 인한 정신적 스트레스가 높은 업무'인 택시노동자의 경우에도 지방 업무상 질판위에 따라 혹은 사건마다 다른 판단을 한다.

지침 '별표2(정신적 긴장을 동반하는 업무의 평가 기준)' 중 '2. 일상적으로 정신적 긴장을 동반하는 업무'에서 10가지로 예시해 제시하나 공단 지사의 재해조사서나 업무상 질판위 심의안, 산재재심사위 사건 개요서 작성에서 결여된 경우가 대부분이다. 업무상 질판위와 산재재심사위에서는 '정신적 긴장을 동반하는 업무'로 평가하는 경우는 드물고, 이에 해당하더라도 가중 요인의 하나에 불과한 것으로 평가한다. 결국 법원에서 뇌심질환의 가장 중요한 요인으로 평가되는 '정신적 스트레스'가 제대로 평가되지 않는 구조로 전락한다.

셋째, 단기과로에 대한 적극적 판단이 부족하다. 즉 발병 전 1주간 평균보다 업무의 양이나 업무시간이 30% 이상 증가된 경우 이를 업무상재해로 인정해야 한다. 실제 발병 전 1주일 이내의 업무시간이 이전 12주(발병 전 1주일 제외)간에 1주 평균보다 30% 이상 증가된 경우가 분명 한데도 업무상재해가 아니라고 판단한 사례가 발생한다.

넷째, 복합 가중 요인에 노출된 경우 소극적 판단 경향이다. 즉 가중 요인 7가지 중 2개 또는 3개에 노출되더라도 업무시간이 52시간 이하인 경우 산재인정이 거의 되지 않는다. 고시는 '1주 평균 52시간을 초과하지 않는 경우라도 업무부담 가중 요인에 복합적으로 노출되는 업무의 경우 업무와 질병의 관련성이 증가한다'고 했다. 대부분 업무상질판위는 복합가중 요인이 있더라도 업무시간을 절대적 기준으로 삼는 경향이 있기에 불승인하는 경향이 강하다. 복합가중 요인이 있는 경우 그 내용·질·강도 등을 종합적으로 살펴 업무와의 인과관계를 판단해야 한다.

마지막으로 기존 지침에 비해 축소된 가중 요인의 문제다. 즉 유해한 작업환경의 가중 요인에서 '고온작업 또는 폭염작업'이 삭제된 것을 원상회복해야 한다. 또한 '시차가 큰 출장이 잦은 업무'는 국외 출장의 예외적 경우이며, 이는 사실상 발생하기 어렵다. 변경 전 지침에는 '출장이 많은 업무'로 규정됐다. 반드시 개선해야 한다. [2018.11.19.]

산재 판정에서 가장 주요한 사안은 뇌심장질환이라고 할 수 있다. 이런 과로성 질병이나 사망이 업무상재해에 해당하는지 여부는 당사자와 가족에게 매우 중요하다. 그런데 실무적으로 산재 판정을 담당하는 기관인 질판위·산재심사위·산재재심사위(이하 판정기관)는 매우 큰 오류를 초래한다. 〈산재보험법〉에 따라 상당인과관계의 종합적 판정원칙이 무시되고, 예외적인 기준이 남용된다.

〈산재보험법〉 제37조는 "업무상재해인정 기준"이라고 해, 업무와 재해와의 상당인과관계가 있는 경우라는 원칙을 명시한다. 같은 조 5항은 "업무상재해의 구체적인 인정 기준은 대통령령으로 정한다"라고 돼 있다. 이에 따라 시행령 34조에는 "업무상질병인정 기준"이 마련돼 있고, 같은 조 2항은 "업무상질병에 대한 구체적인 인정 기준은 '별표3'과 같다"라고 규정한다. '별표3'은 "업무상질병에 대한 구체적인 인정 기준"으로 "1. 뇌혈관 질병 또는 심장질병"을 첫 번째로 명시한다. '별표3'의 "다목"에는 "가목 및 나목에 따른 업무상질병 인정 여부 결정에 필요한 사항은 고용노동부 장관이 정해 고시한다"라고 명시했다. 이에 〈뇌혈관 질병 또는 심장 질병 및 근골격계 질병의 업무상질병 인정 여부 결정에 필요한 사항〉(고용노동부 고시 2020-155호, 이하 뇌심 고시라 함)을 제정해 적용하고 있다.

대법원은 오래전부터 〈산재보험법〉 시행령은 업무와 재해와의 상당인과관계를 판정할 때 "예시적 기준"에 불과하다고 일관되게 판시해 왔다(대법원 2014. 06. 12. 선고 2012두24214 판결 참조). 시행령이라는 예시적 기준으로 마련된 고용노동부 고시 또한 당연히 뇌심질환 산재 판정에서 '예시적 기준'에 불과하다. 특히 뇌심 고시는 근로복지공단에 대해 행정 내부적으로 업무처리지침이나 법령의 해석·적용 기준을 정해주는 '행정규칙'에 불과해서 대외적으로 국민과 법원을 구속하는 효력이 없다(대법원 2020. 12. 24. 2020두39297 판결 참조). 결국 법률적 구속력이 없는 고시와 공단 지침을 기반으로 판정하는 자체가 〈산재보험법〉의 해석과 기준에 위반될 여지가 있다.

또한 판정기관들은 뇌심 고시를 해석·적용할 때 큰 오류를 보인다. 뇌심 고시는 만성과로에 대해 "업무의 양·시간·강도·책임, 휴일·휴가 등 휴무시간, 교대제 및 야간근로 등 근무형태, 정신적 긴장의 정도, 수면시간, 작업 환경, 그 밖에 그 근로자의 연령, 성별 등을 종합해 판단하되, 업무시간과 작업 조건에 따른 업무와 질병과의 관련성을 판단할 때에는 다음 사항을 고려한다"라고 규정한다. 재해자의 노동조건에서 양적 요소뿐 아니라 질적 요소를 종합해서 판단하는 것이 원칙이며, 업무시간은 판단 요소의 하나에 불과하다.

그럼에도 "(1주 근무시간이) 60시간에 미달하는 경우, 52시간을 초과하지만 가중 요인이 없는 경우, 52시간을 초과하지 않지만 가중 요인에 복합적으로 노출되는 경우"는 업무상재해가 아니라고 판단하는 것은 잘못된 판단이다. 일부 질판위 판정서상 "만성과로의 경우 과로 기준 시간을 3단계로 세분화하고 업무부담 가중 요인을 신설했다"라고 제시하면서 결론을 도출하는데, 이는 잘못된 판단이다. 만성과로의 3단계의 규정에 해당하지 않는 경우 종합적 판정 원칙과 기준에도 미달하는지, 그 이유가 무엇인지 정확히 판정해야 한다. 그러나 모든 판정기관에서 이를 하지 않는다고 해도 과언이 아니다.

공단 지사에서도 고시와 지침의 기계적 적용을 통해 거의 업무시간에 한정된 조사가 이뤄진다. 가중 요인을 주장하더라도 인정하는 것에 소극적이고, 현장조사를 실시하는 비중이 적어 업무 환경상 가중 요인을 제대로 조사하지 않는다. 특히 질적 요소라고 할 수 있는 정신적 스트레스 조사에 소극적이다. 즉 공단 지침(2021-03호) '별표2'의 "일상적으로 정신적 긴장을 동반하는 업무"를 구체적인 조사로 서술하는 경우는 거의 없다. 2021년 개정 지침상 도입된 '별표4' "정신적 긴장이 큰 업무 유형별 질판위 인정사례"는 10개에 불과해 판정에 활용할 여지가 없다. 실무상 질판위 심의안, 사건 개요서 등에 가중 요인은 단순한 표상 체크되므로, 이를 심도 있게 판단할 수도 없다. 특히 판정기관들이 업무시간에 미달하는 경우 가중 요인에 대한 판단 자체를 생략하는 것도 문제다.

판정기관과 참여 위원들의 자질과 능력의 문제만이 아니다. 올바른 적용을 할 수 있도록 최소한의 조건을 마련해야 한다. 시행령 '별표3' "나"항을 "질병의 유발 또는 악화가 상당인과관계가 있으면 업무상 질병으로 본다"라고 개정해야 한다. 고시와 지침에도 "만성과로 기준으로 제시된 업무시간 3단계 요건만으로 불승인할 수 없다"라고 규정해야 한다. 세세히 원칙을 명시하지 않는다면, 잘못된 신화와 믿음은 영원히 깨지지 않을 것 같다. (2021.10.12.)

자살/정신질환

자살과 정신질환의 산재를 동일 선상에서 논하기는 어렵지만, 2가지 모두 2010년대 초와 비교할 때 많은 변화가 있었다. 자살의 산재신청은 많이 늘어나지 않았다. 2016년 48건 중 10건(20.8%), 2017년 57건 중 25건 승인(43.9%), 2018년 56건 중 39건(69.6%), 2019년 62건 중 37건(59.7%), 2020년 78건 중 51건(65.4%)이 공단에서 산재로 인정되었다. 인정률은 높아졌지만, 공단의 패소율도 높았다. 2017년 21건 중 9건 패소(42.9%), 2018년 24건 중 19건(79.2%), 2019년 11건 중 5건(45.5%)이었다. 시행령도 일부 개정되었다. 2020년 1월 7일 〈시행령〉 제36조의제3호가 "3. 그 밖에 업무상의 사유로 인한 정신적 이상 상태에서 자해행위를 했다는 상당인과관계가 인정되는 경우"로 개정된 것이다. 그러나 법령상 '정상적인 인식이 뚜렷하게 낮아진 상태'와 시행령의 '정신적 이상 상태'의 불일치는 여전하다. 자살의 산재인정률이 높아진 것은 공단의 높은 패소율, 서울질판위의 자구 노력, 위원들의 인식변화, 공단 지침의 개정, 외부 비판과 노력 등이 종합적으로 영향을 준 것이다.

정신질환도 많이 변했다. 가장 중요한 변화는 산재신청이 많이 증가한다는 점이다. 이는 노동자의 인식변화와 더불어 〈근로기준법〉에 따라 '직장 내 괴롭힘'이 규정된 영향이 크다. 〈근로기준법〉은 2019년 1월 15일 개정을 통해 '제76조의2(직장 내 괴롭힘의 금지), 제76조의3(직장 내 괴롭힘 발생 시 조치)'를 규정했다. 산재신청이 늘어났지만 공단의 변화는 느렸다. 현재 공단 실무는 문제가 많다. 산재신청부터 판정까지 소요 기간은 2019년 244일, 2020년에는 209일이다. 판정 기간이 너무 길어 적절한 요양 치료가 힘들어진다. 2019년 8월 12일 정신질환을 각 지역질판위로 분산했지만 지역별 승인률 차이가 심하다. 2021년 1월 13일 개정된 공단 지침 "정신 질병 업무 관련성 조사지침(2021-05호)"에서 특별 진찰을 통해 임상심리 검사를 강제하고 있어 신속한 판단을 저해한다. 또한 질판위에서 법률적 판단보다 의학적 평가에 치우쳐 있는 점은 개선되어야 한다. 필자가 본문에서 지적한 요양 과정의 여러 문제도 노동자의 고통을 초래한다.

보건복지부가 2011년에 실시한 정신질환실태 역학조사에 따르면 18세 이상 성인 중 지난 1년간 한 번 이상 정신질환을 경험한 사람은 전체 인구의 16.0%인 577만 명으로 추정됐다. 그리고 성인의 15.6%는 평생 한 번 이상 심각하게 자살사고(思考)를 경험했다. 1년간 자살 시도자는 10만 8,000여 명이다. 그렇다면 2011년 정신질환의 산재승인은 얼마나 될까. 총 56건이 신청됐고 그중 12건이 승인됐다. 우울증 3건·적응장애 2건·급성스트레스 장애 3건·외상후스트레스장애 2건·기타 2건이다. 같은 해 정신질환 관련 사망(자살)으로 신청된 산재는 46건이며, 이 중 14건이 승인됐다. 결국 1년에 정신질환과 이로 인한 자살로 산재신청을 한 경우는 100건밖에 안 된다.

정신질환이 산재로 인정되기 어려운 가장 큰 장벽은 미인식의 문제에 있다. 즉 정신질환도 산재로 승인받을 수 있는 질병이라는 생각하지 못한다는 것이다. 정신질환으로 인한 자살의 경우도 마찬가지다. 다른 상병과 달리 정신질환의 경우 지극히 개인적이고, 개인의 취약성이 작용하기 때문이다.

두 번째 문제는 정신질환에 대한 사회적 편견이 너무 심하다는 것이다. 회사에 소속된 노동자들의 경우 더욱 심각하다. 정신질환이 있어도 해고 등 위험과 사용자의 편견 때문에 전혀 노출할 수 없다. 각종 보험의 미가입 문제는 부차적이다. 철도 기관사의 경우 정신질환 병력이 있는 경우 면허박탈이 되고 있어 외상사고 이후 병원에 내원하기도 힘든 구조다. 결국 정신질환 증상이 있어도 병원에 가기 어려운 사회구조가 문제다. 기존 〈정신보건법〉은 단순한 정신건강의학과 상담만 받아도 환자를 정신질환자 범주에 포함해 문제가 됐으나 다행히 2013년 개정됐다.

세 번째 문제는 정신질환에 대해 법령구조가 빈약하다는 점이다. 〈산재보험법〉은 정신질환에 대해 별도의 규정을 두고 있지 않다. 다만 자살의 경우 일정한 요건하에서 업무상재해(〈산재보험법〉 시행령 제36조)로 본다. 법령 개정으로 시행령 '별표'에 외상후스트레스장애 요건이 신설됐다. 거기에 더해 외상후스트레스장애뿐 아니라 우울증·급성스트레스장애·수면장애 등 노동자의 유병률이 높은 정신질환 인정요건을 신설해야 한다.

네 번째는 근로복지공단의 실무적 운용상의 문제다. 일본의 경우 "심리적 부하에 의한 정신장애의 인정 기준"(후생노동성)과 같은 세부적 조사·판단 지침이 있다. 정신질환의 경우 공단 지사에서 정신과 자문의사의 소견을 받은 뒤 형식적으로 판단하고 있어, 세부적 스트레스 내용을 모두 살피지 못한다. 이에 정신과 자문의사의 형식적 소견이 질판위에서 중요한 근거가 된다. 최초부터 단순 의학적 판단이 작용하는 것이다.

자살로 인한 산재인정에서도 큰 문제가 있다. 2008년 법령 개정으로 기존 정신질환 병력이 없는 경우에도 산재승인이 가능하도록 범위가 넓어졌으나, 이것이 보편적으로 적용된다고 보기 어렵다. 특히 법원은 정신질환으로 인한 자살사건에서 유독 일관되지 못하다. 법원은 "자살이 사회평균인의 입장에서 보아 도저히 감수하거나 극복할 수 없을 정도의 업무상스트레스와 그로 인한 우울증에 기인한 것이 아닌 한 상당인과관계를 인정할 수 없다"(대법원 2008. 03. 13. 선고 2007두2029 판결, 대법원 2012. 03. 15. 선고 2011두24644 판결)라고 판결하면서, 한편으로 "재해자 본인설"(대법원 2011. 06. 09. 선고 2011두3944 판결, 대법원 2010. 08. 19. 선고 2010두8553 판결)을 내세운다.

특히 감정 노동자의 경우 고객과의 갈등을 입증하기가 상당히 어렵다. 이런 입증 책임의 부담은 행정소송 단계에서도 해소되지 않고 오히려 가중된다. 결국 미인식의 문제·사회적 편견·공단의 협소한 판단과 부실한 운영·법원의 혼란까지 가중된 현실이 우리나라를 정신질환이 산재로 인정받기 가장 어려운 나라로 만들고 있다. (2013.09.03.)

정신질병 업무관련성 조사지침 개정안의 허점

근로복지공단은 2014년 〈정신질병 업무관련성 조사지침〉 개정안을 내놓았다. 정신질병에 대한 지침 개정은 8년 만이다. 공단 천안지사에 요양을 신청한 사건(천안지사, 재활보상부-4353)과 개정안을 비교하면서 개략적인 문제점을 지적해보기로 한다. 개정안은 기존 지침과 달리 정신질환의 상병을 세분화했다. 주요 우울장애·불안장애·적응장애·외상후스트레스장애 및 급성스트레스 반응·자해 행위 및 자살·수면 장애 등 6가지로 분류했다. 또한 자해 행위 및 자살·외상후스트레스장애 및 급성스트레스 반응·주요 우울장애 등 3가지로 구분해 각 상병의 조사서식과 주요 조사사항을 명시한다. 증상 발생 이전 6개월의 주요 변화요인을 조사하고, 서비스 관련 직업군의 '감정 노동 직업군인지 여부'를 확인하도록 했다. 개정안에 따르면 공단 자문의사는 임상적 소견에 대해 자문하고 그 내용을 재해조사서에 기재한다. 기존 지침과 동일한 내용이다.

정신질환은 다른 상병과 마찬가지로 그 상병의 업무관련성 여부가 결국 법률적 판단의 영역이다. 그런데 정신질환의 업무관련성은 정신과 의사들이 판단하는 구조다. 천안지사에 신청한 사건에 대해 공단은 정신건강의학과 자문의사의 의견을 받았다. 결론은 '개인적인 질환'이라는 것이었고, 이것이 주된 자료로 제출돼 질판위에서 불승인됐다. 사실 공단 자문의사가 신청인이나 대리인이 제출한 모든 서류와 자료를 보고 검토하는지 알 수조차 없다. 자문의사의 역할은 당해 상병이 확인되는지 여부에 그쳐야 한다. 그렇지 않고 자문의사가 '판정 권한'까지 행사하는 것은 월권이다.

개정안은 재해조사에 대해 공단의 6개월 조사원칙을 천명하며, 지나치게 간소한 조사내용만 담고 있다. 정신질환의 특성상 6개월 이상에 걸친 업무적 스트레스 요인이 작용하는 경우가 많다. 개정안에 6개월 이전인 경우 그 이전의 상황을 명확하게 조사해야 한다고 규정하지만 실제 업무처리를 살필 때 6개월보다 장기인 경우 어떻게 조사를 해야 하는지 구체적으로 설정할 필요가 있다. 또한 공단의 조사서식이 지나치게 간소하다. 자해 행위와 자살의 경우 △핵심요인 △사건 발생 전

산재를 말하다

정신병적 상태 △사건 발생 전 특이사항 △충격적 사건 △6개월간 주요 변화요인 △과거 정신질병으로 구분한다. 사건의 내용을 제대로 조사·기재하기 힘들다. 이와 함께 개정안의 서식은 핵심 요인에서 신청인의 주장과 동등하게 사업주 주장을 담고 있다. 또 의료기록과 과거 정신질병을 구분한다. 업무관련성에 대한 요인은 간소화해서 기재하도록 돼 있다. 다시 말해 사업주의 주장이나 의료기록만을 가지고 업무기인성을 논하는 기존 구조에서 벗어나지 못한 것이다.

참고로 일본 노재보험은 △정신장해 등 업무기인성 판단을 위한 조사표 △당해 근로자의 정신장해 발병에 관여했다고 생각되는 사건에 대응한 심신의 변화에 관한 시간적 경과 △근로시간 등 조사 결과 △업무상 여부 종합판단 결과표 등 4가지 조사표를 활용한다. 청구인의 진술에 대해 각 관련자에 대한 조사내용·자료·페이지를 꼼꼼하게 기재해서 조사하도록 돼 있다. 대부분의 정신질환은 사업주(회사) 내부의 업무적 스트레스나 갈등에서 비롯되는 탓에 사업주의 날인을 받지 못하는 경우가 많다. 사업주의 주장을 대등하게 조사하다 보면 피재자의 불이익을 초래할 수 있다. 공단은 천안지사 사건에서 사업주의 의견서를 청구인이나 본인에게 전달하지 않았다. 그 이유에 대해 "우울증 해당 여부는 의학적으로 판단해야 할 사안이므로 판정위 심리에 별다른 영향을 미치지 않을 것으로 판단된다"라고 회신했다(천안지사, 재활보상부-7403). 이에 반해 대리인이 제출한 재해경위서는 어떤 언급도 없이 사업주에게 송부했다.

문제는 공단이 '이해관계가 대립되는 사안'에서 재해자의 주장에

귀 기울이지 않는다는 점이다. 〈요양업무처리규정〉(제8조 제1항)에 명시된 보험가입자 의견서조차 송부하지 않고 있다. 개정안이 기존 지침보다 진일보한 측면이 있다고는 하나 실무적인 절차와 내용적인 측면에서 과연 무엇이 달라질지 궁금할 뿐이다. (2014.09.01.)

자살 · 정신질환 산재 판정 개선이 필요하다

2016년 자살·정신질환으로 근로복지공단에 산업재해 보상을 신청한 사건 169건 중 70건이 업무상재해로 인정됐다. 2017년에는 186건 중 104건이 승인됐다. 그런데 법원에서 자살·정신질환 사건은 2016년 18건 중 6건(33.3%), 2017년 34건 중 10건(29.4%), 2018년 상반기에는 17건 중 13건(76.5%)이 업무상재해로 확정됐다. 근로복지공단의 행정소송 패소율이 2017년 11.4%, 2016년 11.1%임을 감안하면, 자살·정신질환 패소율은 매우 높다. 이는 공단의 자살·정신질환 기준과 판정에서 심각한 문제가 있음을 보여준다.

우선 자살·정신질환의 법령 요건과 이에 대한 공단 해석의 소극성이 문제다. 정신질환의 경우 〈산재보험법〉 시행령 '별표3'에 '외상후스트레스, 적응장애, 우울증 에피소드'가 명시돼 있으며, 공단 지침(정신질병 업무관련성 조사지침, 2016-11호)에는 '불안장애, 적응장애, 급성스트레스 반응, 수면장애'가 추가로 규정돼 있다. 시행령 '별표'는 하나의 예시 기준에 불과할 뿐 명시되지 않은 질병이더라도 업무 기인성이 인정된다고 판단할 때 이를 적극적으로 반영해야 한다. 공단은 특히 정신질환 중 공황장애·수면장애·양극성장애에서 소극적인 판단으로 일관하며, 정신질환의 경우 유발 측면보다 '악화·발현' 측면에서 판단이 미흡하다.

자살은 〈산재보험법〉 제37조 2항 단서에서 "부상·질병·장해 또는 사망이 정상적인 인식 능력 등이 뚜렷하게 저하된 상태에서 한 행위로 발생한 경우로서 대통령령으로 정하는 사유가 있으면 업무상재해로 본다"라고 규정돼 있다. 이에 대해 〈산재보험법〉 시행령 제36조에서 세 가지로 구분하지만, 이 또한 예시 규정으로 보는 게 맞다. 또한 공단은 법령에서 "정상적인 인식능력 등이 뚜렷하게 저하된 상태"를 '정신적 이상 상태'와 '정신적 이상 상태임을 의학적으로 인정하는 경우'로 한정해 해석하는 경향이 강하다. 공단의 위법한 해석을 바로잡기 위해서라도 위임입법의 한계를 벗어난다는 지적을 받는 〈산재보험법〉 시행령 제36조 개정이 긴요하다.

둘째, 정신질환이 〈산재보험법〉 제37조1항2호에 해당되는 점은 명확하지만, 자살이 업무상질병인지 여부는 불명확하다. 〈산재보험법〉 제37조 2항 단서 규정에 있지만 이를 엄밀하게 질병이라고 단정할 수 없다. 오히려 법령 취지와 판례 법리상 업무상사고에 가깝다. 그러나 자살을 포함해 정신질병은 정신건강의학과 의사 2인 외에 직업환경의학과·법률가 등이 참여하는 질판위에서 판정한다. 법률·규범적 관점에서 상당인과관계 여부를 판단하는 것이 아니라 의학적 원인주의에 입각해 판단하는 것이다. 따라서 법률·규범적 판단원칙에 따라 질판위에서 임상의를 배척하는 것이 타당하다.

셋째, 재해조사의 정밀성을 높여야 한다. 공단이 패소한 판결을 분석한 결과 공단 재해조사 과정에서 지침에 기재된 내용을 조사하지 않은 경우뿐 아니라 조사 과정에서 업무 관련성을 부정하는 회사의 진술에 근거한 경우가 많았다. 회사의 인사권 행사가 정당하다고 결론이 나왔다고 해도 그것이 업무상재해 인정 여부에 직접적인 영향을 미치는 것은 아니므로(대법원 2010. 04. 25. 선고 2010두710 판결), 재해자의 주장을 명확히 반증하는 증거가 없는 이상 뇌심혈관계질환 사안처럼 재해자 주장에 따라 사실을 인정해주는 게 타당하다. 또한 관련자 문답, 경찰조사의 적극적 반영과 추가조사 요청, 병력의 치료 조회와 정신병력 상태에 대한 정리 같은 적극적 조사가 필요하다.

넷째, 심의·판정에서 '동종 근로자 기준, 개인적 취약성, 자살 이전 정신병력 상태'가 아니라 '당해 근로자 기준, 실질적인 업무 스트레스 과중 여부'를 면밀하게 반영해서 판단해야 한다. 법원은 "우울증을 앓게 된 데에 망인의 내성적이고 소심한 성격 등 개인적인 취약성이 영향을 미쳤 더라도 업무상 과로나 스트레스가 그에 겹쳐서 우울증이 유발 또는 악 화됐다면 업무와 우울증 사이에 상당인과관계를 인정함에 아무런 지장 이 없다고 할 것이다(대법원 2011. 06. 09. 선고 2011두3944 판결)"라고 판시했다. 또한 자살사건에서 "내성적인 성격 등 개인적인 취약성이 자살을 결의하게 된 데에 영향을 미쳤다거나 자살 직전에 환각·망상·와해된 언행 등의 정신병적 증상에 이르지 않았다고 해서 달리 볼 것은 아니다(대법원

2017. 05. 31. 선고 2016두58840 판결)"라고 판시했다. 개인적 취약성이 있더라도 이로 인한 악화 발현 여부를 중요하게 보고, 정신병적 증상을 자살의 인정요건으로 보지 않는 법원 판단원칙에 따라 심의·판단을 해야 한다.

결국 법률적 판단을 중심에 두지 않는 구조를 바꾸지 않는다면 공단의 패소율은 높을 수밖에 없다. 일각에서 제기되는 심리부검도 마찬가지다. 중앙심리부검센터조차 심리부검을 하지 않고, 행정소송 때 대학병원은 심리부검이 무엇인지도 모르는 상황에서 특별진찰 형태로 이를 추진한다면 지난 10여 년의 과오를 반복할 뿐이다.　(2018.10.15.)

정신질환 산재조사 판정 · 요양의 문제점

노동자 A는 회사와의 갈등으로 공황장애가 발병해 산재신청을 했다. A는 입원 기간 이외 통원한 기간에 대해서만 휴업급여를 받았다. 현재도 병원에 다니지만 산재승인과 함께 요양치료 종결 처분을 받았다. 노동자 B는 감정 노동 스트레스로 발생한 공황장애에 대해 산재신청을 했다. 산재승인을 받았고, 치료했던 동네 정신건강의학과 비용을 요양비로 청구했다. 그러나 근로복지공단은 산재 비지정의료기관에서 치료받은 것을 이유로 지급을 거절했다. 노동자 C는 수년간 지속된 회사의 노동조합 탄압에 대한 스트레스로 대학병원에서 양극성정동장애와 적응장애를 진단받았다. 산재신청을 했지만 적응장애만 인정됐고, 병원에 간 날에 한정해서 휴업급여를 받았다. 노동자 D는 동네 정신건강의학과 전문의에게 공황장애 진단을 받았다. 이후 치료가 잘 돼 업무에 정상으로 복귀했고 산재신청을 했다. 공단은 임상심리검사를 위한 특별진찰을 받으라고 했고, 이를 거부하자 산재 판정에 불이익이 있을 것처럼 통지했다. 수개월 이 문제로 공단과 갈등을 겪었고, 특별진찰 없이 질판위에 회부됐다. 질판위 정신건강의학과 의사들은 D에게 진단된 공황장애는 적절했다고 봤다.

노동자들이 회사 내 업무적 어려움과 스트레스 등으로 발병한 정신질환을 산재신청하기까지 오랜 시간과 과정이 소요된다. 다른 질환과 달리 산재신청을 포기하는 경우가 많다. 또한 위 사례와 같이 공단의 부당한 조사 판정·요양 행정으로 좌절하는 경우가 많다. 이를 구분해서 살펴보면 아래와 같은 문제가 심각하다.

일단 진단과 의료기관의 특성을 고려하지 않은 행정이다. 대부분 찾아가는 병원이 거주지 인근 정신건강의학과다. 3차 의료기관이나 대학병원을 내원하는 경우는 흔치 않다. 산재 비지정의료기관이거나 임상심리검사가 없는 경우가 대부분이다. 이때 공단은 무조건 특별진찰을 보내려고 한다. 주치의에 대한 추가 조회나 진단이 정확한지 판단하려는 노력이 부재한다. 노동자들이 제출한 의무 기록지 등을 참고해서 자문의사들에게 도움을 청하는게 오히려 효율적이다. 또한 노동자 D의 경우처럼 상병 상태가 이미 치료됐다면 임상심리검사는 불필요하다.

둘째, 조사과정이 형식적인 경우가 많고 적극적으로 하지 않는다.

노동자 A는 업무관련성 평가를 위해 공단 산재병원에서 조사했다. 다른 노동자들은 모두 질의서 작성만을 요청받았다. B 노동자는 여러 장의 질의서 파일을 한글이 아닌 PDF로 받았다. 문답 질의서 양식을 한글 파일로 요청했으나 없다는 공단 담당자의 항변이 놀라웠다. 지사 담당자들은 모두 노동자들의 산재신청에 대한 회사의 의견서나 문답서도 사전에 제공하지 않았다. 모두 요청해서 받았고, 일부 지사의 경우 보험가입자 의견서와 함께 받은 회사의 문답서는 제공되지 않아도 된다고 주장했다. 가해자나 노동자와 갈등을 일으킨 회사 내 인물에 대한 문답이나 사업장 조사도 전혀 진행하지 않았다.

셋째, 요양기간에 대한 휴업급여 인정의 문제다. 일부 경미한 정신질환은 업무를 병행하면서 치료받는 것도 가능하다. 그러나 A 노동자와 D 노동자 모두 회사와 심각한 갈등이나 노조탄압으로 정상적인 근무를 하는 것이 불가능했다. 당연히 산재가 승인되면 그 기간에 대한 정상적 보상이 될 줄 알았다. 심지어 왜 병원에 간 날만 지급되는 것인지에 대한 설명을 듣지 못했다. 자문의사에게 자문한다는 것도 알지 못했다. 그 과정에 자신들이 왜 일을 할 수 없는지, 상병 상태에 대해 설명할 기회도 없었다. 보험급여 결정통지서에도 그 이유에 대한 설명이 없었고, 정보공개신청을 해도 마찬가지였다. 정신질환을 일반 질환처럼 평가하는 실무상 문제도 심각하다. 무엇보다 승인 이후 휴업급여 지급 판정에도 노동자들에게 진술 기회가 주어져야 한다.

넷째, 산재비지정의료기관에서의 치료 문제다. B 노동자는 어렵게 용기를 내서 산재신청을 했다. 산재승인 이후 1년여 다녔던 병원비를 청구하자 공단은 지급할 수 없다고 했다. 산재지정 의료기관으로 옮기지 않으면 안 된다는 점과 의료기관을 옮기는 것은 노동자 책임이라고 했다. 타 질환과 달리 정신과 질병은 주치의와의 관계가 매우 중요하다. 감기몸살처럼 병원을 쉽게 옮길 수 있는 게 아니다. 환자와 의사의 관계와 약물·심리치료 등은 몇 개월 내에 완성되지 않는다. 이를 일률적으로 비지정의료기관이라는 이유 삼아 타병원으로 옮기지 않을 경우 요양비를 지급할 수 없다는 행정은 폭력이나 마찬가지다. 전원할 수 있는 병원을 알아봐 줄 노력은 전혀 하지 않는 채 요양비를 가지고 협박하는 공단의 행정을 보면 존재 가치를 의심하게 한다.

최근 공단은 정신질병업무관련성조사지침을 개정했다. 임상심리검사를 강요하고, 조울증이나 양극성장애 재해자를 마치 범죄자 취급했다. 실무행정과 마찬가지로 노동자를 바라보는 시선이 무엇인지 재차 확인할 수 있었다. (2021.02.09.)

정신질환 산재 판정의 문제와 개선방향

2021년까지 최근 5년간 정신질환 산업재해 판정을 보면 2017년 신청된 213건 중 126건, 2018년 268건 중 201건, 2019년 331건 중 231건, 2020년 581건 중 396건, 2021년 5월까지 294건 중 217건이 승인됐다.

정신질환 산재신청은 2019년부터 큰 폭으로 증가하고 있으며, 인정률은 70% 정도다. 이런 외형적인 신청 수와 인정률 이면에 근로복지공단의 정신질환 산재 조사·판정은 문제가 여전하다.

일단 지역별 인정률 편차가 너무 크다. 자살사건 판정 소요기간은 2019년 257일로 매우 길었다. 이에 서울질판위에서 일괄적으로 처리했던 정신질환 사건을 2019년 8월 12일 운영규정 개정으로 각 지역 질판위로 분산했다. 2019년 정신질환 사건 인정률은 69.2%, 2020년 인정률은 67.2%다. 지역별 편차는 상당하다. 2020년 정신질환 산재인정률은 부산질판위가 49.3%, 광주질판위가 53.8%를 기록했다. 부산질판위의 경우 뇌심질환 인정률도 전체 38.2%에 비해 낮은 27.4%다. 사건은 분산해 배정했지만 준비되지는 않았으며, 여전히 이에 대한 개선책이 모색되지 않고 있다. 〈정신질병 업무관련성 조사지침〉(2021-05호)과 별도로 정신질환 산재인정사례(법원 판결 포함)를 분석해서, 정신질환 심의·판정 지침을 별도로 만들 필요가 있다.

둘째, 특별진찰 남용 문제다. 공단은 〈정신질병 업무관련성 조사지침〉에서 "진행 경과를 파악하기 위해 〈산재보험법〉 제119조에 의한 진찰 요구를 할 수 있음. 특진의료기관은 소속병원 또는 종합병원 이상으로서 정신건강 임상심리사 1급 자격을 가진 전문가를 보유한 의료기관에서 복수 추천해 선택 가능"으로 규정했다. 공단은 임상심리검사가 없는 경우, 특진의료기관에 해당 의료기관에서 실시한 검사가 아닌 경우 특별진찰을 강요한다. 이에 조사 판정 기간이 매우 길어지고 있고, 피해자는 불필요한 검사에 고통받는다.

일례로 2021년 4월 공단 지사에 우울증으로 산재를 접수한 노동자는 8월에 주치의 소견 조회를 받았지만 특별 진찰을 받으라는 이야기를 들었다. 그에 앞서 공단 인천병원에 예약했지만 심리검사는 내년에 진행된다는 통지를 받았다. 언제 심리검사를 할지, 그 검사를 반영해서 언제 질판위로 회부될지도 불확실했다. 개인병원이지만 여러 차례 정신과 전문의가 진료와 검사 등을 통해 진단한 결과를 공단은 신뢰하지 않는다. 임상심리검사는 주치의의 진단에 보조적 수단으로만 활용해야 한다. 공단 소속 병원의 임상심리검사도 3개월 이상이 소요될 뿐 아니라 종합병원 이상의 특진의료기관을 찾기도 어렵다. 산재신청 후 공단 지사 자문의의 자문을 거쳐 진단의 적절성이 문제가 되는 경우에 한해 특별진찰을 진행하는 식으로 변경돼야 한다.

셋째, 정신질환의 판정 틀을 교정해야 한다. 정신질환에서 가장 중요한 문제는 업무 관련성이다. 이 관련성은 발병의 원인을 규명하는 것이 아니라 공동의 원인으로서 가능성을 규범적으로 판단하는 것이다. 질판위를 포함한 판정기관 참여위원 중 정신질환 판정에서 막대한 영향력을 행사하는 것은 정신건강의학과 의사다. 대부분 여전히 발병의 원인으로서 의학적 모델에 기대 사건에 접근한다. 정신질환의 원인은 다양하다. 그중 생물학·가족·유전적 원인을 일차적으로 본다. 물론 원인을 정확히 알 수 없을 때도 있다. 산재승인이 어려운 조현병이 그렇다. 다만 조현병도 생물학·정신사회학적인 환경적 스트레스에 의해 증상이 발현할 수 있다고 본다. 우울증도 마찬가지로 내성적인 성격 등 개인적 취약성이 주요 원인이지만, 심리·사회적 스트레스를 배제할 수 없다. 의학적 발병 원인에 집착하고, 업무적 원인으로 인해 이것이 악화·발현되는지에 대한 판단이 미흡하다. 정신질환 진단이라는 의학적 접근과 업무와 상당인과관계라는 법리적 판단은 다르다. 개인의 취약성이 있다면 업무 스트레스로 인해 발병이 쉬워야 하는데, 유독 정신질환 산재 사건에서는 그렇지 못하다.

넷째, 회사나 사업주에 대한 조사·판단 방식도 문제다. 정신질환의 다수 사건은 사업주 또는 동료와의 갈등, 괴롭힘 등이 쟁점이다. 사업주의 비협조 등으로 개인의 진술 등에 근거해 스트레스를 호소하는 경우가 많다. 사업주의 업무지휘 방식이나 인사권에서 문제가 없는 경우 노동자의 업무 스트레스를 배제하는 방식으로 이어진다. 다수 사건에서 인사권 행사가 특별히 문제가 없다고 보는 경우 개인의 취약성 때문이라고 불승인된다. 이는 법리에 위배되는 접근·판단방식이다. 회사의 인사권 행사가 정당하다는 결론이 내려졌더라도 그것이 업무상재해 인정 여부에 직접적인 영향을 미치는 것은 아니다(대법원 2010. 04. 25. 선고 2010두710 판결).

마지막으로 외상성 사고가 명확한 사안의 경우 공단 지사의 결정으로 신속한 치료가 가능하도록 해야 한다. 담당자의 조사로 업무상 정신질환을 유발할 정도로 명백한 외상사고 후 발병한 '외상후스트레스 장애, 급성스트레스 반응, 적응장애'에 한해 지사 자문의사의 자문을 통해 승인 처리하는 것이 타당하다. (2021.11.16.)

A씨는 2021년 4월 9일 근로복지공단 서울서부지사에 직장 내 괴롭힘으로 발생한 우울증의 상병으로 산업재해 신청을 했다. 공단은 2021년 9월 9일 '업무관련성 특별진찰' 요구서를 보내왔다. 근로복지공단 인천병원은 특별진찰이 많이 밀렸다면서 2022년 4월에서야 특별진찰을 시작했다. 이 사건은 2022년 7월에 질판위로 넘겨졌다. B씨는 2022년 2월 16일 공단 용인지사에 상사의 괴롭힘으로 발생한 우울증의 상병으로 산재신청을 접수했다. 두 차례 요청했지만 공단 담당자는 사업주의 견서를 아직도 보내주지 않고 있다. 담당자는 2022년 5월 26일 '업무관련성 특별진찰 요구서'를 보내왔다. 공단 안산병원은 빠르면 10월에야 진료가 가능하다고 했다.

공단은 2006년 6월 29일 제정한 〈정신질병 업무관련성 조사지침〉을 지금까지 네 차례 개정했다. 2021년 1월 13일 지침 제2021-05호로 개정한 지침은 "정신질병 진단의 객관화"라는 명목 아래 "필요한 경우 진행 경과를 파악하기 위해 〈산업보험법〉 제119조에 따른 진찰요구를 할 수 있음. 특진의료기관은 소속 병원 또는 종합병원 이상으로서 정신건강임상심리사 1급 자격을 가진 전문가를 보유한 의료기관 중에서 복수 추천하여 선택 가능함"이라고 명시했다. 또한 "임상심리검사 결과가 없거나 제출된 검사 결과가 정신질병 특진의료기관(공단 소속병원 또는 종합병원 이상으로서 정신건강임상심리사 1급 자격을 가진 전문가를 보유한 산재보험 의료기관)

에 해당하는 의료기관에서 실시한 경우가 아닌 경우 특별진찰 의뢰"하도록 규정했다.

용혜인 기본소득당 의원실이 공단에서 받은 자료를 보면, 공단 특별진찰 평균 소요 기간은 2020년 118일, 2021년 148일, 올해는 5월 기준 145.9일에 이른다. 지난해 공단 소속 병원의 특별진찰 소요 기간은 인천병원 205.4일, 안산병원은 144.2일, 창원병원은 87.8일, 순천병원은 76일, 대전병원은 101.2일을 기록한다.

지난해 공단이 판정한 정신질환 산재는 695건이다. 이 가운데 257건은 특별진찰이 필요하다고 판단했고, 실제로 172건이 실시됐다. 미실시한 85건은 올해로 이월했다. 한 해 접수된 정신질환 산재신청 중 4분의 1 정도가 특별진찰로 회부된다. 비중이 결코 적지 않다.

문제는 공단의 정신질병에 대한 특별진찰제도에 있다. 일단 통계로 드러나듯 특별진찰이 장기화되고 있다. 통상 5개월 정도 소요되는 이 기간에 재해자의 불안은 크게 증폭되고, 이로 인해 제대로 치료받을 기회를 상실하게 된다. 정신질환 발생 원인 대부분은 직장 내 괴롭힘이나 회사와의 갈등, 인간관계다. 주로 사업장 내 갈등과 분쟁이 원인이다. 인간적인 괴롭힘과 갈등이 증폭되는 상황에서, 특별진찰 장기화로 인해 산재를 신청해도 판정까지 1년이 넘는 경우가 속출한다. 다른 상병과 달리 정신질환은 장기휴직이나 휴가를 사용하는 것이 어렵다. 사업주도 통원치료 등 출근을 강제하는 경우가 대부분이다. 정신질환 산재 신청이 사업주에 '눈엣가시' 같은 행위로 보일 수밖에 없는 상황에서 공단의 조사와 판정 장기화는 오히려 정신질환 상태를 악화시키는 요인이다.

다른 상병의 특별진찰에서도 확인되듯 정신질환 역시 재해조사 담당자의 부실한 조사가 반복된다. 정신질환 산재신청이 접수된 이후 공단은 기본적으로 재해자에 대한 문답조사, 사업장에 대한 의견서 요구 및 문답서 제출 등의 과정을 거친다. 특별진찰이 결정된 이후에는 3~5개월 상황이 지속되며, 이후 실질적인 모든 조사는 특별진찰 기관인 공단 병원이 담당한다. 공단 병원에서 업무관련성에 대한 평가까지 도맡게 되면 세밀한 조사를 하지 않을 수 있다. 공단이 사업장이나 행위 당사자는 조사하지 않은 채, 특별진찰 기관으로 넘기는 경우도 많다. 담당자는 특별진찰이 왜 필요한지, 언제 특별진찰이 이루어지는지 등에 대한 설명을 전혀 하지 않는다. 오로지 '공단 병원에 문의하라'라는 말만 반복한다. 이후 공단 병원에서는 특별진찰이 밀려 있기에 정확한 날짜를 답변해줄 수 없다는 말을 반복한다. 특별진찰이 시작된 이후에도 공단 조사과정에서 기본적으로 조사했던 사항을 재해자에게 반복적으로 물어 외상을 심화시키는 행위가 발생하기도 한다. 공단에서 해야 할 사업장 조사를 뒤늦게 하는 경우도 있다.

최초 요양 신청 시 공단 지사에서 '정신건강의학과 전문의(자문의)'에게 임상 소견을 받아서, "주치의 소견이 명확히 틀릴 경우" 또는 "주치의 소견조회서상 이상 소견이 있을 경우"에 한해 특별진찰을 하도록 지침을 개정할 필요가 있다. 질판위에서 정신건강의학과 전문의 2명이 참석해 진단 상병을 충분히 판단할 수 있다. 특별진찰을 이유로 산재 심사서류를 5~8개월 묵혀둘 이유가 전혀 없다. 특히 질판위에서 신청

상병의 "변경 승인"을 허용하며, 상병 진단에서 보충적 자료로 활용될 뿐인 임상심리검사에 공단이 집착하는 이유를 납득하기 힘들다.

특별진찰 장기화로 산재신청이나 조사과정에서 포기하는 노동자가 발생하고 있다. 공단이 복잡한 제도를 만들어 노동자의 질병 치료를 방해한다. 심지어 산재보험의 근본 취지인 '신속한 판정'을 저해한다면, 특별진찰 제도는 공단과 공단 소속 병원 간의 내부자 거래로 의심받을 수밖에 없다. (2022.08.02.)

PART

04

**산재 현실의
장벽들**

산재의 현실,
불편한 진실

사업장 내 공상처리는 지금도 만연하다. 이는 사회보장의 보편적 권리로서 산재보험(산업재해보험)이 자리 잡고 있지 못한 점을 반영한다. 2021년 9월 9일 더불어민주당 최혜영 의원이 배포한 보도자료에는, 국민건강보험 제출자료에 따르면 5년간 산업재해를 입고도 은폐하거나 미신고하다가 적발된 수가 총 18만 9,271건(약 281억 원. 연평균 약 3만 4,000건/약 51억 원)이라고 기록됐다. 그러나 이 수치는 실제 산재은폐의 일부에 불과하다. 사업주의 적극적인 산재은폐에 대한 조사가 미흡하기 때문이다. 산재신청을 하기 위해서는 여전히 노동자들의 용기와 고통이 필요한 상황이다. 하루빨리 시스템과 법을 바꿔야 한다. 특히 산재 국선노무사 제도가 필요하다. 이와 관련해 고용노동부가 초안을 만든 후 한정애 의원실이 〈산재보험법〉 개정안을 2018년 11일에 제출했으나, 한국공인노무사회가 집단으로 반발하면서 좌초되었다. 손길이 가장 필요한 취약계층에 대한 권리 구제 사업을 거부한 행위였다. 노무사와 같은 대

산재를 말하다

리인 없이도 산재승인이 가능한 독일식 시스템이나 업무상 사고에 대한 산재신청을 사업주에게 부과하는 프랑스식 시스템으로 전환하는 것이 필요한 시점이다.

택시 및 경비 노동자들은 2017년 12월 29일 고용노동부 고시 〈뇌혈관 질병 또는 심장 질병 및 근골격계 질병의 업무상질병 인정 여부 결정에 필요한 사항〉(제2017-117호)이 개정된 이후 과로성 질병에서 불이익을 받는 일이 줄었다. 다만 택시 노동자의 일은 '정신적 긴장이 큰 업무'임에도 불구하고, 이를 인정받는 경우가 드물다. 고시규정상 경비 노동자의 업무시간 중 야간근무(밤 10시에서 익일 6시)는 30%밖에 가산되지 않는 것도 문제다. 여전히 택시 노동자의 평균임금 산정 문제와 경비 노동자의 정신질환 등의 문제는 개선되지 않았다. 2020년 5월 10일 강북의 한 아파트에서 입주민의 지속적인 폭행을 견디다 못해 세상을 떠난 일은 경비 노동자 산재 문제 중 일부에 불과하다는 사실을 잊지 않아야 한다.

2022년 1월 27일 중대재해 처벌 등에 관한 법률이 시행되면서 노사 모두의 역할이 더욱 중요해졌다. 2021년도 노동조합 조직률은 14.2%에 불과하다. 노동조합이 있는 곳에서도 산재처리를 어려워한다. 노동조합 노동안전 활동의 1순위는 산재를 예방하는 데 있지만 조합원들의 산재보상 또한 중요하다. 현장의 노동환경을 가장 잘 아는 노동조합이 산재보험급여 신청 대리권을 가지는 일도 필요하다. 노동안전을 책임지는 활동가들의 역량은 안전과 보상을 함께 처리·분석할 수 있는 능력을 지닐 때 그 소임을 다할 수 있다.

공단에서 발표한 통계에 따르면, 2021년도 뇌혈관계질환으로 산재가 인정된 사건은 모두 889건(신청 2,305건, 38.6%)이다. 2017년 12월 29일에 고용노동부 고시 〈뇌혈관 질병 또는 심장 질병 및 근골격계 질병의 업무상질병 인정 여부 결정에 필요한 사항〉(제2017-117호)이 개정되면서 만성과로 기준을 기존 주 60주간 이상에서 완화시켰기 때문이다. 또한 2018년 2월 28일, 국회 본회의에서 1주 52시간제와 관련해 〈근로기준 법〉 개정안을 통과시켰다. 당초 휴일근로가 연장근로시간에 포함되지 않는다는 고용노동부의 잘못된 행정해석(근기68207-2855, 2000년 9월 19일)을 법 개정으로 바꾼 것이다. 〈근로기준법〉 제2조제7호에 "1주란 휴일을 포함한 7일을 말한다"라고 규정했다. 위법한 행정 해석 수정을 법 개정을 통해 이룬 것이다. 어리석은 행정 해석 하나에 놀아난 세월이 아깝다. 그 불이익은 고스란히 노동자의 산재불승인으로 귀결되었다.

산재로 인한 노동자 간의 격차와 불평등은 여전히 심각한 문제다. 2019년 9월 7일에 〈산재 격차에 대한 소고〉를 쓴 이후 그와 달라진 점은 2가지다. 첫째는 특수고용 노동자의 적용 제외 사유 개정이다. 2021년 1월 5일 법률 개정을 통해 특수고용 노동자의 적용 제외 사유를 3가지로 엄격히 규율했다. 〈근로기준법〉 제125조 4항에서 "1. 특수 형태근로종사자가 부상·질병·임신·출산·육아로 1개월 이상 휴업하는 경우, 2. 사업주의 귀책사유에 따라 특수형태 근로 종사자가 1개월 이상 휴업하는 경우, 3. 그 밖에 제1호 또는 제2호에 준하는 사유로서 대통령령으로 정하는 경우"로 규정했다. 이렇게 법 개정이 이루어질 수 있었던 이유는 국회의원들의 노력 덕분이 아니라 적용 제외 신청이 남용되었고, 택배 노동자의 과로사에 대한 심각성이 알려졌기 때문이다.

달라진 점 또 하나는 중소기업 사업주의 특례조항을 개정해 가입 범위를 50인 미만 노동자를 사용하는 자에서 300인 미만으로 늘렸다는 것이다. 또한 중소사업주의 배우자와 4촌 이내 친척은 공단의 승인을 거쳐 산재보험에 가입할 수 있도록 했다. 〈산업재해보상보험법〉(이하 '〈산재보험법〉')의 적용 대상은 기본적으로 〈근로기준법〉에 따른 근로자여야 한다. 특례가입이라는 편법을 통해 가입대상 범위를 넓히는 방식을 제고해야 한다. 무엇보다 근본적으로 노동자와 이에 준하는 모두를 포괄해서 산재보험을 적용할 필요가 있다.

공상, 안전보건에서 추방시켜야 할 개념

A 사업장 노동자는 일하다 허리를 다쳤는데 사업주가 치료비와 치료 기간 동안의 임금을 지급했다. B 사업장 노동자는 근골격계질환이 발생하자 노사가 체결한 근골격계 휴업치료 프로그램으로 요양했다. A·B 사업장은 산재보험에 가입돼 있음에도 모두 산재로 처리하지 않았다.

가끔 공상처리가 무엇인지, 공상처리가 산재처리보다 좋은 것인지, 공상처리 후 산재처리가 가능한 것인지 등에 대해 질문을 받는다. 사실 공상이란 용어는 법률상 개념이 아니다. 〈산재보험법〉으로 처리되는 것은 산재로, 그 외는 공상으로 지칭한다. 다만 〈산재보험법〉 시행령 제2조에 의거해 〈산재보험법〉이 적용되지 않은 사업장의 경우 일반적인 공상 개념과 다르게 쓰인다. 이는 〈근로기준법〉에 따라 재해보상이라고 할 수 있다. 결국 일반적인 공상처리는 〈산재보험법〉 적용을 배제·은폐하는 행위다.

공상처리는 외형상 사업주가 산재보험에 준하는 처리를 하면 문제가 없어 보인다. 단지 '보상' 입장에서는 그럴 수 있다. 그러나 보상 수준에서도 많은 문제가 야기된다. 첫째, 당초 공상처리 시 합의한 금액에서 예기치 못한 장해나 후유 증상이 발생할 때는 사업주 입장에서 추가 보상을 꺼릴 수밖에 없다. 이로 인한 불이익은 노동자에게 전가된다. 둘째, 후유증이나 장해·상병 재발 시 오히려 산재보험에서 불이익이 발생할 수 있다.

A 사업장 노동자의 경우 2년이 지난 시점에서 상병이 재발했지만 사업주는 사고 사실을 외면했다. B 사업장 노동자는 근골격계질환이 재발 악화돼 산재신청을 했는데, 역시 사업주가 산재신청에 협조하지 않았다. 결국 공단은 기존에 치료받은 병력을 근거로 산재를 불승인했다.

공상의 가장 큰 문제는 결국 '산재은폐·산재발생과 위험 증가'다. 즉 외형상 드러나지 않은 안전사고나 질병 등과 같은 산업재해 문제를 축소하고, 사업장의 안전 위험에 대한 조치를 이행하지 않게 하는 부작용을 초래한다. 이에 사업장의 제반 안전보건에 대한 위험 요인이 제대로 평가되지 않을 뿐 아니라 사업주가 지켜야 할 산업안전의 문제, 근로자에 대한 안전조치 의무가 행해지지 않는다. 가장 큰 불이익은 사업장에 위험 요인이 늘어나면서 노동자의 건강권과 생명권이 심각하게 위협받게 된다는 점이다.

게다가 공상처리 문제는 현행 〈산재보험법〉 및 〈산업안전보건법〉상 통계로 취합되지 않는다. 그동안 산재 통계는 근로복지공단에 요양신청서·유족급여신청서 등을 통해 승인된 사건에 국한해 정리됐다.

〈산업안전보건법〉 제10조 제2항의 단서 "다만 〈산재보험법〉 제41조 및 제91조의5에 따른 요양급여, 같은 법 제62조에 따른 유족급여 또는 같은 법 제91조의4에 따른 진폐유족연금을 신청한 경우"에는 사업주가 고용노동청에 산재 발생보고를 할 의무가 없었다. 근로복지공단이 산재로 승인하는 사건에 한해 산업재해 통계가 작성된다. 이 과정에서 공상처리 사건이나 공무원·사립학교 교직원 재해 사건은 모두 배제된다. 산재발생 시 보상을 목적으로 한 〈산재보험법〉과 산재예방과 안전조치를 주된 목적으로 한 〈산업안전보건법〉의 취지를 혼동했기 때문이다.

다행히 2014년 〈산업안전보건법〉이 개정(법률 제11882)되면서 〈산업안전보건법〉 제10조 제2항 단서 조항이 삭제됐다. 사업주는 근로자가 요양신청 또는 유족급여를 신청하는 것과 상관없이 반드시 산업재해 발생보고를 해야 한다. 시행규칙 개정안에서 보고 대상이 '사망자 또는 3일 이상의 휴업재해'로 바뀌었고, 전자적 방법에 의해 보고하는 것도 가능해졌다. 그럼에도 현장에서 공상으로 처리되는 사안에 대해서는 사업주가 산업재해 발생보고를 하지 않을 것이다. 고용노동부가 강력히 법을 진행할 의지나 그에 대한 개념을 가지고 있지 않기 때문이다. 또한 노동부는 근골격계질환 등 업무상질병의 경우 공단이 업무상재해로 승인한 시점을 산업재해 발생보고일로 간주(안전보건정책과-467, 2008. 07. 24.)한다. 사업주가 도의적으로 신고하지 않는 이상 법률상 산재통계에 수집되지 않는다.

결국 공상처리는 지속될 것이고, 이런 문제에 대해서는 일선에서 행정 업무를 담당하는 근로감독관도 잘 알고 있다. 산재는 언제, 어디서나 일어날 수 있는 사건이다. 방지가 최우선 정책이 돼야 한다. 지금처럼 무재해율 표지판과 캠페인, 그리고 공상처리로 왜곡되는 현실이 지속되는 한 한국은 산재사망률 1위 국가라는 오명에서 결코 벗어날 수 없다. (2014.03.03.)

택시 노동자, 이중의 불이익

뇌심혈관계질환(뇌심질환)이 근로복지공단에서 업무상질병으로 승인되기 어려운 직종 중 하나가 택시 노동자다. 택시 노동자는 장시간 노동하지만, 근로시간의 과중함과 업무의 특수성을 전혀 인정받지 못한다. 산재로 인정되더라도 평균임금 산정에서 불이익 조치를 받는다. 공단의 〈뇌혈 관질병·심장질병 조사 및 판정 지침〉(2013년 7월 31일)을 보면 만성과로의 기준으로 '발병 전 12주 동안의 업무시간이 1주간 평균 60시간'을 제시한다. 그리고 택시 노동자에 대해서는 "단속적인 업무 또는 운전업무 등과 같이 근로형태의 특성상 발생하는 대기시간은 근로자가 작업을 위해 사용자의 지휘·감독 아래에 있는 경우 근로시간에 산입한다"라는 지침을 추가한다.

이에 택시 노동자의 뇌심질환의 근로시간 산정 시 실제 출퇴근 시간이 아닌 실제 승객을 태운 후 운행한 시간만 해당된다. 지침에서 대기시간을 배제하라는 명시적 규정이 없는데도 택시 노동자의 경우 〈근로기준법〉에 따라 근로시간인 '대기시간'을 산정대상에서 제외하는 것이다. 2014년 가을 1주 평균 67시간을 운행(야간운전)한 택시 노동자 사건을 담당한 적이 있는데 공단은 재해조사 시 1주 평균 44시간으로 계산했다. 이에 통상 12시간 교대제 근로를 하는 택시 노동자의 1주 평균 근로시간이 60시간을 초과하더라도 사업주가 제공하는 태코미터 기록을 근거로 근로시간이 산정돼 45시간 수준으로 계산된다. 탑승객을 위해 대기하는 시간, 승객을 찾기 위해 운전하는 시간은 근로시간으로 산정되지 않는다. 게다가 주로 야간에 노동하는 형태지만 야간근무의 과중성과 기여도에 대한 평가가 전혀 이뤄지지 않는다. 즉 지침상 "야간근무(오후 10시부터 오전 6시 사이의 근무)는 근무시간이 길수록, 빈도가 높을수록 발병 영향이 높아진다는 점을 감안해 평가한다"라는 부분이 적용되지 않는다.

그리고 공단 지침상 업무에 대한 높은 집중도, 낮은 재량성, 고립감, 재해발생의 위험성 등 정신적 긴장을 동반하는 업무인지 여부를 가리도록 돼 있음에도 이를 거의 조사·평가하지 않는다. 결국 공단의 지침과 실무상의 운용은 택시 노동자를 산재에서 배제하는 가장 강력한 근거로 작용한다. 산재승인 뒤에도 공단은 택시 노동자에게 불이익을 주는 조치를 취한다. 대부분의 택시회사가 전액월급제가 아닌 사납금제도를 운용한다. 일정한 사납금을 제외한 나머지 금원을 택시 노동자가 수입으로 가져가게 하는 일당 도급제 방식이다. 이는 택시 노동자에게 최대한의 노동력을 끌어내기 위한 회사의 인력운용 방식이다.

공단은 사납금 이외에 근로자들이 가져가는 수입은 명백한 증거로 확인되지 않을 경우 평균임금 산정 대상에서 제외한다(보상6602-552, 1996. 08. 29.). 결국 대다수 택시 노동자는 최저임금으로 평균임금이 산정될 수밖에 없다. 대법원은 이미 "운송회사가 그 소속 택시운전사에게 매월 실제 근로일에 따른 일정액의 급료를 지급하는 외에 하루 운송수입금에서 사납금을 공제한 나머지 수입금을 운전사 개인의 수입으로 자유로운 처분에 맡겨 온 경우 운전사 개인의 수입으로 되는 위 사납금을 공제한 나머지 부분은 영업용 택시운전사의 근로형태의 특수성과 계산의 편의 등을 고려해 근로의 대가를 지급한 것이라고 할 것이어서 이 역시 임금에 해당하므로, 〈산재보험법〉상 보험급여의 기준이 되는 평균임금을 산정할 때도 운송수입금 중 사납금을 공제한 나머지 수입금을 포함해야 한다"라고 판시했다(2000. 04. 25. 선고 98두15269 판결).

이 문제는 감사원 심사결정(2013감심 제47호 등)을 통해 여러 차례 반복·지적돼왔다. 실무상 공단은 적극적으로 태코미터 기록 등을 분석해서 실제 근로자의 총수입을 산정할 수 있음에도 그러한 조치를 취하지 않는다. 장기간 감사원 심사청구를 통한 결정이 있어야만 〈평균임금산정특례고시〉 제5조를 적용해주고, 이후 개인 수입금 부분에 대해 보험료를 소급해서 징수한다. 대기시간을 근로시간에서 배제하고, 평균임금을 산정하는 데 있어 법원의 판단을 무시하는 공단의 행위가 택시 노동자를 두 번 울리고 있다. (2014.10.31.)

경비 노동자, 산재 보호 중 가장 취약

2014년 10월 7일 신현대아파트 경비 노동자 분신사건으로 경비 노동자의 열악한 노동환경이 세간의 관심을 받았다. 경비 노동자는 감시·단속 업무보다 각종 청소·주차대행·택배물품 배달·민원서비스 업무 비중이 높다. 입주민의 과다한 요구에 응할 수밖에 없어 정신적 스트레스가 상당하다. 좁은 공간에서 24시간 맞교대제가 기본 근무체계이기에 장시간 야간노동에 대한 상시적인 부담과 피로가 존재한다.

2013년 국가인권위원회가 발표한 〈감시단속직 노인근로자의 인권상황 실태조사〉를 보면 신체적 폭력을 경험한 아파트 경비원이 5.36%, 언어·정신적 폭력을 경험한 경비원이 35.11%로 나타났다. 또한 《영남의대학술지》 제16권 제2호에 실린 논문 〈아파트 경비원의 건강상태와 관련요인〉에 따르면, 182명의 아파트 경비원 중 97명이 소화기장애 증상을 겪고 있었다. 83.5%는 한 가지 이상의 신체화 증상을, 79.7%는 한 가지 이상의 우울 증상을 겪었다. 기존 조사와 사례에서 알 수 있는 경비원의 가장 중요한 직업병은 무엇보다 '뇌심혈관계질환과 감정 노동으로 인한 정신질환'이다. 그럼에도 이 두 상병은 산재승인을 받기 어렵다. 일단 뇌심질환이 업무상질병으로 승인되려면 넘어야 할 벽이 높다. 근로복지공단의 지침 때문이다.

공단의 〈뇌혈관질병·심장질병 조사 및 판정 지침〉(2013년 7월 31일)을 보면 만성과로의 기준인 발병 전 12주 동안의 업무시간이 1주간 평균 60시간이다. 그런데 경비 노동자에게는 다음과 같은 판단지침을 추가한다. "발병 전 12주 동안 1주 평균 업무시간이 60시간(4주 동안 1주 평균 64시간)을 초과하면서 비교적 업무 강도가 낮은 업무를 수행하는 경우 업무시간과 함께 업무량·업무 강도·책임 등 업무 부담 요인을 고려해 평가, 경비직 등 감시적 업무를 수행하는 경우 본연의 업무와 함께 청소·주차 관리 등 다양한 업무를 병행하는 경우 병행 업무의 내용 및 그 업무의 부담 정도, 수면의 시간 및 장소의 확보 여부, 휴게시설 유무 등을 고려해 판단한다"라는 것이다. 이에 경비원의 근로시간이 1주 평균 60시간을 초과하더라도 '노동강도가 낮다'라는 이유로 거의 불승인 처분된다.

경비 노동자의 감정 노동으로 인한 정신질환은 산재신청이나 승인 사례가 극히 드물다. 공단은 상병 발생 전 6개월 내 업무적 스트레스 요인을 가장 중요하게 조사했다. 그리고 당해 노동자의 의견뿐 아니라 사업주의 의견도 병행해서 조사했다. 신현대아파트 사건에서도 알 수 있듯이 경비 노동자가 정신질환으로 상병이 발생하는 이유는 고객(입주민)과의 갈등 때문이다. 을의 지위에 있는 용역업체는 경비 노동자의 주장을 받아들일 수 없는 입장이다. 재해요인을 전면적으로 부정하는 업체와 입주민과의 대결에서 병의 위치에 있는 경비 노동자가 재해요인을 홀로 입증하기란 거의 불가능에 가깝다. 이런 상황 탓에 정신질환으로 산재를 신청하기 이전에 거의 포기하는 것이다. 게다가 공단은 〈정신질병 업무관련성 조사 지침〉(제2014-23호)상 감정 노동 직업군에 경비 노동자를 포함시키지도 않는다. 부실조사 가능성도 존재한다는 이야기다. 거의 혼자 근무하는 현행 제도에서 목격자를 찾기도 어렵고, 있더라도 사업주와 입주자대표회의의 입장에 반한 진술을 기대할 수도 없는 노릇이다.

경비 노동자 직업군에서 발병하는 가장 중요한 두 질병인 뇌심질환과 정신질환이 실무상 업무상질병으로 인정될 수 없고, 신청조차 거의 불가능한 현실을 개선해야 한다. 감시·단속적 노동자를 사실상 방치하는 지금의 제도를 말이다. (2014.12.01.)

고용노동부가 발표한 2013년 산업재해 발생 현황을 보면 적용 사업장 197만 7,057곳에 종사하는 노동자 1,544만 9,228명 중에서 4일 이상 요양을 요하는 재해자가 9만 1,824명(사망 1,929명, 부상 8만 2,803명, 업무상질병 이환자 6,788명) 발생했다. 그러나 고용노동부조차 이것이 우리나라 산재 현황이라고 단언하지 못한다. 근로복지공단에서 산재로 승인된 사례에 국한되기 때문이다. 공상으로 처리되지 않는 경우나 산재를 신청하지 않거나 못하는 경우 등 노동현장의 현실이 반영돼 있지 않다. 그뿐만이 아니다. 대규모 공장 소속이거나 임금수준이 높고 노동조합이 있는 노동자들 정도만 산재 정보에 대한 접근성이 높다. 이에 반해 소규모 회사이거나 임금수준이 낮고, 노동조합이 없는 노동자나 비정규 노동자는 산재에 대한 정보가 상대적으로 적다.

대공장 또는 노동조합 소속 노동자들은 재해 처리 경험이 있어 초기 대응에 유리하지만, 소규모 사업장 노동자들은 단순 사고성 재해더라도 신청방법조차 몰라 불이익을 당한다. 업무상질병에 대한 통계자료를 보더라도 대규모 공장이나 노동조합이 있는 곳은 승인율이 높다. 결국 산업재해 분야에서도 비정규·영세 사업장, 무노조 사업장 노동자들이 상대적으로 더 차별과 불이익을 받는 것이다. 산재가 영구적 장해와 빈곤, 사업장 고용 문제와 직결된다는 측면에서 산재로 인한 차별과 불이익을 단순한 경제적 손실로 평가해서는 안 된다. 공익적 차원에서 산재 노동자들에 대한 국가의 법률적 조력이 필요하다.

특히 '질병' 분야에서 근로복지공단의 재해조사가 불충분한 경우가 적지 않다. 공단 재활보상부가 업무량 대비 인력이 부족하고 상시적으로 민원인을 상대하는 탓에 꺼리는 부서가 된 지 오래다. 이런 현실을 볼 때 산재 분야에서 전문적 조력이 있다면 공단의 업무 부담이 경감될 수 있다. 게다가 산재 분야에는 무자격자와 브로커가 판치는 실정이다. 이들에 의한 무분별한 시장 교란으로 피해당하는 이들은 결국 산재 노동자와 그들의 가족이다. 더 이상 이런 현실을 외면해서는 안 된다. 엄격한 규제방안을 마련하는 것과 별도로 국가가 공익 차원에서 법률 조력을 한다면 무자격자와 브로커에 의한 피해를 방지할 수 있다.

현재 체당금 관련 고용노동청 업무와 부당해고·부당노동행위·차별시정에 관한 노동위원회 업무에서 국선노무사 제도가 시행 중이다. 두 분야에서 접하는 이들은 비정규·영세·무노조 소속 사업장 노동자들이 대부분이다. 이에 법률 조력이 필요한 것이다. 국선노무사 제도를 산재 분야에 도입하는 방안을 논의해야 한다.

일반적인 업무상사고는 재해사실에 대한 입증만 하면 산재승인을 받는 데 큰 어려움이 없다. 실무부서인 재활보상부에서도 충분히 할 수 있다. 다만 자살은 일반 사고성재해와 달리 상당 기간의 조사와 정리가 필요하다. 그리고 뇌심혈관계 질환·근골격계질환, 직업성 암 및 질병, 정신질환 등 4대 업무상질병은 전문적 조력이 필수적이다. 다시 말해 업무상질병과 사고성재해 중 자살에 대해서는 국선노무사 제도를 도입할 필요가 있다는 말이다. 이 5가지 분야는 산재 분야에서도 난이도가 높다. 조사와 증거 수집에 많은 노력을 기울여야 한다. 일정 기간 산재 분야에 대한 실무연수를 마친 노무사를 대상으로 하되, 노동위원회 업무와 다른 점을 고려해 제도를 설계할 필요가 있다. 아울러 제도의 취지가 영세사업장·비정규·미조직 노동자에 대한 산재 조력이라는 측면을 살펴서 체당금 분야와 마찬가지로 '신청요건'을 마련해야 한다. '산재 부정수급자'가 아닌 '산재신청 국선노무사 제도'에 대해 고용노동부가 더 적극적으로 홍보하기를 간절히 기대한다.   (2015.01.05.)

노조에 산재신청 대리권 부여해야

문제를 잘 아는 전문가가 처리방법을 알려 주고 정당한 비용을 받는 것은 자본주의 원칙상 당연하다. 법률 시장에서 사건을 위임하는 것도 그런 이유에서다. 그런데 위임하지 않아도 되거나, 위임하는 게 손해인 사건을 위임한다면 어떨까. 산업재해 신청사건이 그렇다. 위임할 필요 없는 사건을 공인노무사에게 위임하고, 단순 대행업무를 하면서도 과잉 수수료를 받는 현상이 자주 발생하는 것이다. 중요한 원인은 노동자들이 산재문제를 모르기 때문인데, 이러한 부적절한 위임 피해는 고스란히 재해 노동자와 가족에게 돌아간다.

다음의 사례가 그렇다. 2016년 추락재해로 사망한 노동자 가족이 회사와 산업재해 위로금을 받기로 합의했다. 고용노동부가 안전조치 의무 위반 사망 사건으로 회사를 기소의견으로 송치한 경우였는데 노무사가 유가족을 대리해 위임장을 제출했다. 이 케이스는 이미 고용노동부에서 산재로 기소한 사건이어서 별도의 수임료를 지불하고 대리인을 선임할 필요가 없었다.

화학물질 급성중독으로 실명한 노동자 사건도 그렇다. 치료를 맡은 직업환경의학과 의사가 산재신청을 어떻게 하는지 잘 알지 못해 가족이 노무사에게 사건을 위임했는데, 사건을 수임한 노무사는 산재신청 대행 수수료를 넘어선 비용을 받았다. 이미 급성중독으로 고용노동부에서 결론을 낸 사건인데도 말이다. 재해 노동자와 노조가 사안을 잘 알고 있어서 노무사의 특별한 조력이 필요 없는 근골격계질환 사건에서 장해급여에 따른 성공보수금을 받는다거나 단순 동통장해(질병이 없는데도 통증이 나타나는, 심리적 요인으로 인한 장해)와 기능장애처럼 노무사·변호사의 대리행위가 필요치 않은 사건에도 불필요한 위임이 이뤄진다.

현행 〈산재보험법〉 제41조에 따르면 요양급여를 받으려는 자는 서류를 첨부해서 공단에 신청하게 돼 있다. 〈시행규칙〉 제20조 2항에 의거해서 산재보험의료기관은 요양급여 신청을 대행할 수 있다. 원칙적으로 수급권이 있는 자와 변호사·공인노무사만이 요양급여 신청 대리인이다. 다만 요양업무 처리 규정상 신청인의 배우자, 직계존속·비속 또는 형제 자매도 대리인으로 선임될 수 있다.

현실에는 많은 노동조합이 재해당한 조합원을 실질적으로 대행한다. 재해조사·서류작성·확인서 작성·의사면담 같은 조력행위를 한다. 다만 대행권 또는 대리권이 없다는 한계로 인해 근로복지공단과 업무상질병판정위원회(이하 '질판위') 판단에 개입하지 못한다. 또한 회사의 잦은 공상처리로 인한 폐해를 아는데도, 개별 조합원이 산재신청을 하지 않으면 속수무책으로 방관할 수밖에 없다. 산재은폐 문제에 대해 사법·행정적 개입은 명확히 한계가 있다. 이미 산업현장에서 만연한 산재은폐 문제를 해결할 수 있는 첫 출발점은 노동조합에 산재신청 대리권을 부여하는 것이다. 즉 회사의 공상처리를 방어하기 위해 노동조합이 조합원을 대리해서 산재신청을 할 수 있도록 해야 한다. 산재은폐 신고와 더불어 적극적으로 산재 문제를 해결할 수 있는 권리를 부여해야 재해 노동자가 치료받고 복귀할 가능성이 높아진다. 노동조합이 있는 사업장에서는 산재신청 권리를 적극적으로 행사할 수 있도록 제도개선이 필요하다. 이는 과다한 비용 문제를 해결하고 혼탁한 산재 시장을 정화하는 이상의 의미가 있다.

공상처리와 산재은폐를 줄이지 않고서는 경제협력개발기구(OECD) 국가 중 산재사망률 1위라는 불명예를 벗을 수 없다. 문제를 정확히 드러내고 산재신청의 권리가 보장되는 것, 그것이 출발점이 돼야 한다.

(2016.07.04.)

2017년 6월 28일 서울중앙지검은 산재보상 심사 비리사건 수사 결과를 발표했다. 산재보험 브로커들이 장해등급을 높이기 위해 병원 원무과장과 근로복지공단 직원, 자문의사 등에게 전방위적으로 금품 로비를 한 사실이 확인됐다는 내용이다. 이 과정에서 브로커는 원무과장에게 산재 환자를 소개받기도 했고, 공단 직원과 자문의사들은 금품을 받고 장해등급을 높게 결정하는 범죄를 저질렀다. 산재보험 비리 문제를 접하는 것은 이제 놀라운 일이 아니다. 십수 년 전부터 브로커와 일부 공인노무사·병원·공단 직원의 유착관계로 인한 비리와 범죄가 매년 적발됐다. 오히려 더 많은 범죄행위가 현실에서 저질러지고 있지만 경찰과 검찰은 이를 잡아내지 못한다.

　꾸준히 제도개선이 이뤄져도 매년 장해심사 등에서 비리·범죄가 끊이지 않는 본질적 이유는 공단이 보험급여 지급 주체이기 때문이다. 산재 사건에는 장해뿐 아니라 요양·유족급여 등 다양한 사안이 존재한다. 공단은 이러한 산재 사안에서 보험금 지급요건에 해당하는지 조사하고 지급 여부를 결정한다. 이에 장해사건뿐 아니라 다양한 사건에서 공단 직원에 대한 브로커의 로비가 끊이지 않았고, 이는 지금도 마찬가지다. 장기적으로 공단은 조사만 담당하고, 결정은 다른 독립된 기관에서 하는 것이 바람직하다. 또한 〈공인노무사법〉을 개정해야 한다. 허술한 법 규정으로 인해 최초 위임장을 제대로 체크하더라도 뒤에 빠져나

갈 여지가 너무 많다. 이를 막으려면 '등록사무원'제도를 도입해야 한다. 법무사법과 마찬가지로 직무보조원 중에서 반드시 1인을 '등록사무원'으로 선임해 서류를 접수하도록 하고, 접수 업무는 등록사무원과 노무사만 수행하도록 해야 한다. 등록 접수 외에 모든 산재 사건의 진술·처리·조사 등은 반드시 위임된 노무사가 수행하도록 하고, 이를 모든 산재 서류에 기재해야 한다.

〈공인노무사법〉 11조도 개정할 필요가 있다. 현행법은 직무보조원 숫자와 업무범위를 제한하지 않는다. 이런 허점을 이용해 산재 브로커들이 노무사를 채용한 이후 사무장을 중심으로 사무실을 운영하는 것이 업계 관행이다. 직무보조원은 노무사 1인당 2인 이내로 규제하되, 반드시 4대 보험에 가입시키고 매년 직무보조원 변동과 등록상황을 고용노동부에 신고하도록 해야 한다. 고용노동부와 공단은 등록사무원이나 노무사 등에게 적법하게 위임하지 않은 신청이나 청구서류가 접수될 경우 이를 직권으로 조사해야 한다.

과다한 수수료 관행과 무분별한 산재 사건 대리에 대한 법적 규제도 시급하다. 앞서 언급한 2017년 검찰이 적발한 사건의 재해인 척추 압박률은 정형외과 의사가 정확히 계산한다면 위임할 필요가 없는 사건이다. 이런 사건에서 장해등급이 9급으로 인정될 경우 최대 7,000만 원이 넘는 장해급여가 지급된다. 수임료로 지급되는 수수료는 30%로 2,000만 원 이상이다. 장해등급사건 이외 일반 요양이나 유족급여 사건에서도 수수료가 20~30%에 이르는 경우를 쉽게 찾아볼 수 있다. 최고 보상금액(1일 19만 8,757원)으로 계산하면 수수료는 5,000만~7,000만 원이다. 이런 부조리를 막으려면 사건별 수수료 최고율을 정해야 한다. 그것만 제대로 갖춘다면 장해등급 사건은 사실상 대리나 위임이 필요하지 않다. 주치의의 소견서 발급을 없애고 이를 특진제도로 변경해 브로커가 개입할 여지를 없애야 한다.

6,000여 명의 공단 직원 중 비리에 연루된 사람은 극히 소수다. 대다수 직원은 다른 공공기관에 비해 낮은 임금을 받고 과다한 업무에 시달리고 있다. 그럼에도 공단 스스로 직원들의 금품수수를 관대하게 대하는 경향이 있었던 사실을 부정할 수 없다. 징계 현황 자료를 보더라도 금액이 소액이라는 이유로 견책이나 정직처분을 하는 경우가 있었다. 공단 스스로 엄격한 규율과 시스템을 만들지 못한 것이다. 일부 부도덕한 노무사들이 브로커가 활개 치도록 계기를 제공한 사실은 부인하기 어렵다. 한국공인노무사회에서도 이렇다 할 자성과 반성의 목소리를 찾아보기 어려웠다. 비리 사건이 터질 때마다 공단 직원은 더욱더 노무사를 경멸의 시선으로 바라본다. 열심히 일하는 후배 노무사들을 위해서라도 이제 스스로 엄격한 대책을 세울 때가 됐다.

이제 공은 고용노동부로 넘어갔다. 2017년 공공형사변호사제도 도입이 확정됐다. 단기적으로 주요 질병 사건과 유족급여 사건에서, 장기적으로 모든 산재 사건에서 노무사를 선임하는 제도 도입이 필요하다. 즉 국선 노무사제도를 하루빨리 도입해 산재 노동자가 전문적인 조력을 받도록 하고, 브로커의 위험에서 벗어나도록 해야 한다. 산재사고로 불행에 빠진 노동자들이 브로커와 일부 부도덕한 의사·변호사·노무사의 장난에 눈물 흘리는 일은 이제 없어야 한다. (2017.07.03.)

버스·IT·집배 노동자의 장시간 노동과 이로 인한 사망 등과 관련해 노동시간 단축 및 특례업종 축소 논의가 활발했다. 그러나 국회 법 개정 논의는 답보 상태고, 대법원판결은 2017년까지 6년 이상 묵묵부답이다. 〈근로기준법〉에 따라 "1주에 휴일이 포함돼 있는지 여부"에 대한 명확하고 단순한 문리적 해석을 방치한 대법원은 직무를 유기하는 것이나 다름없다. 이 모든 것이 휴일근로가 연장근로시간에 포함되지 않는다는 노동부의 잘못된 행정해석(근기68207-2855, 2000년 9월 19일) 하나에서 비롯된 것이니, 노동부 지침 하나가 이 나라 노동자들의 노동조건을 재단하는 막강한 권력임을 알 수 있다.

행정해석이 노동자들을 장시간 노동으로 내모는 주범이라면 고용노동부 고시는 노동자 과로질병과 과로사 원인으로 작용해왔다. 그 고시는 〈뇌혈관 질병 또는 심장 질병 및 근골격계 질병의 업무상 인정 여부 결정에 필요한 사항〉(고용노동부 고시 2016-25호, 옛 2008-43호·2013-32호)이다. 제정 당시부터 이 고시는 판례 태도와 〈근로기준법〉에 따른 근로시간 해석에도 부합하지 않는다는 비판을 받았다.

실제 법원(대법원 2015. 11. 12. 2015두49269 판결 등 다수)은 "고용노동부 고시가 하나의 예시에 불과할 뿐이며, 발병 전 12주 평균 1주 근로시간이 60시간이 되지 않을 경우에도 당연히 업무상질병 여부는 당해 근로자를 기준으로 과로·스트레스를 종합적으로 판단해야 한다"라고 판시한다. 게다가 1주 48시간 이상의 노동시간이 뇌심장질환 위험성을 높인다는 연구와 의학적인 논문도 상당히 많다. 1주간 40시간 노동은 대원칙이며, 1주의 연장노동은 12시간 이내에서 노동자의 동의가 필요하다. 현재 고용노동부 고시상 만성과로 기준은 〈근로기준법〉 위반 상태를 강요하는 것이나 다름없다. 고용노동부가 만성과로로 인정된 과로사건(연간 400건에 가깝다) 내용을 근로복지공단 자료를 통해 분석·파악하고, 그 사업장의 법 위반 상태만 개선했더라도 '최악의 산재 국가'라는 오명은 벗어났을 것이다. 다른 한편 고용노동부는 행정해석을 통해 주당 최장 노동시간을 68시간으로 늘리고, 특례조항(〈근로기준법〉 제59조)으로 무한 노동시간체계를 만들었다. 한국의 초장시간 체계를 구축하고, 저녁이 없는 피로사회와 장시간 노동을 통한 과로사망·자살이 일상인 사회를 재생해낸 장본인이 바로 고용노동부다.

고용노동부는 고시를 두 차례나 바꿔 시행하면서도 타당성을 검토하거나 개선하는 조치를 전혀 하지 않았다. 이에 2008년 7월 1일 이 고시가 시행될 때부터 많은 노동자의 산재신청이 기각되는 결과를 초래했다. 질판위는 주당 근무시간이 60시간이 되지 않는다고 기각했고, 이에 소송을 포기하고 절망의 나락으로 떨어진 가정이 무수히 많다. 업무상 질판위뿐 아니라 산업재해보상보험심사위원회(이하 '산재심사위')와 산업재해보상보험재심사위원회(이하 '산재재심사위')도 "주당 노동시간이 60시간이 되지 않으므로 만성과로를 충족하지 않는다"라는 형식적 판단과 처분을 지금도 남용한다. 노동시간이 주 60시간이 되지 않더라도 "업무의 양·시간·강도·책임, 휴일·휴가 등 휴무시간, 교대제 및 야간근로 등 근무 형태, 정신적 긴장의 정도, 수면시간, 작업환경, 그 밖에 그 근로자의 연령·성별·건강상태 등을 종합해 판단해야 함"에도, 이러한 원칙은 거의 지켜지지 않았고 개선 여지도 보이지 않는다.

고용노동부가 이러한 고시의 성격과 그로 인해 산재가 불인정되는 현실을 몰랐을까. 2017년 7월 고용노동부는 노동법률원 법률사무소 새날의 질의에 "발병 전 12주 동안 업무시간이 주 평균 60시간을 초과하지 않는 경우라도 업무의 양·시간·강도·책임 등 여러 요소를 종합적으로 고려해 업무와의 상당인과관계가 인정되는 경우 해당 질병을 업무상질병으로 볼 수 있다"라고 공문(산재보상정책과-3948, 2017년 7월 31일)을 통해 답변했다.

과로사방지법 등과 같은 여러 사회적인 법률 개정과 제도개선에 대한 논의가 점점 이어진다. 그러나 핵심적인 고용노동부 고시에 대한 구체적인 비판과 대안은 보이지 않는다. 오랫동안 쌓인 폐단이 적폐라면, 10년 이상 잘못된 기능을 한 고시는 적폐가 아닐 수 없다. 고용노동부는 행정해석과 특례조항으로 만성과로 노동시간 체계를 만들고, 고시를 통해 주 60시간 이상 초과노동으로 노동자들을 과로사망에 이르게 했다. 노동자의 생명과 안전을 지켜야 할 고용노동부는 과로사망의 미필적 고의범이나 다름없다. 〔2017.09.11.〕

2007년 전부 개정된 〈산재보험법〉이 2008년 7월 시행된 이후, 산업재해 인정률은 2019년 7월 현재 가장 높은 수준이다. 높은 인정률과 별개로 산재보험은 그 제도상 적용·보상·인정 기준·급여·판정절차 등에서 여전히 노동자 간 실질적 차이가 존재한다. 산재가 분명한데도 제도에 접근하지 못하거나 산재 이후 불합리한 제도로 인해 고통받는 노동자가 있는 만큼 격차를 줄일 제도개선 방안을 고민해야 한다.

우선 노동자 간 산재 적용 격차가 있다. 우선 농업 등 미적용 사업장 문제다. 농업·임업(벌목업 제외)·어업·수렵업 중 법인이 아닌 5인 미만 사업장(〈산재보험법〉 시행령 2조)의 경우 산재보험 제도가 적용되지 않는다. 특히 5인 미만 농업 사업장의 경우 이주노동자가 많고, 노동시간이 길며, 노동환경이 열악하지만 산재보험의 보호를 받지 못한다. 둘째, 특수고용 노동자 산재 적용 문제다. 이들은 산재보험 가입률이 낮은데, 사업주 압력에 의해 적용 제외 신청을 하는 게 현실이다. 더군다나 특수고용직인 플랫폼 노동자 증가세 등을 고려하면 이들은 당연적용 이후 가입배제 하는 방식이 타당하다. 셋째, 해외파견자 적용 문제다. 해외파견은 대부분 회사가 경영상 이유로 결정한다. 사고 위험도 등 보호 필요성이 더 큰데도 산재보험 적용을 배제하는 것은 타당하지 않다. 넷째, 중소사업 주와 가족종사자 적용 문제다. 중소사업주가 임의가입 제도를 활용할 수 있다는 내용은 잘 알려져 있지 않다. 1인 사업주나 위험도가 높은 직종(《산재보험법》 시행령 122조1항2호의 각 해당자)의 경우 임의가입이 아닌 당연 가입 제도로 전환해야 한다. 또한 가족종사자는 대부분 열악한 중소기업에서 일하기에 산재 발생 위험도가 높으나, 실제 미가입한 경우가 대부분이다. 가입하더라도 추후 공단에 산재를 신청하면 엄격한 판단지침으로 인해 근로자성이 부정돼 산재보호 대상에서 배제되는 일이 발생한다.

다음으로 산재보험 청구와 관련된 격차다. 첫째, 노동자가 산재보험 제도를 제대로 알지 못한다는 문제다. 기본 권리인 산재보험을 어떻게 행사해야 하는지, 산재가 무엇인지에 대한 교육과 홍보가 부족하다. 노동자는 적법한 권리 행사를 사업주에 의해 방해받고, 여전히 온갖 눈치를 보며 산재를 신청한다. 둘째, 사업주의 태도 문제다. 사업주 조력 제도가 있으나 이행하지 않아도 벌칙이 없으며, 노동자나 유족의 자료 확보권은 없는 상태다. 사업주가 산재에 어떤 태도를 가지느냐에 따라 승인 여부가 달라지기도 한다. 불평등한 현실을 보여주는 단면이다. 셋째, 조력 문제다. 〈산재보험법〉 제116조는 '사업주의 조력'을 규정하나, 벌칙규정이 없어 사문화된 조항이다. 노동조합이 없거나 소규모 사업장인 경우 전문 조력을 받지 못해 큰 불이익을 당한다.

마지막으로 보상 격차다. 첫째, 일반적 격차와 비급여 문제다. 산재급여는 평균임금에 연동돼 있으나, 근속연수가 낮거나 임금이 낮을 때 산재당하면 평생 저임금 수준을 벗어나지 못한다. 또한 실제 비급여 항목이 많고 치료금액이 과다해 저소득 노동자, 중대질환자에게는 상당한 부담이 발생한다. 가령 3등급 간병료(5만 8,290원)와 실제 간병료(10

만 원 이상) 차이만 보더라도 알 수 있다. 둘째, 사업주 보상의 격차 문제다. 규모가 작거나 저임금 노동자의 경우 단체보험에 가입하거나 실비보험 등이 없는 경우가 많아 산재보험과 별도로 보상받기가 어렵다. 특히 사업주에게 손해배상 청구가 가능하다는 사실을 모르는 경우도 많다. 셋째, 고령자·저소득 노동자 휴업급여 등의 감액 문제다. 〈산재보험법〉은 고령자·저소득 노동자의 휴업급여를 감액하는데, 61세 이상인 자를 고령자로 볼 여지도 없을 뿐 아니라 삭감하는 것이 합리적이지도 않다. 대법원이 육체노동자의 가동 연한을 65세로 보는 판결을 한 사실과 고령자·저소득 근로자를 더욱 보호할 필요성이 있음을 고려하면, 감액 제도는 시급히 폐지해야 한다. 넷째, 산재로 인한 여명, 직장 복귀 등의 손실 문제다. 산재와 장기요양으로 계산 불가능한 손실이 발생하고 있고(가족 병간호 등), 원직장 복귀율은 2017년 32.9%에 불과하다. 산재 후 비정규 노동자의 취업률은 35.7%다. 또한 50대의 57.7%, 60대의 80.3%가 비정규직으로 복귀하는 등 고령 산재 노동자일수록 단기적이고 안정성이 낮은 일자리에 재취업한다. 다섯째, 장해등급 재판정 손실 문제다. 장해는 "치유 이후 노동력을 상실하거나 감소한 상태"(〈산재보험법〉 제5조5호)이므로, 개념적으로도 재판정과 모순된다. 무엇보다 공단 직권으로 재판정이 가능해서 실제 상위 장해등급(1급~2급)이 3급으로 하락해 간병급여 미지급 대상이 되거나, 연금대상자(7급 이상)에서 일시금 대상자로 전락하기도 한다.   (2019.07.16.)

법 제도의 문제

산재보상에서 가장 어려운 쟁점 중 하나는 증명책임이라고 할 수 있다. 법원 판례상 업무와 재해와의 상당인과관계 입증책임은 노동자에게 있다. 2021년 9월 선고된 대법원 전원합의체 판결에서도 이를 다시 한번 확인했다(대법원 2021. 09. 09. 선고 2017두45933 판결). 2010년 당시 삼성 반도체 직업성 암 투쟁에 힘입어 증명책임을 완화하는 법안이 제출되기도 했지만, 고용노동부 등의 반대로 인해 좌절되었다. 이후 증명책임을 전환의 법제화가 아니라, 업무상질병의 경우 소위 '추정의 원칙'을 도입해 인과 관계를 완화하는 형식으로 우회했다. 직업성 암의 경우에도 2018년 8월부터 반도체 디스플레이 종사 노동자에게 발생한 8개 상병(백혈병·다발성경화증·재생불량성빈혈·난소암·뇌종양·악성림프종·유방암·폐암)을 일정한 조건(1) 입사 및 퇴직 시기: 2011. 01. 01. 이전 입사자 중 1996. 01. 01. 이후 퇴직자, 2) 재직기간: 1년 이상, 3) 발병 시기: 퇴직 후 10년 내)이 있는 경우 역학조사를 생략해서 업무 관련성을 추정 판단한다. 또한 고용노동부는 2019년 2월부터 "직업성 암 업무상질병 업무처리요령"을 통해 '①석면에 의한 원발성 폐암

산재를 말하다

②석면에 의한 악성중피종 ③탄광부·용접공·석공·주물공·도장공에 발생한 원발성 폐암 ④벤젠에 노출되어 발생한 악성림프·조혈기계질환은 업무상질병자문위원회 자문을 거쳐 업무관련성 전문조사(개별역학조사) 생략'을 한다. 2020년부터는 역학조사평가위원회에서 업무관련성이 높다고 평가될 경우, 이전과 달리 질판위로 회부하지 않고 업무상질병으로 인정한다. 그러나 이는 고용노동부 지침에 불과할 뿐 아니라 일부 직종에서 발생한 암에 국한된 것이므로, 노동자의 증명책임이 줄어든 게 아니다.

최근 자료에 의하면, 산업안전보건연구원(이하 '산보연')이 역학조사(전문조사)에 걸린 소요일은 2019년 513일, 2020년 438일이다. 직업환경연구원은 2019년 206일, 2002년 275일이다. 직업성 암 산재를 인정받기까지 1년이 넘는 시간이 걸린다는 것은 여전히 노동자의 고통이 지속된다는 증거다. 이런 역학조사 과정에 노동자와 그 대리인이 참여할 수 있는 권리가 보장된 것은 다행이지만, 사업주가 산재신청에 조력할 의무를 해태해도 처벌되지 않는 〈산재보험법〉 제116조는 여전하다. 실제로 사업주의 산재방해 은폐 해태 행위가 지속되고 있다. 질판위에 출석해서 훼방을 놓는 경우도 있다. 적극적인 조력 의무에 대한 구체적인 법률이 제기된 적이 있지만 좌초되었다. 안타까운 일이었다. 필자가 2014년 유족급여 소멸시효에 대해 기고한 이후 이미경 의원실에서 법안을 준비한 적이 있다. 그러나 고용노동부의 반대로 개정되지 못했고, 2018년 6월 12일 〈산재보험법〉 제112조 제1항 단서조항이 신설되었다. 장해급여, 유족급여, 장례비, 진폐보상연금 및 진폐유족연금을 받을 권리는 5년의 소멸시효가 된 것이다. 직업성 암의 잠복기(특히 고형암의 경우 10년 이상 노출로 발생한다고 알려졌다)를 고려하면 유족급여의 소멸시효는 10년 정도가 타당하다.

　산재가 불승인된 경우 노동자가 행정소송을 제기할 때도 마찬가지다. 노동자가 겪는 어려움과 일부 판사의 직업환경의학과에 대한 잘못된 시각은 여전하다. 업무와 질병과의 관련성에 대한 증명책임을 원고(노동자)에게 부담하는 수준도 매우 높다. 달라진 것은 사업주의 이의제기권이 일부 제한된 점이다. 즉 2018년 12월 31일 〈고용보험 및 산업재해보상보험의 보험료징수 등에 관한 법률 시행령〉 제17조(개별실적요율의 적용을 위한 보험수지율의 산정)가 개정되었다. 이에 업무상질병에 대해 지급이 결정된 보험급여액은 보험수지율에 영향을 미치지 않도록 했다. 이후 업무상질병 사건에 대한 사업주의 행정소송 원고적격(산재 취소 제기권)이 인정되지 않는 것으로 법원에서 정리했다. 또한 공단의 무분별한 항소가 조금은 줄어들었고, 행정소송 승소 시 공단 소송수행자에게 포상금을 지급하는 잘못된 관행도 사라졌다. 그럼에도 공단의 실질 패소율이 20% 전후임을 볼 때, 잘못된 행정처분 관행은 지속 중이다.

　공무원의 재해보상은 〈공무원연금법〉으로 운용되어 왔다. 여러 문제가 제기되어 2018년 3월 20일 〈공무원 재해보상법〉(법률 제15522호)이 제정되어, 2018년 9월 21일부로 시행되었다. 공무원연금공단이 실무를 담당하고, 책임기관은 인사혁신처로 변경되었다. 법률 내용은 〈산재보험법〉을 모방했다. 공무상 사고의 경우 상병경위서 제출이 생략되고, 인터넷 접수 등이 가능하도록 정비되었다. 공무상 재해 인정 기준도 만들어졌고, 일부 급여도 손질했다. 이에 공무상 재해 승인율도 높아졌다. 그러나 여전히 접근성이 떨어지며, 공무상 질병의 경우 해당 기관에서 상병경위서를 작성하도록 한다. 이에 일부 기관의 거부행위가 여전하다. 퇴직 후에만 장해급여가 지급되는 조건은 일반 노동자에 비해 불합리하다. 심의판정기관인 공무원재해보상심의회, 공무원재해보상연금위원회의 자료 접근성과 공개성도 부족하다.

근골격계질환은 2020년도 6,827건(승인율 68.3%), 2021년도 7,764건(승인율 66.6%)이 산재로 승인되었다. 1만 6,441건의 업무상질병 사건의 대부분이 근골격계질환이다. 현장 노동자들이 가장 많이 고통을 호소하는 직업병이다. 위험성평가를 비롯한 각종 제도적 장치가 도입되었지만, 노동환경 개선과 근골질환(근골격계질환)의 감소는 기대하기 어렵다. 근골질환 산재 승인 후 사업주가 해야 할 수시유해요인조사도 여전히 거의 진행되지 않는다. 2018년 12월 11일 충남 태안화력발전 9·10호기에서 운송설비 점검을 하다가 사고로 숨진 고(故) 김용균 님의 죽음 이후 〈산업안전보건법〉이 전부 개정되어 2020년 1월 16일부로 시행되었지만 중대재해는 줄어들지 않았다. 사회적 요구와 투쟁을 통해 〈중대재해 처벌 등에 관한 법률〉이 제정(2021. 01. 26.)되어 2022년 1월 27일부로 시행되고 있다. 중대산업재해의 개념에는 근골격계질환이나 뇌심장질환이 빠져 있어, 사업주의 적극적인 개선조치를 기대하기 어렵다. 게다가 중대산업 재해에는 자살이나 과로사망이 포함되어 있어, 사업주의 산재거부 행위가 늘어난다.

현행 〈산업안전보건법〉에 따라 노동자의 건강검진 및 관리와 관련된 제도는 "일반건강검진, 특수건강검진, 건강관리수첩" 등이 있다. 일반건강검진은 회사의 규모와 재정에 따라 많은 항목이 추가되어 운영되기도 한다. 노동자 간 빈부격차가 심한 부분이다. 유해물질에 노출되는 노동자에게 행해지는 특수건강검진이 형식적으로 실시되는 경우도 많다. 건강관리수첩은 15개 업무에만 적용되기에 보호 범위가 좁다. 건강검진제도의 형식화로 인해 궁극적 피해는 결국 노동자에게 발생한다. 산재보험은 노동자의 고의와 중과실을 따지지 않으나, 직무로 인한 질병 발생 시 결국 개인 책임으로 귀속된다.

22021년 고용노동부의 산업재해 현황을 보면, 사망자는 2,080명, 재해자는 12만 2,713명이다. 사고 사망자는 828명으로 2020년에 비해 54명 감소했고, 질병 사망자는 1,252명으로 76명 증가했다. 2014년에 산재발생신고제도 개정되어 시행 중이지만, 여전히 산재통계를 믿기 어렵다. 2021년 5월 24일 한국노동연구원의 김정우 전문위원이 《산업노동연구》에 발표한 논문 〈노동조합은 산업재해 발생과 은폐에 어떤 영향을 미치는가?〉는 산재은폐율을 66.6.%로 추정했다. 실제 발생한 산재사고의 2배 이상이 은폐되고 있다는 뜻이다. 이런 현실을 보면, 여전히 '연속 3일 이상의 휴업치료'를 요건으로 하는 산재발생신고제도는 실효성이 없다.

재요양 요건은 변경되었다. 필자가 2016년 9월 5일에 재요양 요건의 문제점에 대해 기고한 이후 3년이 지난 2020년 1월 7일, 〈산재보험 법〉 시행령 제48조가 개정되었다. 이에 "재요양의 대상이 되는 부상 또는 질병 상태의 호전을 위해 수술(신체 내 고정물의 제거수술 또는 의지 장착을 위한 절단 부위의 재수술을 포함한다) 등 적극적인 치료가 필요하다고 인정될 것"이 "재요양의 대상이 되는 부상 또는 질병의 상태가 재요양을 통해 호전되는 등 치료 효과를 기대할 수 있을 것"으로 바뀌었다. 이는 기고에서 지적했던 판례 법리와 비슷하다. 반드시 수술과 같은 적극적인 치료가 없더라도 재요양은 가능하다는 것이 법원의 입장이었다. 뒤늦게나마 개정된 것은 다행이다. 그러나 여전히 수술적 치료에 준하지 않는다는 사유로 불승인하는 사례가 있다. 무엇보다 그동안 고용노동부와 근로복지공단은 재요양 불승인을 남발하면서 초래한 노동자의 고통에 대해 사과하지 않았다.

산재 입증책임 전환, 왜 필요한가?

2010년 10월 삼성 백혈병 사건에 대한 국정감사에서 몇몇 국회의원들이 산업재해에 대한 입증책임을 전환해야 한다고 주장한 기사를 봤다. 새삼스러울 게 없는 이러한 내용은 이미 단병호 전 민주노동당 국회의원실이 주축이 돼 법안으로 상정한 바 있다. 당시 민주노동당을 제외하고 호응해준 국회의원은 거의 없었던 것으로 기억한다. 그 법안을 만들기 위해 나를 포함한 변호사·노무사·학자·활동가 등 6명이 1년여의 토론과 검토를 거쳐 입법안을 만들었으나 지금까지 그런 법안이 상정됐다는 것을 기억하는 국회의원은 아마 없을 것이다.

사실 현행 〈산재보험법〉에는 '노동자의 입증책임'이 명시돼 있지 않다. 판례상 "근로자의 업무와 위 질병 또는 위 질병에 따른 사망 간의 인과관계에 관해서는 이를 주장하는 측에서 입증해야 한다"(대법원 1997. 02. 28. 선고 96누14883 판결, 대법원 2008. 01. 31. 선고 2006두8204 판결 등 참조)라고 해 판례 법리상 인정되는 것이다. 그런데 이를 입증하기란 쉬운 일이 아니다.

필자는 2004년 하청 노동자 뇌경색 불승인사건을 담당한 바 있다. 소장만 접수되고 아무런 내용도 파악된 적이 없는지라 일단 정보공개 신청 후 불승인 관련서류를 분석했다. 주위에 적절히 도와줄 수 있는 분(이 노동자의 경우 사위)을 찾아 시간과 비용을 최소화하고자 세 차례 질의서를 작성해서 메일로 보내 직접 사위가 아버지·동료 노동자를 면담하고 답변하도록 했다. 어찌 됐든 그 이후 당사자 면담은 기본이므로 비행기를 타고 광양으로 갔다. 피해 노동자는 1952년생으로 뇌경색의 후유증으로 인해 제대로 말을 하지 못하는 상태였다. 이분의 사위께 동료 2명을 함께 만날 수 있도록 부탁을 하고 면담을 하러 내려갔다.

면담과 조사분석 결과 당해 노동자는 2002년 3월 전라남도 광양 소재 포스코의 시설물 보수·관리 업무를 담당하는 하청업체의 재하청업체인 방수 등을 담당하는 모 개발공사에 입사했다. 이 노동자는 광양 제철 내 공장바닥·배수로·벙커 등의 에폭시방수작업(내산작업)과 공장지붕의 방수 작업 등을 담당했다. 공장의 바닥방수 작업을 할 때는 황산·염산 등의 물질에도 견딜 수 있는 에폭시를 사용해 코팅 등 방수 작업을 했다.

소송전략을 짜고 몇 차례 준비서면을 통해 인과관계를 주장했다. 그리고 2명의 동료 노동자를 증인으로 신청하는 한편, 에폭시·시너 등의 유해위험성과 관련해 산업의학의에 감정신청을 했다. 증인 중 한 사람이 후각마비 증상으로 내원한 적이 있는 전남대 병원에 사실조회를 하고, 포스코와 하청업체에 사실조회를 통해 원고의 작업내용·작업물질·작업도구 등에 대해 밝히려고 노력했다. 1차 준비기일에 판사는 에폭시와 시너를 실제로 사용했는지 의문을 제기했다. 근로복지공단이 에폭시와 시너가 아닌 '프라이말'(이는 수용성으로 무해하다고 함)만 사용한 것으로 해 불승인했기 때문이다.

이후 증인신문·사실회신 등을 통해 원고가 단지 프라이말뿐 아니라 에폭시·시너 등도 상시적으로 사용한 것이 드러났다. 이에 대해 피고(근로복지공단)도 수긍할 수밖에 없었다. 또한 감정촉탁을 통해 나타난

'에폭시 레진 시스템'의 유해 위험성·심혈관계 질환과의 상관관계 등을 규명했다. 그러나 판사는 여전히 이것이 뇌경색을 유발할 정도의 독성을 가졌는지 의문을 제기했을 뿐 아니라 동료 2명의 증인신문에 대해 부정적인 시각으로 일관했다. 결국 마지막 방법으로 직접 현장에 대해 검증신청했으나 판사가 거부했다. 에폭시·시너·프라이말 이 모든 것을 사올 테니 직접 흡입만 해보자고 제의했으나 이마저도 채택되지 않았다. 준비서면 세 차례, 증인신문 2명, 전남대 병원에 대한 사실조회, 산업의학의에 대한 감정촉탁, 2곳의 회사에 대한 사실조회, 검증신청 등 산재에 대한 행정소송에서 해볼 것은 거의 다 해봤지만 판사의 마음을 움직이지 못했고 결국 기각당했다.

산재 사건에서는 의학적인 부분이 상당히 중요하기에 일반 노동자는 물론이고 변호사·노무사들도 다수의 사건을 처리해본 경험이 없으면 쟁송을 통해 제대로 다투기가 대단히 어렵다. 판례에서는 산재에서 입증책임이 의학·자연과학적으로 명백한 것은 아니라고 설시하지만, 실제 소송과 산재신청 단계 모두 피해 노동자의 강한 입증책임을 부과한다. 하청 노동자가 뇌경색이 발병한 이 사건도 원청에 막혀 현장에 접근할 수도 없었고, 판사에게 가보자고 해도 이에 대한 검증을 배척했다. 증인신문과 감정촉탁·사실조회 등 우호적 내용을 거의 신뢰하지 않았다.

2009년 발암물질 관련 직업병에서 사실상 입증책임을 전환한 판결(서울고등법원 2009. 12. 02. 선고 2009누8849판결, 대법원 2010. 04. 29. 선고 2010두283 심리불속행 기각)이 대법원에서 확정된 희소식이 있었지만, 이러한 판결이 기존 노동자의 입증책임을 판단한 기존 판례를 변경했다고 보기는 어렵다. 이와 같은 판단이 현장의 실무에서 그대로 적용되기는 어려울 것이고, 발암물질 관련 직업병의 경우에 한해 법원에 가서야 그나마 인정될 여지가 있을 뿐이다. 결국 산재에서 입증책임 전환은 법제화돼야 가능하며, 그 길은 아직도 요원하지만 반드시 이뤄내야 할 과제임에 틀림없다. (2010.11.01.)

산재인정, 의학판단서 법률 판단구조로 바꿔야

산재인정에 대해 1차 판정을 담당하는 행정기관으로 근로복지공단·공무원연금공단·사학연금공단이 있다. 이후 당해 기관의 판정에 대한 행정심판이 있고, 이에 불복하면 종국적인 판단은 법원에서 하게 된다. 이 중 대표적인 근로복지공단의 판정절차를 살펴보자. 업무상재해는 사업장 관할 공단 지사가 담당한다. 업무상질병은 공단이 지역을 관장하는 질판위에 심의를 의뢰하고, 이 중 직업성 암은 산보연과 직업성폐질환연구소에 역학조사를 의뢰한다. 질판위는 이 기관들의 역학조사 결과를 토대로 판정을 내린다. 질판위를 거친 처분에 대해서는 산재보험심사위원회를 거치지 않고 산재보험재심사위원회에 재심사를 청구할 수 있다.

이렇듯 질판위는 1차 판단기관의 역할을 한다. 현재 질판위 구성을 보면, 전체 308명의 위원 중 신경외과 61명·정형외과 60명·산업의(예방의 포함) 44명·정신과 16명·내과 3명·기타 51명·변호사 및 노무사 31명·산재 전문가 12명·조교수 이상 3명이다. 즉 신경외과와 정형외과 등 임상의들이 다수를 차지해 이들의 판단이 곧 질판위의 판단이 되고, 공단의 산재 판정으로 이어진다. 임상의들이 과도한 비중을 차지하는 구조는 심사위나 재심사위에서도 거의 동일하다. 산재심사위나 산재재심사위는 업무상질병에 대한 산재 판정뿐 아니라 업무상사고에 대한 행정 심판도 담당한다. 다시 말해 '근로복지공단→질판위→산재보험심사위원회→산재보험재심사위원회', 그리고 이후 법원의 판정절차(행정법원·고등법원·대법원)를 거쳐 최종 판단을 내린다. 이를 통해 알 수 있는 것은 법원 이전의 판정시스템은 '의사로 구성된 위원회'에서 판정을 하는 구조라는 점이다. 위원 구성상 '의학적 인과관계를 규명하는 시스템'으로 운영될 수밖에 없다는 이야기다.

그렇다면 업무상재해(업무상사고·업무상질병)는 의학적 판단이 선행돼야 하며, 이는 반드시 필요한 구성요소여야 할까. 먼저 〈산재보험법〉부터 살펴보자. 〈산재보험법〉 제5조(정의) 제1호는 "업무상의 재해란 업무상의 사유에 따른 근로자의 부상·질병·장해 또는 사망을 말한다"라고 규정한다. 제37조(업무상재해의 인정 기준) 규정은 업무상사고와 업무상질병은 "근로자가 다음 각호의 어느 하나에 해당하는 사유로 부상·질병 또는 장해가 발생하거나 사망하면 업무상의 재해로 본다. 다만, 업무와 재해 사이에 상당인과관계가 없는 경우 그러하지 아니하다"라고 규정한다. 결국 법의 기준은 '상당인과관계가 있느냐 없느냐'일 뿐 의학적인 인과관계 또는 의학적인 발생기전을 요구하지 않는다. 이는 곧 업무상 재해 여부에 대한 판단이 '의학적 판단'이 아니라 상당인과관계에 대한 '법률적 판단'임을 의미한다.

즉 법원은 "업무상재해는 근로자의 업무수행 중 그 업무에 기인해 발생한 질병을 의미하는 것으로 업무와 사망 원인이 된 질병 사이에 인과관계가 있어야 한다. 그리고 그 인과관계는 반드시 의학·자연과학적으로 명백히 증명해야 하는 것이 아니라 제반 사정을 고려할 때 업무와 질병 사이에 상당인과관계가 있다고 추단되면 증명된 것으로 보아야 한다"(대법원 2010. 01. 28. 선고 2009두5794 판결 참조)는 입장이다. 이 같은 상당인과관계론은 소위 '공동원인설'이라는 이론으로도 수렴되고 있다.

결국 현재의 산재 판단절차는 '임상의의 지나친 비중'과 '이로 인한 의학적 원인주의 및 의학적 판단주의 경향'이라는 구조적 문제를 안고 있다. 의사들이 심사위 또는 재심사위에서 '근로자성 여부·당연적용 사업장 여부·행사중사고 등' 법률적 판단에 개입하게 되는 것도 문제지만, 질판위에서 '상병의 의학적 원인을 명백하게 밝히는 시스템'은 더 지양돼야 한다. 이는 〈산재보험법〉의 법률원리 및 규정해석, 법원의 인과관계에 대한 판시 내용상 당연한 것이다. [2011.07.04.]

장세환 민주당 의원이 2011년 2월 〈공무원연금법〉 개정안을 입법 발의했다. 후속 조치로 행정안정부는 지난달 〈공무원연금법〉 시행령 개정안을 공고해 현행 공무원연금제도에 없던 요양기간연장제도·재요양제도·치료종결제도 등을 신설하겠다고 입법 예고했다. 2011년 현재 노동자의 재해보상제도에 따르면 일반 노동자는 〈산재보험법〉, 공무원은 〈공무원연금법〉, 사립학교교직원은 〈사립학교교직원연금법〉의 적용을 받는다. 이외 선원은 〈선원법〉의 적용을 받는다. 〈사립학교교직원연금법〉은 재해보상에 대해 〈공무원연금법〉을 준용한다. 결국 〈산재보험법〉과 〈공무원연금법〉이 노동자의 재해보상을 규정하는 제도라고 할 수 있다.

　〈산재보험법〉은 제도 분석이 꾸준히 이뤄졌다. 행정절차와 공단 및 질판위의 운용상 한계 등에 대해 다양한 문제 제기가 있었다. 하지만 〈공무원연금법〉에 대해서는 노동계의 문제 제기가 거의 없었다고 해도 과언이 아니다. 이를 위해 현행 〈공무원연금법〉의 내용과 문제점을 간략히 살펴보자.

　공무상재해(〈공무원연금법〉)와 업무상재해(〈산재보험법〉)의 가장 큰 차이점은 공무상재해 시 〈국가유공자 등 예우 및 지원에 관한 법률〉에 따라 보훈청의 심사를 거쳐 순직공무원이나 공상공무원으로 인정될 경우 국가유공자가 될 수 있는 점이다. 이에 노동자는 다양한 혜택을 받을 수 있다. 하지만 공무상재해의 경우 재해 당사자인 노동자가 청구인이 돼 청구서(공무상요양승인신청서 등)를 제출하더라도, 소속된 기관에서 다시 관련 사실을 조사해 '상병 경위조사서'를 공무원연금관리공단에 제출해야 한다. 이는 사용자가 재해경위를 조사하는 것과 같다.

공무상재해의 경우 중과실 사안에서 장해연금·장해보상금·유족보상금 또는 순직유족급여는 그 급여액의 2분의 1을 감액해 지급한다. 제도운용 및 급여와 관련해 공무상재해의 요양비는 '건강보험급여+산업재해보상보험급여+공무상특수요양비'로 구성된다. 요양기간은 2년 범위 내 치료가 가능했고, 2년을 경과해도 완치되지 않을 시 향후 1년 범위 안에서만 요양에 소요되는 비용을 공무상요양일시금제도로 지급해왔으나 이를 2011년 개정안에서 바꾸려 했다. 장해급여는 '퇴직'이라는 요건이 필요해 재직 중에는 청구가 불가능하다. 공무상 사망한 경우 유족보상금은 일시금으로 기준 소득월액의 23.4배가 지급된다. 끝으로 잘 알려져 있듯 공무원은 출퇴근 사고를 당한 경우 '통상적인 경로와 방법을 이탈하지 않을 경우'에 한해 개인 차량이나 대중교통을 이용한 사상 사고 모두 공무상재해로 인정된다. 그 밖에 재해 인정의 법리는 공무상재해와 업무상재해가 사실상 동일하며 법원에서도 그렇게 판단한다.

그렇다면 공무상재해가 더 좋은 제도일까? 공무상재해는 유족급여와 장해급여의 수준이 낮게 설정됐다. 업무상재해는 간병급여·휴업급여·재활급여·장의비·상병보상연금이 지급되지만 우리나라 공무상재해에는 일본의 공무상재해와 달리 이런 제도가 없다. 통계를 보더라도 지난 2006년의 경우 1만 2,000건이 공무상재해로 신청됐지만 승인률은 77%에 불과했다. 공무상사망률도 2004년 24%였던 것이 2009년에는 9.7%로 대폭 감소했다. 보상절차도 서류와 행정적 심의에 불과하다. 적극적인 조사나 청구인을 위한 서비스 또는 고객이라는 개념과 적극적 행위도 찾아보기 어렵다. 특히 판정기관인 공무원연금급여심의회·공무원연금급여재심위원회의 구성과 심의 기준 등 관련 내용이 공개되지 않아 위원회의 신뢰성과 투명성이 시급히 개선돼야 한다는 목소리가 높다.   (2011.09.05.)

산재소송의 현실과 한계

산재 불승인처분이 났을 때 당사자들이 할 수 있는 조치는 크게 3가지다. 첫째는 〈산재보험법〉 제103조에 근거한 심사청구와 제106조에 근거한 재심사청구다. 둘째는 행정소송이다. 그리고 많이 활용하지는 않지만 감사원 제43조에 근거한 심사청구다. 〈감사원법〉에 근거한 심사청구는 판례법리에 위반되는 공단 위법·부당한 처분에 대한 불복 방법으로 유용하다. 문제는 대부분 재해자나 당사자들이 결국 심사청구나 재심사청구 단계에서 포기하는 경우가 많지만 행정소송에서도 엄청난 현실의 벽에 부딪친다는 것이다. 산재소송을 다뤄 보면 통상 절차는 '소장제기-피고 공단의 답변서 제출-변론준비기일(쟁점정리 및 증거방법의 채택)-증거방법 제출-변론기일-선고기일' 등의 순서로 진행된다.

소송의 첫 번째 장벽은 '나 홀로 소송'이 불가능하다는 것이다. 주장하는 자, 즉 원고인 노동자 측에 입증책임이 있기 때문이다. 이 한계는 소송을 해보지 않은 이들은 제대로 이해하기 어렵다. 이에 증거수집 및 방법(사실조회·문서송부·문서제출·감정촉탁·증인신문 등)의 작성 및 활용은 산재소송을 많이 다뤄 보지 않으면 변호사도 제대로 감당하기 어렵다.

두 번째 장벽은 입증책임이 원고에게 있기에 필수적으로 공단의 위법한 처분을 깨뜨리는 명확한 증거가 요구된다는 점이다. 다시 말해 업무와 질병의 상당인과관계라는 법리에서 이를 뒷받침하는 증거가 필요하다. 결국 의학적 증거와 자료가 무엇인지의 문제로 귀결된다. 재판부도 심증만으로 원고의 손을 들어줄 수 없기에 적극적으로 입증책임을 부과한다.

세 번째는 감정촉탁신청, 즉 의학적 판단에 대한 과도한 의존성의 문제다. 재판부에서도 원고의 주장을 뒷받침해줄 수 있는 의학적 근거를 요구하고, 이를 위해 거의 필요적으로 (필름 또는 진료기록) 감정촉탁신청을 하며, 병원의 감정촉탁회신을 근거로 판단한다. 〈산재보험법〉상 상당인과관계의 법리판단이 '의학적 자료 문제'로 매몰되는 셈이다.

네 번째는 감정촉탁신청에서도 재판부가 아직도 직업환경의 학과 산업의학이 무엇인지 제대로 이해하지 못한다는 점이다. 업무와 질병과의 인과관계에 대한 판단은 직업환경의학에서 판단하고 감정해야 하는 분야다. 의학의 중요한 전문 분야지만, 근골격계질환 사건에 대해 재판부는 정형외과 또는 신경외과를 고집한다. 뇌심혈관계질환 사건에서는 신경과나 신경외과에 감정촉탁을 하라고 지시하는 실정이다. 재판 중에 산업의학이 무엇인지 원고가 소명하는 자료를 제출하는 상황도 연출된다. 근골격계질환의 경우 대부분 자기공명촬영장치(MRI) 등을 통해 상병이 무엇인지 판독된 상태라 그 질환의 업무기인성이 문제되는 것이다. 그렇지만 업무자세·방법·도구·반복성·중량물 취급·업무시간 등의 요소로 인해 업무가 근골격계에 부담이 되는지, 업무로 인해 통상적인 퇴행성 진행속도보다 악화될 수 있는지를 감정해야 한다. 이 내용은 정형외과나 신경외과에서 다루는 게 아니다. 뇌심혈관계질환도 마찬가지다. 과로나 스트레스가 신경생리학적으로 뇌심혈관계에 미치는 영향에 대해 밝히는 것이 아니라 과로나 스트레스의 부담 여부만 밝히면 되는 것이다.

그 밖에도 소송을 진행하다 보면, 무분별한 피고 보조참가의 문제(즉 회사가 이해당사자로 소송에 참여하는 현실), 산재승인에 대해 회사가 이를 취소해달라고 제기하는 소송, 문서송부촉탁이나 사실조회 등 입증 과정에서 회사의 거부나 불성실한 협조, 공단의 무분별한 항소제기로 인한 쟁송의 장기화, 행정소송의 승패를 공단 소송수행자에게 인센티브 지급과 연계시키는 점, 심사 및 재심사 과정이 오히려 소송제기의 장벽이 되는 현실 등 적지 않은 문제점이 보인다. 산재소송에 관한 대개의 문제는 노동자의 입증책임으로부터 기인한다. 2011년 이미경 의원실에서 산재입증책임 전환을 골자로 한 〈산재보험법〉 개정안이 제출됐을 때 그 어떤 노총이나 노조도 지지성명 하나 내지 않았다. 전국금속노조가 내놓은 2012년 임단협 요구안에 '노동자 부담 산재 입증책임 근로복지공단 전환'이 담겨 있다. 시기는 늦었지만 반가운 일이다. 〔2012.06.04.〕

일반 노동자들이 가장 오해하는 산재 상식은 무엇일까. 노동자들을 만나다 보면 사업주가 산재처리를 해줘야 한다고 생각하는 게 흔하다. 타당하고 당연하다. 현행 〈산재보험법〉에도 이러한 상식을 반영한 규정이 있다. 바로 제116조다. 〈산재보험법〉 제116조는 '사업주의 조력'이라는 제목하에 제1항에서 "보험급여를 받을 자가 사고로 보험급여의 청구 등의 절차를 행하기 곤란하면 사업주는 이를 도와야 한다"라고 규정하고, 제2항에서 "사업주는 보험급여를 받을 자가 보험급여를 받는 데에 필요한 증명을 요구하면 그 증명을 해야 한다"라고 명시한다. 즉 노동자가 산재신청을 하면 사업주가 도와줘야 한다는 것이다.

현실은 어떨까. 대한민국 굴지의 사업장인 모 자동차회사 공장의 경우 모든 근골격계질환에 대해 사업주가 요양신청서상 날인을 거부한다. 또한 대기업인 어느 중공업 사업장의 경우 사업주는 근골격계질환에 대해 '사업주 이견(異見)서'를 근로복지공단에 제출한다. 그것도 모자라 인간공학 전문가의 의견을 첨부해서 말이다. 대기업 사업장이고 소위 '강성노조'가 있다는 민주노총 금속노조 사업장이 이 정도인데, 노조가 없거나 중소규모 사업장은 말할 것도 없다. 산재사고로 인해 아프거나 다칠 경우 특히 사망 사안의 경우 사업주들은 모든 정보를 가진 반면 노동자나 유족들은 아는 게 없다. 노동자가 자신의 산재사고에 대해 증명하는 것은 너무 어렵고 요원한 일이다. 단순 외상사고가 아닌 근골격계질환·뇌심혈관계질환·직업성 암 등의 모든 산재 사안에서 입증책임이 노동자에게 닥친 현실은 정말 무겁고 어렵다. 아파서 병원에서 치료하기에도 바쁘고 급한데 소위 전문적인 '업무기인성'은 어떻게 증명한단 말인가. 대리인 노무사가 선임되더라도 사업주가 현장출입을 거부하는 경우와 소속 사업장의 노동자들에게 입막음하는 경우 사실상 방법이 없다.

참고로 공단의 실무처리 지침인 〈요양업무처리규정〉에는 사업주가 요양신청서에 날인을 거부할 때는 반드시 사업주의 의견을 서면으로 받도록 한다. 이전에 〈요양업무처리규정〉이 적용됐을 때는 사업주의 의견은 노동자에게 공개되지 않아 소위 정보의 비대칭 상황이 극대화됐다. 현행 규정(제8조 2항, 2011년 12월 28일 개정 규정)에는 이러한 문제점이 일부 반영돼 사업주의 의견이나 자료가 제출될 경우 노동자에게 공개하도록 바뀌었다. 그러나 여전히 규정이나 현실은 〈산재보험법〉 제116조의 사업주 '조력 의무'규정에 위반되는 내용일 뿐이다. 무엇보다 〈산재보험법〉 제116조의 가장 큰 문제는 벌칙규정이 적용되지 않는다는 것이다. 따라서 사업주가 산재신청에서 조력을 거부하거나 방해하는 경우, 각종 의견이나 자료를 제출해 산재가 불승인되도록 노력하는 경우 처벌할 수 없다. 노동자가 사업주를 형법상 사문서위조 등으로 고소하는 것은 불가능하다.

결국 현실은 사업주가 초기부터 전문가를 선임해 산재가 불승인되도록 각종 자료와 내용을 만들어 제출하지만, 이를 막을 수 있는 방법이 없다. 즉 〈산재보험법〉 제116조는 유명무실한 법 규정일 뿐이다.

삭제해야 한다. 현실과 가장 동떨어져 있는 법 규정이 무슨 의미가 있는지 반문해봐야 한다. 〈산재보험법〉 제116조를 삭제하지 않는다면 벌칙규정을 두고 보다 구체화된 법률로 개정해야 한다. 현행 〈요양업무처리규정〉 '별표'의 '질병별 자료수집 목록'처럼 구체화할 수는 없지만, 최소한 법 규정에서 노동자가 자신의 업무와 노동환경 등에 대해 사업주에게 자료 제출을 요구할 수 있어야 하고, 이를 거부할 경우 〈산재보험법〉 제129조상 과태료 처분을 받도록 해야 한다. 또한 거짓이나 허위자료를 제출할 경우 등에 대해서도 마찬가지다.

〈산재보험법〉 제116조만 개정하면 노동자들이 현재 겪는 고통이 조금이나마 덜어질 것이다. 그리고 '이견서'라는 문서로 사실상 산재승인을 방해하는 현실 개선의 단초가 될 수 있다.　　　　　(2012.07.02.)

고용노동부가 나서면 '골병'을 줄일 수 있다

현장에서 근골격계질환을 '골병'이라고 이야기한다. 근골격계질환은 하루아침에 생기는 병이 아니라 상당 기간 불안정한 자세, 반복적인 동작, 무리한 힘의 사용, 중량물 취급 등으로 발생한다. 따라서 예방 차원에서 접근하기 위해서는 준비가 필요하다. 법에서도 이러한 특징을 반영해 사업주의 준비조치를 규정한다. 〈산업안전보건법〉 제23조와 제

24조 위임에 의한 〈산업안전보건 기준에관한규칙〉이 바로 그것이다. 규칙 제12장은 '근골격계부담작업으로 인한 건강장해의 예방'이라는 제목하에 몇 가지 규정을 두고 있다. 그중 대표적인 것이 근골격계 부담작업 사업장에서 3년마다 실시해야 하는 '유해요인조사'다(규칙 제657조 제1항).

　문제는 사업장에서의 유해요인조사가 형식적으로 진행될 뿐 아니라 유해요인조사를 통한 질병의 예방조치·작업환경개선 등이 적절히 이뤄지지 않아 현장 노동자들이 유해요인조사를 신뢰하지 않는다는 것이다. 특히 노조가 이에 대해 깊게 개입하지 않을 경우 사업주들이 일방적으로 진행하거나 현장의 개선사항이나 요구사항을 반영하지 않는 경우가 많다. 무엇보다 근골격계질환자가 발생했을 경우 반드시 해야 하는 유해요인조사가 거의 진행되지 않으며, 이에 대해 고용노동부의 근로감독도 제대로 진행되지 않고 있다. 규칙 제657조 제2항은 임시건강진단 등에서 근골격계질환자가 발생한 경우와 노동자가 근골격계질환으로 산재인정받은 경우에 사업주의 유해요인조사의무를 규정한다. 근골격계부담작업이 아닌 작업에서 발생한 경우를 포함한다. 즉 사업주들은 노동자가 근골격계질환으로 업무상질병을 인정받을 때도 반드시 유해요인조사를 해야 한다.

　그러나 현실은 법과 다르다. 대부분 노동자가 근골격계질환으로 승인받는 것도 어렵지만 승인을 받더라도 사업주들이 적절한 조치를 하지 않고 있다. 특히 규칙에서 정한 유해요인조사를 거의 하지 않으며, 작업환경개선조치도 하지 않는다. 그러면서 그 피해는 노동자들에게 돌아간다. 근골격계질환의 특성상 동료 노동자들이 다시 골병에 걸려 신음하는 것이다. 결국 3년의 정기적 유해요인조사뿐 아니라 근골격계질환자 발생 시 의무화된 수시유해요인조사를 하는지 감독할 필요가 생긴다. 다시 말해 사업주들이 그 책임을 하는지 살펴봐야 한다. 이는 노동자들에게 의미있는 것임에도 정작 노동자는 제대로 인식하지 못한다. 사업주뿐 아니라 산업안전을 담당하는 고용노동부의 책임이다.

현행 법령 및 시스템상 4일 이상의 요양치료가 필요하면 산재신청을 하게 된다. 요양신청서를 근로복지공단에 제출하며, 이를 하지 않을 시 사업주는 〈산업안전보건법〉 제10조에 의해 고용노동부에 산업재해 발생보고를 해야 한다. 그리고 근골격계질환에 대해 요양신청 시 사업주는 조사·근골격계재해조사시트 작성·산재승인 시 휴업치료 등으로 사업주들이 산재승인 여부를 인지하게 된다. 이에 사업주가 근골격계 질환자 유무를 파악한다. 또한 근로복지공단의 전산시스템상 사업장별 산재 현황에 대한 자료가 파악·분석되고 재심사 청구 과정에서 고용노동부 산하기관인 산재재심사위가 근골격계질환에 대해 산재로 승인한다. 근로복지공단·산재재심사위 모두 고용노동부 산하기관이므로 사업장별 근골격계질환자 유무는 쉽게 파악할 수 있는 사안이다.

근골격계질환자에 대해 적절한 수시유해요인조사가 이뤄진다면 사업주와 노동자의 인식이 달라질 수 있고, 근골격계질환 발생률도 줄어들 수 있다. 이는 법률에 규정된 사업주의 의무사항으로 미이행 시 법 제67조에 의한 벌칙규정이 적용된다. 사업주의 법 위반에 대해 감독할 책임은 고용노동부에 있다. (2012.08.06.)

직업성 암 산재 사건에 대해 근로복지공단은 산보연 등에 역학조사를 의뢰한다. 이후 산보연에서 역학조사 및 업무관련성을 평가하고, 이 평가에 질판위와 공단은 사실상 구속된다. 따라서 역학조사수행기관이 사실상 판정기관의 기능을 한다. 결국 역학조사평가가 제일 중요하다. 안전보건공단은 〈산업안전보건법〉 제43조의2 '역학조사'규정 및 시행규칙 제107조의2, 제2호의 규정에 의거해 근로복지공단이 업무상질병 여부 결정을 위해 역학조사를 요청하면 역학조사를 할 수 있다. 실제로 안전보건공단 산하 산보연에서 이를 수행한다.

2012년 고용노동부는 이와 관련해 2가지 규정을 대폭 변경·시행했다. 첫 번째는 근로복지공단의 '요양업무처리규정'이다. 공단 내부의 운영규정이지만 산재처리 과정에서 가장 중요한 절차와 내용을 담고 있다. 2012년 6월 28일에 개정된 〈제9조 업무상질병 여부에 관한 자문〉은 위와 같은 역학조사에 대해 '폐질환 등 호흡기계 관련 질병은 직업성폐질환연구소'로 자문의뢰하고, '소음성 난청 등과 같이 유해요인에 대한 측정이 필요할 경우 외부기관'에 자문의뢰하고, 나머지는 '산보연'에서 역학조사를 하도록 규정했다.

현재 〈산재보험법〉 시행령 '별표3' '업무상질병에 대한 구체적인 인정 기준'은 총 23가지 질병을 규정하는데, 여기서 소음성 난청만 유해요인에 대한 측정이 필요한 게 아니다. 가령 근골격계질환도 유해요인에 대한 조사가 필요할 수 있으며(현실적으로 유해요인조사가 규정되고 시행됨), 석면으로 인한 질병 또한 당연히 석면조사가 필요하다. 결국 규정상 외부기관에 의뢰할 수 있는 범위 특정이 되지 않는 점과 역학조사를 할 수 있는 외부기관의 기준이 무엇인지가 문제다.

개정규정에 의하면, 제9조 제4항에서 모든 역학조사 의뢰실시 여부는 공단 이사장이 결정하도록 규정한다. 당초 지사장에서 공단이사장으로 결정 주체가 바뀐 것이다. 문제는 자문의뢰의 기준이 모호하다는 점과 여전히 이에 대해 불복절차가 없다는 점이다. 반드시 역학조사가 필요한 사건에서 신청인의 이의권이나 참여권을 보장해야 한다. 또한 제9조 제8항에서 신청인 또는 보험가입자의 요청이 있는 경우 역학조사에 참석할 수 있도록 한다. 그러나 폐질환 등 호흡기기계질환 및 소음성 난청 등 질병을 제외한 나머지 직업성 질병은 배제된다. 현재 1년에 150건 수행되는 역학조사에서 폐질환은 33%에 불과하다. 소음성 난청은 15% 정도다. 즉 나머지 직업성 암의 역학조사에서는 신청인, 즉 노동자의 참여가 배제되는데 여기에는 합리적 이유가 없다. 그리고 역학조사 과정에서 사업주의 참여를 공식적으로 규정하는 것도 문제다. 마치 이는 산재승인 과정에서 사업주의 이의제기권을 보장하는 것과 동일하다. 〈산재보험법〉상 사업주의 조력 의무를 규정하는 것과도 배치되는 부분이므로 삭제해야 한다.

두 번째다. 고용노동부는 〈역학조사평가위원회 운영지침〉을 2012년 6월 7일 자로 개정했다. 이는 〈산업안전보건법〉 시행규칙 제107조의2 규정에 근거한 것이다. 개정 운영지침의 요지는 안전보건공단 내에 '역학조사평가위원회'를 두고 이를 각 '작업환경평가 분과위원회' 및 '업무관련성평가 분과위원회'로 구분한다는 것이다. 전자는 유해요인에 대한 산업 위생적 평가를 담당하고, 후자는 직업환경과 질병과의 상관관계를 의학적으로 평가하도록 했다. 당해 지침 또한 요양업무처리 규정의 문제점을 내포한다. 역학조사 대상에 대해 자의적으로 심의할 수 있도록 규정했으며(제7조), 역학조사실시 과정에서 노동자를 배제한 채 사업주 및 노조(또는 근로자 대표)에 대해 참여권을 인정하기 때문이다 (제8조·제9조 참조).   (2012.09.03.)

산재 유족급여 소멸시효 5년으로 연장해야

노동자 A는 회사 퇴사 후 백혈병으로 진단받은 뒤 투병 중 사망했다. 이후 노조의 '직업성암 집단 산재신청사업'을 통해 산재신청을 했고, 근로복지공단은 산보연에 역학조사를 의뢰했다. 그 결과 A의 사망 원인인 백혈병이 업무(도장업무)와 관련성이 있다고 판단했다. 그러나 산재로 승인되지 않았다. 사망 시점으로부터 3년 2개월이 지났다는 게 이유였다. B는 플랜트 건설 노동자로 근무 중 폐암을 진단받았다. 투병생활이 시작됐고 3년이 될 무렵 산재신청을 했다. 그러나 공단은 산보연의 역학조사 결과를 토대로 업무와 관련성이 없다며 불승인했다. 행정소송을 제기해 1심에서 산재로 인정받았지만 2심 계류 중 숨졌다. 유족이 소송을 수계해 서울고등법원에서 산재 판결이 내려졌다. 결국 폐암 진단 후 6년 만에 사건이 종결됐다.

A는 산보연이 직업병으로 판단했지만 사망한 지 3년이 지나서 산재를 신청했기에 유족은 공단으로부터 단 한 푼의 급여도 받지 못했다. 〈산재보험법〉에 따라 급여 시효가 3년이기 때문이다. 〈산재보험법〉 제112조는 시효 규정을 두고, 동법 제36조 제1항에 따른 보험급여를 받을 권리는 3년간 행사하지 않으면 시효로 말미암아 소멸한다고 규정한다. 이에 〈산재보험법〉 제36조에 따른 권리, 즉 요양급여·휴업급여·장해급여·간병급여·유족급여 등은 그 권리를 행사할 수 있는 시점으로부터 3년이 지난 경우 시효가 완성된다.

A의 유족이 2개월만 빨리 산재신청을 했으면 유족급여 및 장의비를 수령할 수 있었다. A가 산재로 인정받았다면 유족은 월 300만 원 정도의 유족연금을 수령할 수 있었다. 당시 미망인이 40세였다. 최소 40년간 받는 유족연금 총액이 최소 15억 원 정도로 평가된다. 반면 B는 소송을 통해 산재로 인정돼 유족은 폐암 치료가 시작된 시점부터 사망할 때까지 요양비 및 휴업급여를 받을 수 있었다. 부인이 지속해서 간호해 왔으므로 간병급여도 수령했다. 또한 사망 원인이 업무상질병으로 판단됐기에 유족연금도 당연히 수령할 수 있었다. 두 노동자의 사망 모두 업무로부터 기인했지만, 불과 2개월이라는 차이가 비교할 수 없는 결과를 낳은 것이다. 〈산재보험법〉이 요양급여든, 유족급여든 사안의 경중을 가리지 않고 일괄적으로 3년이라는 짧은 소멸시효를 규정하는 것

에서 비롯된 문제다.

민법상 일반채권은 10년간 행사하지 않으면 소멸시효가 완성되며, 채권 및 소유권 이외 재산권은 20년간 행사하지 아니하면 소멸시효가 완성된다고 규정한다(민법 제162조). 민법상 이자·부양료·급여·사용료 등은 3년 시효로 규정한다.(민법 제163조). 〈산재보험법〉에 따라 유족급여의 권리가 일반채권도 아닌 '이자'나 '사용료' 정도로밖에 평가되지 못하는 것이 현실이다. 반면 〈공무원연금법〉상 장기급여 중 하나인 유족급여는 소멸시효가 5년이다. 〈공무원연금법〉 제81조 5항은 "이 법에 따른 급여를 받을 권리는 그 급여의 사유가 발생한 날부터 단기급여는 3년간, 장기급여는 5년간 행사하지 않으면 시효로 인해 소멸한다"라고 규정한다. 국민연금법상 연금급여 권리도 5년이다.

유족급여는 요양급여와는 그 성격이 다르다. 한 가족의 운명이 걸린 문제다. 〈공무원연금법〉 등 다른 법률과 비교했을 때 3년이라는 짧은 유족급여 시효는 타당하지 않다. 산재에 대한 모든 입증이 그 유족과 근로자에게 있는 점, 대다수 노동자가 자신의 질병이 산재임을 인식하지 못하는 점, 사업주들의 적극적 산재신청과 조력이 없고 오히려 방해와 은폐가 성행하는 현실을 직시하면 유족급여의 시효를 최소 5년으로 변경해야 할 이유는 분명하다. 〔2014.02.10.〕

산재발생 보고제도, 여전히 문제

정부의 통계 중 가장 믿을 수 없는 수치는 '산재통계'라고 해도 과언이 아니다. 고용노동부가 산업재해조사표 보고 건수(2014년 7월 1일~2015년 6월 30일)를 기초로 한 상위 50개 사업장 현황에 대한 자료를 보면, 현대자동차㈜ 울산공장 392명, 현대중공업㈜ 284명, 기아자동차㈜ 화성공장 183명, 현대자동차㈜ 전주공장 162명, 금호타이어㈜ 110명으로 산재 건수가 나타났다. 그러나 실제 사업장의 노동조합을 통해 확인해보면, 산재보고가 상당히 축소되거나 은폐된 사실을 쉽게 확인할 수 있다. 사업주가 산재로 신청하지 않고 임의적으로 공상처리하는 경우는 위 산재 건수의 최소 두세 배를 웃돈다. 강성이라고 하는 금속노조가 있는 사업장의 현실이다.

아직도 사업주는 산업재해 보고제도에 대해 아무런 부담을 느끼지 않고 있다. 고용노동부가 2014년 7월 1일부터 시행한 '사망자 또는 연속 휴업 3일 이상 산재발생신고의무'(《산업안전보건법》 제10조, 시행규칙 제4조)는 현장에서 큰 구속력을 지니지 못한다. 실제로 7월 1일부터 시행한 제도가 어떠했는지 고용노동부와 근로복지공단 통계로 추정해볼 수 있다. 고용노동부가 2014년 7월 1일부터 2015년 6월 30일까지 1년간 휴업 3일 이상 재해로 산업재해조사표에 입력한 건수는 모두 4만 3,689건(접수 건수는 4만 7,157건)이다. 이 중 사고 재해자는 4만 2,186명, 질병 재해자는 1,503명이다.

고용노동부에 따르면 2014년 재해자는 9만 909명이다. 산재발생 보고제도가 '연속 휴업 3일 이상' 요건을 감안해도 5만 건 이상 차이가 난다. 동일 기간에 공단이 휴업급여를 지급한 건수는 6만 3,510건이다. 6만 3,510건은 공단이 휴업 4일 이상 재해에 대해 휴업급여를 지급한 사건이다. 공단의 휴업급여 지급 건수 범위가 산업재해 발생보고의 요건보다 넓다는 점을 감안하더라도, 최소 1만 9,821건의 차이를 보인다. 통계상 약 2만 건의 재해는 산재로 보고되지 않는 것이다.

이와 관련해 고용노동부가 적극적으로 노력하는지 살펴볼 필요가 있다. 노동부의 〈산재 미보고 적발 건수 및 과태료 부과실적〉을 보면 적발 건수는 일단 2010년 1,908건, 2011년 456건, 2012년 1,242건, 2013년 192건, 2014년 726건이다. 〈개인정보 보호법〉 시행으로 국민건강보험공단에서 자료를 받지 못한 점을 감안하더라도 매우 낮은 실적이다. 게다가 대부분이 건강보험 부당이득금 환수명단을 참조해서 적발하는 소극적 행정에 그친다. 2014년 적발 건수 726건 중에서 건강보험 부당이득금 환수가 431건, 산재은폐 신고센터가 32건, 사업장 감독 등이 48건이었다. 고용노동부가 현장 감독을 해서 파악하는 건수는 극히 미미한 실정이다. 이를 단순히 산업안전 감독 인원 부족 문제로 해석할 수는 없다.

단기적으로는 산재발생 보고제도에 대한 보완이 필요하다. 현장에서는 사용자가 '연속 3일 휴업'이라는 요건을 악용 중이다. 즉 부분휴업 및 공상치료 등의 명목으로 연속 3일을 만들지 않기 위해 노동자를 압박한다. 〈산업안전보건법〉 시행규칙 제4조상 "3일 이상의 휴업이 필요한 부상이나 질병에 걸린 사람"을 반드시 3일의 연속적 휴업으로 해석할 이유는 없다. 게다가 재해일자를 제외함으로써 당해 요건이 완화되는 측면을 간과해서는 안 된다. 아울러 공단의 산재인정요건과 통계와의 일치(휴업 또는 요양 4일 이상의 재해)를 위해서도 현재의 지침을 수정해야 한다. 나아가 산재은폐에 대해 제3자의 신고와 이로 인한 포상금 지급정책을 마련해야 한다. 산재은폐가 중요한 범죄행위라는 기조하에 이를 적극적으로 홍보하고 장려할 필요가 있다. 조사 시 관련자에 대해서는 공익보호 관점에서 접근해야 한다.

그리고 개별실적요율제는 폐지해야 마땅하다. 산재처리와 발생보고가 극히 미미한 현실에서 해당 제도가 산재은폐의 강력한 유인이 되고 있기 때문이다. 오히려 산재발생신고와 산재신청을 적극적으로 하는 사업장의 경우 '감독'하는 것이 아니라 '대우'하는 방향으로 제도를 설계해야 한다. 덧붙여 산재발생신고에 대해 엄격한 법 집행이 필요하다. 현재와 같은 소극적 행정으로는 사업장의 공상처리와 이로 인한 노동자의 피해만 증가할 뿐이다. 무엇보다 필요한 것은 정책에 대한 정부의 의지와 실천이다. OECD 산재사망률 1위 국가의 오명에서 벗어나기 위해서는 정부의 책임이 필요하다. (2015.12.04.)

잘못된 〈산재보험법〉 개정은 보이지 않는 곳에서 산재 불승인과 치료 기회 상실로 이어져 노동자들의 생존권에 막대한 피해를 초래한다. 이를 단적으로 보여주는 사례가 재요양 요건과 절차를 담은 2007년 12월 14일의 〈산재보험법〉 개정이다. 당시 개정안이 노동자들에게 끼친 악영향은 막대하다.

노동자 A는 업무 중 사고로 심한 신체 손상과 외상후스트레스를 입었는데 이것이 산재로 승인됐다. 그러나 요양 종결 후 외상후스트레스장애로 재요양을 신청했으나 근로복지공단은 수술과 같은 적극적 치료가 필요하지 않다는 이유로 신청을 불승인했다. 노동자 B는 일용직 근무 중 발생한 외상과염(테니스엘보)으로 산재가 승인돼 요양했다. 요양 종결 후 증상이 악화돼 "물리치료·약물치료로도 호전되지 않으면 수술이 필요하다"라는 의사 소견을 받아 재요양을 신청했으나 불승인됐다. C도 비슷하다. 그는 사고로 허리 부위 추간판절제술을 한 뒤 증상이 악화돼 재수술받고 재요양을 신청했다. 그러나 공단은 추가 수술이 필요 없다며 재요양을 불승인했다.

2007년 〈산재보험법〉 개정은 2006년 12월 13일, 민주노총이 빠진 경제사회발전노사정위원회 합의에 기반을 두고 있다. 당시 합의에는 재요양 시점의 평균임금 산정 기준 관련 내용만 있었고, 재요양 제도 관련 조항을 개정하는 내용은 없었다. 개정된 〈산재보험법〉은 재요양 관련 조항을 제52조에 담고 있다. 제52조 1항은 "요양급여를 받은 자가 치유 후 요양 대상이 됐던 업무상부상 또는 질병이 재발하거나 치유 당시보다 상태가 악화돼 이를 치유하기 위한 적극적인 치료가 필요하다는 의학적 소견이 있으면 다시 요양급여를 받을 수 있다"라고 규정한다. 그리고 제52조 2항에 "재요양의 요건과 절차 등에 관해 필요한 사항은 대통령령으로 정한다"라는 문제 조항이 들어갔다.

개정 전 〈산재보험법〉에는 재요양 요건과 절차에 대해 "노동부령으로 정한다"라고 규정하고, 시행규칙에 "일반 상병으로서 당초의 상병과 재요양 신청한 상병 간의 의학적 인과관계가 인정되고, 재요양을 함으로써 치료 효과가 기대될 수 있다는 의학적 소견이 있는 경우"로 요건을 명시했다. 하지만 개정 후에는 이른바 4가지 재요양 요건이 시행령에 들어갔다. 그중 가장 문제가 있는 부분은 "재요양의 대상이 되는 부상 또는 질병 상태의 호전을 위해 수술(신체 내 고정물의 제거 수술 또는 의지 장착을 위한 절단 부위의 재수술을 포함한다) 등 적극적인 치료가 필요하다고 인정될 것"이라는 세 번째 요건이다.

2007년 법 개정 전에도 공단은 '수술 등 적극적인 치료' 요건을 이유로 재요양을 불승인하는 경우가 많았는데, 이는 법원에서 모두 위법한 처분이라는 판결을 받았다. 법원은 "재요양 요건으로는 당초의 상병과 재요양 신청한 상병과의 사이에 의학상 상당인과관계가 있다고 인정되고, 당초 상병의 치료종결 시 또는 장해급여 지급 당시 상병상태에 비해 그 증상이 악화돼 재요양을 함으로써 치료 효과가 기대될 수 있다는 의학적 소견이 있는 것으로 족하고, 당초 상병의 치료종결 시 또는 장해급여 지급 당시 상병상태에 비해 그 증상이 현저하게 악화돼 적극적인 치료 필요성이 인정되는 경우만 재요양을 인정할 것은 아니다"(대법원 1998. 12. 22. 선고 98두8773, 대법원 2002. 04. 26. 선고 2002두1762 판결)라고 판결했다. "치료로 인해 현재 상태보다 현저한 치료 효과를 기대할 수 없어도 경미한 호전이라도 기대할 수 있다면, 재요양을 함으로써 의학적 치료 효과가 기대될 수 있다고 볼 여지가 있다"라고도 판시했다. 수술치료를 요건으로 삼지 않은 것이다.

재요양에 대한 대법원 판례가 바뀌지 않은 이상 시행령에 '수술 등 적극적 치료'를 명시하더라도, 기존 판례 취지는 존중받아야 한다. 수술이 없는 상병도 존재하며, 재요양은 재발된 상병이므로 치료 효과를 기대할 수 있으면 최초 요양과 같이 처분해야 마땅하다. 공단과 노동부는 2007년 법 개정 때 자신들의 요구사항을 슬그머니 시행령에 명시하고, 4가지 요건을 엄격하게 해석함으로써 대부분의 재요양 신청을 불승인했다. 재요양 대상이 아니라 합병증 예방관리카드를 발급해 지원하는 '합병증 예방관리 대상'으로 왜곡된 처분을 한다. 공단의 재요양 불승인 처분은 왜곡된 법 개정과 해석 때문인 만큼 이를 바로잡는 길은 결국 〈산재보험법〉 개정뿐이다. (2016.09.05.)

PART

05

근로복지공단
비판

산재인정 기준의 문제

12년 이상 산재 관련 글을 쓰면서 많이 지적한 부분은 불합리한 공단의 산재인정 기준의 문제점이었다. 공단은 행정기관으로서 내부의 지침, 요령, 기준, 전파 등 다양한 이름을 통해 업무상재해의 인정 기준을 운영해왔다. 이러한 공단의 산재인정 기준은 법률, 판례와 모순되는 것이 너무 많았다. 이러한 차이는 '산재 불승인'과 '노동자와 그 가족의 고통'이라는 돌이킬 수 없는 피해를 초래했다. 그 숫자는 헤아릴 수 없을 정도로 많았다. 필자가 "불합리한 산재인정 기준 합리화, 신뢰회복 위한 첫 번째 과제"라고 지적한 것이 2010년 12월이었다. 그간 치열하게 세부 문제에 대해 지적했고 또 싸워왔다. 일부는 변경되었고 일부는 여전히 문제로 남아 있다. 그 내용을 하나씩 되짚어보기로 한다.

첫 기고(2010. 12. 06.)에서는 여러 문제를 개괄적으로 지적했고, 노조 전임자를 근로자로 보지 않아 소송으로 내모는 공단의 문제점을 지적했다. 대법원은 노조 전임자더라도 휴직 중인 근로자와 마찬가지라는 입장을 일관되게 판시했다. 근로자임이 분명한 노조 전임자를 근로

산재를 말하다

자로 인정하지 않는 문제의 심각성에 대해서는 공단도 알고 있었다. 여러 지적과 토론회를 통해 여러 차례 문제제기를 했지만 바뀌지 않았다. 2018년 7월 16일 고용노동부는 〈노조 전임활동 중 발생한 재해의 산재 인정 기준〉을 통해 전임자의 노동자성을 인정했다. 이후 공단도 노조 전임자의 근로자성을 부정하지 않고, 산재처리를 해오고 있다. 다만 법원에서 인정하지 않는 '불법적 노조활동, 연합관계에 있는 노동단체와 관련된 활동, 쟁의행위 단계의 활동'은 배제한다. 질병, 특히 노조 전임자가 전임활동 중 뇌·심장질환이 발생한 경우 공단은 전임활동 전체를 업무시간에 산입하지 않는다. 이에 공단에서는 사실상 산재승인이 어렵다.

업무상질병의 인정 기준도 문제였다. 특히 뇌심질환의 과로성 질병의 인정 기준에 대해서는 지속적인 문제제기를 했고(이에 대해서는 다른 장에서 기술), 근골격계질환도 마찬가지였다. 공단은 근골격계질환에 대해 '퇴행성 질환'이라는 이유로 불승인을 남발했다. 이런 공단의 불합리한 처분은 상당기간 지속되었다. 사실 모든 근골격계질환은 퇴행성 질환의 성질을 가진다. 그 개념을 단순히 연령증가로 인해 발생한 질환이라는 취지로 매우 좁게 사용했던 공단이 문제였다. 결국 이는 노동계의 중요한 이슈로 부각되었고, 2013년 6월 28일 〈산재보험법〉 시행령 '별표3'이 개정되었다. 근골격계질병 부분에서 "다. 신체부담업무로 인해 연령 증가에 따른 자연 경과적 변화가 더욱 빠르게 진행된 것이 의학적으로 인정되면 업무상질병으로 본다"라는 규정이 추가된 것이 그 부분이다. 또한 공단 지침상 단순히 퇴행성이라는 이유로 불승인하지 않도록 변경되었다. 하지만 현재에도 근골격계질환의 불승인 처분서 등을 보면, 퇴행성 질환이라는 문구를 자주 접한다. 또한 질판위나 심사위원회, 재심사위원회에서도 임상 의사들은 퇴행성 질환이라고 평가하는 경우가 많다. 신체부담 업무로 인해 연령 증가에 따른 변화가 더욱 빠르게 늘어났는지가 더 중요하다. 전체적으로 근골질환의 산재 판정은 온전한 판단이 되지 못하고 있다.

급여 부분도 문제가 많았다. 칼럼에서 지적했던 휴업급여의 기준 문제는 여전하다. 다만 공단은 〈특수상병 환자의 통원요양기간 중 휴업급여 지급 기준 및 업무처리요령〉(2019. 07.)을 마련했다. 특수상병을 '눈, 코, 귀, 입, 얼굴, 비뇨기 등 상병으로 투약 및 합병증 발생 여부 확인을 위한 경과관찰이 필요해 치유(증상고정) 상태로 볼 수 없는 상병'으로 규정해, 최초 진료계획서상 승인까지는 원칙적으로 휴업급여를 지급하도록 했다. 이후 2차 진료계획서상 주치의가 '취업치료 가능'으로 기재하더라도 사업장 존재 여부와 원직장 복귀 가능 여부에 따라 지급하도록 변경했다. 즉 취업치료가 가능하더라고 사업주가 동의하지 않으면 휴업급여 전액을 지급하고, 사업장이 폐업하거나 노동자가 퇴직상태이면 작업능력평가라는 특별진찰을 실시해 결정하도록 했다. 그럼에도 당해 지침을 여전히 일선지사에서 준수하지 않는 경우가 발생한다. 산재 재심사위에서 여러 사건이 상정되었는데, 회의를 주재하던 부위원장도 이런 지침을 알지 못해서 문제가 된 바 있다. 현장에서는 재해 노동자의 상병상태는 동일하지만 일부 요양기간은 부분휴업급여를 지급하고, 이후 요양기간은 전액을 지급하는 등 일관성 없는 행정도 많다.

　　　　　　　　　　　　산재를 말하다

재요양 시 평균임금 문제는 일부 개선되었다. 고용노동부는 2019년 5월 7일 자로 〈재요양 시 휴업급여의 평균임금 산정방법 및 적용 기준 시달〉이라는 지침을 전파했다. 지침에 따르면, 재요양 진단 시점 이전 평균임금 산정기간에 최초 재해의 요양기간이 포함된 경우 최초 재해 발생일을 평균임금 산정 기준일로 보고 있다. 또한 평균임금 산정기간에 미취업 기간과 취업 기간이 동시에 있으면 취업 기간만으로 평균임금을 산정하도록 했다. 그러나 당해 지침은 평균임금 산정 기간에 요양기간이 없거나 취업하지 못하는 대부분의 사안에는 적용하기 어렵다. 이전에 필자가 지적한 바와 같이, 재요양 시 평균임금 산정 대상 일자에 취업하지 못한 경우, 최초 요양 시 평균임금 증감금액과 재요양 당시 산정된 금액을 비교해 다액을 지급하는 것이 타당하다.

통근재해 입법은 헌법재판소의 결정으로 가능했다. 2016년 9월 29일 헌법재판소의 불합치 결정 이후 〈산재보험법〉 제37조가 개정된 것이다. 통상적인 경로와 방법으로 출퇴근하는 중 발생한 사고, 즉 '출퇴근재해'를 전면 도입했다(법률 제14933호, 2017. 10. 24. 일부 개정). 소급적용 시점도 2016년 9월 29일이다. 법률이 개정되기 이전에 공단은 법원의 판례로 인정되는 사고, 즉 "업무의 특성이나 근무지의 특수성 등으로 출퇴근의 방법 등에 선택의 여지가 없어 실제로는 그것이 근로자에게 유보된 것이라고 볼 수 없는 사고"를 업무상재해로 거의 인정하지 않았다. 항상 공단의 자의적인 지침과 판단이 문제였다. 법률이 개정되어 출퇴근재해가 전면 도입된 이후 현재도 마찬가지다. 〈출퇴근재해 업무처리지침〉(2017-48호)에 대한 비판은 전혀 개선되지 않았다. 공단의 지침에서 업무상재해를 부정하는 예시는 〈산재보험법〉의 법리를 거의 반영하지 못한다. 경로상의 사고에 한정하고, 일탈 중단의 예외 인정 범위를 소극적으로 해석하는 것이 대표적이다.

필자가 지적한 '휴게시간 중 재해' 문제는 다행히 개선되었다. 종래 사업장 내 사고가 아니라 외부 식당을 이용하던 중 일어난 사고가 배제되어 문제였다. 이는 명백히 법원 판례에 위반된 해석이었다. 고용노동부와 공단은 〈휴게시간(식사) 중 사고에 대한 업무처리 요령〉을 제정해 2018년 6월 11일부터 시행했다. 이를 통해 통상·관례적으로 사업장 밖의 식사 장소(사업장 인근 식당 또는 자택)를 이용하는 경우 식사를 위해 식당 등으로 이동하거나 식사를 마치고 사업장으로 복귀 중 발생한 사고도 업무상재해로 포함했다. 다만, 이 지침도 복귀 가능한 시간을 기준으로 삼으며, 사회통념상 식사에 수반되는 범위를 좁게 규정한다. 사고성 재해의 범주라고 할 수 있는 재택근무의 기준('재택근무 중 업무상재해 인정 기준')도 공단 지침으로 정해졌다. 지침의 문제점은 칼럼(2021. 08.)을 통해 비판했으나 추가 논의가 필요하다.

명백히 위법했던 공단의 '요양 중 사고'에 대한 해석은 결국 입법적으로 일부 해결되었다. 칼럼(2017. 08.)에서 제기되던 내용을 필자가 고용노동행정개혁위원회 위원 시 활동·작성한 산재보상 권고안(2018. 09.)에 포함했다. '시행령 제32조를 개정해, 요양치료를 위해 병원 등 의료기관에 통원(치료 후 귀가) 중 재해를 포함하도록 규정할 것'을 권고했다. 고용노동부는 이를 수용했고, 2018년 11월 11일에 시행령 제32조가 개정되었다. '3. 업무상 부상 또는 질병의 치료를 위해 거주지 또는 근무지에서 요양 중인 산재보험 의료기관으로 통원하는 과정에서 발생한 사고'가 신설된 것이다. 다만 칼럼에서 제기했던 재가요양 중 사고 문제는 여전하다. 당초 승인된 상병으로 인해 발생한 것임이 의학적으로 명백한 사안이 아닌 경우 산재승인을 기대하기 어렵다.

〈의사도 납득하지 못하는 CRPS 산재인정 기준〉(2013. 08.)에서 비판했던 것은 개선되었다. 필자는 산재심사위 위원으로 참여하던 당시 여러 공단의 불합리한 행정과 산재인정 기준의 문제점을 알게 되었고, 이는 그중 특히 납득하기 어려운 문제였다. 공단은 〈복합부위통증증후군 업무처리 지침〉을 2014년 8월 28일에 제정해, 2014년 9월 1일부로 시행했다. 이 지침을 통해 종래 AMA방식이 아닌 ISAP(세계통증학회) 기준을 수용했다. 지속적인 패소, 국민권익위원회의 권고 등을 통해 이루어진 것이다. '감각 이상, 혈관운동 이상, 발한 이상, 운동 이상'의 범주 중 3개에서 최소 1개 이상의 증상이, 2개 이상의 범주에서 최소한 1개 이상의 징후가 각 인정되어야 한다. 증상과 징후를 판단할 때 주치의와 공단의사의 판단 차이로 인해 불승인되는 사건이 여전히 발생한다. 또한 CRPS 사건에서 강제 종결하는 경우가 많고, 통증 관련 장해도 저평가되는 경향이 있다.

질병 중 노동자들에게 가장 많이 발생하는 소음성 난청의 인정 기준은 개선되었다. 일단 종래 문제가 되었던 비소음부서의 의의, 치유 시기에 대한 해석은 각 2013년 6월 및 2016년 1월에 개선되었다. 그러나 공단은 치유 시점을 일방적으로 해석함으로써 많은 노동자를 소송으로 내몰았다. 즉 탄광 노동자가 〈장애인복지법〉상 진단서 발급을 이유로,

소멸시효 완성을 이유로 불승인했다. 이는 명백히 잘못된 것이었다. 공단은 대법원판결(대법원 2018. 01. 11. 선고 2017두63184판결) 이후 〈대법원판결 수용에 따른 소음성 난청 소멸시효 적용 관련 업무처리방안〉(2018. 01. 24.)을 마련했다. 그뿐이 아니었다. 공단은 노인성 난청·혼합성 난청·편측성 난청 등의 사건에서 불승인을 남발했다. 이에 2018년 공단의 난청 사건 소송패소율은 50%가 넘었다. 2019년 10월 국정감사에서 당시 이용득 의원실을 도와서, 소음성 난청 문제가 국정감사에서 쟁점이 되도록 했다. 공단은 2020년 2월 〈소음성 난청 업무처리 기준 개선〉의 지침 제정을 통해 문제 사안을 개선했다. 다만 현재에도 여전히 개별 사안에서 엄격히 해석하는 경향이 있다. 특히 소음노출의 객관적 측정 결과가 없거나 80dB 이하인 경우 불승인되고 있다.

두 번(2013. 07., 2019. 08.)이나 문제를 제기했던 '업무 중 부상'(사고성 질병)은 개선되지 않았다. 일회성 외상의 사고에 의한 퇴행성 질병의 불승인 사안이라고 할 수 있다. 외상이 분명하고, 이전에 치료 병력이 없는 경우 법원의 '요양급여의 법리'(치료의 필요성이 있는지)에 맞게 판단해야 한다. 공단이 이런 사안을 외면하는 것을 납득할 수 없다. 이는 산재보험의 원리를 의학적 인과관계에 국한하는 잘못된 행정이다. 거의 모든 질병은 퇴행성이다. 외상의 기여도를 따지는 것이 아니라, 외상으로 인해 악화·발현 여부가 중요하다. 산재심사위도 개선될 필요가 있다고 했다. 고용노동부도 고용노동행정개혁위원회의 개선 권고안을 수용하기로 했지만 이행하지 않았다. 고스란히 노동자의 불이익과 고통으로 귀결되고 있다.

최근 문제된 것 중 하나가 〈법령 위반으로 발생한 사고의 업무상 재해 인정 기준〉(지침)이다. 두 차례(2019. 11., 2020. 07.)나 이에 대해 비판했으나 공단의 실무는 여전히 개선되지 않았다. 소위 〈교통사고처리특례 법〉상 12대 중과실의 사고와 무단횡단 중 사고를 거의 불승인한다. 이런 공단의 위법한 처분은 산재심사위에서는 거의 걸러내지 못하고 있고, 산재재심사위도 마찬가지다. 지침 제정 이후 불승인사건들이 소송에서 다수 취소(산재로 승인)되고 있다. 그럼에도 고용노동부와 공단은 당해 지침을 개선할 의지가 보이지 않는다. 지침 제정 전 산재로 승인되었던 다수 사건이 불승인된다. 여기에는 특히 배달 노동자의 경우가 많다. 특례적용으로 입구(산재 적용 범위)를 열어놓고, 출구(산재인정 범위)를 좁힌 것이다. 단순히 법을 위반한 사실보다 사고 발생 원인이 고의나 고의에 가까운 중과실 사고인지가 판단 기준이어야 한다. 오늘도 배달 업체의 알고리즘으로 인한 강제적 배달거리와 배달시간 적용으로 인해 노동자들이 죽어가고 있다. 그들에게 차선과 신호를 위반한 과실이 있을지언정 산재인정은 다른 범주의 판단이다. 이때 필요한 것이 사회보험으로서 〈산재보험법〉이다.

2010년 들어 산업재해 승인율 저하의 핵심 개혁대상으로 꼽히는 것이 질판위다. 2010년 이와 관련해 근로복지공단은 〈질판위 통합 운영(안) 건의〉(2010. 10.)를 통해 본부별로 설치돼 있는 6개 질판위를 1개로 통합해 운영하는 방안을 제시했다. 이에 전문성과 객관성이 강화되고 위원 구성이 용이해지며 인력이 효율적으로 운영될 것이라고 전망한다. 그러나 과연 이러한 통합 운영안이 공단이 그토록 지탄받았던 질판위 개혁안인지 의심스럽다. 수요자 서비스 중심의 운영이라는 측면에서만 보더라도 지방에 있는 피재 노동자들의 접근성을 차단해 엄청난 부작용을 일으킬 것이다. 오히려 공단은 최소한의 인정 기준의 합리화를 모색하고 이에 대해 노사의 의견을 듣고 반영하는 것이 타당하지 않을까 싶다. 대다수 사람이 오해하는 것 중 하나가 공단의 산재인정 기준이 합리적이고 세밀하지 않을까 하는 것이다. 물론 공단은 상당한 양의 기준과 내용을 지침으로 수립해 운영하지만 대부분 산재인정의 법령을 해석할 때 법원의 기준을 밑도는 경우가 많다.

대표적인 것이 노조 전임자 재해 인정 기준이다. 공단은 노조의 전임자가 받는 금품은 회사로부터 지급받는 것이므로 당해 금품에 대해서는 임금이 아니라고 보기에 전임자가 산재를 신청하는 경우 이를 승인하지 않고 있다.(근로복지공단, 〈보험급여산정 기준〉, 2010, 26면 참조 및 행정해석 징수 68607-253, 1995. 05. 26. 참조) 그러나 전임자라더라도 "근로제공의무가 면제되고 사용자의 임금지급의무도 면제될 뿐 사용자와의 사이에 기본적 노사관계는 유지되고 근로자로서의 신분도 그대로 가지는 〈근로기준 법〉에 따른 근로자인 것은 명백하다.(대법원 2003. 09. 02. 2003다4815, 4822, 4839) 결국 법원과 공단 실무에 괴리가 있다고 볼 수 있다. 공단의 해석이나 입장을 변경해야 할 명백한 이유가 있는 것이다. 그렇지 않으면 현행처럼 행정소송에서 다퉈야 하며, 공단에서도 소송을 통해 전임자가 업무상재해로 인정된 사안에 대해 추후 보험료를 징수하는 모순적인 태도를 지속해야만 한다.

그렇다면 전임자 재해만 문제일까. 업무상 사고에서 공단과 법원과의 차이가 명확한 재해는 '출퇴근 재해' 및 '회식 중 음주로 인한 재해'라고 볼 수 있다. 공단은 〈산재보험법〉 시행령 제30조 '행사 중 사고'의 규정상 사업주의 지배·관리를 대단히 협소하게 해석한다. 특히 회식 중 음주로 인한 재해(대표적인 경우가 회식 장소 내에서의 재해나 귀가하던 중 재해) 또한 시행령 제29조 '출퇴근 중의 사고'를 일률적으로 적용한다. 2010년 법원에서는 출퇴근 수단을 검토할 때 자가수단 이용의 불가피성 등 소위 '특별한 사정'이 있는 한 통근재해를 판단해 그 인정 범위를 넓히는 경향이 있지만 공단은 이를 반영하지 않고 있다. 또한 법원은 회식 중 음주로 인한 재해의 경우도 그 인정 범위를 상당히 넓히고 있다.

대표적으로 인정된 판례를 보면 '자기소유 자전거를 타고 와서 출근 확인을 받은 후 작업장소로 가던 중 발생한 재해'(대법원 2010. 11. 01. 2010 두10181), '출·퇴근을 위해 대중교통수단이나 통근버스를 이용하는 것이 사실상 불가능해 자신의 교통수단을 이용하던 중 발생한 사고'(대법원 2009. 05. 28. 2007두2784), '근로자가 회사의 긴요한 업무상 필요때문에 심야까지 근무한 후 승용차를 이용해 퇴근하다가 교통사고로 사망한 경우'(대법원 2008. 09. 25. 선고 2006두4127 판결) 등을 들 수 있다. 음주 후 재해를 보면 '2차 회식 후 보이지 않다가 다음 날추락해 사망한 사안'(대법원 2008. 10. 19. 2007두21082), '회식 종료 후 귀가하다 행방불명돼 농수로에서 사망한 채 발견된 사건'(대법원 2008. 09. 01. 2008두7717), '거래처 직원들과 회식을 마친 뒤 지하철을 타고 귀가하다가 지하철 선로 위에 떨어진 사고'(대법원 2008. 11. 27. 2008두12535) 등이 있다.

업무상질병 인정 기준은 과연 합리적인가. 2010년 사회적 논란이 됐던 삼성 백혈병 사안을 보면, 이에 대한 공단의 인정 기준은 〈산재보험법〉 시행령 '별표3'에 있는 "15. 벤젠으로 인한 중독 또는 그것이 원인이 되어 발생하는 증상: 벤젠 1피피엠(ppm) 이상의 농도에 10년 이상 노출된 근로자, 노출 기간이 10년 미만이더라도 누적 노출량이 10ppm 이상이거나 과거에 노출되었던 기록이 불분명해 현재의 노출농도를 기준으로 10년 이상 누적 노출량이 1ppm 이상"이다. 그러나 우리나라는 2003년 7월 이전까지 10ppm 이하의 벤젠농도는 작업환경측정에서 '적합'으로 판단했고, 실제 1990년대까지도 노동자들은 현행 기준인 1ppm 이상의 벤젠에 노출됐어도 산재로 인정받지 못했다. 그래서 법원은 "2003년 이전에는 실질적인 조사가 이루어진 것으로 보기 어렵다"라고 여러 차례 판시한 바 있다(서울고등법원 2007. 09. 05. 2005누10615 및 서울 행정법원 2010. 08. 19. 2009구단12412 참조). 또한 백혈병의 발암물질은 벤젠 이외 전리방사선·포름알데히드·트리클로로에틸렌·비소가 인정되나 이

산재를 말하다

에 대한 기준이 명시되지 않고 있다. 백혈병을 일으키는 발암물질에는 '역치'가 존재하지 않는다고 볼 수 있으나 이에 대한 기준이 없다. 대법원은 '납·유기용제인 IPA·1,1,1-TCE'(대법원 2008. 05. 15. 2008두3821), 서울고등법원은 '아날린'(서울고등법원 2005. 07. 14. 2004누15613)을 백혈병을 일으키는 발암물질로 인정한 바 있지만 공단 기준은 이를 반영하지 않는다.

결국 공단은 질판위 통합 운영이 중요한 것이 아니라 이미 수년에 걸쳐 법원에서도 지적하는 공단 산재인정 기준의 문제점을 합리적으로 개선하는 것이 산재 노동자 신뢰회복의 첫걸음이 될 수 있음을 주지해야 할 것이다.

(2010.12.06.)

근골격계질환은 퇴행성 질환일까

노동자가 공단의 불승인통지서를 받고 납득할 수 없는 표현이 하나 있다. 바로 '퇴행성질환'인데, '근골격계질환'의 산재신청에서 이런 일이 반복되고 있다. 〈산업안전보건 기준에 관한 규칙〉 제656조 2호에서는 '근골격계질환이란 반복적인 동작·부적절한 작업 자세·무리한 힘의 사용·날카로운 면과의 신체접촉·진동과 온도 등의 요인에 의해 발생하는 건강장해로 목·어깨·허리·팔·다리의 신경 근육과 그 주변의 신체조직 등에 나타나는 질환'이라고 명시했다. 또 대표적인 근골격계질환이라고 할 수 있는 허리디스크(요추간판탈출증)의 업무상질병 인정 기준(〈〈산재보험법〉 시행령 제34조 3항 '별표3' 참조)과 〈근골격계질환 업무상질병 판정 지침〉(지침 제2008-31호) 등을 통해 적용된다.

하지만 공단은 '기존에 치료 전력이 있는 경우·급격한 외상 사고가 없는 경우·재해 경위가 불명확한 경우·재해 이후 치료시점과 시간적 간격이 있는 경우·요추간판협착증이 동반되는 경우' 등에 대해 '구체적 업무 내용이나 방법·작업 자세·작업 시 근골격계질환 위험 요인 등'을 면밀히 조사하지 않은 채 오로지 '퇴행성'이라는 이유만으로 불승인 처분을 내리고 있다. 공단이 주장하는 '퇴행성'이란 "연령 증가에 따른 기능 저하 및 약화, 이로 인한 상병 발생"을 말한다. 이는 요추의 경우 20세 이후 자연적으로 기능이 저하된다는 것을 중요한 판단 근거로 삼고 있다. 이러한 판단은 노동자의 생활에서 업무적인 요소, 업무적 요인의 상병에 악화·발현에 미치는 영향, 업무적 시간이 차지하는 비중 등을 간과하는 것이다.

대부분의 노동자는 사업장에서 근골격계질환 발생 가능성이 높은 업무에 종사하느라 상병의 악화·발현될 가능성이 생긴다. 퇴근 후 집에서 쉬는 동안 악화요인이 생긴다고 여기는 것은 상식과 반한다. 즉 퇴행성이라는 개념은 단순한 연령 증가와 동일시할 수 없다. 공단의 논리라면 모든 연령에서 동일한 질환이 발생돼야 한다. 척추질환의 주요 위험요소 중 '환경요인'이 교과서에 명시된 것은 당연하다. 또 퇴행성의 의미에 대한 행정소송의 감정회신을 보더라도 퇴행성의 의미가 '연령 증가에 따른 변화'와 동일한 것이 아님을 확인할 수 있다. "퇴행성의 의미는 단순한 연령증가에 따른 변화라는 개념과 다른 것입니다. 퇴행성 변화는 업무적인 원인과 생활상의 원인이 복합적으로 작용해 유발됩니다."(서울행정법원 2005가합3954판결 인제대백병원 정형외과 감정서), "퇴행성 변화란 단순히 연령증가에 따른 변화라기보다 그 사람의 직업에 따르는 생활양식과 평상시 자세 등이나 외래의 충격에 의해 추간판수핵에 퇴행성 변화를 초래하게 돼 조그마한 충격에도 추간판이 파열돼 돌출되는 증상을 의미합니다."(서울행정법원 2006구단1305사건 고려대병원 신경외과 사실회신서), "직업성 근골격계질환은 단순반복 작업을 오랜기간 계속해 수행하는 경우 특정 신체 부위에 기계적인 스트레스가 누적돼 발생하는 것으로 생각하고 있습니다. 스트레스가 누적되는 경우 조직은 정상적인 탄력성을 잃고 비정상적인 형태로 변하게 되는데 이를 퇴행성 변화라고 합니다. 그러므로 퇴행성 변화는 단순히 나이가 들어감에 따라 생기는 자연적인 변화가 아니라 반복적으로 누적된 스트레스로 인해 정상적인 조직이 비정상적인 형태로 변화하는 것을 의미합니다."(서울행정법원 2006구단1035사건 한림대병원 산업의학과 감정회신서)

이처럼 법원은 '퇴행성변화=연령증가의 변화'라고 판단하지 않는다. 즉 퇴행성 변화가 일정한 연령에 따른 변화라고 할 때 그 변화의 정도가 일정해야 함에도, 법원은 "조기에 일어나는 원인"이라는 표현을 쓰고 있다. 또 "외상이 축적" 또는 "퇴행성 변화가 자연적 경과를 넘어 악화"라고 해, 이러한 변화에 영향을 미칠 수 있는 다양한 요소, 즉 외상이나 작업자세 등을 지적한다(대법원 2001. 10. 04. 선고 2001두4917 판결 참조). 공단의 퇴행성 개념에 대한 집착은 근골격계질환의 개념의 오인 및 현장 작업에 대한 형식적 조사 등에 근거한 것으로 지나친 임상의학적 관점에서 비롯된다. 사실상 MRI만으로 퇴행성이라고 판단하는 오류를 범하고 있어, 이는 산재를 법리적으로 판단해야 한다는 원칙에서도 벗어난다. (2011.11.07.)

휴업급여 부지급 행정해석 바꿔야 한다

노동자가 산재로 치료 중 받는 급여에서 대표적인 것이 휴업급여다. 〈산재보험법〉 제52조는 "휴업급여는 업무상 사유로 부상당하거나 질병에 걸린 근로자에게 요양으로 취업하지 못한 기간에 대해 지급하되, 1일당 지급액은 평균임금의 100분의 70에 상당하는 금액으로 한다"라고 규정한다. 휴업급여의 취지에 대해 법원은 "휴업급여는 업무상의 사유에 의한 부상 또는 질병으로 인해 요양하는 근로자가 요양으로 인해 취업하지 못한 기간 중에 일정액의 급여를 지급함으로써 근로자의 최저생활을 보장하는 데 그 취지가 있는 것"(대법원 1993. 09. 10. 선고 93다10651 판결)이라고 밝힌다.

그런데 휴업급여가 근로복지공단의 잘못된 행정해석(질의회시)으로 인해 제대로 지급되지 않은 경우가 속출한다. 이를 구체적으로 살펴보기 위해서는 요양의 개념과 공단의 행정해석에 어떤 오류가 있는지 분석해야 한다. 법률상 휴업급여는 "요양으로 인해 취업하지 못한 기간"에 대해 지급한다는 의미다. 따라서 실무적으로 휴업급여를 지급받기 위해서는 공단에서 요양, 즉 업무상재해로 승인돼야 한다. 요양급여 신청서를 제출해 해당 요양기간에 대해 공단에서 승인받으면 휴업급여를 청구하게 된다. 이러한 요양 개념은 입원치료뿐 아니라 통원치료, 재가요양을 포함한다(대법원 1989. 06. 27. 선고 88누2205 판결). 이에 대한 이견은 없으나 공단의 실무적 처리에는 문제가 있다.

대표 사례를 살펴보자. 용접 노동자 A는 2012년 1월 1일 산재사고로 눈을 다쳐 2012년 1월 1일부터 같은 해 3월 30일까지 입원치료를 받았다. 이후 주치의는 통원치료 예상기간을 '4월 1일에서 5월 31일까지'로, 취업치료 여부는 '불가능'으로 명시한 진료계획서를 공단에 제출했다. 공단은 4월 30일까지 통원치료 예상기간을 단축해 승인하고 5월 1일부터는 취업요양이 가능하다고 처분했다. 사업주는 눈이 완쾌된 상태가 아니라 복귀를 만류했다. 위와 같은 문제에 대해 근로복지공단의 행정해석(보상 6602-758, 2003. 05. 24.)은 다음과 같이 그 기준을 정했다.

"휴업급여의 지급요건인 요양으로 인해 취업하지 못한 기간이란 근로자가 업무상부상으로 요양을 하느라고 근로를 제공할 수 없었기에 임금을 받지 못한 기간을 의미. 일반적으로 근로를 할 수 없는 상태를 말하는 것으로 반드시 재해 이전에 종사하던 근로를 제공할 수 없는 경우만을 말하는 것은 아님. 재해 당시 사업장의 해당 업무 또는 다른 업무로의 복귀, 다른 사업장에의 취업을 의미하며 더 나아가서는 자영업 등 생업의 범주를 포함하는 개념임."

이에 초래되는 문제는 대단히 심각하다. 실제로 눈이 업무를 할 수 없는 상태임에도 A는 5월 1일부터 휴업급여를 받지 못한다. 이는 공단의 휴업급여 지급 기준이 당초 업무가 아닌 다른 업무를 할 수 있는 정도 또는 '자영업'을 할 수 있는 정도라고 판단하기에 발생하는 문제다. 가령 A가 눈이 회복되지 않은 상태지만 치킨가게를 열어 돈을 벌면 되지 않느냐는 식이다. 결국 A는 회사로부터도 복귀를 거부당하기에 아무런 소득이 없는 상태가 된다. 통원치료 기간과 관련해서도 실제로 병원을 다닌 날짜만 휴업급여를 지급하는 것도 문제다. 위 사안에서 A가 5월에 통원치료를 받은 날이 5월 4일, 5월 15일, 5월 30일로 총 3일이라고 한다면 공단은 3일에 대해서만 휴업급여를 지급하는 식이다.

만약 A가 어쩔 수 없이 7월 1일부터 사업장에 복귀해 다시 눈 상태가 악화·재발해 8월 1일부터 재요양승인을 받았다고 하자. A는 6월 30일까지 자비로 병원치료를 받는다. 이때도 6월 1일에서 6월 30일까지에 대해서는 요양승인을 받은 것이 아니기에 휴업급여를 청구하더라도 지급받지 못한다. 공단도 이러한 행정해석의 문제점을 어느 정도 인정한다. 그러나 벌써 몇 년째인가. 10년간 문제 있는 행정해석을 인지하면서도 변경하지 않는 동안 최저생활조차 보장받지 못하는 노동자들이 속출 중이다. [2012.10.04.]

　　　　　　　　　　　　산재를 말하다

다들 먹고살기 위해 일한다고 한다. '일'을 위해 반드시 수반돼야 하는 행위가 출퇴근(통근)이다. 대다수 노동자는 대중교통을 이용하고, 그중 일부는 대중교통이 여의찮아 어쩔 수 없이 자차 등을 이용해 통근한다. 이때 새벽에만 출근하는 경우 거리와 비용 때문에 사회통념상 '택시'를 상시적으로 이용하기 어려울 수 있다. 이때 노동자가 통근수단을 이용하던 중 사고가 난다면 산재로 인정받을까. 근로복지공단에서는 인정될 수 없지만 법원에서는 인정될 수 있다. 이것이 공단과 법원의 통근재해 판단에서 명확한 차이를 보이는 사례다.

통근재해에 대한 법리는 대법원 전원합의체 판결(2007. 09. 28. 선고 2005두12572)에서 자세히 논의됐다. 이 판결은 〈산재보험법〉의 존재의의·해석·개념에 많은 시사점을 준다. 대법원판결에서 다수 의견의 요점은 "출퇴근이 노무의 제공이라는 업무와 밀접·불가분의 관계에 있지만 일반적으로 출퇴근 방법과 경로의 선택이 근로자에게 유보돼 있어 통상 사업주의 지배·관리하에 있다고 할 수 없다"라는 것이다. 그렇다면 노동자에게 유보될 수 없는 경우라 함은 어떤 경우며, 이는 어떻게 해석해야 하는가. 이에 대해 대법원은 예전부터 "외형상으로는 출·퇴근의 방법과 그 경로의 선택이 근로자에게 맡겨진 것으로 보이나 출·퇴근 도중에 업무를 행했다거나 통상적인 출·퇴근시간 이전 혹은 이후에 업무와 관련한 긴급한 사무 처리나 그 밖에 업무의 특성이나 근무지의 특수성 등으로 출·퇴근의 방법 등에 선택의 여지가 없어 실제로는 그것이 근로자에게 유보된 것이라고 볼 수 없다"라고 밝혔다(2004. 11. 25. 선고 2002두10124, 2008. 03. 27. 선고 2006두2022, 2009. 05. 28. 선고 2007두2784).

법률적으로 살펴보면, 현행 〈산업보험법〉 제37조는 '업무상재해의 인정 기준'이라는 제목하에 "다. 사업주가 제공한 교통수단이나 그에 준하는 교통수단을 이용하는 등 사업주의 지배관리하에서 출퇴근 중 발생한 사고"로 규정한다. 그리고 제3항에서 "업무상재해의 구체적인 인정 기준은 대통령령으로 정한다"라고 밝힌다. 이에 시행령 제29조는 '출퇴근 중의 사고'에 대해 "1. 사업주가 출퇴근용으로 제공한 교통수단이나 사업주가 제공한 것으로 볼 수 있는 교통수단을 이용하던 중에 사고가 발생했을 것, 2. 출퇴근용으로 이용한 교통수단의 관리 또는 이용권이 근로자 측의 전속적 권한에 속하지 아니했을 것"을 모두 충족할 경우 업무상 사고로 본다고 규정한다.

그렇다면 시행령 제29조를 모두 충족하지 못하는 경우 업무상 사고가 아니라고 해석할 것인가. 이는 〈산재보험법〉 제37조와 시행령 제29조와의 관계에 대한 해석론에 달려 있다. 시행령 제29조를 예시규정으로 볼 것인가, 아니면 제한적 열거규정으로 볼 것인가의 문제다. 공단은 후자로 해석해 위 요건을 모두 충족하지 못하는 경우 산재로 인정하지 않고 있다. 즉 공단의 입장에서는 통근버스가 아닌 노동자 소유의 통근수단을 이용할 경우 산재로 인정하지 않는다. 대법원 판례의 판시사항과 배치되는 위법한 해석이다.

최근 대법원은 "위 규정들의 내용, 형식 및 입법취지를 종합하면,

시행령 제29조는 (중략) 법 제37조 제1항제1호다목이 규정하는 (중략) 사고에 해당하는 경우임을 예시적으로 규정한 것이라고 보이고, 그 밖에 출퇴근 중에 업무와 관련해 발생한 사고를 모두 업무상재해 대상에서 배제하는 규정으로 볼 수는 없다"라고 판시했다(2012. 11. 29. 선고 2011두 28165). 통근재해를 입법적으로 개정하기 이전에 판례의 태도를 합리적으로 수용하는 것이 공단의 존재 이유이며, 공단 스스로 '죽어 있는 기준'을 고수함으로 인해 노동자들에게 고통을 주고 있다는 점을 직시해야 한다. (2013.01.04.)

문제는 사고성질병

1. 공사현장에서 일하는 건설 노동자가 발판에서 미끄러져 우측 어깨를 계단에 부딪쳐 '회전근개 파열'로 산재신청을 했다.
2. 제조업 노동자가 사다리에 매달려 작업 중 넘어지면서 우측 팔로 난간을 잡으면서 갑자기 팔에 상당한 충격을 받은 이후 '회전근개 파열'로 산재신청을 했다.
3. 유통업체 노동자가 차량에서 내려오던 중 넘어지면서 바닥에 어깨를 부딪쳐 '우측 견관절 관절와순 파열'로 산재신청을 했다.

위 사건은 모두 우측 어깨에 기존 치료 전력이 없는 경우였다. 모두 산재승인이 됐을까. 대답은 '아니오'다. 모두 불승인됐다. 심사·재심사 과정에서도 그랬다. 일회성 외상에 의해 발생하는 '질병'은 업무상사고인가. 업무상질병인가. 사고면 업무상재해이고, 질병이면 업무상 질병이지 않느냐고 의문을 제기할 수 있다. 〈산재보험법〉도 이렇게 분류한다. 다만 근골격계질병에 대해서는 "기존 질병이 업무로 인해 악화되었음이 의학적으로 인정되면 업무상질병으로 본다"라고 규정한다. 사고와 질병이 겹치는 부분이다. 그래서 '사고성질병'으로 지칭하고자 한다. 문제는 사고성질병의 90% 이상이 불승인된다는 점이다. 실제 발생건수와 심사·재심사 사건에서 많은 수를 차지한다. 그럼에도 공단의 인정실무에 대한 문제제기가 없었다. 어깨뿐 아니라 무릎이나 허리 부위도 마찬가지다. MRI·CT·관절경 사진 등 영상의학 필름에서 명확한 '급성파열'의 소견이 없거나 기존 치료 병력이 있을 경우 일회성 외상에 의한 '질병'은 승인될 수 없다. 이것이 현실이다. 공단은 불승인 문서에서 △퇴행성 상병인 점 △기존 치료 병력이 있는 점 △MRI에서 상병이 명확히 판독되지 않는 점을 근거로 제시한다. 특히 상병 발생 부위에 기존 치료력이 있다면 거의 100% 불승인이다.

　왜 이런 문제가 발생하는가. 일회성 외상성재해, 위와 같은 사고성질병은 원처분지사 임상의들이 판단한다. 정형외과·신경외과 의사들이 필름과 상병, 기존 치료 병력만 보고 업무상재해인지 여부를 판단하는 것이다. 이러한 임상들은 '상병의 발생기전만 학습하고 치료하는 사람'들이지, '상병의 악화·발현 여부'에 대해서는 관심이 없다. MRI에서 퇴행성 기전(이미 20대 이후에는 거의 모든 관절 부위에 퇴행성 기전이 시작된다는 것이 의학적 정설임)이 보이거나, 기존 치료 병력이 확인되는 경우 '발생 원인'을 보지 않는다. '급성 외상성 파열'이 명확한 경우만 발생 원인으로 볼 뿐이다.

결과적으로 공단·심사위·재심사위 체제는 사고성질병의 경우 "당해 사고로 인해 악화돼 발현했는지 여부"라는 법률상 상당인과관계 판단이 전혀 개입될 수 없는 구조다. 대법원은 이미 여러 차례 이와 같은 사고성질병에 대한 판단 기준을 제시한 바 있다. 대법원은 "원고가 기왕에 가지고 있던 이 사건 상병이 이 사건 사고로 인한 충격으로 자연적인 진행경과를 넘어서 바로 적극적으로 치료하지 않으면 안 될 정도로 급격히 악화됐다고 볼 수 있고, 그렇다면 장해급여는 별론으로 하더라도 요양급여신청을 하는 이 사건에서 원고의 이 사건 상병이 업무상 재해에 해당한다고 볼 여지가 충분하다"라고 판결했다.(대법원 2012. 02. 09. 선고 2011두25661) 이러한 법원의 판단은 요양급여라는 내용에 주목해 이 뤄진 것이다.(대법원 1999. 12. 10. 선고 99두10360, 대법원 2000. 06. 09. 선고 2000 두1607) 다시 말해 "요양급여는 재해 전후의 장해 상태에 관한 단순한 비교보다는 재해로 말미암아 비로소 발현된 증상이 있고 그 증상에 대해 최소한 치료 효과를 기대할 수 있는 요양이 필요한지에 따라서 그 지급 여부나 범위가 결정돼야 할 것"이라는 일반적 상식이 공단 실무에서는 통용되지 않는다. 언젠가 심사위원회 회의장을 나가던 한 명의 노동자가 마지막으로 한 말이 생각난다. "한 번도 어깨 아파 본 적도 없고 병원에 가본 적도 없습니다. 넘어져 어깨 부딪쳐서 병이 발생했지 무슨 퇴행성입니까?" 하지만 심사는 기각됐다. 불승인됐다는 말이다. 이게 현실이다.

(2013.07.01.)

의사도 납득하지 못하는 CRPS 산재 기준

생물체의 전체 또는 일부분에 육체·정신적 이상으로 인해 고통을 느끼게 되는 현상을 '병'이라고 한다. 그럼 세상에서 가장 아픈 병을 뭐라고 부를까. 바로 복합부위통증증후군(complex regional pain syndrome, CRPS)이다. 왜냐하면 붓이 닿기만 해도 극심한 통증(이질통)을 느끼기 때문이고, 그런 통증이 괴로워서 자살까지 한 경우도 있기 때문이다. 이런 극심한 통증을 주는 CRPS가 유독 산재 문제에서 많은 노동자의 원성을 사고 있다.

의학적으로 CRPS는 반복적인 외상 등으로 인해 신체의 말단 부위에 발작적이거나 지속적인 통증을 느끼는 만성통증 질환의 일종이다. 통상 골절·화상 등 외상에 의한 신경손상 이후나 환지통(절단 후에 생기는 통증)·척추수술에 의해서도 발생한다고 알려져 있다. 증상으로는 이질통·통각 과민(통증에 대한 과민반응)·작열통(불에 타는 듯한 아픔)·부종(붓는 것)·이상발한·국소피부변화·운동장애 등이 있다. 신경손상이 없는 것이 특징인 '복합부위통증증후군 1형'과 이질통·작열통 증상을 보이면서 신경손상이 있는 '복합부위통증증후군 2형'으로 구분할 수 있다.

문제의 핵심은 비교적 간단하다. CRPS의 산재인정에서 근로복지공단이 가진 기준이 의학적 합리성을 가지지 못하기 때문이다. 공단은 CRPS 산재 사건(추가상병 신청·재요양 신청·장해등급 등)에서 미국의사협회(AMA) 진단방식을 채택한다. AMA 진단방식은 CRPS를 진단할 때 11가지 임상증상(①피부색 변화 ②피부온도 차이 ③부종 ④피부의 건조함·축축함 ⑤피부탄력 ⑥연부조직 위축 ⑦관절 강직 ⑧손·발톱 변화 ⑨피부털 변화 ⑩방사선 사진상 골다공증의 변화 ⑪방사선 동위원소 검사상 혈류증가 소견) 중 8가지 이상이 진단돼야 한다.

문제는 AMA 진단방식이 장해평가를 위한 것이지 임상적 진단을 위한 방식이 아니라는 점이다. 또한 현재 미국 의사들이나 미국 법정에서도 CRPS를 진단하기 위해 AMA 방식을 채택하지 않는다. 즉 장해평가를 위한 엄격한 방식이 유달리 한국의 산재인정 기준으로 채택돼 원성을 사는 것이다. 한국의 (마취)통증의학과 전문의는 CRPS 진단을 위해 AMA 방식을 쓰지 않는다. 오히려 세계통증연구학회(International Association for the study of pain, IASP)의 진단 기준이 폭넓게 사용된다. CRPS 진단 자체도 IASP를 통해 1994년에 정립된 병명이다. IASP에서는 △신체에 유해한 사건 △지속적인 통증과민 △통증 있는 부위에 부종 존재 △당뇨 등의 원인질환이 없는 경우 CRPS로 진단한다. 결국 공단이 AMA 방식을 내세워 불승인한 사안은 거의 법원에서 패소한다고 해도 과언이 아니다(전주지법 2012구합659 판결, 서울행법 2009구단11136 판결, 서울행법 2008구단9013 판결, 서울행법 2008구단11603 판결 등).

CRPS 산재 노동자들은 대부분 외상사고 후 수술 등 각종 치료를 받기에 외상으로 인한 통증으로 생각할 뿐 CRPS가 무엇인지 잘 모른다. 또한 외상사고 처치는 정형외과 전문의들이 하고 있어 재해 초기에 CRPS를 진단·치료하는 통증의학과에 협진과 진단을 구하기 어려운 실정이다. 이에 사고 이후 수개월 또는 수년이 지나 통증의학과에서 CRPS로 진단해 추가상병 신청을 하면, 공단에서는 '정형외과 자문의'

의 소견을 받아 불승인하기 십상이다. AMA 방식에서 11가지 중 8가지 이상을 충족하지 못한다고 말이다.

공단도 CRPS 연속 패소에 대해 대응책을 마련해야 한다고 느낀다. 2010년 송무세미나 자료집에서 확인할 수 있다. 옷깃만 스쳐도 죽을 듯한 고통을 겪는 산재 노동자들을 행정소송으로 내모는 것은 공단의 책임 방기다. 공단은 CRPS 산재 사안에 대해 IASP의 진단 기준에 따라 통증의학과 전문의에게 자문받고 이를 근거로 삼아야 한다. [2013.08.05.]

재요양하면 평균임금 산정 기준이 최저임금?

노동자 A는 산재사고를 당해 요양 승인을 받았다. 당시 하루 평균임금이 10만 원이었다. 그리고 치료를 받은 후 직장에 복귀했다. 그런데 3개월 후 상병이 재발·악화돼 공단에서 재요양 승인을 받았다. 하루 평균임금 10만 원을 받던 노동자 B는 일용직 근무 중 산재사고를 당해 수술을 받았다. 수술 후유증으로 1개월간 일을 못 하다 의사가 재수술이 필요하다고 해서 재요양신청을 해서 승인을 받았다. 재요양을 하는 A와 B의 경우 휴업급여 산출 기준인 평균임금은 각각 얼마일까.

산재 노동자의 가장 큰 어려움 중 하나가 직장 복귀 문제다. 통계상 50% 정도만 복귀한다. 외국에 비해 30~40% 낮은 수준이다. 노동자들이 직장에 복귀하지 못하는 것도 문제지만 상병이 재발하는 경우 불합리한 문제가 발생한다. A와 달리 B의 재요양 시 휴업급여 기준인 평균임금은 최저임금(하루 4만 1,680원=5,210원×8시간)을 기준으로 지급된다. 이전 10만 원과 비교하면 큰 차이가 난다. 월급여로 따지면 210만 원(10만 원×0.7×30일)과 125만 400원(4만 1,680원×30일)의 차이다. B는 불과 한 달 전만 해도 평균임금 10만 원을 받았고, 수술만으로는 부족해 의사가 재요양을 하라고 해서 승인받은 경우다. 산재사고와 수술, 일할 수 없는 그 모든 상황이 억울한데도 공단은 노동자가 일을 못 해 임금이 없다는 이유만으로 재요양 시점에서 최저임금을 기준으로 지급한다. 만약 A가 산재사고로 인해 퇴사한 이후 특별한 수입 없이 집에서 요양하다가 재요양으로 승인받는다면 어떨까. 이때도 공단은 A가 임금수입이 없다는 사유로 최저임금을 기준으로 휴업급여를 산출해서 지급한다. A가 퇴사 후 하루든, 한 달이든, 1년이든 퇴사 이후 재요양 시점까지 수입이 없는 경우 모두 동일하게 최저임금을 기준으로 휴업급여를 지급한다.

불과 하루 전, 한 달 전만 해도 최저임금과 비교할 수 없는 높은 급여를 받고 있던 노동자가 산재사고로 인해 퇴사하게 되고, 수입이 없다는 이유로 최저임금을 받게 되는 것이다. 누가 쉽게 납득할 수 있을까. 공단이 이 같은 기준으로 재요양 시 휴업급여를 기준 삼은 것은 2008년 〈산재보험법〉이 전면 개정된 이후다. 이전에는 법률에 명확한 규정이 없었기에 최초 요양 시 산정 기준이 된 평균임금을 재요양 시점까지 증감시켜 줬다. 재요양 시점까지 임금이 오르는 것이 일반적이기에 감해지는 경우가 거의 없었다. 그런데 문제는 정규직 대기업 노동자의 경우 복귀 이후 재요양 시점에서 산정된 평균임금이 공단의 실무(최초에서 증감시켜 준 평균임금)보다 높다는 점이다. 이에 소송이 제기됐고 법원에서는 재요양 시 휴업급여 산정 기준인 평균임금 기준 시점을 "진단에 의해 재요양의 대상이 되는 상병이 발생했다고 확정된 날"이라고 일관되게 판시했으며(대법원 97누 19775판결 등), 이는 현재도 마찬가지다(대법원 2010누 10655판결 등).

이러한 판단을 2006년 12월 13일 노사정의 〈산재보험 제도개선에 관한 합의〉에서 면밀한 고려 없이 수용했다. 이후 2007년 〈산재보험법〉을 개정하면서 재요양 시 평균임금 기준에 대한 내용을 담은 법 제56조, 시행령 제52조 제1호를 신설했다. 즉 "재요양 시 평균임금 산정 사유 발생일"을 "재요양의 대상이 되는 부상 또는 질병에 대해 재요양이 필요하다고 진단을 받은 날"로 명시한 것이다. 이에 (퇴사한) A는 재요양 시 임금 수입이 없는 노동자의 경우 기존 공단의 실무처리보다 훨씬 낮은 최저임금을 적용받는다. 기존 공단의 실무에서는 최초 요양 시점에서 증감해 "올라간" 평균임금을 적용받았으나 이제는 최저임금 적용을 받게 됐다.

법률 개정 이전에 문제가 되지 않았던 노동자들이 고통받는 현상이 발생한 것이다. 복귀하지 못한 노동자는 주로 저임금·중소사업장 노동자다. 잘못된 법률 개정과 법 적용으로 예기치 못한 문제가 발생한다. 그 책임은 노사정 모두가 져야 한다. 법률 개정이 어렵다면, 최소 1년 이내 재요양한 노동자가 임금이 없는 경우 최초 요양 시점의 평균임금을 증가시켜 주는 방향으로 규정이나 지침을 변경해야 한다. [2014.07.08.]

작업장에는 많은 위험요소가 있다. 그중에서 치료 불가능한 질병을 발생시키는 요인 중 하나가 소음이다. 소음으로 발생하는 것이 소음성 난청이다. 그러나 회사 재직 중에 난청 위험성을 인지하는 경우는 드물고, 실제 요관찰자(C1)·유소견자(D1)더라도 산업재해를 신청하는 경우가 거의 없다. 나이가 들면서 생기는 노인성 난청으로 의심하는 경우가 많기 때문이다.

난청은 순음청력검사를 통해 '내이병변에 의한 감각신경성 난청'으로 진단받아야 산재로 인정된다. 치료법이 없는 탓에 요양급여가 아닌 장해급여를 청구해야 한다. 근로복지공단은 소음성 난청과 관련된 지침으로 인정 기준을 몇 번이나 바꿨지만, 가장 큰 문제는 여전히 남아 있다. 현행 〈산재보험법〉 시행령 '별표3'으로 정한 소음성 난청의 산재인정 기준은 '연속으로 85dB(A) 이상의 소음에 3년 이상 노출돼 한 귀의 청력손실이 40dB 이상'인 경우다. 다만 고막 또는 중이에 뚜렷한 병변이 없어야 한다. 또 순음청력검사 결과 기도청력역치와 골도청력역치 사이에 뚜렷한 차이(10dB 이하)가 없고, 저음역보다 고음역에서 청력장해가 커야 한다.

2013년 9월 이전 난청의 산재인정 기준과 관련돼 문제가 됐던 점은 비소음부서에 대한 해석이었다. 〈산재보험법〉 시행규칙 제48조 관련 '별표5'에서 정한 직업성 난청의 치유 시기, 곧 장해급여 청구 시기를

"직업성 난청이 유발될 수 있는 장소에서 업무를 하지 않게 되었을 때로 한다"라는 문구를 놓고 해석이 달랐기 때문이다. 공단은 85dB 미만 작업장을 비소음부서(보상 6602-542, 2000. 05. 09.)로 봤다. 따라서 노동자가 85dB 이하 작업장으로 가거나 작업장 소음이 85dB 이하로 된 지 3년이 경과해 산재를 신청하면 '소멸시효 완성'을 이유로 불승인했다. 이런 공단의 잘못된 해석은 법원에서 여러 차례 위법으로 판단됐다. 이후 공단은 '당해 노동자가 근무하는 작업환경 및 청력손실의 진행 여부를 고려해 실질적으로 비소음부서로 전환됐는지 여부'로 입장(보상부-4856, 2013. 09. 06.)을 변경했다.

이후에도 '치유 시기의 해석'이 문제가 됐다. 공단은 위 시행규칙 및 행정해석을 근거로 비소음부서에서 근무한 이후 3년이 지나 소음성 난청을 진단받아 산재신청을 하면 이 또한 소멸시효를 이유로 기각했다. 이러한 공단의 해석이 대법원에서 위법으로 판단됐다. 대법원은 "소음성 난청은 소음으로부터 벗어난다고 해서 치료되지 않고 단지 악화를 방지할 뿐이며, 현재의 의료 수준으로는 치료할 방법이 없으므로 치료 효과를 더 이상 기대할 수 없는 이 사건 상병의 증상이 있음을 확진받은 시점에 그 증상이 고정된 상태에 이르렀다고 볼 수 있고, 이는 법규성이 있는 법령의 규정에 따른 치유 시점이라 할 것"이라고 판시했다(대법원 2014. 09. 04. 선고 2014두7374 판결).

고용노동부와 공단은 2016년 1월 〈소음성 난청 업무처리 기준〉을 통해 기존 행정해석을 변경했다. 소음성 난청 진단일의 의미를 '보험급여 지급 대상이 된다고 확인될 당시에 발급된 진단서나 소견서 발급일'

로 바꿨다. 그러나 여전히 남아 있는 문제는 공단이 〈산재보험법〉 시행령 '별표3'의 기준을 위법하게 해석해 적용한다는 점이다. 즉 "연속으로 85dB(A) 이상의 소음에 3년 이상 노출돼 한 귀의 청력손실이 40dB 이상"의 의미를 "반드시 85dB의 작업환경측정 결과가 3년 이상 객관적으로 나타나는 경우"로 본다는 것이다. 가령 84dB에 10년, 아니 20년 동안 노출되더라도 산재로 인정하지 않는다는 것이 공단의 태도다. 시행령의 의미는 하나의 예시 기준일 뿐이며, 이에 적용되지 않으면 개별적인 사건이 법률상 상당인과관계에 부합하는지 여부를 따져야 한다. 이는 〈산재보험법〉의 기본 법리다.

소음성 난청을 유발하는 위험 요인은 소음 측정치도 중요하지만 노출된 기간이 더 중요하다. 게다가 75~80dB의 소음이더라도 장기간 노출되면 청력손실을 일으킬 수 있다는 점은 교과서에도 있는 상식이다. 오래전 노동부도 "소음성 난청은 일반적으로 만성적으로 발생되므로 허용 기준치가 절대적 기준이라고 볼 수는 없다(재보 01254-1720, 1990. 02. 06.)"라고 밝혔다. 여러 차례 법적 구속력이 없는 시행규칙과 행정해석으로 십수 년 동안 난청 노동자를 사지로 내쫓은 공단과 노동부다. 위법한 해석을 바로잡지도 않은 채 '일하는 사람들의 희망버팀목'이라며 공단의 가치를 홍보하지 않았으면 좋겠다. (2016. 02. 01.)

노동자 A는 작은 건물의 경비원으로 인근 식당에서 매일 점심을 먹었다. 최근 식당에서 점심을 먹고 나오다가 문턱에 걸려 넘어져서 무릎을 크게 다치는 재해를 입었다. 노동자 B는 지역의 은행에 근무 중으로 사업장에서 교대로 점심식사를 하도록 했다. B는 은행을 이용하는 우수 고객의 식당에 가서 점심을 먹은 뒤 사업장으로 복귀하던 중 계단에서 넘어지는 사고를 당했다. 구내식당이 없고, 매월 일정액을 사업장으로부터 식사대로 받았기에 A와 B는 산업재해가 승인되리라 기대했지만, 현실은 그 반대였다.

휴게시간 중 재해는 크게 사업장 밖에서 발생한 재해와 사업장 안에서 발생한 재해로 구분할 수 있다. 2007년 개정 전 〈산재보험법〉 시행규칙에서는 사업장 내 재해만 규정한다. 이전의 〈산재보험법〉 시행규칙 제35조의2는 "〈근로기준법〉 제53조에 의해 사업주가 근로자에게 제공한 휴게시간 중 사업장 내에서 사회통념상 휴게시간 중에 할 수 있다고 인정되는 행위로 인해 발생한 사고로 사상한 경우 이를 업무상재해로 본다"라고 규정했다. 그런데 2007년 12월 14일 〈산재보험법〉 전면개정으로 제37조1항1호마목에 "휴게시간 중 사업주의 지배관리하에 있다고 볼 수 있는 행위로 발생한 사고"가 들어갔다.

휴게시간이 근로시간과 가장 다른 점은 노동자가 자유롭게 이용할 수 있다는 것이다(〈근기법〉 제54조 2항). 즉 사업주의 직접적이고 명시적인 지배관리를 벗어난 행위라는 것이다. 만약 휴게시간이 사업주의 지배관리를 받는다면 이는 '근로시간'으로 간주될 수 있다. 대법원도 "휴게시간으로서 근로자에게 자유로운 이용이 보장된 것이 아니고 실질적으로 사용자의 지휘·감독하에 놓여 있는 시간이라면 이를 당연히 근로시간에 포함시켜야 한다"라고 판결했다(대법원 1993. 05. 27. 선고 1992나 24509 판결). 그렇다면 〈산재보험법〉에 "휴게시간 중 사업주의 지배관리하에 있다고 볼 수 있는 행위로 발생한 사고"로 업무상재해를 규정한 것은 휴게시간 개념과 배치되는 것으로 볼 여지도 있다. 또한 근로복지공단의 해석처럼 휴게시간 중 재해를 엄격하게 규정하는 개념으로 해석할 수도 있다. 2016년 6월 공단은 질의회시(요양부-3274, 2016. 06. 28.)에서 "사업주가 점심시간을 자유롭게 이용하도록 한 상태에서 사업장 외부에서 발생된 사고는 사업주 지배관리하에 있다고 할 수 없어 업무상재해에 해당하지 않는다"라고 밝혔다.

2007년 〈산재보험법〉 개정 이전에 이미 법원은 사업장 밖에서 휴게시간 중 발생한 재해에 대해 일정 기준을 제시했다. 대법원은 "점심시간 중에 발생한 재해는 그동안 회사에서 행해지던 통상·정형·관례적 방법에 따라 점심시간을 이용하던 중에 발생한 경우 업무와 인과관계를 인정할 수 있지, 우발·비정형적이고 특별한 방법에 따라 이용하던 중에 발생한 재해의 경우 사업주의 지배관리하에 있었다고 할 수 없어 업무와의 인과관계를 인정하기 어렵다"라고 판시했다. 이에 따라 노동자가 특별히 임의적 외출로 자택에서 점심식사를 하다가 재해를 당한 경우는 업무상재해로 인정하지 않았다(대법원 2003. 10. 10. 선고 2003두7385 판결). 반면 구내식당이 없는 사업장에 근무하던 노동자가 사업주의 허락을 받아 평소와 같이 점심식사 시간에 자택에서 점심식사를 한 후 바로 사업장으로 복귀하던 중 일어난 재해는 업무상재해로 인정됐다(대법원 2004. 12. 24. 선고 2004두6549 판결).

　　이후 법원은 휴게시간 중 외부 식당을 이용한 뒤 발생한 재해에 대해서는 위 법리를 기초로 "식당이 없거나 이용할 수 없어 자택 등에서 식사하고 오던 중 발생한 사고는 업무상재해"라고 판단한다(전주지법 2011. 04. 19. 선고 2010구합2934 판결, 대법원 확정). 휴게시간 중 식사를 하거나 복귀하는 행위는 업무의 준비행위 내지는 정리행위, 사회통념상 그에 수반되는 것으로 인정되는 생리적 행위 또는 합리·필요적 행위다(대법원 1999. 04. 09. 선고 99두189 판결). 〈산재보험법〉 제37조1항1호마목은 휴게시간 중 재해에 대한 예시 규정이며, 명시적 지배관리하에 있지 않더라도 업무와 상당인과관계가 있을 경우 업무상재해를 인정해야 한다는 취지다. 출퇴근 재해보다 엄격한 구속력을 지닌 "(통상·정형·관례적으로) 사업장 밖에서 식사를 하고 복귀하는 행위"는 당연히 업무에 해당한다. 결국 공단의 처분은 구내식당이 있는 노동자만 보호할 뿐이며 그만한 시설조차 없어 이용하지 못하는 중소·영세·비정규 노동자를 보호하지 못한다.　　　　　　　　　　　　　　　　　　　　　　　(2016. 10. 13.)

노동자 A는 산업재해 사고 후 병원에 내원해 치료받은 후 귀가하려다 경사가 심한 병원 주차장에서 휠체어가 넘어지는 바람에 부상당했다. 노동자 B는 산재사고 후 치료를 위해 목발을 짚고 가던 중 병원 앞에서 넘어졌다. 노동자 C는 뇌경색으로 자택에서 요양하다 상병 후유증으로 넘어지는 사고를 당했다.

통상적으로 최초 사고 이후 발생되는 산재 유형은 사고 당시부터 내재된 상병과 사고 이후 추가적인 재해로 인해 발생된 상병으로 구분될 수 있다. 전자의 경우 재해 당시 제대로 된 검사를 시행하지 않았거나, 추후 통증 등으로 인해 검사를 하다 새롭게 상병을 발견하는 유형이다. 〈산재보험법〉 제49조(추가상병 요양급여의 신청)에 신청 가능한 경우가 규정돼 있다. 이런 경우 요양급여를 받으려면 추가 질병이 최초 사고로 인해 발생해야 하고, 정확한 검사를 통해 확진받아야 한다.

그리고 사고 이후 추가 재해로 인해 발생된 상병의 경우 요양 중 자살을 제외하고는 위 사례와 같이 '요양 중 사고'(〈산재보험법〉 시행령 제32조)라고 할 수 있다. 〈산재보험법〉 시행령 제32조는 업무상부상 또는 질병으로 요양하는 근로자에게 발생하는 '요양급여와 관련해 발생한 의료사고, 요양 중인 산재보험 의료기관(산재보험 의료기관이 아닌 의료기관에서 응급진료 등을 받는 경우 그 의료기관) 내에서 업무상 부상 또는 질병의 요양과 관련해 발생한 사고'를 업무상사고로 규정한다. 이와 관련해 근로복지공단은 의학적으로는 요양 승인 상병일 것, 장소적으로는 요양하도록 승인돼 있는 지정 의료기관 내(응급을 요하는 경우는 해당 의료기관)일 것, 행위 상으로는 요양과 관련돼 있을 것, 모두를 충족하는 경우 산재를 승인하도록 지도한다.

따라서 현행 공단 해석으로 보면 A·B·C 사례는 모두 요양신청이 불승인될 수밖에 없다. 〈산재보험법〉 시행령 제32조 2호에서 '의료기관 내에서 업무상부상'이라고 명시했는데도 불구하고, A 경우 공단은 요양과 관련한 행위로 평가받지 못한다. 의료기관에서의 치료 행위 이후 본인의 고의·자해행위가 아닌 일반 사고의 경우 요양 중 사고로 포함해 보호해야 한다. 또한 통원 행위는 치료를 위해 필수적이다. 단순히 의료기관 내가 아니라고 해서 이를 배척하는 것은 요양 범위를 축소하는 해석이다. 재해자는 공단이 결정한 통원치료 처분에 사실상 구속될 수밖에 없다. 사례는 다르지만 출퇴근 재해를 부정하는 법률 조항도 헌법재판소에서 불합치 결정이 된 상황과 논리를 고려하면 요양을 위한 통원 행위 중 사고는 사회보험 원리상 보호돼야 한다. 2008년 〈산재보험법〉 전면개정 이전 옛 시행규칙 제38조 3항은 업무상재해를 "당해 요양 중에 있는 근로자가 요양과 관련한 행위 중에 발생한 사고로 인해 사상한 경우"로 규정했고, 당시에는 오히려 통원 행위는 포함되는 것으로 볼 수 있었다.

C 사례도 재해자가 재가요양이 아닌 입원요양인 경우 요양 중 사고로 승인된다. 재가요양과 입원요양의 차이는 치료법에 있을 뿐이다. 그런데 재가요양과 입원요양이냐는 모두 공단의 결정에 따라 이뤄진다. 재가요양 중 사고도 공단의 결정 처분으로 인해 위험이 현실화된

것일 뿐이다. 재가요양 중 당한 사고도 최초 승인된 상병으로 인해 발생된 경우 재해와 상당인과관계가 있는 것으로 해석하는 게 타당하다.

2016년 1월 대전고등법원은 "추가상병을 요양 중 사고로 한정해 축소해석하는 것은 관련 규정의 체제 및 취지 등에 비춰 받아들이기 어려우므로, 피고의 주장은 더 나아가 살펴볼 필요도 이유 없다"라며 "요양 중 발생한 사고로 인한 상병도 최초 재해와 인과관계가 인정되거나 승인 상병의 요양 중 발생한 사고인 경우까지 확대해야 한다"라고 판시했다(대전고법 2016. 01. 21. 선고 2015누11927 판결, 대법원 심리불속행 기각). 결국 〈산재보험법〉과 법 시행령 취지에 비춰볼 때 시행령에서 규정하는 2가지 경우 반드시 업무상재해로 인정해야 하며, 이 밖에 '요양과 관련해 상당인과관계가 있는 사고'의 경우도 업무상재해로 봐야 한다. 공단의 가장 큰 문제점은 시행령의 예시적 기준을 간과하는 법률 해석이다. 공단은 요양 중 사고가 나면 현행보다 폭넓게 인정하는 지침을 수립해서 즉시 시행해야 한다.   [2017.08.01.]

출퇴근재해 지침의 문제와 과제

2018년 시행된 개정 〈산재보험법〉의 가장 큰 변화는 통상적인 출퇴근재해 도입이다. 〈산재보험법〉 개정은 2016년 9월 29일 헌법재판소의 헌법불합치 결정(2014헌바254)에 따른 것이다. 국제노동기구(ILO)는 1964년 121호 협약 〈업무상상해 급부협약〉에서 이미 출퇴근사고를 업무상재해와 동일시하거나 적어도 동일하게 취급하도록 권고했고, 한국을 제외한 회원국 3분의 2 이상이 비준했다. 프랑스가 1946년, 일본이 1973년에 통근재해를 도입해 노동자를 보호한 사실을 보더라도 우리나라 출퇴근재해 인정은 너무 늦었다.

〈산재보험법〉은 제5조와 제37조가 바뀌었다. 〈산재보험법〉 제5조 제8호에는 "출퇴근이란 취업과 관련해 주거와 취업장소 사이의 이동 또는 한 취업장소에서 다른 취업장소로의 이동을 말한다"라는 규정이 신설됐다. 제37조제1항3호 나항에는 "그 밖에 통상적인 경로와 방법으로 출퇴근하는 중 발생한 사고"라고 명시해 기존 '사업주의 지배·관리 하의 출퇴근재해'와 달리 '통상적 출퇴근재해'를 도입했다. 일단 법령상 통근재해 개념은 〈공무원연금법〉과 거의 동일하다. 다만 정의 규정이 다르고, 입법 방법은 일본의 노재보험법과 비슷하다. 즉 통상적 출퇴근재해 규정을 도입하고, 경로의 일탈·중단이 있는 경우 이를 배제하되 예외적인 경우 적용하는 방식이다. 그러나 입법 방법에서는 출퇴근재해를 업무상재해와 별도로 구분하는 이원론적인 방법이 아니라 업무상 재해로 포함해 적용하는 일원론적 방법을 취했다.

〈산재보험법〉과 시행령이 개정되면서 근로복지공단은 〈출퇴근재해 업무처리지침〉(2017. 12. 28. 2016-48호)을 제정해 운영한다. 공단은 지침에서 '주거의 개념, 취업관련성 및 취업장소, 통상적인 경로 및 방법, 출퇴근 경로 일탈 및 중단' 항목으로 업무처리 기준을 구분해 설명한다.

일단 지침상 취업 관련성 부문에서 '2시간 원칙'이 명시됐다. 업무종료 뒤 업무 외 사유로 사업장 내에서 상당한 시간을 초과해 머문 뒤 퇴근하는 경우 취업관련성이 없는 경우로 해석하는데, 상당한 시간을 2시간으로 본 것이다. 현행 지침에서는 '2시간을 초과한 경우라도 업무관련성을 입증하는 경우'에는 통근재해로 본다. 독일법 해석원칙을 따른 것으로, 반드시 2시간 원칙이 우리 법률상 당연히 인정해야 할 기준이라고 할 수 없다. 퇴근 의사가 명확한 이상 사업장에 머문 수량적 시간만으로 취업관련성을 부정해서는 안 된다.

둘째, 일탈·중단 시 보호 대상을 '경로상 사고'에 한정하는 문제다. 지침은 경로 일탈·중단 중 사고는 보호받을 수 없고, 반드시 '이동 중인 재해'만 보호한다고 규정했다. 그러나 이런 해석은 일본 법령 해석일 뿐이다. 일본 법령이 일탈·중단 중 사고를 업무상재해에서 배제하기 때문이다.

공단 해석이 이원론에 기초한 일본 법령 해석과 같아야 할 이유는 없다. 오히려 현행 법령은 출퇴근을 '이동'이라고 규정하고, 통상적인 경로와 방법으로 출퇴근하던 중 발생한 사고에 대해서는 '일탈·중단이 있는 경우 출퇴근재해로 보지 않지만, 일상생활에 필요한 행위로서 대통령령이 정하는 사유가 있으면 출퇴근재해'로 본다고 규정한다. 이동 중에 일탈 중단의 예외 '행위'에 대해서도 입법론적으로 보호되는 것으로 해석할 수 있다. 법령 해석뿐 아니라 일원론에 기초해 출퇴근재해 관련법을 만든 프랑스는 '일상생활에 필요한 행위' 자체를 보호한다.

셋째, 휴게시간 중 재해와 요양 중 사고 규정이 불합리하다. ILO

협약에서 예정했던 통근재해는 주거와 취업장소로 이동 중 재해뿐 아니라 통상의 식사장소와 취업장소 이동 중 사고도 포함한다. 공단은 〈업무상재해 판단 관련 업무지시〉(요양팀-1939, 2009년 3월 23일)를 통해 점심시간에 사업장 외부 식당을 이용하다가 발생한 사고는 업무상재해에 포함하지 않는다. 취업관련성이 좀 더 강한 휴게시간 중 재해를 부정할 아무런 이유가 없다. 또한 요양기간 중 주거지와 의료기관을 이동하다 발생한 사고나 의료기관 내에서 발생한 사고도 보호해야 마땅하다. 출퇴근재해 지침을 마련하면서 휴게시간과 요양 중 재해 관련 사고 지침을 변경하지 않은 이유를 알 수 없다.

넷째, 예외 인정 범위를 소극적으로 해석·예시한다. 가령 지침상 요양 중 병원에 계신 부모님을 방문하는 것은 '돌보는 행위'로 포함되지 않는다. 지침은 〈산재보호법〉 시행령 제35조(출퇴근 중의 사고)에서 '일상생활에 필요한 행위로서 대통령령으로 정하는 사유'를 일탈·중단의 적용 예외로 해당 행위를 열거한다. 1호는 일상생활에 필요한 용품을 구입하는 행위, 2호는 직업능력 교육이나 훈련받는 행위, 3호는 투표권 행사, 4호는 아동 또는 장애인을 기관에 데려다주거나 데려오는 행위, 5호는 의료기관 진료행위, 6호는 요양 중 가족을 돌보는 행위, 7호는 1~6호 행위 중 고용노동부 장관이 인정하는 행위로 규정했다. 7호를 기반으로 1호부터 6호를 해석해야 하는 것인지, 각호를 기준으로 보면 예외적 행위 해석이 좁을 수밖에 없다.

그 밖에 행사(회식) 이후 귀가 중 발생한 재해와 통상적인 통근재해와의 구분 및 기준을 명시하지 않은 점, 자동차보험과의 상관관계 및 각 사안 등에서 수령할 수 있는 금액을 세부적으로 설명하지 않은 점, 통근재해에 대한 세부적 조사요령이 누락된 점 등을 보면 향후 입법취지에 맞게 지침을 수정하거나 구체화할 필요성이 있다. (2018.03.05.)

업무상 부상으로 인한 질병 기준 정립해야

업무상 사고는 90% 이상이 산재로 승인된다. 즉 사고 발생 경위가 명백한 경우 승인에 문제가 없다는 이야기다. 그런데 재해 경위가 명백하더라도 산재가 승인되지 않는 경우가 있다. 업무상부상으로 인해 발생한 상병이 '퇴행성 질환'으로 진단될 때다.

노동자 A는 식당 근무 중 바닥 물청소를 하다가 미끄러지면서 무릎이 바닥에 부딪히는 사고를 당했다. 이후 병원에서 '내측 반월상연골판 손상'을 진단받아 산재를 신청했으나 근로복지공단은 '수평파열 소견으로 퇴행성 질병'이라며 불승인 처분했다. 노동자 B는 건설현장에서 추락재해로 '좌측 회전근개 파열'로 산재를 신청했으나 공단은 '급성 손상 시 발견되는 부종, 골좌상 등이 확인되지 않은 퇴행성질환'이라는 이유로 불승인했다. A·B 모두 무릎·어깨 치료 병력이 전혀 없었다.

사고로 인한 재해인데도 불승인되는 다수 사건이 위와 같은 '질병'의 경우다. 불승인되는 가장 큰 이유는 무엇보다 공단이 의학적 판단만

하기 때문이다. 공단 지사는 사고성 재해로 산재신청을 받으면 '재해 경위가 확인되는지 여부'와 '상병이 확인되는지 여부 및 재해로 인한 상병이 발생 가능한지 여부'를 조사·판단한다. 전자의 경우는 담당자가 재해 경위의 사실관계를 조사하는 영역이다. 후자는 지사 자문의사(정형외과 또는 신경외과 등)의 자문을 통한 판단의 영역이다. 재해 경위가 명확하더라도 진단된 상병이 급성 사고로 인한 손상이 아니라 연령 증가에 의한 퇴행성 질병으로 판단되는 경우 재해와의 인과관계를 인정하지 않는다. 즉 의사들은 재해로 인해 급성손상이 아닌 퇴행성 질병은 '의학적 특히 정형외과학적 발생 기전'으로 보지 않는다. 정형외과 의사는 사고로 인한 급성 손상의 질병(주로 S코드로 진단되며, MRI 등 영상에서 부종·좌상·혈흔·신경압박 등이 나타남)은 발생하지만, 퇴행성 질병(주로 M코드로 진단)은 기본적으로 연령 증가에 따른 자연적인 경과로 발생했다고 판단한다.

둘째, 업무상사고로 인한 부상에 대해서는 법리적 판단이 이뤄지지 않는다. 업무와 질병의 인과관계는 의학·자연과학적으로 명백히 입증돼야 하는 것은 아니며, 평소 정상적인 근무가 가능한 기초 질병이나 기존 질병이 직무의 과중 등이 원인이 돼 자연적인 진행 속도 이상으로 급격하게 악화됐을 때 그것이 입증이 된 경우도 포함된다(대법원 2006. 03. 09. 선고 2005두13841 판결, 대법원 2010. 12. 09. 선고 2010두15803 판결). 또한 업무상 부상으로 인한 질병에 대해 대법원은 요양급여의 성격, 즉 치료 효과를 기대할 수 있는 요양이 필요한지 여부로 판단하라고 여러 차례 판결했다(대법원 1999. 12. 10. 선고 99두10360 판결, 대법원 2000. 06. 09. 선고 2000두1607 판결).

산재심사위도 당해 사안의 심각성을 인지하고 개선방안을 모색했지만 시행되지 않았다. 산재심사위는 "퇴행성 증상이 있었더라도 업무에 지장이 없어 본인이 인지하지 못할 정도여서 재해 이전 정상적으로 근무하다가 재해로 인해 특정한 외력이 더해져 수술을 받아야 할 정도로 그 과정이 명백한 경우 외상 기여도, 당해 근로자의 건강과 신체조건, 사고 전 치료 내역, 사고(재해)의 구체적인 진행 과정 등을 종합적으로 고려해 업무상재해 인정의 폭을 전향적으로 확대해나갈 필요가 있다"라고 했다(2015년 2월 11일 '퇴행성을 동반한 업무상재해의 판단').

이 사안에 대해 고용노동부가 구성한 고용노동행정개혁위원회에서도 '업무상부상으로 인한 질병 인정 기준의 정립'을 권고했다. 구체적 내용은 "사업장 내 발생 사고의 경우 업무 외 원인으로 발병한 것이 명백하지 않은 한 업무상재해로 인정할 것, 기존 동일 질환으로 치료 병력이 없는 경우나 사업장 내 발생한 업무수행 중 부상으로 인한 질병의 경우 업무상재해로 인정할 것, 영상 등 의학적 소견상 퇴행성이더라도 동일 질환으로 치료 병력이 없거나 악화된 경우 인정 기준에 포함할 것, 이를 위해 〈산재보험법〉 시행령 제34조 2항을 개정하거나 관련 지침을 제정해 시행할 것"이다.

고용노동부는 고용노동행정개혁위 권고를 수용하겠다고 약속했지만 여전히 이행하지 않고 있다. 산재를 단순히 의학적 발병 기전으로 판단하는 것은 산재보험 원칙에 위배된다. 공단이 업무상부상으로 인한 질병을 의학적 판단에 집착하는 한 산재 불승인과 치료기회 상실, 생활고 증가, 직장 미복귀 등 산재 노동자들의 고통은 계속될 수밖에 없다. (2019.08.16.)

2018년 근로복지공단의 행정소송 사건 중 2,312건이 확정됐는데, 그중 취하·조정 등을 제외하고 공단이 패소한 사건은 344건(패소율 14.3%)이다. 이 중 업무상질병 사건 패소율은 11.8%이지만 소음성 난청 사건은 패소율이 무려 51.4%로 높다. 169건 중 72건이 확정됐고, 37건에서 공단이 패소한 것이다. 재판 중 조정으로 소송을 취하한 14건을 포함하면 51건에서 사실상 패소해 패소율이 무려 71%에 육박한다. 단일 질병 중 이렇게 패소율이 높은 사안은 산재보험 역사상 거의 보기 어렵다.

소음성 난청 사건에서 공단의 위법한 행정이 문제됐던 적은 한두 번이 아니다. 〈산재보험법〉 시행규칙상 "직업성 난청이 유발될 수 있는 장소에서 업무를 하지 않게 됐을 때"를 공단은 일률적으로 85dB 이하 장소(부서)로 해석해 불승인했다. 이후에도 치유시기 해석과 관련해서 공단 지침은 대법원 확정판결(대법원 2014. 09. 04. 선고 2014두7374 판결)을 통해 위법한 것으로 판단했다. 공단은 또한 노동자들이 장애인복지법상 장애인 등록을 위해 진단서를 발급받은 사실만을 근거로 소멸시효가 지났다면서 산재 불승인을 남발했다. 대법원은 이 또한 권리남용의 위법한 처분이라고 판결했다(대법원 2018. 01. 11. 선고 2017두63184 판결).

2010년대 후반에 들어서면서 공단의 패소율이 높은 이유는 사실상 노인성 난청이 복합된 사건에서 불승인 처분을 했기 때문이다. 공단은 작업 시 소음에 노출된 사실이 인정되더라도 연령이 높다는 이유로,

작업 중단 시점이 오래됐다는 이유로 불승인했다. 사실 공단은 노인성 난청이 혼재된 사건에서 일률적으로 불승인 행정 처분을 하는 문제를 알고 있었다. 공단 산재보상국이 주최한 '2017년도 소음성 난청 업무처리 기준 개선을 위한 전문가회의'에서 이미 지적된 사실이기 때문이다. 그럼에도 이에 대한 세부적인 기준을 마련하지 않았고 수년간 불승인 처분을 지속했다.

지속된 소송 패소와 소음성 난청 업무처리 기준(2017년 8월 23일) 등에 대한 비판이 제기되자, 공단은 〈소음성 난청 등 장해급여청구서 처리 시 유의사항 전파〉(2019년 4월 16일) 공문을 통해 60세 미만 또는 퇴직일로부터 10년 이내에 진단될 경우 업무관련성을 인정했다. 다만 만 60세 이상이거나 퇴직일 이후 10년 이후 진단될 경우 만 60세 기준으로 1년에 1dB씩 청력이 손실되는 것으로 계산해서 업무관련성을 판단하도록 지침을 변경했다.

그러나 변경된 공단 지침은 여전히 문제가 있으며, 법원 판결에도 반한다. 첫째, 법원은 다수 사례에서 소음으로 인한 감각신경성 난청이 발생한 경우 노인성 난청이 좀 더 빠르게 진행된다는 점을 판시한다(서울행정법원 2018구단72959 등 다수). 또한 소음 노출이 장기간일 경우 일반적인 연령 수준보다 빠르게 손상된다는 것이 의학적 견해다. 이러한 점을 고려하면 시행령 기준인 "85dB 이상의 연속음에 3년 이상 노출" 사실이 인정될 경우 또는 직업병유소견자로 진단된 경우(D1)에는 소음성 난청으로 인정해야 한다. 둘째, 만 60세 기준으로 1년에 1dB씩 청력이 손실되는 것으로 계산하는 방법은 과학적 근거가 없다. 이는 난청의 정도, 소음노출 기간, 소음강도 등을 종합해서 자연 경과적 진행속도 이상으로 청력손실이 발생했는지 판단해야 할 부분이다(서울행정법원 2018구단 54807 판결 등). 셋째, 공단은 85dB 이하의 소음에 노출된 경우 산재를 인정하지 않는다. 시행령은 산재의 예시적 기준일 뿐이라는 법률 해석의 일반 원칙에 위배될 뿐 아니라 85dB 이하에서도 소음성 난청이 발생할 수 있다는 의학적인 사실에도 반한다. 여러 차례 법원은 "작업장 소음 측정치가 85dB 이하면 난청이 유발되지 않는다거나 이미 발생한 난청이 악화되지 않는다는 것을 의미하지는 않는다"라고 판시했다(서울고등법원 2012. 01. 12. 선고 2011누6792 판결).

치료법이 없어 더욱 괴로운 난청 사건에서 공단은 위법한 행정을 지속해왔다. 공단의 사실상 직무유기 행위가 "업무상의 재해를 신속하고 공정하게 보상한다"(《산재보험법》 제1조)는 산재보험의 목적에 맞는지, 공단 스스로 자문하고 반성해야 한다. [2019.12.16.]

'법령 위반 사고 산재인정 기준'의 문제점

고용노동부는 2019년 8월 8일 〈법령 위반으로 발생한 사고의 업무상 재해 인정 기준〉(이하 '지침')을 신설했다. 이를 바탕으로 근로복지공단은 2019년 10월 1일 자로 세부 기준을 마련했다. 고용노동부는 지침을 통해 법령 위반으로 발생한 사고의 실무처리 과정에서 '범죄행위'에 해당하는지에 대해서 상이하게 판단하는 사례가 발생해 효율적인 업무처리 판단지침을 마련했다고 밝히고 있다. 지침은 범죄행위에 대해 고의·중과실·경과실로 구분해 판단하면서 법령 위반으로 발생한 사고는 업무상재해로 불승인하되, 불가피한 사유가 있음을 당사자가 입증한 경우 업무상재해로 승인한다고 한다. 이를 각 〈도로교통법〉 위반, 폭행행위 사고, 경범죄 처벌법 위반행위 등으로 구분한다.

지침의 가장 큰 문제는 중과실 제도를 〈산재보험법〉에 전면적으로 도입한다는 점이다. 〈산재보험법〉은 〈국민건강보험법〉·〈공무원연금법〉과 달리 중과실 제도를 두고 있지 않다. 즉 지침에서 근거로 삼는 〈국민건강보험법〉 제53조(급여의 제한), 〈공무원연금법〉 제63조(고의 또는 중과실 등에 의한 급여의 제한)는 각 법령 규정을 두지만, 〈산재보험법〉은 중과실 관련 조항이 없다.

〈산재보험법〉 제37조 2항은 "근로자의 고의·자해행위나 범죄행위 또는 그것이 원인이 돼 발생한 부상·질병·장해 또는 사망은 업무상의 재해로 보지 않는다"라고 규정한다. 〈산재보험법〉 제37조 2항은 '업무상 재해 인정 기준' 조항이며, 〈국민건강보험법〉(제53조)·〈공무원연금법〉(제63조)은 '급여 제한' 조항이다. 인정 기준과 급여 제한 규정은 그 취지가 전혀 다르다. 또한 〈공무원연금법〉 제63조 3항의 중과실에 해당하더라도 사실상 급여의 반액이 지급되는 현실을 볼 때도 고용노동부 지침으로 산재보험급여를 전면 수급하지 못하도록 제한하는 것은 부당하다.

둘째, 지침은 〈도로교통법〉 위반행위 사고 중 교통사고처리 〈특례

법〈교통사고처리법〉 제3조 2항의 12대 중과실 행위로 발생한 사고의 경우 업무상재해에서 배제한다. 다만 12대 위반행위에 해당하더라도 사고 발생 회피 등 불가피한 사정이 있을 경우를 증명한 경우를 예외로 두지만, 이를 입증하는 것은 사실상 어렵다.

〈교통사고처리법〉 제3조 2항의 12대 수칙 위반행위는 공소의 제기를 위한 규정으로서, 〈산재보험법〉에서 규정하지 않은 '중과실 행위'로 단정하기 어렵다. 법원은 "근로자의 범죄행위가 원인이 돼 사망 등이 발생한 경우라 함은 근로자의 범죄행위가 사망 등의 직접 원인이 되는 경우를 의미하는 것이지, 간접적이거나 부수적인 원인이 되는 경우까지 포함된다고 볼 수는 없다"(대법원 2017. 04. 27. 선고 2016두55919 판결)거나 "법률에 특별한 규정이 없는 한 〈산재보험법〉에 의한 급여지급책임에는 과실책임의 원칙이 적용되지 않는다"(대법원 2010. 08. 19. 선고 2010두4216 판결)라고 판단한다.

대법원은 12대 중과실 행위를 일률적으로 업무상재해에서 배제하지 않았고, 오히려 "음주운전이라 해서 바로 업무수행행위가 부정되는 것은 아닌 데다가 교통사고는 망인의 업무수행을 위한 운전 과정에서 통상 수반되는 위험의 범위 내에 있는 점 등에 비춰 보면 이 사건 교통사고가 통상적인 운전업무 위험성과는 별개로 오로지 망인의 음주운전이 원인이 돼 발생한 것이라고 볼 만한 뚜렷한 자료가 없는 이상 위 망인의 사망은 업무수행 중 그에 기인해 발생한 것으로 봐야 한다"라고 판시한 바 있다(대법원 2001. 07. 27. 선고 2000두5562 판결). 하급심뿐 아니라 실무에서도 12대 중과실 행위를 업무수행 중 사고로 인정해왔다.

결국 12대 수칙 위반행위를 일률적으로 중과실로 여겨사실상 업무상재해에서 배제하는 것은 위법한 해석이다. 당해 행위가 업무에 수반되는 위험 범위 내에 있었는지, 사고의 직접적인 원인으로 볼 수 있는지 여부 등을 종합적으로 고려해야 한다. 특히 고의·자해행위와 동일한 가치로 평가될 수 있는 범죄행위 여부에 관한 신중한 판단이 필요하다. 그렇지 않다면 지침의 예시처럼 8차선 무단횡단 사고는 중과실로, 4차선은 경과실로 보는 기계적 해석의 오류로 귀결될 뿐이다.

셋째, 지침은 폭행행위 등의 사유만으로 바로 업무상재해에 해당하지 않는다고 판단하지 않으나, 업무관련성은 ①회사에서의 업무처리 방식과 관련된 다툼인지 여부 ②폭행 발생 원인 ③폭행장소(회사 내부) ④사적인 원한관계 여부 등을 조사·판단하도록 한다. 4가지 사항 중 회사 내부인지 아닌지는 중요하지 않다. 이미 수많은 판결례에서 이를 제시하는데, 이를 규정하는 이유를 이해하기 어렵다.

출퇴근재해가 도입되기 이전에도 고용노동부는 당시 입법안으로 중과실을 〈산재보험법〉에 명시하려고 시도한 바 있다. 당시에도 많은 반대에 부딪혀 무산됐다. 결국 법이 아닌 행정부 지침으로 중과실 제도를 산재인정 기준으로 정한 것은 〈산재보험법〉 취지를 형해화하고 법령의 제정 권한을 가진 입법부의 영역을 명백히 침해한 것이다.

(2019. 11. 11.)

과실 있는 산재사고, 범죄행위 아니다

산재보험을 운영하고 관장하는 기관은 그 소임을 다하는가. 법령위반 사고를 대하는 고용노동부와 근로복지공단 태도에서 그 일단을 알 수 있다. 2019년 고용노동부와 공단이 〈법령위반으로 발생한 사고의 업무상재해 인정 기준〉(이하 '지침')을 시행한 이후 피해자 과실이 있는 산업재해 사고는 범죄행위로 간주돼 불승인되고 있다.

배달 노동자 A는 전방주시의무 소홀로 정차 중인 차량의 후미를 추돌했다. 노동자 B는 새벽 출근길에 편도 3차로의 도로를 무단횡단하다 사고를 당했다. 노동자 C는 오토바이로 출근했는데 신호를 위반하고 좌회전하던 중 음주운전 차량에 부딪쳤다. 노동자 D는 출장 중 오토바이를 운행해 내리막길을 가던 중 중앙선을 일부 침범해 반대편 차선에서 오던 차량과 부딪쳤다. 모두 공단에서 "범죄행위"로 간주돼 산재가 불승인됐다.

고용노동부와 공단은 〈산재보험법〉이 명시하지 않은 '중과실' 규정을 지침에 도입했다. 법령위반 사고 지침은 입법부의 권한 침해나 다름없다. 실무상 가장 큰 문제점은 2019년 이전과 달리 '신호위반 교통사고'와 '무단횡단 사고'를 범죄행위로 간주하고, 구체적인 경위에 대한 심리 미진 상태에서 불승인을 남발한다는 것이다. 또한 〈산재보험법〉 법리 이해가 부족한 공단 지사 자문변호사의 형식적인 자문을 받거나 지침을 문리적으로 해석·적용하는 경우가 많다. 또한 공단은 교통사고

처리〈교통사고처리법〉제3조 2항의 12대 수칙 위반행위를 일률적으로 중과실 범죄행위로 간주해 불승인한다.〈교통사고처리법〉은 공소제기를 위한 규정이며, 12대 위반행위에 해당하더라도 모두 중과실치상죄에 해당하지는 않는다. 12대 수칙 위반행위에 해당하더라도 경과실인 경우도 존재하며, 이런 행위가 사고발생의 직접적이고 유일한 원인이라고 단정할 수도 없다. 특히 공단은 무단횡단 사고의 산재인정에 엄격하다. 즉 20만 원 이하 벌금이나 구류 또는 과료에 불과한 행위지만(〈도로교통법〉 제157조), 실무상 "12대 중과실 행위"처럼 취급한다. 가해차량이 횡단보도에서 보행자 보호의무를 위반(〈교통사고처리법〉 제3조2항6호)해 무거운 벌금이 선고된 경우도 마찬가지다. 이에 공단은 출퇴근이나 출장 중 무단횡단 사고뿐 아니라 회식 이후 만취상태의 무단횡단 사고를 '범죄행위'로 간주해 산재를 불승인한다.

　〈산재보험법〉 제37조는 "업무와 재해와 상당인과관계"를 규정하며, 2항에서 "근로자의 고의·자해행위나 범죄행위 또는 그것이 원인이 돼 발생한 부상·질병·장해 또는 사망은 업무상의 재해로 보지 않는다"라고 규정한다. 법원은 "〈산재보험법〉에 의한 보험급여는 (중략) 근로자의 과실을 이유로 책임을 부정하거나 책임의 범위를 제한하지 못하는 것이 원칙이므로, 해당 재해가 〈산재보험법〉 제37조 2항에 규정된 근로자의 고의·자해행위나 범죄행위 또는 그것이 원인이 돼 발생한 경우가 아닌 이상 재해 발생에 근로자의 과실이 경합돼 있음을 이유로 업무와 재해 사이의 상당인과관계를 부정함에 있어서는 신중을 기해야 한다"라고 판시한다(대법원 2017. 03. 30. 선고 2016두31272 판결).

또한 법원은 "〈산재보험법〉 제37조 2항에서 규정하는 '근로자의 범죄행위가 원인이 돼 사망 등이 발생한 경우'라 함은, 근로자의 범죄행위가 사망 등의 직접 원인이 되는 경우를 의미하는 것이지, (중략) 간접적이거나 부수적인 원인이 되는 경우까지 포함된다고 볼 수는 없다"라고 판시했다(대법원 2017. 04. 27. 선고 2016두55919 판결). 또한 "범죄행위가 원인이 돼 발생한 사망은 오로지 또는 주로 자기의 범죄행위로 인해 사망한 경우를 말한다고 해석함이 타당하다"라고 했다(서울고법 2019. 01. 16. 선고 2018누53063 판결, 대법원 2019. 05. 30. 선고 2019두33835 판결 참조).

중과실에 의한 수급제한 사유(승인제한 사유)를 법률에 규정하는 공무원재해보상보험이나 〈국민건강보험법〉과 달리 〈산재보험법〉은 고의·자해행위·범죄행위만 제한 사유로 규정한다. 범죄행위로서 업무상 재해 법리의 상당인과관계가 부정되기 위해서는 "고의에 의한 행위이거나 중대한 위법행위"여야 한다. 또한 사고 발생의 '직접적이고 유일한 원인"인 경우로 한정해야 한다. 단순히 〈도로교통법〉 위반이라는 사유로 범죄행위로 단정하고, 상당인과관계를 부정하는 것은 〈산재보험법〉에 위배될 뿐 아니라 산재보험을 형해화하는 것이다.

산재보험은 노동자의 안전과 건강을 위한 최소한의 사회적 안전망을 제공하는 사회보험 제도로 기능해야 한다(대법원 2017. 08. 29. 선고 2015두3867 판결). 추락 사망하는 사고와 단순 〈도로교통법〉 위반 사고가 산재 판단에서 근본적으로 달리 평가돼서는 안 된다. 사고 행위에 과실이 있다고 해서, 일률적으로 "범죄행위"로 간주해 불승인하는 것은 노동자를 두 번 죽이는 것이나 다름없다. 　　　　　　　　　[2020.07.27.]

코로나19로 인한 재택근무 중 갑작스럽게 심장마비가 와서 사망한 경우 산재가 될 수 있을까. 과로사망이 아닌 가족 부재로 인해 응급조치가 시행되지 못해 사망한 경우라면 어떤가. 재택근무 중 목이 말라 인근 편의점에서 물을 사오다가 넘어진 경우는 산재일까. 재택근무 중 고객 상담 전화 급증으로 성대 결절이 발생하면 산재로 인정될 수 있을까. 코로나19으로 인해 재택근무가 일상화된 시점에서 산재인정 기준이 예전과 동일하게 적용될 수 있을까.

2020년 9월 고용노동부는 〈재택근무 종합 매뉴얼〉을 제작해 발표했다. 매뉴얼 '법적 쟁점' 파트에는 '6. 안전보건 및 산재보상'이 있다. 이를 기반으로 근로복지공단은 2020년 12월 30일 '재택근무 중 업무상재해 인정 기준'을 작성해 시행했다. 공단이 시행한 인정 기준의 내용과 문제점을 구체적으로 살펴보고자 한다. 인정 기준은 △추진배경 △관계법령 △검토사항 △고용노동부 재택근무 매뉴얼 및 해외사례 △업무처리요령 △행정사항 △재택근무 재해 인정·불인정 사례로 구분돼 있다. 업무처리요령은 '업무상재해 판단 기본원칙, 업무상재해 세부 판단 기준, 업무상재해 조사요령'으로 구분된다. 기본원칙은 '사업주가 승인하거나 사전에 지정한 재택근무 장소에 한정하고, 그 외 장소에서 발생한 사고는 불인정'하며, '근로계약에 정해진 근무시간 내에 발생한 재해를 인정하고 근무시간 종료 이후에 발생한 사고는 원칙적으로 불인정'

한다. 세부 판단 기준은 '①업무수행 중 재해 ②시설물 결함 또는 관리 소홀로 발생한 재해 ③휴게시간 중 사고 ④사적행위 ⑤생리적 필요행위'로 구분한다.

②의 경우 자택은 근무자의 사적영역으로, 관리책임이 사용자에게 있지 않기에 업무상재해를 기본적으로 부정한다. ③의 경우에도 기본적으로 부정하나, 다만 외부 식당 등으로 이동하거나 식사를 마치고 재택근무 장소로 복귀 중 발생한 사고는 인정한다. 이 또한 공단의 〈휴게시간 중 재해 인정요령〉을 기준으로 판단한다. ④는 사적행위가 원인이 된 경우 불승인하며, 다만 업무수행성이 명백한 경우(업무수행을 위한 컴퓨터 설치 과정 중 사고를 예시하고 있음)에는 승인한다. ⑤의 경우 용변 등 생리적 필요 행위 중 사고(화장실로 들어가다 미끄러져 넘어진 재해)는 인정되나, 사고의 원인이 시설물 하자로 발생한 경우(자택 화장실에서 천장 패널이 떨어져 발생한 사고를 예시)에는 불인정된다. 업무상질병의 경우 〈산재보험법〉 제37조를 동일하게 적용하며, 급성중독 등이 자택 시설물 결함으로 발생하면 불인정된다고 규정한다.

인정 기준의 가장 큰 문제점은 재택근무 장소가 사용자에 의해 지정됐다는 사실을 과소평가한 것이다. 재택근무가 사용자에 의해 강제된 이상 집은 단순히 노동자의 사적영역으로만 평가돼서는 안 된다. 또한 법리 적용의 장소적 개념인 사용자 지배·관리성을 재택근무 시 발생한 재해에도 동일하게 적용하는 것은 무리다. 업무상재해 법리의 기본은 상당인과관계이며, 사용자 지배·관리성은 이를 판단하기 위한 지표에 불과하다. 사용자 지시로 인한 재택근무가 사고의 공동원인으로 평가될 수 있는지 검토가 필요하다. 결국 재택근무라는 기초 발생 원인, 사용자 지시에 의한 근무 장소의 변경, 재해에서 노동자 보호 필요성을 함께 고려해야 한다. 따라서 재택근무 중 시설물 하자로 발생한 재해를 일률적으로 업무상재해에서 배제해서는 안 된다. 시설물 하자가 발생한 장소가 노동자의 소유더라도, 근무 장소가 사용자에 의해 지정된 이상 사용자의 관리 책임도 인정돼야 한다. 즉 재택근무 중 노동자의 고의로 발생한 시설물 하자가 아닌 이상 업무상재해로 포함해야 한다. 공단이 불인정 사례로 제시한 "자택 전기누전으로 화재가 발생해 재택근무 중 연기흡입으로 인한 재해"는 업무상재해로 보호할 필요가 있다.

공단의 인정 기준은 휴게시간 중 재해 법리를 오인한다. 공단은 "휴게시간 중 담배를 피우기 위해 주택 마당(담장 안쪽)으로 나가다 넘어진 사고"는 인정 사례로 제시하나 "생필품을 사기 위해 집 근처 마트에 다녀오다 넘어진 사고, 자택 인근 공터에서 담배를 피우기 위해 걸어가다 발목을 삐끗한 사고"는 불인정 사례로 제시한다. 휴게시간 중 재해는 기본적으로 사용자의 지배·관리성이 없다. 다만 통상·정형·관례적 방법 중 사고는 업무상재해로 판단돼야 한다(대법원 2003. 10. 10. 선고 2003두7385 판결). 따라서 생필품 구입과 흡연이 재택근무 중 휴게시간의 통상·관행적 행위로 평가될 경우 업무상재해로 판단돼야 한다.

이번 인정 기준이 아니더라도 공단은 사용자 지배·관리성 징표와 법문의 문리적 해석에 집착한 행정을 해왔다. 이는 법원 판결에서 많은 비판을 받아왔다. 공단의 과오가 노동자의 큰 고통으로 귀결된다는 사실을 잊어서는 안 된다.   (2021.08.23.)

산재행정의 문제

공단 산재행정의 문제점을 보기 위해서는 일단 통계를 통해 파악해야 한다. 필자가 인용한 '질판위 심의 현황'과 '산재소송통계'는 공개자료가 아니다. 2010년 질판위 심의 현황과 2020년 심의 현황을 비교하면, 인정율이 44.2%에서 63%로 높아진 것은 사실이다. 2020년에 뇌심질환은 38.2%, 근골은 68.3%, 직업성암은 70.2%, 정신질환은 67.2% 승인되었다. 심의결정에 소요되는 시간은 35.3일이었다. 여전히 위원에 대한 기피신청은 단 한 건도 없었다. 2018년 업무상질병 중 유족사건 공단 패소율은 28.9%, 2021년 8월 기준 22.8%다. 이 중 뇌심 질환의 유족사건 패소율은 각 24%, 15.8%다. 그중 유족사건의 패소율이 더 높은 점을 고려하면, 뇌심질환 사건에서 고용노동부 고시의 기계적인 적용 등 본질적인 문제는 개선되지 않았다. 특히 기간 문제가 되었던 것은 자살사건이었다. 공단의 자살사건 소송 패소율은 2017년 42.9%, 2018년 79%였다. 이후 2019년에 45%, 2021년 8월 기준 16.7%로 낮아졌다. 질판위의 엄격하고 비법리적인 심의 판정과 정신질환 지침에 대한 지속

산재를 말하다

적인 문제제기로 가능했던 것이다. 산재심사위, 산재재심사위의 기능과 존재는 여전히 의심스럽다. 2019년 공단의 소송상황분석보고서를 보면, 전심 경유 사건의 공단 패소율이 미경유사건보다 4.4% 더 높은 15.1%다. 10년 전에 비해 달라진 것이 거의 없다. 2020년 공단의 소송상황분석보고서를 보면, 공단의 패소율은 13.1%다. 그러나 소송 중 공단이 원처분 변경, 즉 산재인정으로 소취하 사건 386건을 반영하면, 공단의 실질 패소율은 33.4%로 매우 높다.

공단의 소송남용도 문제였다. 2013년 12월, 2015년 6월 두 차례 이 문제에 대해 제기했다. 지적되었던 행정소송에서 소송수행자들이 받는 포상금 제도는 사라졌다. 다만 민사소송에서는 여전히 받고 있다. 이전보다 항소나 상고를 제기하는 비중은 낮아졌다. 그러나 조정 등으로 취하되는 사건의 비중은 여전히 높다. 2020년 보험급여 행정소송 사건 중 확정된 사건은 1,769건이며, 이 중 883건이 소송 중 취하되었다. 원고(노동자)승소 취지의 조정취하 사건은 패소율에 산입되지 않는다. 여전히 패소율 통계 착시현상이 지속되며, 공단은 불리한 사건에서 조정을 남용한다. 행정소송의 경우 상소 여부는 법무부장관의 지휘를 받아야 한다. 그렇지만 공단의 소송수행자 및 본부의 내부 권한에 따라 조정이 자의적으로 이루지는 면이 있다. 불리한 사건은 취하되고, 유리한 사건은 상소가 남용된다. 공단은 오랜 기간 행정소송을 통해 패소하더라도 실질적 책임을 지지 않았다. 소송 패소사건에 대해서는 지연이 자제도를 도입해 실질적 보상을 해야 한다.

공단의 높은 패소율과 여러 문제점은 내부 지침에서 비롯된다. 앞서 지적한 바와 같이 공단은 지침대로 움직인다. 판례 법리가 우선 적용되지 않는다. 법원 판례와 상이한 산재인정 기준이 많았다. 통상적으로 대법원에서 패소가 확정될 때까지 지침을 변경하지 않는다. 하급심에서 많은 판결이 축적되더라도 무시하는 경우가 많다. 지침·지시·전파·요령 등 각종 내부 기준은 2018년까지 거의 공개되지 않았다. 필자는 고용노동행정개혁위원회 위원으로서 이 문제를 꼭 개선해보고 싶었다. 권고안으로 "가. 업무지침, 산재인정 기준, 보험급여와 관련된 내용의 정립 등의 제·개정 시 (법률)자문을 실시할 경우 ①공정하게 POOL을 구성하고, ②누가, 언제, 어떻게 참여했는지 공개하며, ③자문내용을 공개할 것이냐. 업무지침 및 법률자문의 내용은 홈페이지에 공개할 것"을 작성해서 제출했다. 이후 공단은 내부 지침을 홈페이지에 공개한다. 그러나 여전히 내부적 판단으로 전체를 모두 공개하지는 않다. 또한 본부에서 지사에 전파하는 질의회시는 공개하지 않는다. 이러한 지침과 지시 등이 더 투명한 과정을 통해 법리적 타당성에 기반을 두고 만들어질 필요가 있다.

공단의 내부 지침과 법원 판례와의 불일치에 대해서는 '산재인정 기준의 문제'로 지속해서 지적해왔다. 그 외 중요한 문제로 지적한 것은 다음과 같다. 첫째, 상병 불일치 문제다. 즉 공단은 진단 오류(상병 미확인, 상병 불일치, 과잉진단 등)가 있으면 산재를 불승인한다. 상병의 진단은 의사에 의한 고도의 의학적 판단사항이다. 노동자의 책임으로 전가해서는 안 된다. 여전히 공단은 이 문제에 대해 손 놓고 있다. 병원과 의사에 대한 책임을 묻지 않고 있다. 고스란히 노동자들의 막대한 피해로 귀결되

산재를 말하다

고 있다. 둘째, 추가상병의 심의판정 문제다. 공단은 광부·조선업·제조업 노동자의 근골질환 추가상병 사건에서 불승인을 남발한다. 또한 요양 중 자살사건도 마찬가지다. 두 사안 모두 자문의사회의를 거쳐 의학적 기준에서 판단한다. 업무상재해의 기본 법리를 무시하고, 자의적 절차에 의한 판정을 지속한다. 요양업무처리규정상의 추가상병의 요건에도 부합하지 않는다. 셋째, 기기고정술에 따른 신체훼손에 대한 자의적 장해평가의 문제다. 이 사안은 칼럼에서 지적한 바와 같이 공단의 자의적 판단의 대표적 사례다.

가장 문제로 삼은 것은 공단의 실무행정이었다. 여섯 번의 칼럼을 통해 지적했고, 〈강순희 이사장에게 묻습니다〉이라는 글을 쓴 적도 있다. 일부 사안은 개선됐지만 여전히 노동자를 괴롭히는 요인이다. 공단의 산재보상업무 행정의 목적은 〈산재보험법〉 제1조에서 규정하는 '신속성'과 '공정성'이어야 한다. 그러나 현실은 다르다. 공단의 인력은 늘었지만 산재처리기간은 더욱 늘어졌다. 2021년 2월 〈산재보험법〉 시행규칙 개정을 통해 근골격계질환 특별진찰 시 업무관련성이 "매우 높음"으로 평가되는 사안과 직업성 암 사건에서 역학조사평가위원회에서 "높음"으로 평가되는 사안은 질판위 심의를 거치지 않도록 변경되었다. 그러나 여전히 업무상질병 심의판정 기간은 6개월이었다. 이 문제 해결을 위해 2021년에 금속노조는 근로복지공단 및 고용노동부 앞에서 107일간 항의 농성을 했다. 그 과정에서 경총의 반발도 거셌다. 경총 임우택 본부장이 2021년 5월 27일에 《헤럴드경제》에 기고했던 글에 반론하고자 기고를 작성해서 2021년 6월 1일 《프레시안》에 실었다.

금속노조와 고용노동부의 합의에 대해 기재부가 예산, 인력 등을 배정하지 않아 해결이 요원해졌다.

실무상 산재보험 소견서가 진단서나 소견서로 대체 가능하고, 고용·산재보험 토탈 서비스로 산재신청이 가능하다. 질판위 위원별 심의 의견을 정보공개청구로 받아볼 수도 있다. 그러나 공단과 질판위의 잦은 비통지, 장해급여 특진제도, 사업주의 질판위 진술 허용, 사업주의견서 및 문답서 일부 비공개, 조사과정의 투명성 부족, 문답서 위주의 형식적 산재조사, 산재승인 이후 적극적 행정의 부재, 승인 이후 재해자 직접 비용청구 부담, 정보공개의 범위 등 여러 문제는 여전하다. 공단이 재해 노동자 중심의 보상처리시스템을 갖추었다고 볼 수 없다.

이런 공단 문제의 원인은 시스템 때문이 아니다. 실무부서인 산재보상국 담당자들, 급여재활이사의 인식과 마인드가 문제다. 2016년 5월 금속노조는 최선길 서울질판위 위원장의 불공정성과 독단적 운영에 항의해서 농성을 한 바 있다. 이에 필자는 2016년 11월 8일 이 문제의 심각성을 지적한 글을 기고했고, 그날 최선길 위원장은 사퇴했다. 2021년 5월 3일 강순희 공단 이사장은 《헤럴드경제》와의 인터뷰에서 노동자들 무문별하게 산재신청하는 것이 처리가 지연되는 이유라고 했다. 그러나 가장 큰 문제는 역시 사람이었다. 바로 공단 이사장 말이다.

산재를 말하다

고용노동부의 산업재해 현황 분석표를 보면 2008년에 9만 5,806의 피해자건, 사망자 2,422건, 2009년에 9만 7,821의 피해자건, 사망자 2,181건으로 나타나 있다. 이와 달리 실무 주관부서인 근로복지공단의 현황 통계를 보면, 현행 산재보험제도의 문제를 파악할 수 있다. 근로복지공단(보험급여국 요양부)에서 작성한 〈2010년 질판위 심의 현황 분석〉 (2011년 2월) 자료를 보면 판정 현황 관련 7가지 통계, 심의회의 관련 4가지 통계를 보여주는데, 이를 분석해보는 것은 대단히 큰 의미가 있다.

일단 〈판정 현황의 연도별 사고 및 질병요양결정 현황〉을 보면, 2010년 전체 산재신청에 대한 요양신청건이 10만 7,954건으로 이 중 사고가 9만 4,786건, 질병이 1만 3,168건이다. 질병 불승인율은 55.8%이다. 사람들이 주목하지 못하는 건은 바로 '사고성재해의 불승인율'이다. 2007년 4.1%, 2008년 4.6%, 2009년 4.7%, 2010년은 무려 5.4%다. 이는 2007년 신청이 2010년과 비슷함에도 1.3%p의 차이를 난다는 점에서, 개정된 〈산재보험법〉하에서 사고성재해의 불승인율이 상당히 높아지고 있음을 의미한다. 따라서 어떤 사안들이 어떤 요건하에서 불승인되는지에 대한 분석이 필요하다.

둘째, 잘 알려진 바와 같이 질판위 판정의 전체 불승인율은 2010년에 63.9%로 그중 뇌심혈관계질환은 85.3%, 근골격계질환은 52.3%, 정신질환은 84.2%였다. 법 개정 이전인 2007년에는 각각 59.8%,

44.7%, 69.5%임을 볼 때 적지 않은 차이가 난다. 결국 질판위 자체의 문제 이전에 개정된 〈산재보험법〉의 인정 기준이 과도하게 엄격해졌음을 의미하는 것으로, 질판위 개선보다 〈산재보험법〉의 인정 기준 개선이 우선시해야 할 과제임을 보여준다.

셋째, 〈판정위별 심의 현황〉을 보면, 서울질판위가 70.9%, 광주질판위가 57.5%로 13.4%p의 차이가 난다. 즉 지역별 질판위의 구체적 심의 및 인정 기준이 상이하고 그 차이가 심해 인정 기준의 통일성이 떨어진다. 물론 서울질판위의 경우 뇌심혈관계질환이 상대적으로 많은 비중을 차지한 결과이지만, 거의 동일한 수준인 경인질판위의 경우 63.8%를 보이기에 공단 해명의 설득력이 떨어진다. 질판위별 일관적인 기준 설정 및 판정위원들의 자질향상을 위한 교육 등이 필요하다는 것을 알 수 있다.

넷째, 공단의 자랑이라고 할 수 있는 낮은 행정소송패소율의 원인도 발견할 수 있다. 〈판정위 심의건에 대한 이의제기 및 취소율 현황〉을 보면, 심의건(1만 379건)에 대한 심사청구 및 재심사청구 비율이 17.3%에 불과하다. 이를 미뤄 보면 실제 행정소송에 들어가는 건수는 2~3%에 그친다고 추측할 수 있다. 결국 공단의 패소율이 낮은 이유는 공단의 주장인 적법한 인정 기준 설정이 아닌 낮은 이의제기율에 있다고 보는 게 합리적이다. 공단의 불승인 처분 이후 행정심판제도 이용의 편리성을 구축하고, 구체적인 행정소송 또는 법률구조공단을 통한 방법 등을 고지하는 제도 도입이 필요함을 시사한다.

다섯째, 〈위원기피 및 의견진술 신청 현황〉을 보면 2010년 기피건은 전체 질판위를 통틀어 단 한 건도 없다. 기피제도가 아무런 의미가 없음을 뜻한다. 이는 공단이 '홈페이지에 전체 명단을 공개했으니 알아서 하시라'는 방관적 태도를 보인다는 점에 기인한다. 하지만 실제로 홈페이지에 들어가도 찾기가 어렵다. 최소한 노동위원회처럼 위원 명단을 사전에 공개하는 것이 왜 문제인지 도무지 납득하기 어렵다. 심판회의로 사전에 공개되는 노동위원회 위원들은 모두 '회유와 협박을 당한다'고 보는 것일까. 덧붙여 산재재심사위 경우 실제 회의에 참여한 위원 명단을 나중에 기재해 통지해준다.

마지막으로 틀을 벗어난 시각과 방향설정이 필요하지 않을까 싶다. 현재 문제에 집착할 경우 정작 〈산재보험법〉 개혁은 요원한 과제로 묻힐 수 있다. 〈산재보험법〉 개혁은 질판위라는 미시적 과제에 집착하는 것이 아닌 〈산재보험법〉 자체에 새로운 패러다임 도입과 구축을 위해 노력하는 게 더 필요할 것이다. [2011.06.13.]

산재통계로 본 근로복지공단의 문제점

근로복지공단이 분석한 2012년 소송상황을 보면 공단 실무의 문제점이 잘 드러난다. 2012년 전체 행정소송 3,814건 가운데 확정된 사건은 1,547건이다. 1,547건 중 일반적 산재소송인 보험급여(유족급여·요양급여·

장해급여·기타) 사건은 1,451건이며, 공단 패소율은 16.3%다. 소송통계에 따르면 전심(심사위와 재심사위)을 경유한 공단 패소율은 18.1%(171건), 미경유 패소율은 13.3%다. 업무상질병이 통상 재심사위를 경유하는 현실을 볼 때 재심사위 경유 사건의 패소율은 19%로 높다. 즉 업무상재해 행정심판 절차의 두 기관인 심사위와 재심사위가 제대로 된 역할을 하지 못하는 것이다. 두 기관에서 걸러내고 취소해야 할 것을 법원이 대신하는 상황이다. 결국 평균 패소율보다 더 높은 전심 경유 패소율은 두 기관의 존재 의의를 의심케 한다. 업무상질병 관련 소송 현황을 보면 공단 패소율은 17.9%다. 2011년에 비해 8.8%p 증가했다. 그중 뇌심혈관계질환 패소율은 18.6%로 상당히 높다. 10건 중 2건 가까이가 공단의 처분이 위법하다고 판단된 것이다. 질판위를 거친 사건도 15.2%의 패소율을 보인다. 이 가운데 뇌심혈관계질환 패소율은 17%로 55건이다.

2012년 확정된 251건의 행정소송 패소 사건의 유형을 보면 뇌 심혈관계질환의 업무상재해 여부 69건(27.5%), 작업시간 중 사건 72건(28.7%), 출퇴근사고 9건(3.6%), 척추·근골격계질환 20건(8%), 직업성암 2건(0.8%), 진폐 29건(11.6%), 자살 6건(2.4%), 출장·행사·회식 중 사고 10건(4%) 등이다. 패소율이 증가한 원인은 업무상재해의 법리를 판단할 때 공단의 기준이 잘못됐기 때문이다. 공단은 251건 중 '사실관계와 증거 판단의 견해차이'로 인해 211건, '법령해석의 견해차이'로 인해 40건이 발생했다고 분석한다. 법령해석에서 견해차가 생긴 이유는 업무상재해의 인정 기준에 대한 고용노동부 고시와 공단 지침 및 행정해석이 잘못됐기 때문이다. 공단의 기준에는 법원의 확립된 견해에 반하는 위법성이 존재한다. 가령 뇌심혈관계질환에 대해 노동부 고시(2008-43호)가 기계적으로 적용하면서 불승인이 남발된다. 공단의 패소요인 분석을 보면 "뇌심혈관계질환에 있어 기존질환이나 고혈압·흡연 등의 위험인자가 있는 경우 업무상사유라 할지라도 과로 및 스트레스 여부를 엄격히 판단해 기존질환이 자연경과에 의해 발현됐다고 인정되는 경우 업무상재해로 인정하지 아니함"이라고 명시했다. 외상과 결합된 근골격계질환도 "명백한 외상이 있더라도 외상의 정도가 경미하거나 퇴행성 변화가 있을 시 기존 질환의 악화로 보고 불승인한다"라고 밝힌다. 그러나 근골격계질환의 경우 신체부담 업무를 엄격히 판단하고 퇴행성 질병의 경우 불승인한다. 이런 기준은 판례 법리와 배치되는 기준일 뿐이다.

자살사건도 공단은 정신질환이나 치료 경력이 없으면 거의 불승인한다. 역시 법령의 문구에 반하고 법원 판단 기준과 배치된다. 공단은 통근재해에 대해서는 업무지의 특수성과 거리 등으로 인해 대중교통을 이용하는 것이 불가능하면 예외적으로 업무상재해로 인정하는 법원 기준을 수용하지 않는다. 게다가 공단은 진폐증의 평균임금 산정사건에서 〈직업병에 걸린 근로자의 평균임금 산정 관련 업무처리 지침(2008-39호)〉을 기계적으로 적용한다. 진단 이전에 평균임금을 산정할 수 있는 경우 그것이 당해 근로자에게 유리해도 이를 배제하고 진단일을 기준으로 특례임금을 적용한다. 법원의 평균임금 법리에 반하는 해석이다. 공단은 이런 명백한 사안으로 2012년 9건을 패소했다.

위법한 지침과 고시·행정해석으로 인한 피해는 모두 노동자에게 돌아간다. 그나마 쟁송으로 구제된 노동자도 극히 일부에 불과하다. 산재사건으로 한 가족이 무너지는 현실을 감안하면, 위법한 지침과 고시는 살인병기일 뿐이다. 판례의 합리적 수용이 그렇게 어려운지 노동부와 공단에 묻고 싶다. 언제까지 방치할 것인지도 아울러서 말이다.

(2013.04.01.)

근로복지공단 요양업무처리, 과연 고객 지향적인가

필자가 직접 경험한 사안과 근로복지공단이 본인에게 송부한 5개의 공문을 근거로 공단 요양업무처리의 실태와 개선점에 대해 지적해보고자 한다. 2013년 봄에 수임했던 한 자살사건이 서울질판위에 계류됐는데 심의회의가 잡히지 않아 몇 번이나 문의한 적이 있었다. 휴가 전날 혹시나 하는 마음에 서울질판위 담당과장에게 전화해보니 다음 날이 심의회의라는 답변을 들었다. 공단에서 당사자뿐 아니라 대리인의 휴대전화를 정확히 등록해놓지 않아 발생한 문제였다. 문자메시지가 정상적으로 전송이 안 돼 발생한 것이고, 추후 대리인이 참석했으니 문제가 없다는 서울질판위의 입장(서울질판위 운영지원부-2909, 2013. 09. 11.)은 납득하기 어렵다. 또한 심의회의에 참여한 위원별 심의의견에 대한 정보가 비공개대상이라는 답변도 납득하기 어렵다. 대전질판위가 이미 공개했던 사안이기 때문이다(대전질판위 운영지원부-741, 2013. 02. 25.). 동일 사안에 대해 각 질판위의 정보공개 대상 범위가 어떻게 달라질 수 있는지 이해하기 힘들다. 필자는 이를 근거로 세 번째 정보공개신청을 했다.

산재신청이 불승인되면 불승인통지서에 심사청구서 양식이 덧붙여 통지된다. 심사청구 등에 대한 자세한 안내문이 있으면 좋겠지만 이는 바람일 뿐이다. 공단의 불승인처분에 대해서는 심사청구·재심사청구 이외 감사원법에 따른 심사청구 제기가 가능하다. 이런 사실을 알려주지 않는 것도 문제지만 심사청구를 제기하더라도 지사 및 공단의 행정처리에는 개선해야 할 지점이 많다.

예컨대 공단의 한 불승인처분과 관련해 전주지사에 심사청구를 제기했으나 지사는 심사청구가 접수된 사실을 알려 주지 않았다. 이후 심사청구 관련 서류가 공단본부(기획부)에 송부된 사실조차 당사자와 대리인들은 몰랐다. 그리고 공단본부에서는 한 달이 넘도록 해당 서류를 검토만 하고 아무런 조치나 통지를 하지 않았다. 〈감사원법〉에 따르면 행정기관에서 1개월이 넘도록 감사원에 송부하지 않을 경우 직접 감사원에 청구가 가능하다. 이러한 미비점에 대해 공단 본부에 정식으로 항의하자 본부는 그제서야 고용노동부에 송부했고 해당 지사의 접수통지·안내가 누락된 점에 대해 "누락되지 않도록 업무지시를 하겠다"(기획부-7199, 2013. 09. 10.)라고 답했다. 심사청구건에 대해 지사의 행정 처리가 어떻게 달라질지 주시해야 할 것이다.

공단 서울동부지사에 재요양 신청서를 제출하면서 겪은 일도 공단 요양업무처리의 문제점을 보여준다. 지사 담당자는 재요양신청서상 누락된 점이 있다면서 이를 7일 내 보완하지 않을 시 반려하겠다고 통지했다. 공단이 언제부터 7일 내 산재서류를 처리해왔는지 의문이지만 담당자는 본인이 전화를 끊기도 전에 "X가지"라고 빈정거리며 일방적으로 전화를 끊었다. 이에 대해 전화해서 다시 항의하자 처음에는 그런 일이 없다고 하는 등 어이없는 태도를 보였다. 공단 감사실 등에 항의하자 감사실은 서울동부지사장에게 이송해 재발방지 업무지시를 했다고 했으며(감사2부-3744, 2013. 09. 04.), 서울동부지사장은 담당자를 변경하고 "5일 자로 주의조치 및 교육을 실시했다"(서울동부지사 재활보상부-4577, 2013. 09. 09.)라고 통지했다. 다시 진정한 사과를 요청했지만 답변을 듣지 못했다.

2013년 9월 공단으로부터 "심사위원회 서류일체를 사전에 열람할 수 있는 시스템을 11월까지 구축하겠다"(산재심사위-2923, 2013. 09. 04.)라는 내용이 담긴 공문을 직접 받았다. 몇 번의 기고와 항의 끝에 이뤄진 작은 성과다. 공인노무사와 당사자들의 권리를 침해하는 현재 시스템이 왜 문제가 되지 않았는지를 공단 스스로 살피지 않았던 것이다. 공단 업무에서 역지사지의 사고와 실천이 필요한 부분이 요양업무 처리과정이다. 공단 서비스가치 기준(SI)이 "mind to mind"인 이유가 여기에 있을 것이다. 공단이 진정 고객의 마음으로 서비스를 제공하기 위해서는 고객의 입장을 충분히 경청하고 실천해야 한다. 언젠가 방문했던 공단 고양지사 재활보상부 담당자들의 책상에는 '부정수급신고용 홍보 물티슈'가 잔뜩 쌓여 있었다. 이것이 노동자를 위한 산재요양업무 안내책자로 바뀌는 날을 기대해본다. [2013.10.07.]

산재를 말하다

근로복지공단은 어떤 기준으로 움직이는 조직인가. 단적으로 말해 지침과 지시·매뉴얼에 의해 움직이는 조직이라고 할 수 있다. 그렇다면 이런 지침과 지시·매뉴얼은 왜 필요한가. 과연 그것은 공정한가. 〈산재보험법〉의 문제는 매우 다양하며 법원의 사례가 없는 부분이 상당하다. 행정기관을 효율적으로 운영하기 위해서는 내부운영과 판단 기준이 필요할 수밖에 없다. 이를 위해 공단은 〈산재보험법〉의 취지와 입법·법률 판단사례를 축적해 요양·보상·재활·진료비 등 산재 전 분야에 대한 내부 업무처리 기준인 '지침·지시·매뉴얼'을 마련한다. 지침·지시는 각 내용에서 법원의 판결과 상이하거나 모순되더라도 행정기관 운영에 대해서는 우선적으로 적용된다. 문제는 여기서 발생한다.

2014년 초 우리 사무소는 새벽 출근 중 자신의 승용차를 타고 가다가 차량이 전복돼 사망한 사건에 대한 산재처리를 수임했다. 통근재해에 대한 공단의 산재인정 기준은 매우 엄격했다. 2013년 12월 16일까지만 하더라도 자신의 승용차를 타고 가다가 사고가 나면 업무상재해로 판단하지 않았다. 즉 사업주가 제공한 교통수단이 아닐 경우 산재로 인정하지 않았다. 법원에서 판단하는 산재인정 기준과 상이한 것이었다.

대법원은 "버스 등 대중교통수단이 없는 출근시간대에 출근해야 하는 경매사가 자가용을 이용해 출근하던 중 사망한 사안에서, 출·퇴근의 방법과 경로의 선택이 사실상 망인에게 유보됐다고 볼 수 없고 출근 과정이 사업주의 지배·관리하에 있었다는 이유로 업무상재해로 인정된다"(2008. 03. 27. 선고 2006두2022 판결)라고 판시했다. 이런 대법원의 판결에 따라 하급심에서 비슷한 유형의 사건들이 업무상재해로 판단되고 있다. 공단은 2013년 12월 17일에서야 '출퇴근 사고의 업무상재해 여부 판단 관련 업무지시'에서 기존의 태도를 변경해 위와 같은 법원 인정 기준을 수용했다. 그 결과 해당 사건은 다행히 공단에서 업무상재해로 승인됐다.

필자는 산재심사위 위원으로 활동하는 2년 동안 위와 동일한 사건을 5건 이상 심의했다. 회의 때마다 〈산재보험법〉의 취지와 법원의 판례를 존중해야 한다고 주장했지만 항상 1대 6의 소수의견으로 무시됐다. 그렇다면 공단은 지침 변경 이후 기존의 잘못된 공단 인정 기준으로 불승인됐던 사건에 대해 어떤 구제조치를 할까. 아쉽게도 아무런 조치도 없다. 지침·지시는 변경된 이후에만 원칙적으로 적용될 뿐이다.

공단 지침은 특정 분야에 대한 기준을 마련할 뿐 아니라 기존의 기준을 변경하기도 한다. 예를 들면 근로자가 운행하던 차량으로 교통사고(출장 등)가 나서 업무상재해를 당했을 경우, 피해자나 유족이 자동차보험회사에서 받은 '자기손해'에 해당하는 보험금(자손보험금)은 산재보험급여에서 공제하지 않았다. 그러나 2010년부터 기준을 바꿔 자손보험금을 조정대상으로 판단한다.

당황스러운 점은 〈산재보험법〉 제정 이후 수십 년간 자손보험금은 조정대상이 아니라고 하다가 갑작스럽게 기준을 바꿔 불이익을 주고 있다는 것이다. 공단의 기준이 틀렸다는 하급심 판결(울산지법 2013. 06. 20. 선고 2012구합2836 판결)이 이미 나오고 있다.

공단의 지침·지시는 책자로 4권 이상이 될 만큼 방대하다. 산재업무를 하다 보면, 공단 직원조차 해당 부분에 대한 지침·지시를 제대로 알지 못하는 경우를 많이 본다. 그뿐 아니라 공단의 지침·지시는 공개되지 않는다. 지침·지시의 설정과 그 변경 등에 대해 외부인이 개입할 여지가 없다. 그래서 한번 잘못된 지침은 수년간 법적 쟁송을 통해 판례가 축적된 이후에도 바뀔까 말까 한다. 혹자는 소송을 제기하면 되지 않느냐고 반문한다. 공단의 불승인처분에 대해 소송을 하는 비율은 100명 중 한 명도 안 된다. 많은 비용·시간이 소요되기 때문이다. 공단이 설정한 지침·지시에 대한 감시와 문제제기가 필요하고 중요한 이유다. 그렇지 않으면 그 피해는 고스란히 산재 노동자와 유족에게 전가될 뿐이다. 〔2014.04.07.〕

근로복지공단 소송 남용 규제해야

2014년 6월 선고된 서울행정법원 2012구단26138 판결(요추간판탈출증으로 불승인돼 행정소송을 제기한 사건, 1심 공단 패소)과 같은 해인 2014년 7월 선고된 서울행정법원 2013구단50336 판결(좌견관절 충돌증후군 등으로 불승인돼 행정소송을 제기한 사건, 1심 공단 패소). 모두 필자가 수행했던 행정소송 사건이었는데 근로복지공단이 이에 대해 조정을 요청했다. 항소심에서 패소 가능성이 높아졌기 때문이다. 이에 따라 위 첫 번째 사건은 조정으로 마무리됐다. 공단이 소송을 취하한 것이다. 두 번째 사건도 패소가 확실 해지자 공단은 승인처분한 이후 이를 증거로 제출했다. 서울고등법원 은 "1심을 취소하고, 소의 실익이 없으므로 각하한다"라고 판시했다.

2010년대에 들어 공단의 소송수행자들은 패소 가능성이 높은 사 건들에 대해 '조정'이라는 우회로로 소 취하 또는 각하 판결을 유도했 다. 공단은 '근로자의 신속한 권리구제'라는 측면에서 전혀 문제가 없 다는 입장이다. 그러나 이는 명백한 거짓임과 동시에 산재 노동자들을 기만하는 행위다. 공단의 항소제기율은 일반 행정소송 평균 항소제기 율에 비해 20% 이상 높다. 심상정 정의당 의원이 공단에서 받은 자료 를 보면 공단은 2014년 1심에서 패소한 사건 250건 중 212건을 항소했 다. 1심 패소사건의 84.8%에서 항소를 제기한 것이다. 2013년에는 288 건 중 249건, 2012년에는 262건 중 194건을 항소했다. 항소제기율은 86.5%와 74%다. 서울행정법원 연평균 항소율은 60% 미만이다. 공단 이 명백히 항소를 남용하는 것이다.

공단의 1심 패소사건은 대부분 증거가 명확하다. 즉 진료기록감정 회신 등 의학적 근거에 의한 판결이다. 공단 소송사무처리규정에 따르 면 '사실관계 및 의학적 감정소견이 쟁점이 돼 패소가 확실하다고 판단 되는 사건'은 지역본부장의 승인을 받아 소송원인 부서장에게 처분 취 소를 권고할 수 있다. 이 경우 원처분지사장은 이를 수용해야 한다. 별 도로 조정받을 필요가 없을 뿐 아니라 항소해서 다툴 실익도 없다는 뜻이다. 공단은 조정 형식을 취할 경우 소송비용을 각자 부담하자고 요청한다. 공단의 위법한 처분 때문에 생긴 피해에 대해 보상은커녕 일체 비용을 산재 노동자에게 부담시키는 것이다. 형사사건 소송비용보상제도와 비교하더라도 매우 불합리하다. 형사사건에서 검찰의 무리한 기소로 무죄판결이 난 경우 일비·여비·변호사 비용까지 국가가 보상한다.

공단이 항소심에서 원고 측에 조정을 유도하는 가장 큰 이유는 무엇일까. 이는 패소 확정판결과 조정권고에 의한 소 취하 판결이 소송수행자에게 전혀 다른 영향을 미치기 때문이다. 즉 인사고과가 달라진다. 취하와 달리 패소 확정판결이 누적되면 인사고과에서 마이너스가 된다. 승소 시 사건당 포상금 몇만 원 받는 것과 비할 바가 아니다. 공단의 행정소송은 형식적으로는 국가기관의 소송이므로 검찰의 지휘를 받는다. 그러나 공단은 유독 자신들의 승소 가능성이 일부라도 있는 사건에는 조정을 요청하지 않는다. 삼성 백혈병 사건도 패소 가능성이 있었음에도 검찰 지휘를 받는다는 이유로 항소를 제기한 바 있다. 실제로는 검찰에 공단 입장을 관철할 수 있다. 필요할 때만 '검찰 지휘'를 내세우고, 정작 자신들이 패소할 사건에서는 실질적인 '조정 권한'을 행사한다.

공단의 행정소송 패소율은 2012년 16.2%, 2013년 13%, 2014년 11.2%로 상당히 낮은 편이다. 그러나 공단이 심상정 의원에게 제출한 자료에 따르면 '취하 등'으로 분류한 사건은 2012년 375건, 2013년 446건, 2014년 586건이다. '취하 등' 사건은 앞서 본 것처럼 실질적으로 공단 패소사건이다. 이를 산입하면 행정소송 패소율은 2012년 40%, 2013년 41.1%, 2014년 46.6%로 상승한다. 통계의 착시효과가 생기는 것이다.

공단이 산재를 불승인하면 산재 노동자들은 몇 년에 걸쳐 치료도 제대로 받지 못한다. 경제적 손실도 상당하다. 무엇보다 몇 년간 말할 수 없는 고통에 시달린다. 산재 노동자들이 정말 듣고 싶어하는 것은 공단의 잘못된 처분에 대한 진정한 사과다. 공단은 항소와 조정을 남용해서는 안 된다. 진정 산재 노동자들의 입장을 생각하는지 반성해야 한다.

(2015.06.01.)

산재신청과 상병 오류 책임은 근로복지공단·병원이 져야

산업재해 승인에서 가장 큰 관문은 무엇일까. 업무와의 관련성을 입증하는 것이다. 〈산재보험법〉 제37조에 따르면 업무와 상당인과관계가 있어야 한다. 그리고 그 이전에 가장 중요한 것은 상병 진단이라고 할 수 있다. 장해 또는 사망 이전에 노동자가 산재보상 신청을 할 때 부상과 질병은 상병으로 진단된 경우(한국표준질병사인분류)에 한해 산재가 적용된다. 이런 진단에서 '형식' 문제와 '실질' 문제가 발생한다.

산재 노동자는 근로복지공단 서식에 맞춰 산재보상을 신청해야 한다는 사실을 제대로 알지 못한다. 그래서 일반 진단서나 소견서를 발급받아오는 경우가 많다. 〈산재보험법〉 제41조 1항은 "요양급여를 받

산재를 말하다

으려는 자는 소속 사업장, 재해발생 경위, 그 재해에 대한 의학적 소견, 그 밖에 고용노동부령으로 정하는 사항을 적은 서류를 첨부해 공단에 요양급여 신청을 해야 한다. 이 경우 요양급여 신청 절차와 방법은 노동부령으로 정한다"라고 규정한다.

실무상 공단은 〈요양업무처리규정〉 제7조 1항에 의거해 요양급여 신청서에 초진 소견서(별지 3호)를 첨부해 신청하도록 한다. 산재보상 신청도 어려운 노동자들이 이런 서류를 알 리 없다. 〈산재보험법〉 시행규칙은 〈산재보험법〉 제41조 1항에 대한 사항을 규정하지 않는다. 요양업무처리규정상 초진 소견서 양식은 법령상 근거가 없는 자의적인 서류다. 불필요한 서류나 의사의 오해와 편견으로 인해 초진 소견서 작성이 거부되는 경우가 많다. 진단서로도 충분히 산재보상 신청이 가능한데도 행정 편의적인 서류로 인해 노동자들의 고통이 더해진다. 반면 공무원은 일반 진단서 첨부만으로도 공무상요양(산재) 처리가 가능하다.

상병을 진단받더라도 많은 문제가 발생한다. 노동자 A는 업무 중 발생한 외상사고로 인해 추간판탈출증 진단을 받고 요양급여를 신청했다. 그런데 공단은 "뚜렷한 탈출은 없으며 추간판팽윤 정도"라며 불승인했다. 노동자 B는 사업장 내 철물에 손목이 부딪쳐 '우측삼각섬유연골파열'을 진단받았지만 퇴행성이라는 이유로 불승인됐다. 노동자 C는 추락사고로 인해 우측 대퇴골 부위를 수술한 이후 요양비를 청구했으나 공단은 불필요한 수술이라며 부지급했다.

요양급여 청구서와 초진 소견서로 산재보상을 신청한 경우 외상성 사고더라도 공단은 통상적으로 지사 자문의사에게 상병 진단을 확인하도록 한다. 이 과정에서 상병 진단 오류(상병 미확인, 상병 불일치, 과잉진단 등)가 있으면 산재를 불승인한다. 업무상질병 사안의 경우 공단 지사 자문의사의 진단을 거쳐 질판위에 참여한 의사의 확인을 받게 된다. 질판위 참여 의사가 상병을 달리 보면 실질적으로 업무관련성은 평가받지 못한다.

이후 산재심사위에 심사를 청구하면, 공단 본부 자문의사가 상병 진단을 확인한다. 그리고 산재심사위 참여 의사가 다시 한번 상병을 확인해 '상병 진단이 틀리다'고 하면 불승인된다. 산재재심사위에 재심사를 청구한 경우 영상의학과나 해당 임상의 중 1인이라도 진단에 이의를 제기하면 산재가 불승인된다. 예를 들어 주치의 3인, 공단 자문의사 1인, 산재심사위 1인, 산재재심사위 1인이 회전근개부분파열이라고 진단하더라도 다른 재심사위원 1인이 부분 파열 정도가 아니라고 본다면 산재가 불승인된다.

이러한 상병 불일치 사건은 근골격계질환보다 외상이 동반된 사고에서 더 많이 나타난다. 게다가 정신질환·이비인후과질환·신경과질환 등에서도 자주 볼 수 있는 사안이다. 통상 산재심사위와 산재재심사위 사건 중 3~5건 내외는 상병 불일치 문제가 쟁점이 된다. 공단과 산재재심사위는 상병 불일치로 인한 불승인사건이 몇 건인지 파악하지도 못하거니와 아무런 대응도 하지 않는다. 기본적으로 산재 불승인으로 공단이 손해볼 경우가 없기 때문이다.

사고가 명백하거나 업무관련성이 높거나 업무부담 종사시간이 길더라도 상병이 불일치하면 곧 불승인으로 이어지고, 노동자 잘못으로 귀결된다. 노동자가 처음부터 제대로 된 진단을 받아야 하는 게 아니냐 하는 반론이 제기될 수 있다. 상병 진단은 의료인이 의학지식과 의료기술을 통해 주의를 기울여야 하는 고도의 의료행위다. 여기에 노동자 고의가 개입될 수 없다. 진단 오류 책임은 기본적으로 의료인과 병원이 져야지, 노동자에게 그 책임을 물어서는 안 된다.

진단이 불일치되더라도 명백한 오류나 고의적 행위가 아닌 이상 1차 진단된 상병으로도 산재보상을 받을 수 있는 기회를 줘야 한다. 〈산재보험법〉 제32조1호 요양급여와 관련한 사고 개념을 넓게 해석하는 공단 지침을 제정하면 현실적으로 충분히 가능하다. 장기적으로는 진단 오류를 남발하는 의료기관에 엄격한 책임을 물어야 한다. 진단 오류나 불일치 사안은 단순히 산재 노동자의 치료 기회를 잃어버리게 했다는 도의적 책임을 넘어 의료사고로 보고 접근해야 한다. (2018.05.29.)

재해 노동자 관점으로 근로복지공단 행정 변해야

2018년 산업재해보상제도는 많은 분야에서 변화가 있었다. 〈산재보험법〉 자체는 변화가 거의 없었지만 시행령과 하위규정이 많이 바뀌었다. 이는 제도 변화가 안정적이지 않고 언제든 달라질 수 있는 불안정한 것에 불과함을 의미한다. 무엇보다 변화를 체감하기 어려운 이유는 근로복지공단 행정이 여전히 과거에 머물고 있기 때문이다. 공단의 보상행정 분야에서 달라져야 할 지점을 몇 가지 지적하고자 한다.

우선 산재요양 신청과 조사·판정 과정의 신속한 정보 제공이 필요하다. 공단은 재해 노동자가 산재신청을 하면 어떤 과정을 거쳐 어떻게 처리되고 얼마나 시간이 걸리는지 설명하지 않는다. 무조건 기다리라는 식의 태도가 여전하다. 역학조사와 질판위 회부만 통지하고 절차에 수년이 걸려도 친절한 설명을 기대하기 어렵다. 산재요양신청 후 조사과정(사업주 의견조회·의학자문·사업주 조사·내부 검토·조사서 작성 등)을 간략하게 통지만 하더라도 공단이 받는 불신의 절반이 사라질 것이다. 법원 소송기간은 오히려 공단 조사·판정 기간보다 길지만 '나의 사건검색' 시스템으로 재판 과정에 쉽게 접근할 수 있다.

둘째, 사업주 제출자료의 온전한 사전 공개 및 요양급여신청 내용의 사업주 통지에 대한 규제가 필요하다. 〈요양업무처리규정〉 제8조 2항에 따르면, 보험가입자 의견이 요양급여신청 내용과 다를 때 보험가입자 의견을 알려줘야 한다. 이때 보험가입자 의견이 공단이 요청한 문답형식으로 이뤄진 경우에도 이를 공개해야 한다. 그런데 증거자료 형식으로 제출될 때도 이를 공개하지 않는 경우가 많다. 사업주가 사실상 산재를 부정하는 것을 공단이 용인하고, 여기에 방어할 노동자 권리를 박탈하는 것이다.

현재 요양급여신청 내용을 사업주에게 통지하는 것을 규제할 구체적 규정이 없다. 이에 일선 공단 지역지사에서는 신청인이나 대리인이 어렵게 작성한 서면 일체와 동료 노동자들의 진술서 등을 사업주에

산재를 말하다

게 제공하는 경우가 잦다. 서면공개로 인해 사업주 방어권이 형성되는 것도 문제지만, 비공개해야 할 진술서 같은 민감한 자료를 공개하면서 불이익을 겪는 노동자들이 발생한다는 점을 기억해야 한다. 그리고 요양급여신청 사실은 최소한의 요약된 내용만 알리는 방식으로 바꿔야 한다.

셋째, 요양급여신청 간소화와 판정 신속성은 요원하다. 공단은 최초 요양급여신청 시 요양업무처리규정 '별지 3호'의 초진 소견서를 첨부하도록 했다. 초진 소견서는 의사들이 쓰기에도 복잡하고 어렵다. 그리고 많은 의사가 작성을 거부한다. 실무상 초진 소견서 미제출 시 공단이 직접 병원에서 소견서를 받고 있으나, 이를 아는 노동자는 거의 없다. 공단은 진단명도 자문의사를 통해 재확인하는데, 이렇게 복잡한 서식을 고수하는 이유를 모르겠다. 초진 소견서 요청으로 시간과 노력을 낭비하고, 병원 문턱에서 좌절하는 노동자를 과연 한번이라도 생각하는지 의문이다. 그뿐 아니라 공단은 2018년 말부터 '업무상질병 전문 소견서'라는 것을 첨부할 수 있도록 한다. 그러나 전문 소견서는 상병 진단에만 초점을 맞추고 있기에 결국 불필요한 진단 과정을 반복하는 것이다. 독일처럼 제대로 된 산재전문의사 제도를 도입해 요양신청 권한까지 부여해야 한다. 그래야 노동자들이 쉽게 산재제도에 접근할 수 있다.

넷째, 장해급여 특별진찰제도는 중단돼야 한다. 현재 공단은 장해급여 청구 시 특진제도를 운영한다. 특진 내용은 대부분 관절기능장해에 국한돼 있다. 이때는 공단 산재병원 입원이나 통원, MRI 검사 등을 거쳐 사전 판단한다. 현재 재해 노동자들이 장해급여를 청구할 때는 주치의나 병원을 통해 필요한 검사를 시행한 이후 그 결과를 공단에 제출한다. 그런데도 공단은 장해급여 특진제도를 통해 중복검사를 한다. 검사에는 평균 87만 원(최고 330만 원)이 들어간다. 이는 공단 산재병원 수익 개선을 위한 내부 거래로 의심할 수밖에 없다. 무엇보다 이로 인해 애초 통합심사를 도입할 때 외부 위원이 하도록 했던 산재 장해등급 평가가 산재병원 내부 의사 평가로 전락할 우려가 있다. 게다가 장해 판정 기간의 장기화로 인해 재해자뿐 아니라 지사 담당자들의 불만을 사고 있다.

다섯째, 질판위가 사업주에게 불필요한 방어권을 부여하는 것을 재고해야 한다. 현재 질판위에서는 사업주가 판정위 참가와 진술을 요청할 경우 이를 사실상 제한 없이 허용한다. 현행 규정은 질판위 위원장이 필요하다고 인정하면 보험가입자에게 출석과 의견진술 기회를 부여하도록 한다. 이미 지사의 조사 과정, 질판위 조사와 사전심의 과정을 통해 충분히 사업주 입장과 증거를 수집한다. 그런데도 질판위에 사업주와 그 대리인의 출석을 허용하도록 해 사업주 방어권을 과도하게 보호한다. 판정 장소에 사업주와 동시에 출석함으로써 위축되고 고통받을 노동자들을 고려하지 않는 행정이다. (2019.02.11.)

2018년 근로복지공단은 11만 4,687건의 산업재해 신청사건을 처리했다. 10만 4,901건은 승인했고, 9,786건은 불승인했다. 승인율이 91.5%다. 이 중 1만 6건의 업무상질병 사건 평균 처리기한은 166.8일(근골격계질환 108.7일, 뇌심질환 103일, 직업성 암 341일, 정신질환 179일 등)이다. 질판위 심의기한 20일 규정은 사문화된 지 오래다.

산재보험제도의 가장 중요한 목적은 "신속하고 공정한 보상"(〈산재보험법〉 제1조)이다. 그러나 현실에서 노동자들은 신속함과 공정함을 거의 느낄 수 없다. 〈산재보험법〉 시행규칙 제21조는 요양급여 신청을 받으면 7일 이내 산재 여부를 결정하도록 한다. 다만 질판위 심의기간, 조사기간, 서류보완기간, 역학조사기간 등은 '처리기간 7일'에 포함되지 않는다고 규정한다. 법의 목적에 위반되는 시행규칙 내용과 사건 증가 사유로 공단과 고용노동부는 신속한 보상이라는 원칙을 버렸다. 근골격계질환을 보더라도 현재 산재신청을 위해서는 '주치의 소견→공단 지사 자문의사 평가→특별진찰 의사 판단→질판위 의사 상병 확인절차(필요시 소위원회)' 등 복잡한 과정을 거친다. 상병확인 과정만 최소 세 번 반복한다. 산재 결정 처리기한 증가는 곧 노동자에게 '불안감·생계문제·치료 미비 상태 직장 복귀 등'으로 전가된다. 고용노동부는 이에 대해 구체적인 대책이 없다.

일단 주치의와 공단 자문의사 소견이 "업무관련성이 높은 경우"라면 질판위 심의 대상에서 제외해야 한다. 2006년 12월 13일 노사정위원회(현 경제사회노동위원회)에서 합의한 '산재보험 제도개선에 관한 노사정 합의문'에서는 업무상질병 판정 때 질판위를 설치하되 "주치의·사업장·자문의 의견을 종합 고려해 업무상질병이 명확한 경우 제외"라고 명시했다. 기존 합의에서 노동자에게 유리한 사항은 시행해야 한다.

둘째, 특별진찰 시 업무관련성을 인정할 경우 당연승인 결정을 해야 한다. 현재 근골격계질환(6대 다빈도 상병)·뇌심질환(사인미상 등)·정신질병(일부상병)·자살 등에 대해 특별진찰제도(공단 산재병원의 조사 및 판단)를 운영한다. 공단 자문의사나 특별진찰 결과 업무관련성이 높다고 판정했는데도 현행처럼 질판위에서 인정하지 않는 제도는 불필요한 행정일 뿐이다.

셋째, 직업성 암은 당연인정 기준을 확대해야 한다. 2018년 반도체·디스플레이 8개 상병에 대해 업무관련성 전문조사가 생략됐다. 전문 조사 생략 대상은 2019년 2월 ①석면에 의한 원발성 폐암 ②석면에 의한 악성중피종 ③탄광부·용접공·석공·주물공·도장공에 발생한 원발성 폐암 ④벤젠에 노출돼 발생한 악성림프·조혈기계질환으로 확대됐다. 반도체·디스플레이 업종에서 전문조사가 생략된 배경은 무엇보다 법원(판례)에서 당해 상병이 업무상질병으로 인정됐기 때문이다. 법원 판결과 기존 역학조사 사례, 질판위 판정례 등을 적극적으로 수용해서 직업성 암의 당연인정 기준을 확대하고, 역학조사를 과감히 줄여야 한다. 산재신청 과정에서 공정성을 확보하도록 제도보완도 필요하다. 최근 승인율이 증가했더라도 노동자들이 현장에서 느끼는 공정함은 다르다. 공정한 보상제도를 위해서는 첫째, 노동자들의 자료요구권과 산재신청 권리가 법률에 명시돼야 한다. 〈산재보험법〉 제116조는 사업주 조력 의무를 규정하지만 벌칙조항은 없다. 사업주의 방해와 은폐행위를 막는 가장 실효적인 방안은 노동자의 법적 권리를 구체적으로 명시하는 것이다.

둘째, 공단은 서면조사보다 대면조사·현장조사 원칙을 수립하고 시행해야 한다. 현재 업무상질병의 경우 서면조사를 원칙으로 삼는다. 재해자 문답서는 최소 5장 이상이며, 정신질환은 15장 내외로 분량이 상당히 많다. 특히 전문지식이 없는 경우 제대로 작성할 수 없다. 근골격계질환에서 각 업무 시 관절 기능각도를 제시하라고 요구하는 경우가 대표적이다. 사업주 의견서와 문답서, 제출자료 등은 반드시 노동자에게 보내 반론 제시 기회를 부여해야 한다.

셋째, 질판위 심의회의 구성변화가 필요하다. 업무상질병 중 상병이 확인되는 사건은 임상의를 제외하고 판단하는 구조로 정립해야 한다. 산재심사위나 산재재심사위와 달리 질판위에서는 사업주에게 진술 기회를 부여한다. 사업주 의견제출제도가 있고, 업무상질병이 개별실적에 영향을 미치지 않는데도 질판위에서 사업주 진술을 용인하는 것은 타당하지 않다.

공단의 경우 일반 정규직이 2014년 5,437명에서 2019년 7,649명으로 2,000명 이상 증가했다. 이에 반해 업무상질병 산재처리기한은 2014년 80.2일에 비해 무려 2배 이상 늘었다. 특진제도 운영 등으로 인한 전문화나 절차의 복잡화보다 단순하고 쉽고 빠른 제도가 설계·운영돼야 한다. 그것이 산재보험 법·제도의 목적이기도 하다. 〔2019.09.09.〕

근로복지공단에 산업재해 신청을 하면 조사와 판정 과정이 순조롭고 신속하게 이뤄질까. 산재를 당한 노동자들은 산재 자체도 힘들어하지만 이를 처리하는 공단 행정 문제가 심각하다고 여전히 지적한다.

첫째, 산재신청 과정이 불편하다. 2019년 8월에 공단은 산재신청서 서식이 쉬워진다고 대대적으로 홍보했다. 기존 초진 소견서는 병원에서 발급해주기를 거부하거나 의사도 잘 알지 못했던 경우가 많았다. 이에 요양급여 소견서를 제출할 수 없는 사정이 있을 경우 진단서나 소견서를 첨부해 신청할 수 있도록 규정을 변경했다. 그런데 공단 관행은 많이 바뀌지 않았다. 실제 치료가 끝난 상병에 대해 요양비를 청구했으나 공단이 요양급여 소견서를 병원에서 발급받아 제출하도록 요구한 사례가 제기된 것이다. 치료기간이 명시된 진단서를 제출했으나 공단이 여전히 요양급여 소견서 발급을 요청한 경우도 있다. 일부 공단 지사에서는 본부 지침이 새롭게 내려와 어쩔 수 없다고 변명한다.

둘째, 기초적인 안내조차 하지 않는다. 산재신청서가 접수되면 접수 통지 문자를 재해자에게만 안내할 뿐 대리인에게는 통지하지 않는다. 질판위에 회부할 때도 이런 경우가 종종 발생한다. 실제 재해자가 알려 주지 않으면 대리인이 판정 기일을 놓치는 경우가 발생한다. 산재신청 접수 이후 담당자가 누구인지, 어떻게 이 사건을 조사하는지 등을 전혀 안내하지 않는다. 사건조사가 진행 중이니 무조건 기다리라는 식이다. 담당자가 변경돼도 통지조차 없는 경우가 대부분이며, 팩스 통지를 하는 경우도 많다. "궁금하면 전화하면 되지 않느냐"라고 되레 역정을 내는 이도 있다. 불승인이 통지돼도 왜 불승인인지 구체적 내용을 처분서에 담지 않은 일도 있다. 질판위 판정서도 정보공개신청을 해야 주는 불편한 제도도 여전하다. 공무원연금공단은 공무상재해가 승인되면 요양비 청구 등을 알기 쉽고 자세하게 서면으로 안내해주지만, 근로복지공단은 그렇지 못하다.

셋째, 지사 담당자의 적극적인 조사가 부족하다. 산재 접수 후 공단 담당자들이 가장 먼저 하는 일은 재해자에게 문답 조사서를 보내는 것이다. 뇌심혈관계질환·근골격계질환·정신질환·자살 등도 마찬가지다. 여기에는 일반 노동자들이 이해하기 어려운 질문도 많다. 목포지사의 경우 문답서 1면에 "허위 작성할 경우 처벌한다"라는 취지의 문구를 표기한 바 있다. 재해 노동자를 범죄자로 취급하는 것이다. 결국 공단 담당자가 해야 할 많은 일들이 노동자에게 전가되고 있다. 이런 시스템으로 인해 대리인을 선임하거나 노동조합 또는 회사로부터 지원받지 못하는 소규모 영세 사업장 노동자들은 문답조사서 작성에 어려움을 겪고 있다. 5명 미만 사업장과 500명 이상 사업장의 업무상질병 인정률이 8.4%p나 차이를 보이는 이유가 여기에 있다. 그리고 특진 사안으로 넘겨진 경우 담당자들의 적극적인 모습은 더욱 보기 어렵다. 어느 순간부터 공단은 서면조사기관으로 전락한다.

넷째, 불필요한 검사와 부당한 규정을 강요한다. 공황장애 상병으로 산재신청을 한 A 사례를 보자. 산재신청 이후 해당 지사는 특진검사를 받아야 한다고 했다. 특진 대상이 아니라고 하자 공단은 〈산재보험법〉 제119조에 의한 진찰요구 대상이라고 했다. 상병이 완치돼 업무에 복귀해 근무 중인 노동자에게 임상심리검사를 받으라는 것이었다. 정신건강의학과에서 진단된 상병이고, 이미 치료가 끝난 상황인데 노동자에게 불필요한 검사를 강요하는 것이다. 공단은 검사를 받지 않으면 서류를 반려하겠다고 했다. 마치 팔목이 부러진 후 엑스레이(X-ray) 검사를 하고 완치 후 다시 엑스레이를 찍으라는 식이다. 상병상태를 감안하지 않은 규정의 일률적 적용을 강요하는 행정이다.

다섯째, 판정 기간이 너무 길다. 일단 신청 이후 직업성질병의 경우 질판위 심의까지 기간을 예측하기 어렵다. 현장에서 체감하는 소요일은 뇌심혈관계질환의 경우 통상 4~5개월, 근골격계질환의 경우 3~4개월, 정신질환의 경우 6~7개월, 직업성 암과 자살사건의 경우 1년 이상이다. 2018년 공단의 산재처리기간은 166.8일이었다. 질판위 회부 이후 결정하기까지의 기간은 2019년 39.9일이었다. 법정기한인 20일을 모두 넘기고 있으며, 2018년 29.4일에 비해 10.5일이나 늘었다. 심의·판정 기간이 장기화할수록 노동자들은 생계·치료·회사와의 갈등·직장 복귀 등 심각한 문제에 시달린다. 심의·판정이 장기화해 산재신청을 포기하는 사례도 발생한다. 공단의 질판위 심의 현황 분석자료를 보더라도 실질적 개선책이 보이지 않는다.

2010년대 중반 들어 업무상질병 인정률이 높아졌고, 기존의 불합리한 공단 지침 등이 개선된 것은 사실이다. 이는 노동계와 국회·고용노동부 등의 노력과 영향 덕분이지, 공단 스스로 제도개선을 추진한 결과는 아니다. 공단이 내건 핵심 가치 중 첫 번째는 '사회적 약자에 대한 배려'다. 공단은 산재 노동자들이 여전히 보상 행정을 신속하고 공정하다고 느끼지 못한다는 점을 명심해야 한다. (2020.02.24.)

추가상병 사건은 의학적 판단사항이 아니다

우측 어깨 부위 상병을 산업재해로 승인받아 요양 중이거나 종결 후 좌측 어깨부위 상병이 진단된 경우 최초 요양신청을 해야 할까, 아니면 추가상병 신청을 해야 할까. 이는 실무적으로 2018년까지 추가상병과 관련된 논란 중 하나였다. 그리고 요양 중 사고(〈산재보험법〉 시행령 제32조)에서 의료기관 통원 과정 중 발생한 사고가 산재(추가상병) 불승인을 하는 것이 맞는지 여부도 논란이었다.

전자에 대해 근로복지공단은 2018년 5월 17일 〈추가상병 및 재요양 업무처리 기준〉을 마련해 해결을 시도했다. 후자에 대해서는 고용노동부가 고용노동행정개혁위원회 권고를 수용해 〈산재보험법〉 시행령 제32조3호를 신설해 해결했다. '업무상부상 또는 질병의 치료를 위해 거주지 또는 근무지에서 요양 중인 산재보험 의료기관으로 통원하는 과정에서 발생한 사고'를 업무상사고로 인정한다는 내용이다. 이러한 노력에도 불구하고 추가상병 처리 실무에 여전히 문제가 많다. 〈산재보험법〉제49조에서 추가상병은 △그 업무상재해로 이미 발생한 부상이나 질병이 추가로 발견돼 요양이 필요한 경우 △그 업무상재해로 발생한 부상이나 질병이 원인이 돼 새로운 질병이 발생해 요양이 필요한 경우로 규정돼 있다. 법문만 보면 추가상병은 손쉽고 빠르게 산재가 승인될 것 같지만 실제로 그렇지 못하다.

노동자 A는 근골격계질환인 우측 회전근개 파열로 산재승인을 받고 요양 중 동일 부위에 '연골부분 파열 및 퇴행성 관절염'이 진단돼 추가상병을 신청했다. 공단은 자문의사 회의를 열어 퇴행성이라는 이유로 산재를 불승인했다. 노동자 B는 좌측 부위 뇌경색을 업무상질병으로 승인받아 요양 중 우측 뇌경색이 진단돼 추가상병을 신청했다. 그러나 공단은 자문의사회의 심의 결과, 기존 질환과 관련 없는 질병이라며 불승인했다. 추가상병과 관련된 가장 큰 문제점은 〈산재보험법〉제37조의 '법률상 상당인과관계의 논리'에 기반을 두고 판단하는 게 아니라 '의학적 타당성의 논리'로 판단한다는 것이다. 추가상병이 질판위 심의 대상이 아니라 실무적으로는 공단 자문의사 또는 자문의사회의 심의 판정을 통해 이뤄지기 때문이다.

〈산재보험법〉제7조4호에 따르면 "업무와 그 질병 사이에 상당인 과관계가 있는지를 명백히 알 수 있는 경우로서 공단이 정하는 질병"은 질판위 심의 대상에서 제외된다. 질판위 운영규정에는 "추가상병 사건, 소음성 난청 등"으로 명시했다. 자문의사회의는 소음성 난청 사안을 제외하면 임상의 5인으로 구성돼 있다. 질판위 위원 구성과 비교해볼 때 의학적 판단 논리에서 벗어날 수 없는 구조다. 근골격계질환 추가상병

산재를 말하다

신청 시 '퇴행성을 사유로 한 불승인 처분이 속출'하는 원인은 이런 구조에서 발생한다.

광부의 근골격계질환 추가상병 불승인 사안을 보면 쉽게 파악할 수 있다. 이는 법령의 잘못된 해석과 운영에서 비롯된다. 〈산재보험법〉 제43조에 따르면 자문의사회의에 추가상병을 심의할 권한이 있다고 보기 어렵다. 업무에 노출돼 부담 요인이 동일한 경우뿐 아니라 비노출된 경우에도 근골격계질환 추가상병은 직업환경의사에게만 자문받아 처리하는 시스템으로 변경해야 한다. 뇌심장질환 추가상병 사안도 마찬가지다. 임상적으로 볼 때도 우측과 좌측의 뇌 부위는 다른 부위로 본다. 이런 이유로 좌측 뇌경색이 산재로 승인돼도 우측 뇌경색과는 의학적 관련성이 없다고 판단한다. 또한 뇌출혈 이후 뇌경색이나 심근경색이 발생해도 별개 사안으로 여겨 기각하는 경우가 대부분이다. 그러나 법원에서는 이와 같은 사례뿐 아니라 요양 중 사망 사안의 판결에서도 상당인과관계 법리에 기인해 판단한다. 즉 "최초 상병 및 후유증상 여부, 요양기간의 장기성 여부, 장기요양으로 인한 정신적 스트레스 여부, 장기요양으로 인한 운동부족 및 육체적 스트레스 여부 등"을 종합해 판단한다(서울행정법원 2006. 01. 10. 선고 2004구합33893 판결, 부산지법 2008. 10. 01. 선고 2007구단3583 판결 등).

〈산재보험법〉 제48조상 재요양 요건이 2020년 1월 7일 개정돼 그간 문제점이 일부 해소됐다. 그러나 여전히 추가상병 사안은 단순한 의학적 판단에 국한한다. 업무상재해 여부는 최초·추가상병·재요양 여부와 상관없이 법률상 상당인과관계에 기반을 둔 판단구조가 돼야 한다. 이런 인과관계는 반드시 의학적·자연과학적으로 명백히 증명해야 하는 것도 아니다(대법원 2015. 10. 29. 선고 2013두24860 판결). 추가상병 사안에서도 법률적 판단이 이뤄질 수 있도록 관련 규정·지침 개정이 필요하다. 〔2020.04.27.〕

기기고정술에 따른 신체 훼손, 장해급여 부여해야

산업재해 피해 노동자들의 가장 큰 걱정 중 하나는 '장해급수를 잘 받는 것'이지만 장해급여에 대한 이해와 지식이 부족해 브로커가 난립한다. 각종 범죄도 끊이지 않았다. 근로복지공단의 일관되지 못한 행정으로 노동자가 불이익을 당하는 경우도 많다. 대표적인 것이 척추에 나사못을 고정해 움직임을 막는 척추기기고정술 시행 시 장해등급 문제다.

노동자가 각종 척추 부위 재해를 입거나 질병이 발생한 경우 관혈적수술·비관혈적수술·고정술을 의사의 재량과 판단으로 시행한다. 척추기기고정술은 척추 분절 부위에 금속형 나사못을 이용하는 수술방법이다. 위험도도 크고 장해도 많이 발생한다. 문제는 척추기기고정술을 했을 때 신체 상태에 대해 장해급여를 부여하는 것이 아니라, "수술의 의학적 타당성이 인정될 경우에 한해 장해를 인정한다"라는 것이다 (보 상팀-5053, 2009. 08. 05.). 과잉진료, 주치의의 과도한 수술, 의사와 환자의 공모를 통한 수술 때는 장해를 인정하지 않겠다는 의미다. 언뜻 보면 타당성이 있다고도 할 수 있지만, 일면적 판단이다.

일단 척추기기고정술 시행 여부는 고도의 의학적 판단이다. 보건복지부 고시 〈요양급여의 적용 기준과 방법에 관한 세부사항〉에 명시된 것처럼 의사는 척추기기고정술을 시행할 때 세부 기준과 환자의 임상적 상태를 종합해 판단한다. 수술 적정성은 MRI 등과 달리 실제 수술 시 상태에 따라 달리 판단되는 경우가 많다. 주치의의 의학적 판단과 재량에 따라 고정술을 시행하더라도 근로복지공단이 불인정할 경우 그 불이익은 재해자 몫이 된다. 수술비를 포함한 요양비만 지급되지 않는 것이 아니라 장해도 인정되지 않는다.

둘째, 장해의 법률적 개념, 판례와도 부합하지 않는다. 의사가 고도의 의학적 판단에 따라 수술을 시행해 노동능력 상실이라는 결과가 이미 초래돼 있는데도 이를 "결과"로서 인정하지 않는 셈이다. 대법원은 "의사의 판단과 권유에 따라 이뤄졌고 담당 의사의 판단이 의학적 근거를 가진다면 승인이 없다는 이유만으로 장해상태를 배제하는 것은 심히 부당하다"라고 판결한 바 있다(대법원 2012. 05. 10. 선고 2011두13897 판결). 셋째, '요양 중 의료사고 산재판단 지침'과도 형평이 맞지 않다. 고용노동부와 공단은 〈요양 중 의료사고 산재 판정 지침〉(2018년 7월 5일)을 마련하면서 "재해 상병 부위와 다른 부위 수술 등으로 요양을 해야 할 경우도 의료기관이나 의사의 과실 때문에 다른 부위 수술 등으로 요양이 필요하면 요양 중 의료사고에 해당되는 것으로 판단"하도록 규정했다. 이에 의사의 과실로 다른 부위에 시행된 잘못된 수술은 산재에 포함된다. 그러나 의사의 의학적 판단으로 시행된 고정술은 여전히 요양 중 의료사고에도 포함되지 않는다.

넷째, 공단 행정에 일관성이 없다. 공단은 2008년 7월 척주 장해 등급 판정 기준 개정 이전에는 척추분절 골유합술 유무 및 수에 따라 장해등급을 인정했다. 사전 승인을 받지 않고 임의로 척추고정술을 받은 자에 대해 "장해등급은 치료가 종결된 후 신체에 남아 있는 실제 장해 정도에 따라 결정함이 타당하다"라는 입장이었다(2003년 11월 19일 보상6602-1523 참조). 요양급여를 많이 지급하는 과잉진료 여부는 별론으로 했다. 그런데 2009년에 별다른 이유 없이 입장을 바꿔 현재까지 유지한다. 〈산재보험법〉은 장해를 "부상 또는 질병이 치유됐으나 정신적 또는 육체적 훼손으로 인해 노동능력이 상실되거나 감소된 상태"라고 정의한다. 고정술과 유합술을 받으면 신체적 훼손은 돌이킬 수 없게 된다. 요양 중 의료사고 산재판단 지침과 마찬가지로 명백한 범죄행위가 아닌 이상 장해로 평가해야 한다. 자신의 척추에 금속 나사못을 박기를 원하는 노동자는 없다.　　　　　　　　　　　　　　　　(2020.05.25.)

강순희 근로복지공단 이사장은 홈페이지 인사말에서 "모든 업무를 고객을 중심으로 생각하고, 고객의 의견을 업무에 반영하고 실천하는 고객 중심 공감경영"을 내세운다. 과연 이 말에 노동자들이 얼마나 공감할까. 공단의 핵심 업무인 보험급여 행정에서 나타나는 문제점이 여전하다. 일단, 일하는 노동자들은 산재가 무엇인지 제대로 알지 못한다. 지금까지 공단은 부정수급 문제와 처리에만 홍보를 치중했고, 2019년부터는 출퇴근재해를 홍보한다. 정작 노동현장에서 다양한 산재가 발생하는데, 노동자들이 제대로 인식하지 못하는 문제에 대한 근본적인 성찰과 제도개선에 대한 노력은 거의 없었다.

둘째, 산재신청 진입장벽이 높고 접근성이 낮다. 사업주 날인제도가 폐지됐지만 현장에서 노동자들은 여전히 사업주 눈치를 보며 산재신청을 꺼린다. 사업장 감독이나 행정기관 개입을 우려해 산재신청 포기를 종용하는 경우가 흔하다. 게다가 노동자가 우편이나 팩스가 아니라 앱이나 인터넷으로 산재신청을 할 수 없는 것도 큰 문제다. 휴대전화로 쉽게 산재를 신청할 수 있도록 해야 한다.

셋째, 실무서식의 복잡성이다. 공단은 진단서나 소견서만으로 산재신청이 가능하다고 홍보했지만, 지사에서는 여전히 실무적으로 산재보험서식상의 요양급여신청소견서를 요구한다. 요양급여신청소견서 서식 자체를 알지 못하는 의사도 많고, 작성을 거부하는 경우도 여전하다. 이 과정에서 산재신청을 포기하는 노동자도 많다. 공무원 재해보상은 진단서를 기본으로 삼는 것을 참고해야 한다.

넷째, 모호한 요양급여규정 때문에 공단이 산재신청에 대한 사업주의 의견을 노동자에게 전달하지 않는 것도 문제다. 공단은 보험가입자 의견을 사업주 문답서 형식으로 받는 경우가 많다. 이런 경우 의견서가 아니라는 이유로 사업주의 의견을 노동자에게 알려 주지 않는다. 산재 사건 초기 조사에서 사업주 의견이 핵심적인 사항을 규정하고, 조사자의 심증에 많은 영향을 준다. 공개되지 않은 사업주 문답서는 산재 방해로 이어져 불승인을 초래하는 경우도 있다. 사업주에게 의견을 묻는 문답서를 즉시 공개해야 한다.

다섯째, 조사과정의 투명성이 여전히 부족하다. 처리 과정이 장기화하는 문제는 별론으로 하더라도 조사가 언제 어떻게 되는지, 어떤 과정을 통해 산재 여부가 판정되는지, 그 과정에서 노동자가 무엇을 해야 하는지 등에 대한 최소한의 안내가 없다. 접수 통지 문자 후 팩스로 문답서를 보내 작성하도록 하고, 막연히 기다리라고 하는 식은 지양해야 한다. 조사 개시 후 노동자에 대한 참여 안내 노력도 부족하다. 가령 근골격계질환임을 증빙하기 위해 동영상을 촬영할 때 노동자가 참여하지 못한 경우 반드시 노동자 의견을 반영한다거나 질판위 개최 전 전문조사 보고서를 노동자에게 송부해야 한다.

여섯째, 산재승인 이후에 결정통지서만 보내는 행정도 문제다. 승인 이후 적극적인 안내가 없다. 요양비나 간병료를 받으려면 어떤 서식과 자료가 필요한지, 휴업급여·장해급여·진료계획서·병행진료·전원신청에 대한 설명이 필요한데도 말이다. 공무상재해로 승인된 후 공무원 연금공단이 송부하는 안내문과 첨부 서식을 참고해 개선해야 한다. 또한 요양비·휴업급여를 어떻게 산정하고 지급하는지에 대해서도 별도의 정보공개청구가 없더라도 사전에 알려줘야 한다.

일곱째, 판정서·심사결정서·판결문을 투명하게 공개해야 한다. 공단은 일부 판정서와 심사결정서를 사례집으로 낸다. 그러나 일반인이 그에 접근하기는 어렵다. 게다가 일부 사례만 기재돼 있을 뿐이다. 판결문도 홈페이지에 일부만 올라와 있다. 법원에서 여전히 높은 비율로 공단의 처분이 취소되는 현실을 감안할 때, 판정서·결정서·판결문은 전체를 투명하게 공개해 적극적 비판과 연구를 할 수 있도록 해야 한다.

여덟째, 공단은 소송 시 기존 소송에서 축척한 감정 회신서를 참고자료나 적극적 증거자료로 제출하는 일을 삼가야 한다. 타 사건들에서 유리하게 회신받은 감정서를 개별 노동자를 대상으로 무기로 삼는 것은 형평의 원칙에 반한다. 개인정보를 지우더라도 여전히 "제3자 제공에 동의하지 아니한 소송당사자"의 정보를 활용하는 측면에서 법률 위반 소지도 있다. 최근 서울행정법원에 계류된 일부 사건에서 공단 소송 수행자가 노동자의 이름과 생년월일, 상병 정보 등이 담긴 타 사건 감정 회신서를 제출해 〈개인정보보호법〉을 위반하는 일이 발생했다.

2020년 초 노동건강연대에서 〈산재보험 사각지대 해소 및 형평성 강화를 위한 연구 보고서〉를 발간했다. 산재 노동자 심층 면접을 토대로 한 연구다. 산재가 발생하기 전 신청과 판정 과정, 승인 이후에 겪는 노동자들의 고통과 어려움을 잘 보여주고 있다. 공단 이사장과 실무자들이 산재 노동자와 소통이 어렵다면, 이 보고서만이라도 꼭 정독해주시길 간청한다.　　　　　　　　　　　　　　　　(2020.09.21.)

추가상병과 요양 중 자살은 질판위 심의 대상

근로복지공단은 업무상질병 여부를 판정하기 위해 질판위를 두고 있다. 질판위는 2017년 8,715건(인정률 52.9%), 2018년 1만 6건(인정률 63%), 2019년 1만 4,206건(인정률 64.6%)을 판정했다. 그러나 실질적으로는 업무상질병이지만, 공단의 잘못된 운용과 법 해석으로 인해 질판위 심의 절차를 거치지 못하는 경우가 많다. 업무상질병에 해당하는 추가상병과 요양 중 자살이 대부분이다. 전자는 공단 규정상 제외되는 경우이고, 후자는 공단의 자의적이고 위법한 해석으로 제외된다.

일단 추가상병과 관련해 살펴보자. 추가상병 요양급여 신청 대상 을 명시한 〈산재보험법〉 제49조1호(그 업무상의 재해로 이미 발생한 부상이나 질병이 추가로 발견돼 요양이 필요한 경우)와 2호(그 업무상의 재해로 발생한 부상이나 질병 이 원인이 돼 새로운 질병이 발생해 요양이 필요한 경우)에 해당하는 사건이다.

〈산재보험법〉 제38조에는 "질판위의 심의에서 제외되는 질병과 질판위의 심의 절차는 고용노동부령으로 정한다"라고 명시했다. 이에 따라 〈산재보험법〉 제7조에는 심의 제외 질병에 대해 "1. 진폐, 2. 이황

화탄소 중독증, 3. 유해·위험 요인에 일시적으로 다량 노출돼 나타나는 급성 중독 증상 또는 소견 등의 질병, 4. 그 밖에 업무와 그 질병 사이에 상당인과관계가 있는지를 명백히 알 수 있는 경우로서 공단이 정하는 질병"으로 규정돼 있다. 4호에 대해 공단은 질판위 규정에서 "법 제49조에 따른 추가상병 요양급여를 신청한 질병, 소음성 난청, 석면폐증, 만성폐쇄성폐질환"을 명시한다.

시행규칙 제7조 해석상 질판위 심의 대상에서 제외한 것은 별도의 심의절차(진폐증의 경우 진폐심사회의)가 있거나 급성중독 등 인과관계가 명백한 재해이기 때문이다. 이에 반해 추가상병 사안은 업무상질병 여부가 불분명하거나 추가 조사(업무부담 여부)가 필요한 경우가 많다.

공단은 다수의 추가상병 사안에 대해 산재를 불승인한다. 특히 근골격계질환에 대해 공단은 업무 부담력이 충분하다고 판정된 사안에 대해서도 동일 부위(가령 양측 어깨) 상병의 업무 관련성을 부정하기도 한다. 또한 근골격계 성격을 가진 타 부위에 발생한 추가상병의 경우 별도의 업무 부담 여부를 조사하지 않고 기각하는 사례가 많다. 특히 노동자 업무가 단절되거나 퇴직하면 이를 근거로 불승인한다. 이는 다수의 광부·조선업·제조업 노동자의 추가상병 사안에서 반복되고 있다. 상병이 발생할 만큼 충분한 기간을 종사했는데도 퇴직 등 업무단절, 상병 발생 후 부담 작업에서 종사하지 않았다는 이유로 불승인하는 것은 법리(서울고법 2019. 01. 23. 선고 2018누46461판결)와 상식에 반한다.

둘째, 자의적 법률 해석으로 제외되는 경우는 '요양 중 또는 요양 종결 후 자살하는 사건'이다. 공단은 〈산재보험법〉 시행령 제36조 2호에 나와 있는 "업무상의 재해로 요양 중인 사람이 그 업무상의 재해로 인한 정신적 이상 상태에서 자해행위를 한 경우"를 포함해, 요양 종료 후 자살하는 경우는 질판위 심의 제외 대상으로 간주한다. 이에 자문의 사회의 의학적 판단을 거쳐 업무상재해 여부를 결정한다. 재해자가 정신건강의학과에서 치료한 바 있고, 의무기록지상 산재로 인한 극심한 후유증으로 정상적인 인식 능력이 뚜렷하게 낮아진 상태로 증명된 것을 제외하고 대부분 불승인된다.

공단의 현행 법령 해석과 운용은 〈산재보험법〉 제49조(추가상병 요양급여의 신청)와 제62조(유족급여) 규정에 반한다. 요양 중 또는 요양 종결 후 발생한 정신질환 사건은 추가상병이 맞지만, 자살은 '요양급여'가 아니라 '유족급여' 사안이다. 게다가 재해 후 자살 시점 이전 기간이나 요양 기간에 정신적 이상상태가 발생했는지, 정신적 이상상태가 최초 재해와 인과관계가 있는지가 쟁점이다. 통상적으로 추가상병이 "재해 또는 동일 원인"과의 인과성 여부가 판단대상인 것과 큰 차이가 있다.

현재 질판위가 엄밀한 법리적 상당성에 기초해 운영·판정하는 것은 아니지만 추가상병을 심의 판단하는 자문의사회의에 비할 바는 아니다. 단 한 건이라도 노동자의 산재신청이 공단의 자의적인 해석과 운용으로 인해 불승인된다면, 이는 명백히 불공정한 것이다. 질판위가 운영된 지 십여 년이 지났지만 공단은 여전히 이 문제에서 자유롭지 못하다. 공단은 조속히 규정과 지침을 변경해, 업무상질병 성격이 명백한 추가상병과 요양 중 자살사건에 대해서는 반드시 질판위 심의 절차에 따라 운용해야 한다. 　　　　　　　　　　　　　　　　　　　　〔2020.10.26.〕

강순희 근로복지공단 이사장님. 2020년 10월 8일 언론 인터뷰를 통해 공단을 노동복지 허브로 만들겠다고 말씀하신 내용 잘 봤습니다. 그런데 정작 공단의 본연의 업무인 산재 노동자를 위한 제도개선에 대한 내용은 하나도 없었고, 오히려 산재 노동자의 아픔과 고통은 더해가는 것 같아 몇 가지 묻고 싶습니다.

먼저 많은 사람이 지적하는 신속한 산재처리 과정 문제입니다. 대체 산재신청과 판정을 받기 위해서 1년 넘게 걸리는 지금의 현실이 정상적인가요. 이 문제는 어제오늘 제기된 문제도 아닙니다. 산재신청에 나서기까지 노동자들의 고통, 무급을 감수하고 생계를 포기한 그 불안한 상황을 대체 언제까지 지켜보실 건지요. 요양급여결정 지급기한을 7일로 명시한 〈산재보험법〉 시행규칙은 사문화된 지 오래입니다. 질판위 심의 기간은 어떤가요. 법정 심의 기간인 20일이 아니라 45.7일이 걸리고 있지 않은가요. 2013년에만 하더라도 14일에 불과했습니다. 도대체 공단의 인력과 능력은 어디에 집중하는가요.

신청 과정의 관문도 여전히 힘듭니다. 공단이 규정한 산재보험 초진 소견서 양식을 여전히 요구하기에 산재신청을 포기하는 노동자들이 많다는 사실을 아시나요. 의사들은 산재보험 초진 소견서 작성을 거부하는 현실에 좌절하는 노동자와 그 가족이 있다는 사실에 아무런 미안함이 들지 않던가요. 초진 소견서를 제출한 이후 산재가 승인되면 또 다시 요양비 청구를 하게 하고 진료계획서를 내게 하는데, 저 불편한 양식은 누구를 위해 존재하는 것인가요. 불가피한 사정이 있을 경우 진료기간이 명시된 진단서를 제출하는 게 가능하다는 사실을 많은 노동자는 알지 못합니다.

산재신청을 한 이후에도 어렵기는 여전합니다. 왜 공단은 산재신청을 했을 때 사업주 문답서를 받고도 주지 않는가요. 보험가입자 의견서를 사업주 문답서로 받고도 노동자에게 주지 않는 경우가 비일비재합니다. 각종 문답서도 작성하기가 너무 어렵습니다. 혹시 이사장님은 근골격계질환 산재신청을 했을 때, 노동자들이 작성해야 하는 문답서를 보신 적이 있나요. 인간공학을 배우지 않으면 도저히 작성하지 못할 내용들로 가득한 질문서 말입니다.

산재승인 이후에도 노동자를 위한 서비스는 부족합니다. 이사장님은 모르시겠지만, 모든 서류는 재해자와 그 가족이 발급받아서 제출해야 합니다. 얼마 전 공단의 산재 판정을 받기까지 1년이 걸린 뇌출혈 노동자의 배우자는 그간 치료받았던 5개 병원을 직접 다니면서 요양비를 받기 위해 뛰어다녔습니다. 코로나19 시국에 일일이 예약하고, 간병료 소견서를 써주지 않는다는 의사를 설득해가면서 말입니다. 공단에서 공문을 보내고 처리하면 간편하게 할 수 있지 않은가요.

정신질환으로 산재승인이 나도 산재보험 의료기관이 아니라는 이유로 몇 곳의 병원을 돌아다니며 자신이 치료받을 수 있는 곳을 알아보는 노동자의 처참한 심정을 아시나요. 폐암으로 산재를 인정받아도 요양병원과 국립암센터가 비지정 의료기관이라 다시 병원을 옮겨야 하는 불안감을 가져야 하는 현실을 아는가요. 왜 비지정 의료기관의 책임을 산재 노동자가 짊어져야 하는가요.

산재승인을 받은 이후에 각종 비용청구는 공단에서 알아서 해줘야 하는 게 맞지 않나요. 승인문자 하나 통지해주고, 나머지는 알아서 하라는 현재의 시스템은 아무런 문제가 없다고 보는 건가요. 공무원연금공단처럼 최소한의 서류와 양식, 안내 내용을 첨부해서 보내 주는 게 그렇게 어려운 것인가요. 산재 판정이 나면 질판위 판정서, 위원별 심의 의견, 재해조사서, 평균임금 산정서 같은 기본적인 서류는 공단이 함께 보내 줘야 하는 게 맞는 게 아닌가요. 정보공개청구 제도를 제대로 아는 노동자가 대체 몇이나 된다고 생각하시나요. 요양비와 휴업급여가 어떻게 산정됐는지를 먼저 알려줄 수는 없나요. 왜 노동자가 자신의 산재 신청이 어떤 이유로 승인·불승인이 되었는지 알아보기 위해 정보공개 청구를 해야 하나요.

공단의 잘못된 판정으로 소송을 내는 노동자도 많습니다. 산재인정 기준 합리화 문제는 수십 년간 제기됐던 것입니다. 가령 2020년 뇌심질환 사건에서 공단이 법원에서 패소한 사건의 비율은 18.9%입니다. 출퇴근 중 또는 업무수행 중 일어난 사고지만, 공단이 범죄행위로 규정하고 불승인하는 사건은 크게 증가 중입니다. 단순 신호위반이 그렇게 비난받아야 할 범죄행위인가요. 2018년 이전의 공단 입장이 하루아침에 바뀐 것에 대해 해명하신 적이 있나요. 배달 노동자와 같은 취약한 노동자를 배제하는 산재보험은 누구를 위해 존재해야 한다고 생각하시는지요.

노동복지허브 완성보다 산재 노동자의 아픔과 고통에 귀를 기울이라고 말씀드리고 싶습니다. 산재보험의 이념은 그렇게 출발했고, 공단의 존재 이유는 〈산재보험법〉 제1조에 나오는 노동자 보호를 떠나서 생각할 수 없기 때문입니다. (2021.04.05.)

근로복지공단 보상업무 정보 숨기기, 여전하다

근로복지공단에 대한 2019년 정보공개청구는 6만 4,889건이며, 이중 보상 관련이 6만 3,609건(98%)이라고 한다. 대부분의 사건은 산재결정 후 재해조사, 판정 자료에 대한 청구다. 결정 후 정보공개도 중요하지만, 보상 신청과 조사과정에서는 더욱 중요하다. 재해자의 알 권리와 적극적 방어권 보장을 위해 필요하기 때문이다. 그러나 이 과정에서 공단 보상부 행정의 문제점은 여전히 개선되지 않고 있다.

첫째, 보험가입자의 의견과 문답서가 여전히 재해자에게 전달되지 않는다. 특히 의견과 더불어 문답서를 작성하는 경우가 그렇다. 공단은 요양신청 시 보험가입자에게 알려 의견을 확인한다. 이때 보험가입자의 의견이 신청인의 요양급여 신청내용과 다를 경우 그 사실을 알리고, 보험가입자가 제출한 자료는 사본과 함께 제공하도록 규정한다(〈요양업무처리규정〉 8조).

산재를 말하다

담당자들은 재해 사실을 사업주가 부정하거나, 질병에 대한 업무 기인성을 부정하는 취지의 문답서를 제출했다면 알릴 필요가 없다고 생각한다. 산재보상 사건을 다루면서 이런 문제가 반복 발생해 여러 차례 지사와 다툼이 있었다. 2021년에 있었던 포항지사 사건에서는 산재 결정 이후 정보공개를 통해서야 사업주의 불승인 의견서가 제출된 사실을 확인했다. 2021년 성남지사 담당자는 사업주가 분명히 산재 불인정 취지로 의견 및 문답서를 제출했다고 했지만, "[의견서와 문답서를 공개하라] 그런 규정이 어디 있냐. 그렇게 하면 일을 할 수 없다. 그렇게 한 적이 없다. 불승인되면 나중에 청구하라"라고 했다. 〈요양업무처리규정 및 공공기관정보공개에 관한 법률〉 제9조1항6호다항 "개인의 권리 구제를 위해 필요하다고 인정되는 정보"인데도 묵살하는 것은 위법한 행정이다.

둘째, 산재신청 처분 종결 이후 정보공개의 범위도 일정하지 않다. 통상 불승인 사건 일체에 대해 정보공개청구를 하면 담당자에 따라 공개 범위가 달라진다. 일정한 문서를 누락하는 경우도 있고, 중요한 자료를 공개하지 않는 사례도 있다. 특히 근골격계질환 사건은 공단이 촬영한 작업 동영상을 제공하지 않는 것이 일반적이다. 이를 특정해서 요청할 때만 제공하거나, 사업주에게 확인을 거쳐야 할 사항이라는 식으로 거부하는 경우도 잦다. 작업 동영상은 공단이 직접 촬영한 정보이고, 동영상 촬영 시 재해자에게 알려 참석하도록 규정한다. 특히 업무상질병 여부를 판단할 때 재해자에게 핵심적인 정보다. 비공개할 이유가 전혀 없다.

셋째, 직업성 암 사건의 경우 역학조사 보고서를 사전에 제공하지 않는다. 대부분의 청구인이 질판위 회부 전에 이를 열람할 권리가 있다는 사실을 알지 못하며, 공단에서 이를 알려주지도 않는다. 2021년 공단 남부지사에서는 대한항공 백혈병 사건에서 비공개 결정을 해 물의를 일으킨 적도 있다. 산재가 결정된 이후에도 전문조사 보고서를 요청하면 요양기간이 결정되지 않았을 때는 보고서의 결론을 제외하고 공개한다. 특히 사업주의 의견을 물어서 결정한다. 전문조사기관이 직업환경 연구원으로 거의 일원화됐고, 개인의 권리구제를 위한 핵심 정보인데도 복잡한 절차를 거쳐 비공개하는 것은 부당하다.

넷째, 공단 재활보상부 업무 운영은 각종 규정과 지침·지시에 기반한다. 이전에는 일부 규정만 공개하다가 고용노동행정개혁위원회의 권고 이후 거의 모든 지침을 홈페이지에 공개한다. 그러나 지침보다 하위 업무규정이라고 할 수 있는 '업무처리요령·업무처리 기준' 등은 대부분 비공개돼 있다. 지사에서 쟁점사항에 대해 본부에 질의·답변하는 '질의 회시' 또한 마찬가지다. 특히 공단의 지침이 판례보다 중요한 행정작용의 이론·실무적 기반임을 볼 때 그 제·개정 과정에서 투명성과 합리성, 절차적 타당성이 부족하다.

다섯째, 산재판례 정보가 홈페이지상 게재되고 있지만, 전체 판결이 아니다. 특히 공단은 1·2심 원고승소 취지의 조정사건에 대해서는 판결문을 올리지 않고 있다. 공단이 패소가 분명한 사건이며, 이들 사건의 비중이 적지 않은데도 공개하지 않는 것은 납득하기 어렵다.

여섯째, 판정 및 심의결정의 구체적 통계를 공개해야 한다. 공단

산재를 말하다

통계연보에는 1년 단위 심사결정 현황만 간략히 기재돼 있다. 질판위 및 산재심사위는 분기별·연도별 심의 결정 현황 자료를 만들고 있지만 이를 대외적으로 공개하지 않고 있다. 핵심적인 산재 권리구제 기관들의 판정 현황을 투명하게 공개해야 한다.

2021년 공단 업무상질병부에 '질판위 심의사건 회송 관련 업무처리 기준 알림' 문건을 특정해서 정보공개 신청을 했는데 '질판위 운영규정'을 받았다. 공단 본부 담당자들은 〈정보공개법〉 제6조의2에 명시된 성실수행 의무가 무엇인지 알아야 한다. (2021.09.06.)

파기환송 판결로 본 산재 판정기관들의 문제

행정소송으로 이어지는 근로복지공단의 산재보험급여 사건은 1년에 약 2,200건이다. 그중 1,700건 정도가 노동자나 공단의 승소 또는 취하 등으로 확정된다. 공단은 행정소송 패소율을 2020년 13.1%, 2021년 12.3%라고 밝히고 있다. 그런데 이는 공단 스스로 취하한 사건을 포함하지 않은 통계다.

2020년 전체 취하사건 913건 중 공단이 패소가 예상돼 취하한 건은 386건, 2021년에는 771건 중 337건이다. 이를 공단 패소사건 각 247건(2020년)·212건(2022년)과 계산하면 패소율은 2020년 33.4%, 2021

년 31.8%다. 10건 중 3건 이상은 공단이 패소하는 것이다. 과연 노동자에 대한 산재 불승인 처분이 공정하고 법률적으로 적합하다고 단언할 수 있을까? 이와 관련해 대법원 파기환송 판결을 분석해봤다. 2001년부터 올해 5월까지 공단이 1심, 항소심에서 승소한 뒤 대법원에서 패소한 사건 중 노동자의 보험급여 청구와 관련된 49건을 분석했다. 과로성 질환이 20건으로 가장 많았다. 출퇴근 재해 4건, 근로자성 쟁점 사건, 직업성 암, 적용사건이 각 3건이었다. 자살사건, 요양 중 자살사건, 추가상병 사건, 업무상 사고 사건이 각 2건이었다. 나머지 장해급여, 평균임금, 재요양, 진폐 합병증 사망, 회식 중 재해가 각 1건씩 있었다.

최근 판결 중 과로성 질병 사건 쟁점은 개정된 뇌심혈관질환 관련 고용노동부 고시의 적용 여부(대법원 201두45633, 대법원 2020두39297)도 있었지만, 가장 중요한 것은 업무상질병(사망)의 상당인과관계 판단이다. 현재 공단 업무상질병판정위원회와 산업재해보상보험심사위원회, 고용노동부 산업재해보상보험재심사위원회가 뇌심혈관질환 고시의 기계적인 적용 및 수량적 기준 판단에 매몰되어 있다. 반면에 대법원은 이전부터 업무의 양, 강도, 작업환경, 정신적 스트레스 등으로 인해 "과로 스트레스가 기존 질병을 자연적 경과 이상 악화시킨 것인지 여부" 및 "과로 스트레스가 기존 질병에 겹쳐 사망시킨 것인지 여부"를 판단 기준으로 제시하고 있다. 게다가 과로 스트레스로 인한 면역력 저하로 발생한 상병의 악화라는 관점에서 "급성심근염 사망(대법원 2020두39297판결), 만성신부전증(대법원 2002두6026판결), 폐결핵에 의한 결절종 사망(대법원 2003두4164판결), 폐결핵 기저질환자의 뇌경색 사망(대법원 2001두6845

판결)" 등을 업무상재해로 판단했다. 또 공단 등에서 인정될 수 없는 단일 요인인 정신적 스트레스에 따른 뇌동맥류 파열의 뇌출혈 사망을 업무상 재해로 인정(대법원 2021두38567판결)한 바 있다. 또한 발병 전 구체적 상황을 보며, 1개월 이전의 실질적 과로 스트레스 상황을 판단해 심근경색 사망을 업무상재해로 인정(대법원 2010두733판결)했다. 발병 전 18일 연속근무라는 과중한 업무를 뇌경색 사망의 악화요인으로 인정(대법원 2005두7112판결)하기도 했다. 결국 대법원판결에서도 확인할 수 있듯이 공단 및 산재재심사위 등 판정기구의 가장 큰 문제는 "상당인과관계의 법률적 판단 원칙을 적용하지 않는다"라는 것이다. 주 52시간 이상 근무와 가중요인 찾기 게임으로 전락해 버린 작금의 판정에 대한 고민과 개선대책이 없다.

분석 대상 판결 중 레미콘 기사의 근로자성 인정(대법원 2019두39134판결), 형식적 대표이사의 근로자성 인정(대법원 2009두1440판결) 등 선례적인 판결 이외에도 현재 '근로자성 여부'가 산재 분야에서 쟁점이 되고 있다. 담당 부서인 근로복지공단 가입지원부의 업무매뉴얼이나 조사가 부실하고, 공단 지침이나 노동부의 해석에 의존하고 있어 법률적 판단의 정합성이 부족하다. 직업성 암 사건 중 삼성 LCD 다발성 경화증 사건(대법원 2015두54114판결)에서 첨단산업의 희귀질환 및 유해물질의 복합적 노출 시 판단방식에 대해 판시했지만, 전문조사기관 평가위원회 및 공단 질판위에서 이를 명확히 수용해 판단하고 있지 않다. 게다가 조사인력 및 전문성 부족, 과다하게 많은 사건, 구체적 조사 미흡 등 전문조사기관의 역학조사 문제는 여전하다.

산재 노동자가 요양 중 스스로 목숨을 끊는 사건이 계속 하급심뿐만 아니라 대법원에서 업무상재해로 인정되는 것은 근본적으로 공단이 판단 방식을 바꾸지 않기 때문이다. 사고 이후 우울증 등 상병 발생, 이로 인한 정신적 이상 상태 때문에 발생한 자살사건(대법원 2021두34257판결, 대법원 2016두59010판결)에 대해 공단 지사의 자문의사회의는 임상적 판단에만 치우치고 있다. 질판위에 회부해 실질적으로 판단할 수 있는데도 이런 사건을 추가상병 사건으로 간주해왔다. 자살사건에서도 각 질병판정위별 판정률 편차가 심각하고, 행정소송 패소율이 낮지 않다.

임종성 더불어민주당 의원실에서 받은 공단의 《소송상황분석보고서》를 보면 공단은 주요 패소사유로 '증거판단 견해 차이, 법령 해석 견해 차이, 기존 질환과 견해 차이, 법원 감정결과'를 제시하고 있다. 사실관계 및 증거 판단이 제대로 되지 않는 가장 중요한 이유는 뇌심혈관계질환 사건에서 알 수 있듯이 지침과 고시에 매몰돼 종합적 판단을 하지 않기 때문이다. 또한 법령 해석 견해 차이는 '범죄 행위로 발생한 사고의 업무상재해 인정 기준에 대한 공단과 법원과 법령 해석 견해 차이' 때문이 아니다. 이는 애초 당해 기준이 〈산재보험법〉이 허용하지 않는 중과실 개념을 도입해 법의 취지를 몰각'하고 있기 때문이다. 또한 공단은 기존 질환이 있더라도 업무상 요인을 공동요인으로 채택하고 있는 명확한 판례 법리를 수용하지 않기 때문이다. 반복되는 패소 사유가 공단 및 산재재심사위의 잘못이 명확한데도 개선하지 않는 것은 직무유기 행위다. [2022.09.23.]

PART
06

산재 판정기관의 문제

업무상질병판정위원회

2007년 12월 24일, 〈산재보험법〉 전면개정을 통해 질판위가 가장 핵심적인 기관으로 부상했다. 질판위는 공단의 내부기구에 불과하지만, 업무상질병의 산재인정 여부를 판정한다. 필자가 2010년에 칼럼을 발표할 때부터 질판위에 대해 비판한 것은 크게 2가지였다. 하나는 내부의 민주성과 공성성 확보의 문제였고, 하나는 심의 기준의 공정성이었다. 후자는 주로 뇌심질환 판정 문제에 국한해서 지적했다.

지금 생각하면 말도 되지 않지만, 질판위는 2012년까지 공란을 둔 4페이지 심의안만을 위원들에게 제공했다. 이에 민주노총 질판위 위원이 항의하고 뛰쳐나간 일도 있었다. 여전히 노동자들은 자신의 사건을 판정한 위원들의 이름을 알 수 없다. 심의안도 비공개 대상이다. '산재보험 제도개선 TF'에서 23차례 논의가 있었다. 당시 노동계의 입장을 여러 차례 자문·검토해주었다. 고용노동부는 2011년 11월 '산업의학 전문의 참여 확대 등'을 포함한 16개 분야의 '질병판정절차 개선방안'을 발표·시행했다. 이에 위원장을 민간위원으로 임명 가능하도록 했다. 비민주·불공정 운영 문제로 노동계의 항의로 퇴진한 최선길 전 서울질판위 위원장의 경우도 있었지만, 모범적 운영을 위해 노력한 정진주 현 서울남부판정위 위원장의 경우도 있었다. 일부 제도적 개선이 이루어져 심의 사건이 축소되고, 위원들의 구성이 다양해졌다. 인정 기준도 일부 개선됐다. 이에 2010년 불승인율 63.9%에서 2021년도는 36.8%로 낮아졌다. 뇌심질환은 87.1%에서 61.4%로 낮아졌다. 그러나 지역별 인정률 편차는 여전하다. 2021년도 뇌심질환 인정률은 서울질 판위는 47.8%, 부산질판위는 27.4%다. 근골질환의 인정률은 광주질판 위는 75.1%, 부산질판위는 58.2%다. 정신질환 인정률은 서울질판위는 83%, 부산질판위는 58.9%다.

뇌심질환의 판단도 문제였다. 이는 고용노동부 고시와 공단 지침을 산재 판단의 최저 기준이 아니라 절대 기준으로 적용해서 발생하는 것이다. 물론 현재도 법원과 달리 예시적 기준으로 보지 않는다. 만성과 로의 기준이 1주 60시간에서 소위 '52시간+가중 요인'으로 완화된 이후에는 7가지 가중 요인에 대한 판단도 미흡하다. 특히 정신적 스트레스에 대한 심의 판정이 매우 미흡하다. 이는 지사의 현장조사와 서면문답 위주의 부실한 조사로 인한 측면도 작용한다. 여전히 임상의 2인의 권한이 막대하고, 양적인 요소인 업무시간 위주의 판단이 이어지고 있어 문제다. 질판위 불승인사건의 이의 제기율이 22.3%(2021년도)에 불과한 점을 감안하면, 무엇보다 질판위의 공정성과 합리적 산재 판정의 기준을 세우고 적용하는 일이 여전히 중요한 과제임을 알 수 있다.

질판위는 지난 2007년 12월 24일 〈산재보험법〉 전면개정 당시에 도입된 기관이다. 즉 "업무상질병에 대한 판정의 객관성·공정성을 제고하기 위해 근로복지공단 지역본부별로 업무상질병을 심의·판정하는 질판위를 둔다"라는 노사정 합의(민주노총 제외)에 의해 기존 지사별 '자문의사위원회'를 대신하고자 도입된 것이다. 이 기관은 근로복지공단의 각 본부별로 구성됐으며 현재 산재보험 개혁의 핵심 대상으로 자리 잡고 있다. '질판위'라는 약칭으로 더 잘 알려진 이 기관에서 소음성 난청 등 일부 상병을 제외하고 거의 모든 업무상질병에 대한 심사가 이뤄진다.

한국노총 안전보건연구소의 발간 지표를 보면 업무상질병 불승인율은 2006년 45.7%에서 2009년 60.7%로 상당히 높아졌다. 특히 뇌심혈관계질환의 경우 59.9%에서 84.4%, 근골격계질환은 32.9%에서 46.3%로 높아졌다. 2009년 7월 1일부터 201년 6월 30일까지 1년간 질판위에서 심의를 거쳐 최종 결재 완료된 건수는 총 9,542건이다. 15%p의 불승인율 증가는 최소 1,000명의 노동자가 산재로 승인되지 못하는 현실을 의미하기도 한다. 업무상질병의 특징, 즉 장기요양·과다한 의료비·원직 복귀의 어려움 등을 고려하면 수백 명 노동자의 가정이 파탄날 수 있음을 뜻한다.

구체적으로 보면 뇌심혈관계질환의 불승인율이 높아진 이유가 단지 '업무수행 중 뇌출혈'의 업무상질병 대상 범위를 배제한 결과만으로 보기 어렵다. 또한 30%의 업무 증가라는 정량적 지표의 일률적 적용 등 엄격해진 노동부 고시 〈뇌혈관질환 또는 심장질환 및 근골격계질환의 업무상질병 인정 여부 결정에 필요한 사항〉(2008. 07. 01 노동부 고시 제2008-43 호)의 문제만도 아닐 것이다.

오히려 근골격계질환의 경우 많은 비판을 받았던 구(久) 법상 '별표'에 명시된 '중량물 취급 업무에 대한 기준'이 삭제됐기 때문이다. 또한 질판위 대상은 아니지만 정신질환으로 인한 자해의 업무상재해의 인정과 관련해서도 이전 법 기준과 달리 '정신과 치료 전력을 요하지 않음'에도 2006년 67.5%에서 2009년 74.5%로 불승인율이 높아졌다. 결국 이를 바탕으로 추론해볼 수 있는 사실은 기형적인 업무상질병 인정 기준의 문제뿐만이 아니라 이를 운용해나가는 실질적인 주체에 문제가 있다고 볼 수 있다. 즉 부당한 인정 기준뿐 아니라 근로복지공단과 질판위라는 기관 자체가 객관적이고 일관된 심사와 운영능력을 가지지 못한 것이다. 이는 동일상병에 대해 지사별 질판위 승인율 차이가 50% 이상 나는 현실을 보면 알 수 있다. 물론 형식상 심의과정, 제출 서면에 대한 위원들의 실질적 검토 부재, 5분 단위의 심사, 기피제도의 사실상 미운영, 지사의 객관적 전문적 조사의 부재, 피재 노동자의 실질적 의견 참여 기회의 배제, 임상의의 과도한 참여, 각 상병에 대한 비전문가의 참여, 위원장의 독선적 운영구조 가능형태 등 여러 문제를 들 수 있지만 말이다. 이는 공단의 〈질판위 제도개선 종합대책(안)〉(2010. 06.)을 보더라도 대부분 인정한다.

사건 수나 내용 등에 대해 질판위와 다르다지만 노동위원회의 경우

양 당사자의 제출 서면·증거자료 등을 기초로 조사관이 조사 보고서를 작성해 엄밀하지는 않아도 상당히 구체적으로 정리한 내용을 판단 기준으로 삼도록 한다. 또한 통상 1시간 정도의 심문회의를 통해 이미 제출된 서류의 내용뿐 아니라 위원들이 궁금해하거나 당사자들이 진술하고자 싶은 내용에 대한 기회를 보장한다. 따라서 '질병 인정 기준개선의 문제', '사건당 심의시간 증가방안' 등이라는 공단의 단순한 접근방법은 질판위라는 운영 주체의 민주성과 투명성을 담보하기도 어려울 뿐 아니라 현행과 같은 문제점을 근본적으로 개선하기도 어렵다. 형식적으로 개선된 기준이 있어도 여전히 불승인율이 높아지는 현실을 보면 공단의 개선방안이 과연 바람직한 것인지 의문이 든다. 그리고 〈산재보험법〉 개정 시 이미 예상된 문제였다는 지적이 있었음을 볼 때, 공단은 질판위 개선이 아니라 〈산재보험법〉을 제자리로 돌리려는 노력을 해야 한다.

현재의 산재보험 제도는 헌법재판소가 판시한 내용인 "〈산재보험법〉의 기본 이념은 산업재해를 당한 근로자와 그 가족의 생존권을 보장하는 데 있고, 산재보험수급권은 이러한 헌법상의 생존권적 기본권에 근거해 〈산재보험법〉에 의해 구체화된 것이다"(헌재 2005. 07. 21., 2004헌바2, 공보 107, 938, 헌재 2005. 11. 24. 2004헌바97전원재판부 참조)에 부합하는지 스스로 질문해야 한다. 노조도 불승인율 최고치 기록이라는 현실에서 냉정하게 산재보험제도를 다시 한번 살펴봐야 한다. 현재의 문제가 질판위에서 비롯된 것이 아니라 〈산재보험법〉과 그 운영에서 초래된 것이기 때문이다. '거시적으로 사회보험으로서 산재보험의 위상과 대안이 무엇인가'라는 관점과 내용을 분명히 세워야 할 때가 아닌가 싶다. 미시적으

산재를 말하다

로는 공단과 질판위 문제에 대해 세부적인 개혁방향을 잡아나가야 할 것으로 보인다.

결국 질판위라는 급한 불에 당장 물을 부어 꺼버리기도 어렵고, 또 다른 불씨가 곳곳에 존재하는 현실에서 공적 기능을 담당해야 할 산재보험에 대한 장기적 과제와 구체적인 내용을 천천히 만들어가는 것이 필요하다. (2010.10.08.)

노사정 산재보험 제도개선 쟁점에 대한 소고

2008년 7월 1일 〈산재보험법〉이 전면 개정돼 시행되면서 많은 문제점이 야기됐다. 그중 핵심적으로 질판위의 불공정성 및 산재인정 기준의 문제점이 지적되고 있다. 이에 따라 매년 국정감사에서 문제가 지적되고 제도개선에 대한 노동계의 요구가 높아지면서 '노사정 산재보험 태스크포스(TF)'가 구성돼 2010년 11월부터 2011년 10월 10일까지 회의가 진행됐다. 하지만 17차례 이상 회의가 열린 게 무색하게 뚜렷한 합의나 개선 내용을 내놓지 못하고 있다.

산재보험 TF에 참여하는 논의 주체는 고용노동부·근로복지공단·양대 노총·경총이다. 고용노동부가 2011년 7월 28일에 제출한 'TF 논의 과제 정리 및 검토안'을 중심으로 몇 가지 쟁점에 대해 살펴보자.

첫째는 질판위 위원 명단공개 문제다. 현재 공단 홈페이지(조직안내 2 페이지) 하단 파일에서 볼 수 있는데, 의사·변호사·노무사 산재 전문가의 분류 및 이름만 알 수 있다. 현재까지 기피신청이 단 한 건도 없었는데, 노동위원회처럼 최소한 직업과 사무실 이름 정도는 전달돼야 기피제도가 활용될 수 있다. 경총이 협박 등 부작용을 우려하나, 사전 공개되는 노동위원회에서 이러한 문제가 전혀 없었다는 점을 볼 때 타당하지 않다.

둘째는 질판위 심의안 공개사안이다. 정부는 '심의일정 통지시 재해발생 경위 요지'를 제공하자는 입장이다. 경총은 재해조사 내용을 노동자에게 공개하는 것에 대해 우려를 표하며, 사업주에게도 공개해야 한다고 주장한다. 질판위 심의안을 보면, 지사의 재해조사서와 내용상 동일하고 현재 사업주 의견서(보험가입자 확인서) 및 사업주 문답서가 노동자에게 전달되지 않는 점을 감안할 때 노동자의 항변권을 보장하는 방향으로 개선해야 한다.

셋째는 주치의·자문의 소견 일치 시 심의 대상 제외와 관련한 문제다. 노동계는 주치의와 자문의 소견 일치 시 판정위 심의 대상 제외를 주장하고, 경총은 여기에 사업주의 의견이 일치돼야 한다는 입장이다. 질판위 심의 대상은 주로 뇌심혈관계질환과 직업성 암 등 의학적인 쟁점에 대한 판단이 요구된다. 경총이 말하는 사업주의 의견이 의학적인 의견인지, 사실관계에 대한 내용인지 의문이나, 의학적 판단과 사실 판단을 같은 가치에 둘 수 없다. 또 경총은 주치의가 업무상재해를 부정하는 경우가 없다지만 이는 타당하지 않다. 주치의인 임상의들이 대부분 업무기인성에 대해 판단을 보류하거나 인정하지 않는 현실과 동떨어진 주장이다.

넷째는 산업의학의 참여확대 문제로 정부안은 질판위 구성 시 임상의와 산업의 각 2명씩 참여하는 것을 제시한다. 이에 대해 민주노총은 각 2인, 한국노총은 2대 1을 주장한다. 뇌심혈관계질환·근골격계질환·직업성 암 등 질판위 심의 대상은 이미 임상적 판단, 즉 진단을 마친상태다. 초진 소견서·진단서 등 주치의 질병분류코드가 명확히 제시된상태에서만 산재신청이 가능하기 때문이다. 따라서 상병에 대한 재진단이 요구된다면, 이를 공단 내 별도기구로 구성해 주치의의 판단이 옳은지 검증하는 과정 마련이 필요하다. 임상의들이 이에 대해 업무기인성을 판단하는 현행구조는 개선이 시급하다.

다섯째는 질판위 공정성 확보안건이다. 현행 위원장에 대해 민간 전문가를 위촉하는 게 필요하다는 노동계 의견이 정부·경총과 대립한다. △이미 많은 부문에서 개방직위 공모가 이뤄지고 있고 △판정위의 공정성이 불신되고 있으며 △산재 전문가라는 모호한 역할과 규정이 오히려 전직 관료의 개입 수단으로 남용되는 점 등을 감안하면 공정성과 객관성을 어떻게 확보할 것인가에 대한 깊은 고민이 필요하다. 그밖에 현장조사의 법제화도 논의되고 있다. 공단 지사를 가면 지금도 많은 일거리에 담당자들이 힘들어한다. 법제화도 중요한 과제이지만 전문인력 충원이 시급하다. 평균 19.5건인 심의건 축소도 필요하나 무엇보다 내실 있는 심의체계 구조를 마련하는 것이 중요하다.

마지막으로 3개 분과(뇌심·근골·직업성 암)의 소위 전문가에서 논의되는 업무상질병 인정 기준을 개선하는 게 무엇보다 중요하다. 이 부분이

바뀌지 않는 한 제도의 개선책이 나오더라도 사실상 의미 없는 논의가
될 가능성이 크다. 덧붙여 노사정 TF 논의로 시간이 흐르는 동안 산재
노동자들의 고통은 더해질 뿐이다.   (2011.10.10.)

질판위의 위원들에 대한 불신

질판위는 '업무상질병의 판정 업무를 신속·공정하게 처리하기 위해' 설
치됐다. 질판위 규정 제1조의 내용이다. 그런데 질판위가 '신속'한 것은
인정하지만 '공정'하다고 느끼는 사람은 주변에 드물다. 언젠가 한 선배
노무사가 질판위가 위원들을 믿지 못한다고 말했다. 질판위 심의안의
신청인 개요란을 보면 '신청인 및 재해자의 성명, 각 주민번호, 재해자
와의 관계, 주소·연락처·사업장명·업종·소재지' 등이 공란으로 돼 있기
때문이란다. 실제로 확인해보니 사실이었다. 정말 신청인 개요란이 공
란이었다. 웃어넘기기에는 너무나 심각한 문제다. 질판위가 심의안 이
외 서류를 위원들에게 사전에 공개하지 않은 것은 이미 제도가 생긴이
후부터 '확고한 관행'이었다.

심의안 작성은 질판위 소속 공무원이 작성한다. 난해하고 어려운
질병 사건도 4페이지 정도로 요약한다. 대리인 공인노무사가 선임돼 수
십 페이지의 재해경위서와 각종 증거자료를 제출하더라도, 심의위원들

은 이러한 내용을 알지 못한다. 재해자 및 대리가 강조하는 중요한 요건과 내용, 기초 사실 등이 심의안에서 배제될 수 있다. 뇌심혈계질환의 경우 질판위 심의안 4페이지에는 신청인 개요와 재해 발생 경위가 약 1페이지를 차지한다. 재해 전 업무수행 내역에서 재해 전 7일간 업무수행 내역, 3개월간 업무수행 내역이 표로 약 1페이지를 차지한다. 그밖에 평소 건강상태·근무환경 등이 약술돼 있다. 특히 기존력을 도표로 정리해서 재해자의 기존 질환을 강조한다. 업무적 스트레스 요인은 몇 줄로 요약됐고, 회사에서 주장하는 내용도 반영돼 있다. 마지막으로 자문의 소견, 주치의 소견이 기재돼 있으며 관련 첨부 서류 목록도 포함된다.

이런 심의안이 어떻게 기초 자료가 되고, 심의회에서 이를 두고 공정하게 판정할 수 있을지 의심된다. 법리적 적합성이 전혀 없는 고용노동부 고시에 짜 맞춘 듯한 재해 당일, 재해 전 7일간, 3개월간의 업무수행 내역을 중심으로 조사된 것이 기재돼 있다. 반면 과거 수진 내역, 자문의 소견을 중심으로 한 심의안에서 업무상질병으로 판단되는 것을 기대하기란 사실 어렵다.

문제는 원처분기관의 조사내용(조사 복명서)이 거의 그대로 반영된다는 점이다. 별도의 질판위 사건 담당자의 조사나 관계 전문가 등에 대한 업무관련성 평가 의뢰(질판위 규정 제8조 제4항) 등이 거의 실시되지 않는다. 질판위 심의안이 이후 산재심사위·산재재심사위 심의안의 기초 자료가 된다는 측면에서도 최초 심의안이 구체적으로 작성될 수 있도록 제도 개선이 필요하다. 산재 사건의 성격상 공인노무사들이 노동자와 그 유족을 대리한다. 공인노무사들이 산재승인을 받기 위해 사건조사와 서면 작성, 증거 수집 등을 위해 노력하는 시간과 비용은 엄청나다. 그런데 공인 노무사들의 대리권은 완전히 묵살된다. 공인노무사회가 '대리권 침해신고센터'를 운영하는 것보다, 이런 문제에 대해 항의하고 제도개선을 요구하는 데 존재의의가 있지 않을까 싶다. 덧붙여 산재재심사위는 이미 거의 모든 자료를 위원들에게 공개하고, 산재심사위도 이런 방향으로 제도개선을 추진한다. 남은 건 질판위뿐이다. 언제까지 공란을 둔 4페이지 심의안을 위원들에게 줄 것인지 지켜볼 일이다. [2012.12.03.]

만성과로에 대한 판정위 판단이 지닌 오류

2013년 7월 1일부터 만성과로 기준에 대한 고시(제2013-32호)가 개정·시행됐다. 변경 내용 중 가장 핵심적인 것은 발병 12주 동안의 업무시간이 1주 평균 60시간을 초과하는지 여부와 종합판단원칙을 적용시키는 것이다. 이는 고시에서 명시됐듯이 "업무의 양·시간·강도·책임, 휴일·휴가 등 휴무시간, 교대제 및 야간근로 등 근무형태, 정신적 긴장의 정도, 수면시간, 작업환경, 그 밖에 근로자의 연령·성별·건강상태 등을 종합해 판단"한다.

하지만 고시 개정 4개월이 지난 2013년 11월까지도 여전히 근로복지공단 및 질판위의 만성과로 판단에는 문제가 많다. 이를 검증하기 위해 국회 환경노동위원회 은수미 민주당 의원실의 의뢰를 받아 2013년 7월 1일부터 9월 31일까지 심의된 서울질판위의 뇌심혈질환 판정사례를 분석했다. 그중 근로시간 55시간 이상자 중 불승인된 건의 심의조서 9건을 받아 그 내용의 타당성을 살펴봤다. 재해조사서를 확인하지 못한 한계는 있지만, 9건의 사례에서 질판위의 판단에 심각한 문제가 있음을 확인했다.

만성과로 기준이 2013년 7월부터 변경·시행됐음에도 여전히 옛 기준으로 판단한 사례가 있었다. 즉 개정법 시행 이후의 사건임에도 주 평균 근로시간, 특히 12주 평균 근로시간에 대한 분석·평가가 아예 행해지지 않은 사안이 존재했다. 12주 평균 주 60시간 근무 및 야간근무를 했음에도 이에 대해 평가되지 않은 사례(사건번호 1138호), 발병 4주 전 1주 평균시간·발병 전 12주 전 1주 평균시간 자체를 구체적으로 산정하지 않고 평가하지 않은 사례(1049호·1130호)가 그것이다. 분석 대상이 주 55시간 이상 사안임을 감안하면, 다른 불승인사건에서도 동일한 경우가 존재할 것이다. 최초 지사에서 이런 점이 조사되지 않았다면 질판위에서 조사하거나 원처분 지사에 재조사를 의뢰했어야 한다.

이 같은 문제로 인해 발병 전 4주 동안 1주 평균 근로시간, 발병 전 12주 동안 1주 평균 근로시간이 각 고시 기준인 64시간(1503호), 60시간을 초과하더라도 만성과로로 평가되지 못한 사례가 존재했다(1138호·1327호·1439호). 질판위는 경비 노동자의 경우 발병 12주 동안 1주 평균 근로시간이 60시간을 초과한 사례(1327호·1439호)뿐 아니라 거의 근접한 사례(1450호의 경우 59.5시간)도 만성과로로 평가하지 않았다. 발병 전 3일

이내 출근한 2일에 각 14시간·12시간의 폭설로 인한 제설 작업을 했고, 기존 질환이나 위험인자가 없는 경비원에 대해서도 마찬가지로 평가했다(1115호).

〈분석 결과와 공단의 판정 지침(뇌혈관질병·심장질병 조사 및 판정 지침, 2013. 07. 31)〉을 보면 경비 노동자의 경우 근로시간이 아무리 길어도 질판위에서 만성과로로 평가받지 못하리라는 판단이 든다. 고시와 지침에는 "야간근무 시간이 길수록, 빈도가 높을수록 발병 영향이 높아진다는 점을 감안해 평가"하도록 규정한다. 그럼에도 각 사례 모두 이것이 제대로 반영돼 평가되지 못했다. 심의 시 종합판단원칙도 구체적으로 적용되지 않았다. 경매업무에 대한 스트레스(1138호), 불량률 증가 및 위험 업무 자체의 스트레스(1295호), 대출업무에 대한 스트레스(1130호) 등 정신적 스트레스는 중요한 위험인자로 고려되지 않았다.

결국 〈산재보험법〉상 상당인과관계는 노동자별로 구체적으로 판단해야 함에도 법의 기본정신과 거리가 먼 평균 근로시간(4주, 12주 각 64시간, 60시간)을 설정한 점이 오히려 산재 불승인의 중요한 근거가 됨을 확인할 수 있었다. 또한 형식적인 '종합검토원칙'이 질판위에서는 구체적으로 적용되지 않고 있다. 오히려 고시상 기준시간을 초과하더라도 근로시간의 강도·집중도(종합검토원칙)를 이유로 경비 노동자가 배제되는 추세를 보면, 현 판정 기준은 불승인 처분을 할 수 있는 양날의 칼이라는 걱정이 든다. 업무상질병에 대한 판단은 법률적 판단이지 의학적 판단이 아니다. 의사 위주의 질판위 심의구조에 대한 대수술이 시급하다.

(2013. 11. 04.)

뇌심혈관계질환의 산업재해 판단은 의학적 범주일까. 아니면 업무상 상당인과관계에 대한 규범·법률적 판단 영역일까. 당연히 후자다. 이런 관점에서 본다면 현재 뇌심질환 사건을 심의하는 질판위가 규범·법률적 판단을 하는지 의문이다. 일단 현행 질판위는 법률적 판단을 내릴 수 있는 구조가 아니다. 위원장을 제외한 6인의 위원 중 임상의가 2명, 직업환경 의사가 2명(1명은 산업위생 전문가 또는 인간공학 전문가 가능)으로 4명이 의사다. 의사 비중이 높아 의학적 판단에 매몰되는 구조다. 법률 심의가 성립될 수 없는 기형적인 구조에서 법률 판단을 받아야 하는 모순이 발생한다. 뇌심질환 산재신청 시 상병명은 주치의를 통해 확인될 뿐 아니라 근로복지공단 지사 자문의사를 통해 재확인된다. 확인과 재확인을 거치고도 질판위 임상의 2인이 참여해 진단과 상병을 확인하는 불필요한 절차를 거치는 셈이다. 이런 기형적 구조를 바꾸려면 단기적으로 임상의 숫자를 줄이고 법률 전문가 비중을 높여야 한다. 장기적으로는 주치의와 자문의사의 의견이 일치하지 않으면 외부기관의 감정 또는 특진을 받도록 제도화하는 방식이 바람직하다.

　뇌심질환 판정과 관련해 공단의 〈뇌혈관질병·심장질병 조사 및 판정 지침〉이 최저 기준이 아니라 사실상 절대 기준으로 작용하는 것도 문제다. 〈산재보험법〉에 따라 고용노동부 고시와 공단 지침은 산재 판단의 최저 기준이라는 점은 법리상 명확하다. 공단은 판정 지침에서 만성과로를 '12주 평균 1주 60시간 이상 근로'를 기준으로 삼는데, 질판위는 이를 절대적 기준으로 삼고 있다. 1주 60시간 이상 근로한다는 것은 〈근로기준법〉을 위반한다는 뜻이다. 이렇게 불법 근로를 해야만 만성과로가 인정되는 기준은 명백한 모순이다. 주 60시간이 되지 않는 경우 스트레스 요인 같은 다른 발병·악화 요인이 있는지 세밀하게 심사해야 한다. 임상의는 법리적 부분에 대한 이해가 거의 없기에 공단 지침에 매몰돼 판단하는 경향이 강하다. 판정 지침이 '최저 기준'으로 작용하도록 지침을 개정해야 한다.

부실한 재해조사도 문제점으로 지적된다. 뇌혈관질병·심장질병 재해조사시트는 정량적 평가에 치우쳐 있다. 발병 전 4주·12주 업무시간을 작성하도록 하는 게 거의 전부다. 근로시간을 증명할 수 없는 경우 주 40시간 일한 것으로 간주해버리고, 간접증거를 통해 입증하더라도 이를 반영하지 않는다. 지침에 따르면 재해조사시트에는 '업무 강도, 책임 등 관련 특이사항'으로 이동·중대한 사고 같은 10가지 항목을 체크한다. 체크사항은 뇌심질환 유발원인으로 평가될 수 있는 '스트레스' 관련 요인이지만 수십 페이지의 스트레스 요인이나 증거자료를 제출하더라도 심의에 반영되지 않는다. 또한 지침 '별표2'를 통해 '정신적 긴장을 동반하는 업무 평가 기준'을 정하는데, 이를 기초로 재해조사서가 작성되는 경우는 없다. 부실한 재해조사시트를 근거로 질판위 심의안이 작성되기에 제대로 된 판단을 받기 어렵다. 업무 과중 및 스트레스 요인을 상세하게 기술하고 반영하도록 시트를 개정해야 한다.

뇌심질환도 현장조사를 원칙으로 해야 한다. 현재 재해조사시트

산재를 말하다

는 작업환경상 특이사항에 대해 7가지를 체크하도록 돼 있다. 하지만 담당자들이 거의 현장에 나가지 않아 작업환경상 요인들이 제대로 반영되지 않는다. 사진이나 동영상 조사를 원칙으로 하고, 육체적 노동 또는 작업환경상 가중 요소들이 세밀히 반영될 수 있도록 해야 한다.

마지막으로 필요한 것은 질판위 심의회의의 민주적 운영구조 확립이다. 금속노조는 서울질판위 위원장 퇴진을 요구하며 2016년 5월 25일부터 무기한 농성투쟁을 했다. 노조가 밝힌 퇴진 이유 13가지는 상당히 심각하며 중요한 내용이다. 1년 2,871건(2015년 기준)의 질병·직업성암 심의를 하는 서울질판위의 인정률이 33.9%에 불과하다. 전국 최하위다. 게다가 전국 6개 질판위 중 유일하게 직업병 인정률이 감소했다. 질판위 위원장 사퇴로 그칠 게 아니라 장기적으로는 근본적인 해결방안을 모색해야 한다. 주심공익위원을 두는 노동위원회나 비상임위원이 회의를 주재하는 산재심사위를 참고해 구체적 대안을 모색할 필요가 있다.

질판위는 2015년 9,781건의 산재 청구건을 심의했지만, 위원 기피 신청은 단 한 건도 없다. 위원은 철저히 비공개로 하면서 명패조차 책상에 올려놓지 않는다. 1회 회의할 때 13.7건을 심의하면서 대리인 또는 당사자 1인에 한해 진술권을 행사하도록 하고, 그것도 중간에 진술을 막는 모습을 보였다. 공단은 벼랑 끝에 선 노동자와 유족의 절박한 심정을 헤아려야 한다. (2016.06.08.)

2018년 뇌심혈관계질환의 산업재해 인정률은 41.3%(2,241건 중 925건)로 2017년에 비해 8.7%p 증가했다. 이는 뇌심혈관질환의 고용노동부 고시(2017-117호)가 개정돼 시행된 점이 가장 크게 영향을 미친 것으로 보인다. 그 밖에 이전 불승인된 사안이 재판정된 점, 질판위의 심의사건 축소와 판정 질 개선 노력을 한 점이 복합적으로 작용한 결과다. 그럼에도 뇌심질환 사건의 질판위 심의·판정은 여전히 개별 사건에서는 문제점을 내포한다. 2018년 질판위와 산재심사위에서 산재로 불승인된 뇌심질환 사건 중 산재재심사위에서 취소(산재승인)된 23건의 사례를 위주로 분석하고 개선방향을 모색해본다.

첫째, 질판위가 '단기과로' 인정요건을 충족하는데도 산재를 승인하지 않은 사례가 가장 많다. 고용노동부 고시에서 단기과로는 "발병 전 1주일 이내의 업무의 양이나 시간이 이전 12주(발병 전 1주일 제외)간 1주 평균보다 30% 이상 증가되거나 업무 강도·책임 및 업무 환경 등이 적응하기 어려운 정도로 바뀐 경우"로 정의돼 있다. 업무시간이나 업무량이 발병 이전 12주에 비해 30% 이상 증가한 경우, 이를 반드시 업무상재해로 판단해야 한다는 의미다.

질판위에는 다수 사례(2018-340호·367호·526호·782호·1183호·1622호·1904호·2026호 등)에서 업무시간이 이전에 비해 30% 증가됐음이 명백한데도 산재를 승인하지 않았다. 이는 일부 질판위 위원들이 고시의 성격을 오인하거나 적극적으로 해석하지 않은 결과다. 산재재심사위에는 단기과로 요건 충족 이외 기타 가중 요인을 요구하는 경우(2018-340호 등)도 있으나, 단기과로 요건에 부합할 경우 가중 요인이 없더라도 이를 산재로 승인하는 것이 고시에 부합한다.

둘째, 사인미상의 경우 업무관련성 판단 단계로 나아가지 않거나, 사안의 추정증거가 명백함에도 불구하고 산재로 인정하지 않은 사례도 발견된다. 현행 근로복지공단의 〈뇌혈관질병·심장질병 업무상질병 조사 및 판정 지침(2018-32호)〉은 "부검을 하지 않았더라도 다른 질병이나 손상 등에 의한 심폐정지나 심장정지가 아닌 경우 일반적으로 심장의 문제(급성심근경색·부정맥 등)로 볼 수 있음"이라고 명시한다. 뇌졸중(추정) 사안(523호) 또는 부검결과서상 뇌혈관계질환으로 명시된 사안(2191호)에서도 질판위가 인과성 자체를 판단하지 않은 것은 심각한 오류다.

셋째, 만성과로 판단 문제다. 이 중 질판위에서 업무시간 개념 판단에 오류가 있거나 소극적인 경우(523호)가 다수 발견됐다. 근로복지공단 지침상 업무시간 개념이 명확하지 않은 탓도 있지만 판정위원들이 이를 정확히 숙지하지 못한 때문이기도 하다. 현재 뇌심판단에서 핵심적인 과로 기준은 업무시간이며, 이는 근로시간과 다른 개념으로 업무를 위한 준비 및 정리 시간을 포함해 사용자의 지휘·감독하에 놓여 있는 시간이다. 따라서 업무시간을 추정할 수 있는 자료가 있을 경우에 이를 폭넓게 인정하는 것이 타당하다. 또한 만성과로를 인정하지만 업무 강도가 낮다는 사유로 불승인(1416호)하거나 근로시간이 일정하다는 이유로 불승인한 경우(2483호), 복부대동맥류파열 사안에서 만성과로 업무시간을 인정하면서도 불승인한 경우는 고시의 취지를 몰각한 사례다.

특히 고시상 명시된 7가지 가중 요인 "①근무일정 예측이 어려운 업무 ②교대제 업무 ③휴일이 부족한 업무 ④유해한 작업환경(한랭·온도 변화·소음)에 노출되는 업무 ⑤육체적 강도가 높은 업무 ⑥시차가 큰 출장이 잦은 업무 ⑦정신적 긴장이 큰 업무"의 각 적용·해석에서 질판위가 잘못 판단한 경우도 다수 있었다. 즉 교대제(2483호)·한랭작업(2401호)·육체적 부담작업(1103호·2401호)을 인정하지 않거나 특히 정신적 스트레스(523호·803호·1662호·1808호) 인정에 소극적이었다. 그리고 지침상 가중 요인은 하나의 예시적 성격으로 봐야 하며, 산재재심사위는 '무더위 야외작업'을 부담요인으로 인정(528호)했다.

넷째, 복합가중 요인의 해석·판단 문제다. 현재 고시는 "발병 전 12주 동안 업무시간이 1주 평균 52시간을 초과하지 않는 경우라도 2항의 업무부담 가중 요인에 복합적으로 노출되는 업무의 경우 업무와 질병의 관련성이 증가한다"라고 규정한다. 문제는 2가지 이상의 가중 요인에 복합적으로 노출된 경우 기준이 명시되지 않아 발생한다. 산재재심사위는 복합가중 요인이 3가지 이상 노출된 경우는 업무상재해로 인정(1952호·2342호)했지만, 질판위는 이에 소극적이었다.

산재재심사위에서 취소된 사례를 참조해 고용노동부와 근로복지공단은 질판위 심의·판정 과정상 문제를 보완하고, 판정위원의 판정 능력을 높일 수 있는 방안을 시행해야 한다. 아울러 뇌심혈관질환 관련 고시와 지침을 즉시 개정해야 한다.　　　　　　　　　[2019.05.13.]

산재심사위원회

필자는 2011년에 한국노총 추천으로 산재심사위 위원에 위촉되었다. 당시 위원들에게 심의안만 송부했고, 심의안에 담당 심사장의 사건검 토의견(기각·보류·취소)이 기재되어 있었다. 회의를 주재하는 위원장은 기여도 50%를 반복적으로 이야기했고, 의사가 다수인 구조에서 법리판단이 제대로 될 수 없었다. 위원에는 공단 퇴직 관료들이 위촉되어 있었다. 한국노총과 함께 심사제도의 문제점을 연구하고, 2012년 1월 개선을 위한 토론회를 만들었다. 이후 2014년에 다시 한번 한국노총은 제도개선 요구안을 만들어서 고용노동부에 건의했다. 그리고 필자는 2012년 4월과 5월 연속으로 산재심사위 제도개선에 대해 기고했다. 그 이후 달라진 것은 심의자료 전체 열람 시스템을 만든 것과 심사장의 사건검토 의견란이 삭제된 것이다. 가장 중요한 문제는 산재심사위는 공단 내부의 기구에 불과하다는 점이다. 이에 공단의 지침과 규정, 선례 등과 다른 결정을 하기 어렵다. 법원 판결과 여전히 차이가 벌어지는 이유다.

업무상재해에 대한 불승인 처분에 대해 심사청구를 담당하는 기관은 근로복지공단 산하 산재심사위다. 2011년 7월 1일부터 비상임위원을 담당하면서 느낀 구조상의 문제를 지적한다. 2008년 7월 1일 전면 개정된 〈산재보험법〉이 시행되기 이전 심사청구 시 '산재심사실'이라는 공단조직 내 직원이 '심사장'으로서 단독으로 판단했다. 이러한 단독 심사로 인한 '공정성 문제'와 행정심판 기능으로서 존재 상실, 산재보험 진입영역의 장벽, 불필요한 시간낭비 등이 지적됐다. 그 후 2006년 12월 31일 노사정위원회 합의사항(5-2-1, 5-2-3)으로 심사결정의 공정성 제고를 위해 산재심사위를 설치하고, 노사추천 비율을 5분의 2로 하기로 한 것이다. 이에 일단 '내부적 단독심판'이라는 모습으로 지적됐던 '공정성'의 형식적 하자는 개선됐다. 다만, 실제 단독심판기능 당시 취소율과 현재 산재심사위의 취소율이 비교 검토된 바 없어 이를 판단할 수 없다. 공단 보험급여국의 〈판정위 2011년 심의 현황 분석〉을 보면, 판정위 사건 중 산재심사위에 심사 청구된 784건 가운데 22건만 취소돼 2.8%의 취소율을 보인다. 처리 중인 154건은 제외한 것이다. 통상 4~5% 전후 산재심사위 취소율이 과연 이전보다 증가한 것인지, 아니면 또 다른 진입 장벽인지에 대한 조사가 필요하다.

문제는 이러한 형식적 개선보다 실질적인 산재심사위 제도가 산재보험의 공적기능을 담보하는가라는 것이다. 현재 산재심사위의 1회

심의건은 약 30건이다. 2010년에 질판위의 1회 평균 심의건은 19.5건, 2009년은 19.7건이었다. 이와 비교해봐도 산재심사위의 사건 처리건 자체로도 과중부하다. 당사자와 대리인이 충분히 진술할 기회도 사실상 주어지지 않는다.

둘째, 산재심사위 시스템상의 문제다. 현재 대리인·당사자 등이 낸 서류는 모두 산재심사실 담당 심사장들이 검토해 '심의안'을 만든다. 3~5페이지 심의안은 사건개요·처분경위·당사자 주장·주요 쟁점·사실관계·의학적 소견·관련 법규정·사건 담당자 검토 의견 등으로 구분된다. 산재 사건은 특성상 사실관계의 다툼이 다양하고 의학적 내용이 매우 세분화된다. 이러한 측면이 모두 포함될 수 없는 부의안만 가지고 심의한다는 것은 매우 불합리하다. 또한 심의위원들이 당사자나 대리인들이 제출한 서류를 사전에 검토할 수 없고, 의학적 내용 또한 심의회의 장소에 와서야 요청에 의해 볼 수 있다. 위원회 구조상 '사건 담당자 검토의견'은 삭제돼야 마땅하다.

셋째, 주로 의학적 사항에 대한 검토 및 결정구조로 귀결되고 있다는 점이다. 의사 4인, 전문가 1인, 노무사 1인, 위원장으로 이뤄지는 구조의 한계다. 이에 법률·산업의학적 판단보다 MRI·CT 필름 판독 기능이 다수를 차지한다. 퇴행성 여부 판단이 마치 '50%의 기여도 판단'으로 왜곡되고 있다. 별도의 필름 판독기구나 영상 의학적 판단기구를 만드는 것이 효율적일 수 있다.

넷째, 법령의 임의규정 및 산재심사위의 의지 부족으로 적극적 조사와 판단이 부족하다. 의학적 쟁점에 대해 당사자 주장이나 자료가 부족하면 '입증책임'으로 전가한다. 또한 〈산재보험법〉 제101조 제4항에서 당사자 및 관계자 출석조사·문서제출명령·감정신청·사업장출입조사·특별검진 등 법원에서 사용하는 다양한 조사방법을 규정함에도 불구하고 이를 활용하는 경우가 거의 없다. 법령상 위원의 제척·기피·회피 제도도 활용되지 않는다.

다섯째, 위원구성의 문제다. 위원장의 표결권한을 없애고 민간위원장을 선임해 공정성을 높일 필요가 있다. 현재 거의 전무한 산업의학의사의 참여구조를 만들어 업무기여도를 판단하고 논의할 수 있어야 한다. 아울러 소수의견을 배려하고, 이를 결정서에 기재할 수 있도록 제도개선이 필요하다. 더 나아가 참여한 위원이 각 사건에 대해 의견을 기재하고 이것이 당사자에게 공개돼 현재 미흡한 '이의제기율'을 높여야 한다.

(2012.04.02.)

산재심사위의 제도개선이 시급하다 (2)

산재심사위의 판단구조의 한계는 일단 '부의안'과 MRI 등 필름자료 만으로 심사한다는 점이다. 반면 산재재심사위는 당사자·대리인 등이 제출하는 서류를 스캔한 후 '산재마루' 시스템을 통해 위원들이 열람할 수 있도록 한다. 산재재심사위와 비교해볼 때 심사위 구조는 위원들의 판

산재를 말하다

단권한을 축소하는 것이다. 또한 제출된 서면과 증거자료를 위원들이 볼 수 없다는 점에서 공인노무사 등 대리권을 침해하는 시스템으로 평가할 수 있다.

구체적으로 산재심사위 회부 중요 사안들에 대한 판단 기준을 검토하면, 일단 사고성 사안 중 '근로자성 여부' 사건이 많다. 특히 가족 종사자들의 사건은 부의안만으로 판단할 수 없는 경우가 대부분이다. 치밀한 조사와 증거수집 노력이 필요하다. 그 외 대부분 사고성 재해는 법원의 판례 범위보다 그 판단 기준이 훨씬 좁다. 즉 행사 중 사고·회식 중 사고·출퇴근 중 사고·노조활동 중 사고·제3자 가해행위 사고의 경우 산재심사위에서 차단장벽 기능을 한다.

또한 업무상질병 사안은 의학적 결정시스템이라고 할 수 있다. 법리 판단의 여지가 거의 없다. 일례로 근골격계 또는 사고성 근골 사안의 경우 원처분지사 자문의, 원처분지사 자문의사회의, 공단본부 자문의사소견보다 산재심사위 참가위원의 소견이 사실상 결정권한을 가진다. 또한 근골질환의 특성상 대부분 퇴행성이므로, 이러한 퇴행성에 있어 최소한의 업무기인성이 인정될 수 있는지 여부를 심의해야 한다. 불인정의 논지인 '퇴행성'에서 업무기여도 또는 사고기여도에 대한 구체적인 평가가 필요하다.

추가상병 및 진료계획 사건, 장해등급 사안에서도 주치의의 소견과 원처분 자문의 소견이 다른 경우 적극적 증거수집조치가 필요하다. 즉 필요한 진단 및 검사를 하지 않은 경우 산재심사위 직권으로 진단과 검사를 하도록 해 최대한 공정한 자료가 구비될 수 있도록 해야한다.

또한 장해급여 사안에서 반드시 재해자 본인을 심사해야 할 필요성이 있는 경우가 있다. 특히 장해 부위의 각도가 문제되는 등 재해자의 상병상태를 확인할 필요가 있는 사안이 그렇다. 이 경우 직권으로 산재심사위 출석 참여를 독려하는 조치를 취할 필요가 있다.

재요양 사안의 경우 〈산재보험법〉 시행령 제48조 규정상 4가지 요건을 모두 구비해야만 승인이 가능하다. 따라서 불승인사건이 많아 진다. 상병의 특성상 이에 원천적으로 해당할 수 없는 조건을 가진 경우도 존재한다. 또한 요양사안에 비해 재요양 승인조건이 엄격하게 운용돼야 할 법리적 필요성이 없다.

업무상질병이 환자 평균임금 산정특례 사안의 경우 공단 내부의 명확한 입장 정리가 필요하다. 또한 사업장의 임금 관련 대장이나 임금명세서가 발견될 경우 이를 기초로 산정해야 한다. 한국광해관리공단의 폐광대책비를 기준으로 판단하는 관행은 실질적 증거에 반하는 결정이다. 휴업급여 사안 중 재해자가 수술 등 치료 이후에도 상당기간 업무에 종사하지 못하는 경우가 많다. 이때 공단(산재심사위 포함)은 실제 병원 내원일을 기준으로 휴업급여를 지급하거나 또는 취업 가능이라는 자문의 소견에 따라 부지급하는 경우가 많다. 이는 공단의 행정해석(보상 6602-758, 2003. 05. 24.)인 "일반적으로 근로를 할 수 없는 상태를 말하는 것으로 반드시 재해 이전에 종사하던 근로를 제공할 수 없는 경우만을 말하는 것은 아님. 재해 당시 사업장의 해당 업무 또는 다른 업무로의 복귀, 다른 사업장에의 취업을 의미하며 더 나아가서는 자영업 등 생업의 범주를 포함하는 개념임"에 근거한다.

재해자의 상병 상태에서 원직장 업무복귀가 불가능함에도 '다른 분야에 취업해서 일하면 되지 않냐'라는 형식적 논리로 부지급 처분을 남발하는 것은 법적 논리를 떠나 상식적으로 납득할 수 없다.

(2012.05.07.)

산재심사위를 다녀와서

산재심사위에 갈 때면 아쉬움과 함께 항상 반복적으로 드는 생각이 있다. 2013년 4월에 진행된 회의에서는 (안건으로 상정된) 불승인사건 총 28건 중 6건이 취소돼 산재로 승인됐다. 그렇다면 산재로 인정되는 것과 인정되지 않은 것의 차이는 과연 무엇일까. 대부분의 사람은 막상 자신이나 가족 등 문제로 닥치기 전까지 이 중요한 차이를 알지 못한다. 그래서 강의 때 적절하지는 못하지만 로또나 연금복권과 비교해서 이야기해준다. 그보다 많은 금액을 받을 수 있다는 게 요지다. 예를 들어 유족사건에서 일일 평균임금이 15만 원, 배우자와 미성년 자녀가 2명이 있는 경우 '15만 원×365×0.62÷12'로 해서 약 283만 원의 연금을 매월 수령한다. 배우자의 연령이 40세이고, 기대수명이 85세일 경우 그 금액의 현재가치는 15억 정도라고 할 수 있다. 그러니 유족에게는 생사가 달린 일이다.

대리인 선임 문제, 특히 심사청구 사건에 노무사 선임도 문제다. 적어도 반 이상은 필요가 없다. 며칠 전 28건의 사건 중 8건에 대리인 노무사가 선임됐다. 산재심사위 사건의 특성상 순수 의학적 판단이 필요한 사안이 많다. 가령 회전근개파열이 MRI상 진단되는지 여부 등이다. 8건의 대리인 선임 건 중 특별히 노무사가 선임돼서 달라질 사안이 없었다. 8건 중 취소된 1건도 마찬가지다. 사안의 성격을 잘 보고 대리인 선임을 해야 하는데, 노동자들이 이를 너무 몰라 당한다. 안타까운 일이다. 보다 안타까운 사실은 노동자들이 사고성 재해에 대해 대응 방법을 몰라 불승인을 받는 게 현실이다. 며칠 전 회의에서도 4~5건의 사안이 그랬다. 즉 무거운 물건을 들다가 또는 부딪치는 등 외상의 충격을 받은 재해 사안이다. 노동자들은 대개 당시 일회성 재해로 발생한다고 보고 산재신청을 한다.

그러나 자신의 상병이나 상병코드를 보면 외상성 파열로 발생한 것이 아니라 "퇴행성 코드(주로 M code)"로 진단된다. 질병, 즉 평소 업무 부담 중 사고를 당한 사안이다. 이는 기본적으로 질병으로 접근해야 한다. 그리고 질판위를 거치는 것이 좋다. 거치지 않았다면 심사청구할 때 질병에 대해 주장해서 질판위로 보내 판단하게 하는 방법도 있다. 그리고 사고성 재해의 경우 정확한 재해 경위가 입증되지 않거나 진술 번복 시 불승인될 확률이 크다. 이는 공단 처분시 가장 중요하게 보는 관점이다. 언제 어떻게 다쳤는지를 가급적이면 일관되게 진술하는 것이 좋다.

이를 위해 재해 이후 7일 이내 병원에 내원해서 사고 경위를 설명하고, 이것을 의무기록지에 기재하도록 요청해야 한다. 내원 당시 MRI

산재를 말하다

등을 촬영하는 것이 좋고, 그렇지 못하다면 증상을 정확히 호소해서 치료받는 것이 중요하다. 판정권한을 가진 심사위 의사들은 의무기록지에 대해 신뢰하지만, 주치의의 소견서나 진단서는 필름을 보기에 신뢰하지 않는다. 순수 질병인 사건을 사고로 신청한 사건도 있다. 며칠 전 회의에서 '방아쇠수지' 상병이 그랬다. 이는 노동자만의 문제가 아니라 주치의가 산재에 대한 소견이 없기에 발생하는 것이다.

산재심사위에서는 주로 질병보다 사고성 재해와 각종 급여 사건을 많이 다룬다. 특히 사고성 재해에서 노동자들이 불이익을 당하는 이유는 아파도 빨리 병원에 갈 수 없는 노동환경과 주치의가 명확하게 방향을 제시하지 않는 상황 때문이다. 병원에서 처음 만나는 의사들이 산재에 대해 조금 깊은 이해가 있다면 이토록 당하지는 않을 듯하다. 언제가 될지 모르겠지만 독일처럼 전문의사가 산재신청을 하는 제도를 꿈꿔 본다. (2013.04.16.)

산재재심사위원회

필자는 민주노총 추천으로 2017년 1월에 산재재심사위원회(이하 '산재재심사위') 위원으로 위촉되어, 1달에 1회 정도 심의회에 참여한다. 산재재심사위는 여전히 특별행정심판기관으로서 제 모습을 갖추지 못하고 있다. 2020년 취소율은 9.2.%로 여전히 낮으며, 산재재심사위 경유 사건이 그렇지 않은 사건보다 행정소송 패소율이 높다. 고용노동부 고시나 공단 지침을 기계적으로 적용하고, 법률적 판단이 어려운 구조도 지속 중이다. 2021년 국정감사에서 지적된 문제는 처리기한의 장기화다. 법정처리기간인 80일[60일+20일(1회 연장)] 내 처리한 사건은 2020년 4,392건 중 7건에 불과하다. 2021년 8월 기준으로 3,253건 중 1건이다. 평균 처리일은 각 140일, 148일이다. 또한 2020년 회차당 사건의 심의 소요 시간은 3분 58초이며, 2021년 8월 기준으로 3분 50초에 불과하다. 2020년 행정소송 확정 사건 중 공단이 전심(심사청구, 재심사청구)을 경유하지 않은 사건의 패소율은 12.2%다. 반면 재심사청구를 경유·확정된 사건(589건) 중 92건이 패소했다. 패소율은 15.6%인 것이다. 산재재심사위는 사건을 걸러내는 기능을 제대로 하지 못한다는 반증이다. 문제로 거론됐던 뇌심 소위원회 운영은 2019년 말로 폐지되었다. 하지만 부위원장들이 여전히 고용노동부 관료 출신으로 위촉되어 보수적 심판과 운영을 맡고, 심사관의 능력도 부족한 상태에서 사건이 크게 증가하는 상황이다. 근본적인 제도개선을 하지 않는 상태에서, 사실상 2년 임기의 심사관 충원만으로는 이를 해결할 수 없다.

산업재해 사건을 최종 결정하는 기관은 당연히 법원이다. 그러나 현실에서 최종 판단기관은 법원이 아니라 산재재심사위다. 산재재심사위는 1년에 3,000건 내외의 산재 사건을 처리한다. 취소율, 즉 산재승인율은 2016년 9.3%(2,867건 중 267건 취소), 2015년 5.7%(3,107건 중 180건 취소)로 낮다.

산재재심사위는 특별행정심판기관이다. 고용노동부 소속기관으로 1965년 발족했다. 2007년부터 사건이 3,000건 내외로 급격히 증가했지만 그 중요성은 주목받지 못했다. 무엇보다 법원 소송건이 800건이 안 되는 현실에서 산재 노동자의 최종 구제기관으로 작동하지만, 제대로 된 평가는 없었다.

일단 기능과 역할 면에서 본다면 산재재심사위가 행정심판위로서 구제를 제대로 하는지 의문이다. 산재재심사위 취소율은 법원에서 근로복지공단이 패소하는 비율(산재인정률)보다 상당히 낮다. 법원 패소율(2016년 상반기 11.3%)은 조정·취하 등으로 인한 실질 취소율을 반영하지 않은 수치다. 실제 조정·취하 등으로 인한 패소율이 29%임을 감안하면, 산재재심사위 취소율은 법원에서 공단이 패소하는 비율의 3분의 1 수준이다. 더군다나 불승인 처분에 불복해 재심사를 거친 사건이 거치지 않은 경우보다 법원에서 공단 패소율이 더 높다. 산재재심사위가 사건을 제대로 걸러내지 못한다는 것을 의미한다.

둘째, 산재재심사위 패소율은 유족사건이 가장 높다(2016년 상반기 25.3%, 2016년 하반기 21.6%). 가장 중요한 뇌심혈관질환 사건에서 제대로 된 판단이 이뤄지지 않고 있다는 뜻이다. 산재재심사위 패소원인 분석자료에는 "산재재심사위가 뇌심질환에 있어 과로 및 스트레스는 당해 근로자가 아닌 보통 평균인 기준으로 판단한다"라고 명시했다. 이는 "당해 노동자의 건강과 신체조건을 기준으로 판단해야 한다"라는 법원의 명확한 태도(대법원 2010. 01. 28. 선고 2009두 5794 판결 등)와 배치되는 것이다.

게다가 법원은 고용노동부의 과로 관련 기준을 '예시 기준'으로 판단한다. 그러나 패소원인 분석자료를 보면 "산재재심사위가 기계적으로 돌발·단기·만성과로로 구분해서 근로시간에 국한해 주로 판단한다"라고 명시한다. 이에 실제 판단하는 데 질적인 요인(스트레스·작업환경 등)이 고려되지 못한다. 과로·스트레스로 인한 면역력 저하에 따라 발병하는 상병(헤르페스 뇌염 등)은 기각하는 오류도 범한다.

셋째, 자살사건 재심사에서 법원 판례에 충실하지 못하다. 2012년부터 5년간 산재재심사위에서 산재로 인정된 자살사건은 3건에 불과하다. 정신과 전문의사가 위원으로 참여하지 못하는 현실 때문이 아니라 자살사건에서 "정신과 치료전력이 없다"거나 "동종 노동자보다 스트레스가 심하지 않다" 혹은 "자살은 기본적으로 고의적 행위" 같은 잘못된 요인으로 판단하는 경향 때문이다.

넷째, 진폐 장해 사안에서 대법원 판례(대법원 2016. 11. 25. 선고 2016두 48485 판결)와 공단 지침(요양 중 진폐 장해급여 소송 패소에 따른 업무처리 기준, 2017년 5월)을 반영하지 않고 기각해왔다. 특히 진폐증의 경우 대법원이 상병 특수성으로 인해 장해가 고정되는 것을 기다리지 않고 바로 장해급여를 청구할 수 있다는 취지의 판결을 한 지 오래다(대법원 1999. 06. 22. 선고 98두5149 판결). 법리상 충분히 인정될 수 있었음에도 이를 소송으로 내몰았다.

다섯째, 산재재심사위는 9명의 위원으로 구성된다. 통상 5~6명 내외의 의사, 2~3명 내외의 법률 전문가(변호사·공인노무사), 사회보험 전문가로 구성된다. 회의당 사건이 20~40건으로 많다는 점은 차치하더라도, 산재 판단의 본질인 법률적 판단을 내릴 수 있는 구조가 아니다. 게다가 산재재심사위원장은 고용노동부 소속이 아니라 보건복지부 파견 공무원이다. 질판위가 외부 공모를 통해 전문·법리적 판단구조로 자리매김하는 사실을 신중히 검토해야 한다. 산재심사위 심사장들이 통상 경력 15년급 차장으로 구성되는 반면 산재재심사위 심사관들은 평균 3년의 임기를 채우고 변경된다. 심사관들의 전문성 문제를 오히려 근로복지공단이 지적하는 실정이다.

2017년 국정감사에서 삼성 백혈병 문제로 산재재심사위원장이 질타를 받았다. 50여 년간 산재재심사위를 제대로 개혁하지 않은 국회 책임도 크다. 무엇보다 오늘도 세종시까지 가서 3분 진술하고 쫓겨나는 노동자가 있다는 것과 산재재심사위 패소원인 분석이 항상 반복된다는 사실을 주목해야 한다. (2017. 12. 29.)

산재재심사위의 부실한 업무 추진계획

국회는 2019년 국정감사에서 산재재심사위의 부실한 조사와 심리 문제를 제기했다. 2018년 재심사 사건 3,500건 중 현장조사가 0건이고, 산재재심사위를 거친 사건의 행정소송 패소율이 그렇지 않은 사건의 패소율보다 높다는 것이 주된 지적이었다. 고용노동부는 2019년 11월 '산재재심사위 제도 운영 개선계획'을 내놓았고, 산재재심사위는 '2020년 주요 업무 추진계획'에 개선계획을 반영했다. 그러나 심리회의를 내실화하고 전문성을 강화한다는 업무 추진계획은 실질적 개선사항이 부족하다.

첫째, 현장조사를 하지 않은 이유에 대해 산재재심사위는 국정감사 서면답변서에서 "여러 단계를 거쳐 자료가 충족됐다"라고 했는데, 심사관들이 작성한 사건 개요서는 재해조사서·판정서·심사결정서를 합친 수준에 불과하다. 능동적이고 적극적으로 쟁점을 발굴하거나 사전조사를 하는 경우는 거의 없었다. 또한 산재재심사위 회의 때 지적된 조사 흠결사항에 대해서도 적극적으로 수용하지 않았다. 결국 심사관 전문성 제고와 더불어 산재재심사위 태도가 전향적으로 변해야 한다. 아울러 재심사 청구 때 증거조사 신청제도를 안내하고, 이를 회의 전에 적극적으로 수용해 조사하는 것이 심리의 효율성을 위해 필요하다.

둘째, 패소율이 높은 이유는 산재재심사위의 국정감사 서면답변서와 같이 "법원은 업무상재해 인정 기준을 확대 해석하고 증거자료를 폭넓게 인정하기 때문"이다. 즉 산재재심사위는 법원의 인정 기준과 판례 법리를 수용하지 않고 있다. 가장 대표적인 것이 뇌심혈관계질환이다. 법원은 고용노동부 고시의 기준을 예시적 기준으로 보고 판단한다. 그러나 산재재심사위는 "행정해석·내부규정 등 문리해석"에 의존해 판단한다. 산재재심사위는 "제도개선 효과가 처분시와 법원 판결 시까지 시간적 간격으로 인해 미처 반영되지 않은 결과"라고 항변하나, 산재재심사위의 분기별 판례 분석자료에는 법원 판례 수용에 소극적인 태도가 반복적으로 기재돼 있을 뿐 개선사항은 없었다.

셋째, 산재재심사위는 전문위원 자문을 활용하겠다지만 산재재심사위 위원들은 산재 분야에서 대체로 수준 높은 전문가로 위촉됐다. 그간 회의를 주재하는 일부 산재재심사위 부위원장들이 쟁점에 대해 판단하는 것을 일방적으로 보류하고, 전문가 의견을 받는다며 회의를 파행으로 내몬 적도 있다. 위원들 중 법률 전문가가 2인 이상 있는데도 자신의 의견을 굽히지 않고 법률 자문을 받는 행태도 있었다. 전문위원 활용이 중요한 것이 아니라, 질판위처럼 위원을 신규로 위촉할 때 사전 교육 등을 통해서 충분히 산재보험제도의 내용, 판례법리, 의학적 내용을 인지하도록 하는 것이 중요하다. 또한 민주적이고 전문적인 회의 주재자(부위원장)를 위촉해 회의 운영에 공정성을 도모해야 한다. 위원들이 자신의 판정에 참여한 회의와 관련해서는 재결서를 열람할 수 있도록 해야 한다. 참여한 재결 사건이 행정소송에서 패소하면 알려줘야 한다. 더불어 법원 판결과의 차이를 구체적으로 인지하게 하고, 보다 신중하게 회의에 참여하도록 유도해야 한다.

넷째, 산재재심사위 재결서와 사건 개요서 전체를 공개해야 한다. 산재재심사위는 업무 추진계획을 통해 재결 사례 중 선례적 가치가 있거나 참고가 될 사례를 사례집으로 발간하겠다고 한다. 산재재심사위의 공정성과 전문성이 의심받는 이유는 일부 부실한 재결서와 높은 행정소송 패소율이다. 재결서 전체를 익명화해 인터넷에 공개하고 검증과정을 거치는 것이 필요하다. 또한 회의를 위해 작성되는 사건 개요서는 청구인에게 사전 또는 사후에 공개해 회의 심리의 공정성과 전문성을 높여야 한다.

다섯째, 공정한 제도 운영방안을 강구해야 한다. 일례로 산재재심사위는 2018년 7월부터 2019년 말까지 뇌심혈관계질환 사건 소위원회를 구성해 운영했다. 소위원회는 부위원장·직업환경 의사·법률 전문가 각 1인으로 구성했다. 그런데 소위원회에 참여하는 위원조차 운영 중단을 서면 등으로 요구했지만 묵살됐다. 소위원회 검토 의견은 고용노동부 고시만 체크하는 한 페이지 분량으로 제출됐다. 실제 소위원회 심리사건 526건 중 소위원회가 기각의견을 냈으나 본회의에서 산재승인으로 취소된 사건은 12건으로, 그 반대보다 2배 많았다. 소위원회 위원들이 본회의에도 참여하는 사건은 291건으로 절반이 넘는다. 고용노동부의 연구용역 보고서인 〈산재보험 합의제 운영기구 구성 및 운영 개선방안 연구〉에서도 소위원회의 불공정성 문제의 개선 필요성이 지적돼 있다.

여섯째, 재해자와 청구인의 적극적 참여를 안내해야 한다. 지금처럼 "꼭 말씀하실 사항이 있는 경우"에만 참석을 안내하는 것은 지양해야 한다. 특히 장해급여 사건과 같이 재해자가 없다면 신체운동각도 측정이 불가능한 사건에서는 반드시 재해자에게 참여하라고 안내해야 한다. 더불어 온라인 접수를 개설하고, 편리한 구술 참여를 위해 산재재심사위를 세종시에서 서울시로 이전해야 한다. (2020.02.03.)

산재재심사위의 문제와 개선 과제 (1)

산재재심사위는 근로복지공단에 산재신청을 했는데 인정받지 못한 사건을 재심사하는 기관이다. 곧바로 행정소송을 제기할 여력이 없는 노동자·유족 입장에서는 기댈 수밖에 없는 곳이다. 중요한 기능을 함에도 여러 문제와 개선 과제를 안고 있다. 관련한 글을 세 번에 걸쳐 쓸 예정이다.

2021년 국정감사 서면답변서에서 산재재심사위는 법정 처리기한인 60일(최장 80일)을 지키지 못한 것이 법 위반이 아니냐는 질문에 "〈산재보험법〉 제105조에 정해진 처리기한을 도과했기에 법 위반에 해당함"이라고 했다. 2021년 8월 말 기준 산재재심사위 사건의 평균 처리기한은 134.9일이었다. 회차당 심리 소요시간은 2시간 55분(2020년), 2시간 34분(2021년 8월 말 기준)이다. 건당 평균 심리 소요시간은 3분 58초(2020년), 3분 50초(2021년 8월 말 기준)였다. 산재재심사위는 "심사관 부족"이 주된 원인이라고 답변했다. 2022년 6명이 증원될 것으로 보이지만,

이것으로만 해결될 사안은 아니다.

일단 가장 큰 문제는 고용노동부의 무관심이다. 산재재심사위는 당연직 위원인 산재예방보상정책국장이 참여하는 경우를 2019년 이후 5회(2019년 1회, 2020년 3회, 2021년 1회)로 늘리겠다고 답변했다. 산재예방보상정책국장이 참여한 계기조차 2019년 국정감사 지적 이후이며, 2021년에는 한 번밖에 참석하지 않았다. 고용노동부 홈페이지에는 산재보상정책과 직원 중 산재재심사위 업무 담당이 누구인지 명시조차 없다. 주무부서와 담당자가 산재재심사위 현황과 문제점 및 개선방안에 대한 뚜렷한 정책을 제시하지도 않았다.

심사관이 부족한 것도 사실이나 심사관의 능력을 배양할 수 있는 구조와 직권조사의 자율성이 보장되지 않는 것도 문제다. 심사관이 사건을 처리한 건수는 2020년 172건, 2021년 8월 말 기준 134건이다. 월평균 처리건은 14.3건(2020년), 16.7건(2021년 8월 말 기준)이다. 월 16건을 처리하기 위해서는 심리회의 개최 일정 공문 작성 및 송부, 원본자료 스캔작업, 사건 개요서 작성, 회의자료 산재마루 등재, 사건검토회의 참여, 심리회의 참여, 재결서 작성 등을 빼고도 비공식적인 업무가 있다. 그러나 핵심적인 업무인 사건 개요서 작성만 본다면, 현재 시스템이 효율적이라고 단정할 수 없다. 재심사사건은 심사청구 또는 질판위 경유사건이다. 사건이 정리된 문건, 즉 산재심사위가 작성한 심의안 및 질판위가 작성한 심의안이 이미 있다. 새롭게 자료 전체를 종합해 작성하는 문건이 아니기에 사건 수만 가지고 업무의 과중성을 따질 수 없다. 현재는 기존 심의안 자료를 위원들에게 송부하지 않고 있다. 일단 질판위 및 산재심사위에서 심의안을 포함해 모든 자료를 스캔하기에 전산 통합 등을 통해 자료 시스템을 재정비해야 한다. 이미 스캔한 자료 외에 산재재심사위에 새롭게 제출된 자료만 추가할 수 있도록 하면 업무가 대폭 경감될 수 있다. 그 이외 사건 개요서와 기존 심의안을 통일하는 등 양식을 간소화해서 업무량을 줄여야 한다.

장기적으로는 회차당 사건 수를 줄이거나 사건 개요서 자체를 없애 위원들이 전체 자료를 볼 수밖에 없는 구조로 만드는 방향이 필요하다. 현재 한 번 회의할 때 사건 수가 40건 정도로 너무 많다. 압축된 파일 전체와 기록을 보기 위해서는 며칠이 걸린다. 참여위원 대부분이 자신의 전공 분야가 아닌 경우, 사건 개요서 이외의 자료를 잘 보지 않기에 충실한 논의가 부족한 경우도 발생한다.

심사관의 다른 문제는 업무에 적응될 시점인 3년 이후에는 타 부서로 전보된다는 사실이다. 신규인력이 오면 처음부터 배울 수밖에 없다. 면밀한 조사와 정리를 위해서는 산재보험에 대한 충분한 지식과 경험이 필요하다. 전문심사관 등 신설을 통해 장기근무를 유도하고, 승진·연봉 등에 인센티브 제도를 도입해야 한다. 또한 〈산재보험법〉 제105조 4항에 규정된 직권조사를 유도해야 한다. 현재도 직권조사를 할 수 있음에도 행해지는 일이 거의 없다. 이는 심사관들의 능력과 자질 문제가 아니라 위원회의 오래된 관행에서 기인한 측면이 크다. 현재 청구인들이 증거조사신청을 해도 위원회에서 수용하는 경우는 많지 않음을 감안할 때 더욱 필요하다. 현재와 같은 구조에서는 사건 개요서 작성 주의사항인 '유사 재결, 판례, 질의회시 등을 파악해 제시'하기도 기대하기 어렵다.

위원의 자격요건도 변경해야 한다. 특히 법률가의 요건을 일률적으로 10년 이상으로 규정하고, 회의 시 최소 3명 이상이 참여할 수 있도록 하면서 더욱 충실한 법리적 판단구조를 마련해야 한다. 또한 '노동관계 업무 종사 경력'이라는 산재보험 업무와 무관한 요건은 삭제해야 한다. 이 위원들의 자질과 능력향상에도 주의를 기울여야 한다. 다수가 임상의로 구성된 회의구조에서 산재보험의 기본 법리와 내용을 알지 못해 판단에 큰 장해가 된다. 일례로 뇌동맥류 파열이나 대동맥류 파열이 왜 산재보험 대상이 되는지, 업무가중 요인이 무슨 의미인지조차 모른 채 참여하는 일도 있었다. 형식적 오리엔테이션이 아니라 지속·체계적 교육이 필요하다. 또한 자신이 참여한 재결 사건의 판결에 대한 피드백도 필요하다. 법원과 산재재심사위 판단의 간극을 줄이는 것은 결국 위원들의 능력과 자질 문제이기 때문이다. [2022.02.08.]

산재재심사위의 문제와 개선 과제 (2)

2018년 고용노동부 자문기구인 고용노동행정개혁위원회는 산재재심사위 제도개선 과제 12가지를 제시했지만 이 중 제대로 이행된 것은 단하나도 없다. 고용노동부는 2019년 한국고용노사관계학회에 〈산재보험 합의제 운영기구 구성 및 운영 개선방안 연구〉를 위탁해 보고서를 마련했지만 제도개선은 무위로 그치고 말았다.

근로복지공단 질판위나 산재심사위는 공단 내부의 심사기관에 불과하다. 반면 산재재심사위는 법률상 (특별) 행정심판위원회다. 행정심판위의 위원장은 그 행정심판위가 소속된 행정청 인사가 되는 것이 원칙이나(행정심판법 7조), 현재 산재재심사위 위원장은 국무총리실에서 일정 기간 파견되는 구조다. 고용노동부에 산재재심사위를 설치했는데도 이런 구조가 맞는지는 의문이다. 이에 책임부서인 고용노동부의 역할이 둔감해지고, 3년 임기의 위원장이 제대로 된 역할을 수행할수 있는 토대가 마련돼 있지 않다.

산재재심사위 위원 90명 중 2명은 상임위원으로, 1명은 당연직 위원으로 규정한다. 그러나 상임위원 2명은 공석이다. 산재재심사위의중요성과 많은 사건 수 등에 비춰보면, 상임위원을 외부 전문가로 위촉해 운영의 충실성을 다시 세워야 한다. 노사정의 이해관계를 떠나 판사출신을 포함한 법률 전문가로 위촉하는 것이 타당하다. 부위원장은 위원 중 2명이 호선되는데 주로 노동부 출신이었다. 사무국장은 개방직공무원으로 뽑고 있으나, 연속으로 노동부 출신 공무원이 담당한다. 사무국장직을 수행한 뒤 산재재심사위 위원으로 위촉되는 경우도 있었다. 사실상 전직 노동부 관료들이 운영을 좌우한다. 2018년 고용노동행정개혁위 조사에서도 이미 확인됐는데 이들은 재해자나 가족의 눈높이에서 행정 업무의 문제점이 무엇인지, 어떤 개선을 해야 하는지에 대해둔감했다. 판례와 차이가 있는 사안에서도 기각해 행정소송으로 내모

산재를 말하다

는 것을 당연시했다. 위원 권리 침해 같은 큰 문제가 있었던 뇌심소위원회를 자의적으로 운영했다.

특히 일부 부위원장의 자질 부족과 독단적 회의 운영은 큰 문제다. 고용노동부의 뇌심혈관질환 고시나 공단의 기준을 절대시하는 풍조는 여전하다. 회의를 운영할 때도 위원장과는 달리 자신의 의견을 미리 말해 위원들의 항의를 초래하는 적도 있었으며, 위원들의 의견을 반박하거나 미리 예단해 발언하는 경우도 여전하다. 당사자들의 이야기를 주의 깊게 듣지 않거나 발언을 자르기도 한다. 위원 다수가 임상의인 구조를 악용해 명확한 증거조사신청이 필요하거나 법리적 해석이 필요한 사안을 우회해서 기각시키는 일도 빈번하다. 심의회의 자리에서 심사관에게 반말을 한 일도 있었고, 일부 위원에게조차 비아냥조로 이야기하는 사례도 있었다. 오랜 관료주의의 나쁜 습성을 여전히 버리지 못했다.

위원회의 구성도 변경해야 한다. 현행 9명으로 이뤄진 회의구조는 지나치게 임상의에 기대거나 의학적 판단 경향이 강할 수밖에 없다. 임상적 판단이 필요한 사안은 자문위원을 확충해 사전 의견을 제출받고, 회의 자체는 법률·규범적으로 판단하도록 해야 한다. 영상의학과·정형외과·재활의학과 의사 등 임상의가 법리적 판단사건에 의결권을 행사하는 구조는 지양해야 한다. 회의 구성원을 3명 내지 5명으로 변경하고, 심의회의에서 충분한 토론 기회가 보장될 수 있도록 해야 한다.

심의회의도 노동위원회처럼 공개해야 한다. 〈산재보험법〉 제109조는 "심리의 공개 : 재심사위원회의 심리는 공개해야 한다. 다만, 재심사 청구인의 신청이 있으면 공개하지 아니할 수 있다"라고 규정한다.

그런데 산재재심사위는 조사행위로 국한해서 사건 개요서, 심리조서, 기타 조사행위 등은 공개한다고 한다. 이는 법령의 규정을 축소 해석하는 것이다. 아울러 장해사건(특히 기능 장해)의 경우 당사자가 없으면 각도 등을 측정할 수 없어 기각결정을 할 수밖에 없는데도 재해자 참석을 요청하지 않는 것은 소극 행정이다.

공정성에 대한 제고 노력은 여전히 부족하다. 분기·연도별 산재 판례 분석자료는 발간하지만 판정과 정책 개선에 반영되지는 못했다. 산재재심사위 경유 사건이 미경유 사건보다 소송 패소율이 높은 현상이 지속되는 것을 당연시해서는 안 된다. 특히 유족 사건 패소율은 매우 높다. 2020년 하반기에는 31.7%였다. 형식적인 판례분석은 위원회의 판단구조를 개선하지 못했다. 1년에 한 번 세미나도 아닌 연찬회 형식의 행사를 열 게 아니라 월별·분기별·주제별 판례 및 사례분석을 피드백하는 구조로 바뀌어야 한다.

재결서도 전부 공개해야 한다. 현재는 홈페이지 또는 연도별 사례집을 통해 극히 일부만 공개한다. 현재는 산재재심사위 위원도 자신이 참여한 사건의 재결서를 직접 볼 수 없는 구조다. 근로복지공단도, 법원도 판결문을 공개한다. 키워드 검색이 가능하도록 하루빨리 개선해야 한다. (2022.03.15.)

산재심사위에서 맡는 심의 사건이 가파르게 증가하고 있다. 2019년 총 3,462건, 2020년 4,392건, 지난해 4,600여 건을 판단했다. 한 심의회의에서 40건 내외를 처리하고 있다. 산재재심사위 사건은 〈산재보험법〉상 거의 비슷한 유형의 사건에 대한 심리 판단을 한다. 그러나 재결 판단의 일관성이 유지되거나 〈산재보험법〉상 상당인과관계 법리에 충실한 것만은 아니다. 아래에서 사건 유형별 판단의 문제점과 대안을 간략히 모색하기로 한다.

일단 과로성 뇌심질환 사건이다. 재심사 청구 사건은 업무상질병판정위원회의 판정 문제가 노출되는 경우가 대부분이다. 고용노동부 고시상의 인정요건을 엄격히 적용해 업무시간이 짧거나 가중요인이 없다고 여겨 상당인과관계를 부정한 사안이다. 산재재심사위는 노동부 고시를 예시적 사항으로 봐 적극적으로 판단하는 경우가 드물다. 업무시간이 주 52시간에 미달하거나 52시간을 초과하더라도 가중요인이 없는 경우 기각되는 경우가 대부분이다. 다만 단기과로 요건 사안에서는 질판위의 판단과 다르다. 기타의 가중 요인이나 질적인 요소를 추가적 인정요인으로 삼는 경우와 달리 업무시간이 30%를 초과하면 적극적으로 인정한다. 위원들의 상당인과관계 법리에 대한 인식과 위원구성의 질적 변화 및 심사관의 적극적인 조사가 필요하다.

근골격계질환의 경우 상병의 인정 여부(영상의학과·정형외과)와 업무

부담 여부(직업환경의학과)로 판정되는 구조다. 상병 인정 여부는 재해자가 참여하지 않는 이상 MRI 등 영상으로만 판단된다. 업무부담 여부는 작업 동영상으로 판단되나, 영상이 위원들에게 미리 주어지는 것이 아니다. 위원들이 심의회의에 참석해서야 볼 수 있고 판단할 수 있다. 이에 전체 영상을 꼼꼼하게 볼 시간이 부족하다. 또한 업무부담 여부에 대한 조사서와 경위서, 기타 증거자료를 살피지 못하는 경우가 많다. 회의 전 미리 직업환경의학과 위원들에게 작업 동영상을 송부해 의견서를 제출하는 방식으로 변경할 필요가 있다.

근골격계질환 중 추가상병 사건은 해당 부위에 대한 업무부담 여부를 공단에서 조사하지 않은 경우가 대부분이다. 이로 인해 추가상병 해당 부위에 대한 작업 동영상이 제출되지 않아 소극적 판단이 될 수밖에 없다. 또한 근골격계질환 추가상병은 질판위의 심의 대상인데도 법리적으로 적극적 판단하지 않는 것은 문제다. 게다가 최근 피해 노동자의 담당 업무가 해당 부위 부담이 적으면 업무 관련성이 낮다고 평가하는 경향과 건설 일용직의 경우 고용보험 일용근로 내역서상 종사 기간에 대한 평가가 소극적인 것은 개선돼야 한다.

정신질환이나 자살 사건은 정신건강의학과 전문의가 위원으로 참여하거나 자문의견서를 제출받아 심의 판정하고 있다. 재심사 판정에서 막대한 영향을 미치는 정신건강의학과 의원이 정신질환이나 자살의 산재인정 법리를 의학적 경향에 치우쳐 판단하는 사례가 많다. 업무적 스트레스가 명확하더라도, 이를 소극적 원인으로 해석하거나 인식능력이 뚜렷하게 낮아지게 한 원인으로 판단하지 않는 것이 문제다.

업무수행 중 사고성 질병이 발생한 사건을 판단하는 경향도 공단과 마찬가지로 문제가 심각하다. 일회성 외상이 퇴행성 질병을 발생시킬 수 없다는 임상의사의 주관적 판단이 〈산재보험법〉상 법리와 부딪친다. 최소한 해당 부위에 외상성 사고가 명확했고, 해당 부위 치료 병력이 없으며, 치료의 필요성이 인정되는 상병인 경우 퇴행성 질병이더라도 요양급여의 법리에 맞게 업무상재해로 포함되는 게 타당하다.

〈산재보험법〉 적용 여부와 관련해 가장 가장 중요한 것은 '근로자성' 사안이다. 산재재심사위에서는 대표이사·가족종사자·지입차주·개인사업주·특수고용직 등 다양한 근로자성 사건이 심의 판정되고 있다. 이런 사건은 근로자성이 인정되지 않으면 보험급여 혜택이 전혀 없다. 원처분청의 조사 미흡 및 산재심사위원회의 소극적 판단을 거친 이후 제기된 사건이기 때문에 반증의 요소가 부족한 경우가 많다. 근로자성 징표인 실질적 지휘·감독에 대한 적극적 해석을 하는 경우가 거의 없고, 대부분 법원에서 취소되고 있다. 산재재심사위의 패소 사례 분석을 보더라도 알 수 있다. 패소한 근로자성 사안을 면밀하게 분석해 구체적으로 피드백해야 한다. 장해급여사건 중 신체 상태에 대한 평가가 필요한 경우 당사자를 출석시켜서 판정해야 한다. 소음성 난청 사건은 지난해에 개정된 지침에 충실하게 판단하지 않는 경향과 소음 노출 기준(85dB) 이하면 기각하는 경향도 개선할 필요가 있다. 산재재심사위 경유 유족 사건 행정소송 패소율이 31%(2020년 하반기)인 점과 행정소송 패소율이 미경유 사건보다 높은 현실을 엄중히 직시하고 사건 유형별 적극적 개선 대책과 이행방안을 계속 점검해야 한다. 〔2022.04.22.〕

필자는 2017년 1월 산재심사위 위원으로 위촉된 이후 한 달에 한 번 정도 회의에 참석해왔다. 2020년 7월 1일 재위촉되어 현재까지 6년 넘게 활동하고 있지만 여전히 답답함은 금할 길이 없다. 그 답답함의 뿌리는 어디에 있을까. 처음에는 불합리한 행정에 있다고 봤다. 산재재심사위를 경유한 사건들이 그렇지 않은 사건들에 비해 행정소송 패소율이 높은 것에서 그 이유를 찾았다. 게다가 지금은 폐지됐지만 2년 가까이 산재재심사위는 뇌심혈관질환 사건 소위원회를 운영하면서, 사실상 뇌심혈관질환 사건을 자의적이고 편파적으로 판단했다.

또한 9명의 참여 위원 중 4명 이상이 의사라는 현실에서 찾기도 했다. 영상의학과 의사, 신경과 의사, 정형외과 의사 등을 포함한 3~5명 의사들이 사실상 결정권을 가지는 구조에서 산재보험의 취지라는 규범적 법률적 판단이 이뤄질 수 없다고 봤다. 직업환경의학과 의사들이 2명 정도 참여하기는 하지만 그분들도 업무상재해 또는 법률적 판단이 필요한 사항에서는 여전히 보수적인 것은 마찬가지였다. 최소한 산재보험에 대한 이해가 부족하거나 없는 의사들이 참여하는 구조가 걸림돌이라고 생각했다.

그러나 그것만으로 이유를 찾기 어려웠다. 산재재심사위원장이 국무총리실에서 파견되는 구조와 이에 따른 고용노동부 산재보상과의 무관심이 원인이라는 생각이 들었다. 2~3년 정도 파견되는 위원장과 노동부 국장, 담당 과장의 무지와 무관심이 맞물려서 이어졌다고 생각했다. 노동부 국장은 당연직 위원인데도 회의에 참여하지 않아, 이를 국정감사에서 제기하기도 했다. 또한 이전 산재재심사위원장의 잘못된 인식과 발언도 문제였다. "나는 주치의 소견을 보지도 않는다. 주치의 소견은 범죄자의 의견과 같다"라는 식의 몰상식한 발언을 제보해서 한정애 더불어민주당 의원이 문제제기를 했다. 당시 노동부 장관이 경위를 파악하도록 지시했고, 위원장이 경위서를 작성해 극단적인 표현은 자제하겠다고 약속한 바 있다. 또한 이용득 민주당 의원실을 통해서 국정감사에서 산재재심사위의 여러 문제를 구체적으로 처음으로 제기하기도 했다. 산재재심사위 문제와 개선 과제에 대해 세 차례 기고도 했다. 그러던 중 위원회 구조, 위원장의 자질, 노동부의 무관심, 심사관 부족과 잦은 교체 등은 본질적인 문제가 아니라고 생각했다. 그 핵심에는 부위원장·사무국장 문제가 있었다.

2022년 9월 16일 열린 심리회의에서 부위원장은 개별 사안에 대한 위원들의 의견을 제대로 듣지 않은 채 본인의 판단을 내세워 압박하는 형식으로 회의를 진행했다. 한두 사건이 아닌 지속적인 태도와 발언을 참을 수 없었다. 뇌심혈관질환 사건에서는 뇌심혈관질환 업무상 질병에 대한 노동부 고시의 한계와 적용 문제에 대해서 전혀 고려하지 않았다. 대법원에서 이미 예시적 기준이며 국민적 구속력이 없는 것임을 제시했는데도, 노동부 고시를 일률적 기준으로 강조했다. 특히 사인미상 사건 심의에서는 "근로복지공단 사인미상자문위원회의 의견을 우리가 어떻게 뒤집을 수 있느냐"면서 위원에게 면박을 줬다. 직업환경의학과 전문의 위원이 "충분히 뇌심사건으로 볼 여지가 있다"라고 했으나 전혀 듣지 않았다. 토론이 전혀 되지 않고 의견을 자르고 자신의 판단만 강요하는 회의에 화가 났다. 그 자리에 있는 것은 아무런 의미가 없다고 생각해서 뛰쳐나왔다.

현재 산재재심사위 부위원장은 위원 중 호선하도록 돼 있고, 사무국장은 개방형 공모직으로 선출하고 있다. 그러나 부위원장으로 선출되는 위원은 거의 노동부에서 퇴직한 관료들이 독차지하고 있었다. 또한 사무국장이 개방형 공모직으로 바뀐 것은 불과 7년 전이다. 이전에는 노동부에서 내부 순환으로 자리를 차지했다. 공모직으로 바뀌었지만, 여전히 노동부 출신 관료들이 사무국장을 하고 있다. 국무총리실에서 파견되는 위원장이 운영하는 구조, 즉 사실상 주인이 없는 산재재심사위는 노동부 출신 관료들이 핵심적인 지위인 부위원장과 사무국장을 독식해 왔다. 노동부와 근로복지공단의 지침이 제일이라고 생각해 온 이들이 산재 여부를 판단하는 최종기구이자 행정심판위원회를 운영한 것이다. 또한 법률상 규정도 없는 '전문위원' 자리는 거의 노동부·근로복지공단 퇴직 관료가 차지해 사건 검토회의에 참석하여 수당 30만 원을 받고 있다. 법률상 규정된 위원이 90명이나 되는데도, 현재 10명 중 9명이 관료 출신들이다.

결국 그날 내가 뛰쳐나온 건 한두 사건에 대한 싸움 때문이라기보다는 수십 년간 누적된 노동부 관료의 불합리한 태도에 대한 분노였다. 여전히 가시지 않는. [2022.10.11.]

산업안전보건연구원

2019년 5월 직업환경연구원(구 폐질환연구소)이 백혈병을 비롯한 호흡기계 이외 질병에 대해서도 역학조사를 수행함으로써 역학조사 기관으로서 산업안전보건연구원(이하 '산보연')의 위상이 조금 낮아졌다. 그렇지만 여전히 사회적으로 중요한 이슈인 사건에 대해서는 역학조사를 수행한다. 꾸준한 문제제기, 반올림운동의 성과, 직업성 암의 판결 축적 등으로 인해 일부 제도가 변경되었다. 일단 직업환경 분과와 업무관련성 분과를 통합해서 운영한다. 산보연이나 직업환경연구원의 역학조사 이후 개최되는 업무관련성평가위원회에서 업무관련성이 높다고 평가된 사건은 질판위에 회부하지 않고 승인한다. 이는 2021년 2월 1일 〈산재보험법〉 시행규칙 제7조 '질판위의 심의에서 제외되는 질병' 제6호의 개정을 통해서였다. 즉 "그 밖에 업무와 그 질병 사이에 상당인과관계가 있는지를 명백히 알 수 있는 경우로서 공단이 정하는 질병"으로 변경했다. 역학조사 이후 질판위 개최 전 역학조사 보고서를 공단이 공개하도록 했다. 정보공개신청을 통해 질판위 개최 전 결론 부분을 제외하고 이를 입수할 수 있다.

2018년 8월부터 반도체 디스플레이 종사 노동자에게 발생한 8개 상병(백혈병,다발성경화증,재생불량성빈혈,난소암,뇌종양,악성림프종,유방암,폐암)을 일정한 조건(1) 입사 및 퇴직 시기: 2011. 01. 01. 이전 입사자 중 1996. 01. 01. 이후 퇴직자, 2) 재직기간: 1년 이상, 3) 발병 시기: 퇴직 후 10년 내)이 있는 경우, 역학조사를 생략해서 업무관련성을 추정 판단한다. 고용노동부는 2019년 2월부터 "직업성 암 업무상질병 업무처리요령"을 통해 '①석면에 의한 원발성 폐암 ②석면에 의한 악성중피종 ③탄광부·용접공·석공·주물공·도장공에 발생한 원발성 폐암 ④벤젠에 노출되어 발생한 악성림프·조혈기계 질환은 업무상질병 자문위원회 자문을 거쳐 업무관련성 전문조사(개별 역학조사) 생략'을 한다. 근로복지공단은 2021년 1월부터 "산재판례서비스" 홈페이지를 개설해 운영하며, 직업환경연구원은 2021년 7월부터 홈페이지 알림마당을 통해 전문조사사례와 보고서를 게시한다.

역학조사에 소요되는 기간은 평균 1년이 넘는다. 산보연에서 역학조사를 하는 데 걸린 일수는 2019년 513일, 2020년에는 438일이다. 직업환경연구원은 2019년 206일, 2020년은 275일이다. 조사와 판정이 지체되는 동안 노동자는 불충분한 치료와 불안한 심정으로 하루하루를 버텨야 한다. 직업성 암 신청이 늘어나면서 부실한 역학조사도 늘어났다. 무엇보다 산재 판정은 자연과학적 인과관계를 다투는 것이 아니라 법리적 상당인과관계에 따라 판단해야 한다. 현재 역학조사평가위원회나 질판위는 전자에 근거한다고 해도 과언이 아니다. 법원 판결에서 역학조사의 한계와 문제점을 지적하는 내용은 열거하기 어려울 정도로 많다. 역학조사와 이에 근거한 산재 판정 방식의 개선이 필요하다.

산보원과 역학조사가 문제다

'산재 판정기관은 근로복지공단이다'라는 말은 형식적으로 맞지만 실질적으로는 틀리다. 그 이유는 바로 역학조사 때문이다. 안전보건공단 산하 기관인 산보연이 역학조사를 실시해 실질적인 직업병 인정 주체로서 역할을 하기 때문이다. 〈산재보험법〉 관련 '요양업무처리규정' 제9조는 '업무상질병 여부에 대한 자문의뢰'라는 제목하에 "소속기관장은 근로자의 질병이 다음 각호의 어느 하나에 해당하면 산업안전·산업보건 연구를 담당하는 기관, 직업성폐질환연구소 등 업무상질병 여부를 판단할 수 있는 관련기관이나 단체에 자문 또는 역학조사를 의뢰할 수 있다"라고 규정한다. 즉 '화학·물리적 요인에 따른 직업성 암, 집단적으로 발병한 질병으로 질병의 발생 원인을 추정하기 곤란한 경우, 업무상질병의 인정 기준이 마련돼 있지 아니하여 업무상재해 여부의 판단이 곤란한 경우'에 대해 일부 폐질환을 제외하고 근로복지공단은 산보연에 역학조사를 의뢰하게 된다.

이에 실제 사업장에 유해화학물질이 있는지, 노동자의 직업병이 발병될 가능성이 있는지 등 주로 '의학적 인과관계'에 초점을 맞춰 산보연 직업병연구센터에서 역학조사를 수행하게 된다. 이후 역학조사평가위원회를 거쳐 업무상질병인지 여부를 판단하고, 판단 결과를 질판위에 송부한다. 이에 따라 질판위와 공단은 사실상 산보연의 역학조사 결과에 구속되고 이에 반하는 처분을 하지 못한다.

산보연의 모태는 지난 92년 개원한 산업보건연구원이며, 이 연구 기관은 정부의 독자적 의지로 직업병 연구와 산재예방을 위해 설립된 것이 아니다. 1988년 15세 나이에 수은중독으로 사망한 문송면군 문제와 원진레이온 투쟁 등 직업병과 노동조건의 열악함이 알려져 사회적 반향을 일으키면서 정부가 이에 대응하는 차원에서 설립된 측면이 있다. 잘 알려져 있지 않지만 산보연은 정부 공인기관으로 매년 《직업병 진단사례집》 발간을 비롯해 상당히 많은 연구와 보고서를 발간하는 등의 업무를 수행한다. 문제는 바로 이 역학조사를 담당하는 산보연이다. 왜냐하면 산보연의 역학조사가 항상 업무상재해 법리에 충실한 것이 아니며, 법률 등의 한계를 지적하지 못하고 '과학'과 '전문가주의'로 당사자가 납득할 만한 충실한 조사를 하지 못하기 때문이다.

일례로 지난 삼성 백혈병 사건에서 산보연이 실시한 두 번의 역학 조사의 부실성이 행정법원에서 사실상 인정된 바 있다. 그뿐 아니라 이 전 백혈병 사안에서 산보연은 업무기인성을 부정했지만 대법원(96누14883판결, 2008두3821 판결) 등에서 업무상질병으로 인정돼 이미 역학조사의 한계가 지적된 바 있다. 2011년 초 서울고등법원에서 확정된 여수건설노조 비계공 사건(2010누9183판결)에서도 '석면노출력은 인정되나 CT상 석면폐가 인정되지 않는다'라는 산보연의 역학조사에 따라 불승인 됐으나, 이러한 산보연의 주장이 국제 기준에 맞지 않다는 연구 및 논문 등의 감정회신에 근거해 업무상재해로 인정됐다.

문제는 산보연이 역학조사라는 핵심 기능을 담당하지만 이에 대해 책임을 지지 않는 구조라는 데 있다. '산보연은 역학조사만 담당하고 실제 산재 판정기관은 공단'이라는 논리는 책임 회피에 가깝다. 또 산보연은 역학조사에서 불승인된 사안이 왜 법원에서 인정되는지에 대한 고민과 문제의식이 부족하다. 산재인정 법리가 '의학적 인과관계'가 아닌 '상당인과관계의 법리'라는 인식이 전제돼야 하고, 법원에서 직업병으로 인정된 사안에 대해 면밀히 검토해야 한다. 또 〈요양업무처리규정〉상 산보연만이 '역학조사를 독점함'이 아니며, 실제 산재신청 사건에서도 서울대학교 보건대학원에서 역학조사를 한 사례가 있음을 참조해 재해 노동자의 요청이 있을 경우 타 기관에서도 이를 할 수 있도록 개방적으로 운영되는 것이 필요하다. 이어 산보연의 역학조사 내용이 개인정보를 노출하지 않는 한에서 역학조사 보고서 전문을 발간하고, 이에 대해 관련 이해 당사자와 외부 전문가들의 의견을 듣는 절차를 마련해야 한다. 역학조사 과정과 심의평가 과정, 그리고 산보연 운영의 문제에서도 참여와 감시를 받는 것이 필요한 시점이다.　　　　(2011.12.05.)

산보원 역학조사에 대해 다시 말한다

산보연 논쟁에 대해 산보연에서 더 이상 반론기고가 어렵다는 회신을 기자로부터 전해 들었다. 그런데 강성규 전 연구원 원장이 2011년 12월 산보연이 발행하는 월간지 《안전보건연구동향》을 통해 〈역학조사와 산재보상〉이라는 사실상 반론 성격의 글을 썼다. 이에 대해 몇 가지 언급하고자 한다.

김은아 산보연 직업병연구센터 소장뿐 아니라 강 전 원장의 과도한 믿음은 직업병 판단이 '과학적 판단'이어야 한다는 것이다. 이는 법률에 대한 오해나 직업의식에서 기인한 것으로 보인다. 직업병인지 아닌지 여부는 단순한 자연과학적 인과관계만을 따지는 게 아니다. 자연과학적 인과관계는 기초가 될 뿐 전부는 아니다. 법률의 해석은 법원의 판단 권한이지 과학자의 권한이 아니다. 〈산재보험법〉에 따르면 업무상재해에 대한 판단은 상당인과관계에 대한 법률적 해석이다. 따라서 산보연의 역학조사 기능은 최소한의 수준에서 조력하는 것이어야 한다. 강 원장의 말대로 현재처럼 "결정적인 영향을 미쳐서는 안 되는 것"이다. 강 원장은 산재보상제도의 틀이 질판위·산재심사위·산재재심사위 등으로 구성되기에 "사회적 판단을 할 수 있는 여건이 마련됐다"라고 했다. 즉 역학조사를 하고 송부하면 이들 기관에서 보험 취지를 감안해 판단하면 되는 게 아니냐고 반문했다.

하지만 이는 질판위의 구조와 판정 시스템을 간과한 이야기다. 질판위 부의안을 보면 사건에 대해 2~3페이지 요약문만 확인된다. 필자가 참석하는 산재심사위도 마찬가지다. 노동자들이 낸 서면과 증거조차 볼 수 없는 구조다. 이런 구조에서 수십 페이지 역학조사 보고서를 언제 보는지, 아니면 회의 한 건이 5분 만에 이뤄지는데 어떻게 신중히 심리하고 판단한다는 것인지 알 수 없다. 참고로 질판위 판정서를 보면 역학조사 회신 내용이 반 이상을 차지한다. 강 원장은 "역학조사와 산재승인 결과가 일치할 필요가 없고, 산재보험에서 보상해주기로 하면 되는 것이며, 우리는 이미 이렇게 한다"라고 말했다. 이렇게 하는 것은 자신들의 역학조사가 '결정적 영향을 미친다는 것'을 알고 있음에도 책임지지 않겠다는 것일 뿐이다. 현재와 같이 직업성 암의 역학조사 의뢰 기준이 모호하고, 그 내용과 절차에 대해 다양한 문제가 제기되는 상황에서 사실상 '결정적 영향을 행사'한 후 과정과 절차에 대해 눈감겠다는 것은 그 기관의 존재의의를 의심하게 한다. 실제 심사와 재심사, 행정소송을 가더라도 역학조사 내용은 업무기인성 부정의 가장 중요한 '반대증거'가 된다. 현재와 같이 입증 책임이 노동자에게 있는 이상 산보연의 역학조사를 깨뜨리기 위해서는 엄청난 노력이 든다. 법원에서도 별도의 반대 견해의 의학적 감정이 있지 않는 한, 산보연 역학조사 회신서의 증거 능력을 부인하지 않는다. 역학조사 보고서가 '증거'가 되고 '권력'이 되는 것이다. 그 속에서 한 사람과 한 가족의 사회적 생명이 달린 문제가 결정되고 있다.

지금도 역학조사 과정과 그 결과에 대해 타당성을 제기하는 경우가 많다. 현장을 단 한번도 조사하지 않은 채 역학조사 회신서를 쓴 사례도 있다. 앞에서 예로 든 비계공 폐암 소송을 보면, 소송에서 밝혀진 것은 산보연 역학조사 내용에 과학성이 떨어지며, 국제적 인정 기준과 각종 논문에 나와 있는 내용과 불일치한다. 그리고 이후 동일한 조건에서 동일한 작업을 했던(오히려 업무력이 10년 이상 긴 사례) 노동자의 산재신청 사건에서 산보연은 이 전 사건 역학조사 보고서를 그대로 복사해(그것도 비교표를 만들어) "업무관련성이 부족하다"라고 밝혔다.

김은아 소장의 글에서도 과학주의의 근본적인 한계에 대한 문제 의식이 보이지 않는다. 가장 과학적인 것이 가장 진보적인 판단이라는 개념에 대해서도 의아할 뿐이다. 과학을 포함한 모든 지식은 현재 수준에서 측정하고 판단하는 것이 아닌가. 그것도 불안전한 지식과 연구 성과의 한계선상에서 말이다. 역학조사와 사회과학 모두에 개인의 주관적 개입을 배제한 순수한 '객관성'이 있을 수 있을까. (2012.01.09.)

직업성 암 산재, 바뀐 게 없다

노동자에게 가장 무서운 병은 무엇보다 '암'일 것이다. 그런데 직업성 암은 다른 질병보다 산업재해로 인정되는 경우가 드물다. 2000년대를 평균하면 200여 명이 산재를 신청했고, 매년 20건 정도만 승인됐다. 직업환경의학계의 평가에 따르면 암 환자의 4%는 직업 관련성이 있다. 한국은 암 환자가 20만 명인 것을 감안하면 4%인 8,000명이 산재로 인정받아야 한다. 직업성 암 산재승인율이 10%(암 추정치 기준 0.01%) 정도에 불과한데 왜 그런 것일까. 2015년 삼성반도체 집단 백혈병 진상규명과 노동기본권 확보를 위한 공동대책위원회 운동이 9년차에 접어든 상황에서 그간 직업성 암 산재제도가 어떻게 바뀌었는지 제대로 볼 필요가 있다.

2010년 이후 금속노조의 직업성 암 환자 찾기 사업으로 100명 가까이 산재가 승인된 바 있다. 신청건이 미미하고 직업성 암 환자 찾기 사업 효과가 컸다는 것은 대다수 노동자가 "암이 산재가 될 수 있다"라는 사실을 모르고 있음을 방증한다. 정부 정책도 문제다. 우리나라 산재 통계는 현실을 반영하지 못한다. 산재승인 건에 한해 통계를 내고 있기 때문이다. 부실한 통계에 근거해 고용노동부는 정책을 입안하고 실행한다.

직업성 암 사건은 대부분 피해자가 사망한다. 〈산재보험법〉에 의한 신청 기한, 즉 소멸시효는 3년이다. 2015년 현대자동차에서도 3년 2개월이 지나 산재신청을 했다가 "업무관련성은 있지만 소멸시효가 지났다"라는 이유로 기각된 적이 있었다. 산재 소멸시효가 〈국민연금법〉상 시효(5년)보다 짧다. 사망재해가 일반 요양급여 사건에 비해 보호되지 못하는 것이다. 부실한 역학조사도 문제다. A 조선소 노동자는 급성 백혈병으로 산재를 신청했다. 역학조사기관은 "1997년 이후 회사에서 벤젠을 측정했는데도 벤젠이 검출되지 않았다"라며 불승인 근거를 제시했다. 1997년 기준은 10ppm이었는데 회사에서는 검출된 벤젠 농도가 10ppm 이하여서 1998년 이후에는 측정조차 하지 않았다. 이 기준은 2003년 1ppm으로 변경됐다. 역학조사기관과 공단은 이런 사정을 반영하지 않았고, 회사 자료만을 근거로 불승인 논리를 제공했다. 해당 사건은 결국 법원에서 "9개월 단기 노출로 인한 백혈병"으로 산재로 승인됐다(대법원 2014. 05. 29. 선고 2014두1895 판결). 이런 역학조사의 한계는 명확하다. 역학조사는 과거의 사실과 자료를 근거로 현재의 업무관련성을 추정하는 것이다. 그런데 과거의 사실과 자료는 항상 미비할 수밖에 없다. 이런 사정은 되레 불승인 근거로 작용한다. 2014년 11월 역학조사 관행에 대해 법원은 "근로자에게 책임 없는 사유로 사실관계가 제대로 규명되지 않은 이러한 사정은 상당인과관계를 추단함에 있어 근로자에게 유리한 간접정황으로 참작함이 마땅하다"라고 봤다(서울행정법원 2014. 11. 07. 선고 2011구단8571 판결).

역학조사 이후 과정도 문제다. 역학조사평가위는 작업환경평가 분과를 거쳐 업무관련성평가 분과에서 사실상 산재 판단을 한다. 이어 결과가 질판위에 송부되는데, 결과는 거의 바뀌지 않는다. 역학조사평가위와 질판위 모두 산업위생학이나 직업환경의학 전문가들이 판단 주체다. 그렇지만 각 위원회에 참여하는 위원들이 누구인지, 어떤 내용으로 논의되고 판단됐는지, 각 위원들이 세부적으로 평가하는 내용이 무엇인지 거의 공개되지 않는다. 산재는 법률문제인데도 그 판단 과정은 사실상 "의학적 평가"에 의해 결정된다. 특히 〈산재보험법〉 '별표3'에 규정된 각 직업성 암의 내용이 '예시적 기준'임에도 판단기구들은 '제한적 열거주의 방식'으로 결정하는 오류를 지속한다(대법원 2014. 06. 12. 선고 2012두24214 판결).

직업성 암 사건에서 노동자에게 "자신의 병과 유해물질 간의 관련성을 증명하라"라는 요구는 과도하다. 이런 입증책임 전환 논의는 이미 7년 이상 진행됐지만 바뀐 점이 없다. 많은 역학조사가 부실했다는 것은 삼성백혈병 사건 외에도 지속적으로 증명되고 있다. 그러는 사이 노동자들은 자신들이 사용하는 물질이 유해물질인지 아닌지도 모르고 노출된다. '영업비밀'이라는 이유로 물질을 공개하지 않는 것은 물론이고 역학조사 과정에서 노동자와 대리인의 참여도 보장하지 않는다. 그럼에도 정부는 "인정 기준이 확대되고 제도가 개선됐다"라고 말한다. 바뀐 것은 아무것도 없는데 말이다.

(2015.03.31.)

역학조사만으로 산재 여부 판단해서는 안 돼

노동자 A는 삼성전자 LCD 사업부 기흥사업장 식각공정에 오퍼레이터로 약 6년간 근무하면서 발병한 만성골수성백혈병 상병에 대해 산업재해를 신청했다. 근로복지공단은 산보연의 역학조사 결과를 이유로 산재를 불승인했다. 역학조사 결과에서 산보연은 "(A가) 젊은 나이에 발병했고, 다양한 화학물질을 취급했으나 유해물질 중 포름알데히드 노출은 확인되지 않았고, 방사선 노출은 자연방사선 수준이며, 벤젠 누적 노출량은 연간 0.228ppm에 불과하다"라고 밝혔다.

노동자 B는 삼성전자 기흥공장 PA 부서 불량분석 업무에 약 7년간 근무하면서 발병한 급성골수성백혈병 상병에 대해 산재신청을 했다. 공단은 산보연 역학조사 결과, 즉 "사용했던 유기화합물 BOE(불산·불화암모늄·계면활성제 혼합물)의 경우 계면활성제가 포함돼 있고, 이로 인한 산화에틸렌에 노출될 가능성은 매우 낮을 것으로 추정되는 점, 백혈병을 일으킬 수 있는 발암성 물질에 노출될 가능성은 낮다고 추정하는 점" 등을 사유로 들어 불승인했다. 직업성암 등에 대한 역학조사 과정은 '노동자 조사·면담→현장조사→현장 시료 채취 및 분석→작업환경평가분과 심의→업무관련성 평가분과 심의'로 이뤄진다. 역학조사라는 업무관련성 조사 과정은 〈산재보험법〉 제22조에 근거해 시행된다. 해당 조항은 공단이나 질판위가 업무상질병 여부를 결정할 때 필요하면 '한국산업안전공단 등'에 '자문'할 수 있도록 한다.

　문제는 역학조사가 자문이 아니라 산재 결정의 핵심적 근거로 작용한다는 점이다. 실제 노동자 A·B 사례뿐 아니라 지금까지 역학조사가 수행된 수천 개 사건 중 단순한 '자문'은 없었다. 다시 말해 역학조사 결론을 공단이나 판정위가 뒤집은 적이 거의 없다는 뜻이다. 역학조사라는 '직업환경의학전문의로 구성된 업무관련성평가분과의 결론'은 법률(법률상 상당인과관계)에 기반을 둔 것이 아닌데도 산재 결정 과정은 산업보건학(작업환경평가분과)과 직업환경의학(업무관련성평가분과)에 매몰돼 있다.

　두 번째, 자문 기능을 한다는 역학조사 과정이 철저히 베일에 싸여 있다. 어떤 사람이 작업환경 평가분과 또는 업무관련성 평가분과 위원으로 참여하는지, 그 회의에서 논의와 결정이 어떻게 되는지 공개되지 않는다. 회의 결론이 역학조사 회신서에 간략히 기재될 뿐 그 과정과 내용은 비공개가 원칙이다. 재해자나 대리인이 분과 회의 등에 참여하는 것은 불가능하다. 결국 실질적으로 산재 여부가 결정되는 과정에서 핵심인 '역학조사 기관의 회의 과정에 참여할 수 있는 권리'가 인정되지 않는다.

세 번째, A·B 역학조사 회신서를 보면 "작업환경측정 기록도 확보하지 못한 상태, 저농도 유기용제 노출 인정, 과학적으로 증명된 요인이나 유의할 수준으로 노출된 요인은 발견할 수 없음"(A), "노출 수준 및 발암물질에 노출 가능성이 낮은 점"(B)이라고 기재돼 있다. 이를 통해 역학조사의 한계를 명확하게 알 수 있다. 과거 노출 수준과 업무 환경을 십수 년이 지난 시점에서 확인하는 것은 불가능하다. 그리고 과거 노출 수준과 업무 환경은 정확하게 측정·평가되지 않은 경우가 대부분이며, 측정이나 평가가 됐더라도 이를 온전히 신뢰하기 힘들다. 현재 작업환경과 유해물질 노출 정도는 과거에 비해 개선되는 것이 일반적이다. 현재 측정 결과만을 토대로 과거를 추정하는 것에는 분명 한계가 있다. 무엇보다 업무관련성을 부정하는 삼성전자 같은 회사가 제공하는 자료를 기반으로 이뤄진 조사를 신뢰하기는 어렵다. 회사의 자료 은폐 혹은 미비는 구체적으로 검토되지도 않는다.

게다가 유해물질 노출 수준과 노출량에 매몰된 역학조사를 기반으로 이뤄지는 결정 과정이 〈산재보험법〉의 법리와 원칙에 부합하지 않는다. 2017년 2월 법원은 한국지엠 도장공장에서 근무하다 만성골수 성백혈병이 발병한 사건에서 "업무와 관련된 질병 발생은 의심되는 유 해물질의 노출 누적량에 의해서만 좌우되는 것이 아니라 미량이라 할 지라도 유해물질 영향의 세기, 노출 사실의 유무만으로 관련성을 의심 해볼 수 있다"라며 "원고에게 이 사건 상병을 유발할 수 있는 다른 특별 한 요인이 없는 상태에서 비교적 젊은 나이에 이 사건 상병에 이르렀고, 현시점에서 자신의 벤젠 노출 사실을 더욱 확실하게 입증하는 것은 현실적으로 불가능하다"라고 판시했다(서울행정법원 2017. 02. 10. 선고 2013구단 53144 판결). 지금도 역학조사는 의학·자연과학적 입증을 노동자에게 강요한다. 〈산재보험법〉에 따라 인과관계는 의학·자연과학적으로 명백히 입증돼야 하는 것이 아니다(대법원 2014. 06. 12. 선고 2012두24214 판결). 역학 조사와 심의 과정을 개선하는 것은 〈산재보험법〉 정신에 부합하는 일이다. (2017.05.15.)

PART

07

산재보험
개혁과 대안

개정 법령 비판과
대안을 말하다

〈산재보험법〉은 2007년 전면개정(법률 제8373호, 2007. 04. 11. 전부개정) 이후 법령 자체가 크게 개정된 바는 별로 없었다. 우회적 방법으로 노동부는 문제가 심각한 부분만 일부 시행령 개정이나 고시를 통해 해결하려고 했다. 고용노동부는 2012년부터 업무상질병의 인정 기준의 개정작업을 했다. 이는 질판위 승인률이 고용노동부도 예측하지 못할 정도로 현격하게 떨어져서 노동계의 불만을 잠재우기 위한 미봉책에 가까운 것이었다. 당시 여러 연구용역과 노사정 협의를 통해 업무상질병 인정 기준을 시행령과 고시 개정을 통해서 발표했고, 이에 대해 필자는 비판적인 칼럼을 2번 기고한 바 있다. 시행령은 대통령령 제24651호(2013. 06. 28.)로 개정되어, 2013년 7월 1일부로 시행되었다. 이때 개정된 부분이 현행 시행령과 업무상질병에 대한 구체적인 인정 기준('별표3')의 근간이 되었다. 이 당시에도 비판한 부분이 뇌심혈관계질환 산재인정 기준과 근골격계질환과 직업성 암 기준 문제였다. 이후 업무상질병 인정 기준과 관련해서 고용노동부는 2017년 10월 25일 소위 "추정의 원칙"을 발표했다. 기고에서도 지적했듯이 우리나라 〈산재보험법〉의 시행령은 예시적

산재를 말하다

기준일 뿐이다. 이를 엄격하게 해석하고 제한적 열거방식으로 운영해왔던 고용노동부와 공단이 문제였다. 공단과 고용노동부는 반도체 노동자 직업성 암 사건이 법원 판결로 누적되자 해당 분야 추정의 원칙을 도입하고, 근골질환의 경우에도 마찬가지 6대 상병 추정의 원칙을 도입했다. 고용노동부는 2022년 4월 28일 기존 공단 지침을 통해 인정되던 근골질환 추정의 원칙을 고용노동부 고시(2022-40호)로 명시했다. 적용 직종이 축소되었으며, 상병 미확인 문제에 대한 대책이 없다. 당초 예정했던 복합부위 상병 인정 기준은 삭제되었고, 무엇보다 사용자의 이의 제기권을 사실상 도입했다. 이후 공단은 〈발생빈도가 높은 근골격계 상병 업무상질병 조사 판정 지침〉(제2022-25호)를 제정해 2022년 7월 1일로 시행하고 있다. 이러한 방식은 일부 기준을 완화하는 것으로 노동자에게 도움이 될 수도 있지만, 근본적인 문제해결 방식은 아니다. 직업성 질병 인정 기준 목록을 정할 수 있는 근거 법률규정을 마련하고, 최소 1년에 2회 이상 목록을 확대 개정하는 방법이 타당하다.

고용노동부는 2015년에도 의원입법 형식을 빌려 출퇴근재해 법안을 제출했으나, 누더기 법에 가까웠다. 2016년 9월 29일 헌법재판소의 불합치 결정 이후 제정된 〈출퇴근재해 법률 및 공단의 지침〉은 여전히 문제를 내포한다. 이전부터 "중과실" 책임을 법률에 명시하려 했던 의도를 결국 고용노동부 지침을 통해 관철시킨 것이다. 〈교통사고처리특례법〉상 12대 사고를 모두 "중과실"로 보고 업무관련성을 부정하는 것은 폭력이나 다름없다. 이러한 불합리한 처분은 법원에서 업무상재해로 인정되는 추세다. 아직 대법원판결이 나오지 않았으나, 당초 고용노동부가 근거로 삼은 〈국민건강보험법〉 제53조제1항제1호에서 정한 국민건강보험급여 제한사유 중 '중대한 과실' 요건에 대한 대법원의 판결이 2021년 초 선고된 바 있다. 당시 대법원은 "중대한 과실이라는 요건은 되도록 엄격하게 해석·적용해야 하며, 교통사고처리 특례법 관계 규정의 입법 취지는 국민건강보험급여 제한사유를 정한 〈국민건강보험법〉 제53조제1항제1호의 입법 취지와 다르며, 운전자가 교통신호를 위반해 운전하다가 교통사고를 야기했다는 사정만으로 곧바로 그 사고가 〈국민건강보험법〉 제53조제1항제1호에서 정한 국민건강보험급여 제한사유에 해당한다고 단정해서는 아니 되고, 그 사고가 발생한 경위와 양상, 운전자의 운전 능력과 교통사고 방지 노력 등과 같은 사고 발생 당시의 상황을 종합적으로 고려해 판단해야 한다"라고 판시한 바 있다(대법원 2021. 02. 04. 선고 2020두41429 판결 참조).

공무원 재해보상법은 법률 제15522호로 2018년 3월 20일에 제정되어, 2018년 9월 21일부로 시행되고 있다. 제정 이유에서 "전문적이고 체계적인 공무원 재해보상제도의 발전을 위해 〈공무원연금법〉에서 공무원 재해보상제도를 분리해 〈공무원 재해보상법〉을 제정"한다고 명시한다. 법안의 내용이 〈산재보험법〉을 사실상 인용한 부분이 많아 구체성과 논리구조의 정합성이 떨어지는 부분이 많다. 직업병 인정 기준도 비구체적일 뿐 아니라 각종 자료와 정보의 공개도 인색하다. 공무원재해보상심의회, 공무원재해보상연금위원회 각 판정과 판결과 관련된 자료를 투명하게 공개하고, 세부적 절차와 내용을 보완하는 것이 필요하다.

업무상질병 인정 기준 개정안이 나왔다. 방식은 고용노동부 고시와 〈산재보험법〉 시행령 개정이다. 일단 고시(2008-43호) 개정을 통해 만성 과로 개념을 수정하는 내용을 살펴본다. 현행 고시는 만성과로를 "3개 월 이상 연속적으로 일상적인 업무에 비해 과중한 육체·정신적 부담을 발생시켰다고 인정되는 업무적 요인이 객관적으로 확인되는 상태"로 본다. 그 기준은 단기과로의 평가 기준인 '업무시간 30% 증가, 평소업무시간 등'이다. 증가된 업무시간이 30%가 되지 않을 경우 평소의 업무시간이 장시간인 경우 거의 불승인됐다. 이는 명백히 판례 법리에 반하는 것이다.

개정안을 보면 종합검토 원칙하에 "업무시간이 12주간 주당 평균 60시간(4주간 주당 평균 64시간)을 초과하는 경우 업무와 발병의 관련성이 강하다"라는 점을 고려해 판단한다. 또한 "60시간이 되지 않는 경우라도 업무시간이 길어질수록 관련성이 증가하며, 야간근무는 주간근무보다 더 많은 부담을 유발할 수 있다"라는 점을 고려해 종합적으로 판단한다.

원래 이 고시는 일본 노재보험을 베낀 것이다. 현행 개정안도 일본 노재보험을 참고해 만든 것으로 보인다. 그런데 예나 지금이나 이상하게 베끼고 있다. 예전에는 통상근무시간을 평소근무시간으로 고쳐 불리하게 만들었고, 현재는 만성과로시간을 일본 기준(발병 1개월에서 6개월에 걸쳐 대략 45시간을 초과하고 시간 외 근로가 길어질수록 업무와 발병과의 관련성이 강해진다고 평가한다)보다 훨씬 엄격하게 규정한다. 또한 노재보험의 경우 '불규칙한 근무·구속시간이 긴 근무·출장이 많은 업무·교대제근무 및 심야근무·작업환경(온도환경·소음·시차)과 정신적 긴장을 동반한 업무'의 '부하요인'을 별도로 평가한다. 또한 '정신적 긴장을 동반하는 업무'는 별지 양식으로 부하의 정도를 평가하도록 돼 있다. 이에 업무상재해 승인율은 일본 40% 이상, 한국 12%대로 대조된다.

개정안의 구체적 문제점은 60시간이 초과한다고 바로 업무상재해로 승인되지 않는다는 점이다. 일본 노재보험 해설서를 보더라도 '강하다'는 개념에 대해 업무기인성을 바로 인정하는 것으로 보지 않는다. 둘째, 60시간 이하 노동자의 산재 불승인 내용이나 다름없다. 기존 노동부 고시의 실무 적용 시 '평소 근무시간의 30% 증가라는 기준'은 만성과로에도 기계적으로 적용됐다. 개정안에서도 60시간 이하인 경우 주야간 교대제를 포함해 특단의 사정이 없는 이상 불승인될 것이 다. 셋째, 근무시간이 60시간이 넘더라도 업무의 강도가 낮거나 감시· 단속적 직종의 경우 배제될 가능성이 크다. 예전 지침에서도 이런 기준이 적용돼 택시 등 운수업종, 경비업종은 거의 불승인됐다. 또한 근로시간이 객관적으로 확인되지 않거나 증거자료가 없는 사무직이나 연구직의 경우도 마찬가지다.

넷째, 평균적 정량적 개념 자체가 하나의 예시로 작용하지 않고 획일적 기준으로 적용된다. 이는 판례의 기본태도와 배치된다. 과로의 개념 자체가 원래 "12주간, 4주간 등" 연속적인 개념으로 형성되는 것은 아니다. 가령 4일간 초과근무를 한 경우(대법원 2009. 04. 09. 선고 2008두23764 판결), 재해 한 달 전 과로한 경우(대법원 2010. 03. 25. 선고 2010두733 판결) 등 수많은 판례에서 확인할 수 있다. 다섯째, 종합검토 원칙에서 '정신적 부담가중 요인'을 본다지만 별도로 정신적 스트레스 부분에 대해 엄밀히 조사되지 않을 것이다. 즉 뇌심혈관계질환의 유발요인에서 '스트레스'는 배제되고, '근로시간'에 초점을 맞춰 판단하는 현행 실무가 개선되지 않으리라 예상된다.

결국 개정안에 따르면 산재인정을 받기 위해서는 주당 평균 60시간의 장시간 노동을 해야 한다. 현행 〈근로기준법〉에 의하면 주 40시간, 하루 8시간이 법정근로시간이고, 연장근로시간 한도는 12시간이다. 따라서 주 52시간이 한도다. 휴일근로가 연장근로시간에 포함되지 않는다는 고용노동부의 잘못된 행정해석(근기68207-2855, 2000. 09. 19.)이 장시간 노동 관행의 주범으로 비판받아왔다.

고용노동부 스스로 법률이 정한 근로시간을 위배한 근로를 산재인정요건으로 규정하는 셈이다. 2012년 우리나라 노동자들은 연평균 2,092시간이라는 OECD 최고의 장시간 노동을 했다. 법률 위반의 장시간 노동을 했을 때만 산재가 인정될 수 있는 국가에 사는 게 서글프다.

(2013.03.04)

정부는 〈산재보험법〉 시행령 개정안에서 근골격계 인정 기준과 관련해 "신체부담업무로 인해 연령증가에 따른 자연경과적 변화가 더욱 빠르게 진행된 것이 의학적으로 인정되면 업무상질병으로 본다"라는 문구를 시행령 '별표'에 추가했다. 이는 판례에서 반복적으로 언급되는 것이자 의학적 상식이다.

2013년 2월 15일 개최한 토론회에서 고용노동부는 자료집을 통해 "아울러 업무상질병조사 및 판정 시 퇴행성 소견이 있는 경우라도 업무관련성 평가를 충실히 진행할 수 있도록 관련 업무지침 보완"이라고 입장을 밝혔다. 근골격계 질병은 당연히 퇴행성 질병이다. 기존 근로복지공단과 고용노동부는 퇴행성 개념을 '연령 증가나 자연적인 발생'이라는 입장에서 보고 산재 불승인을 남발했고 이에 근골격계질환 승인율이 지속적으로 하락했다. 결국 고용노동부의 입장은 업무관련성 평가를 충실히 하지 못했던 것에 대해 시인한 것이나 마찬가지다. 현행 지침도 "신체부담업무를 장기간 수행한 경우 연령 및 건강 상태에 따른 자연경과보다 더욱 빠르게 퇴행성 변화가 유발될 수 있음"이라고 해놓았다. 그러나 공단은 실무에서 상병코드(M)와 필름(MRI 등)을 위주로 판단했다.

현장조사가 제대로 되지 않는 점, 업무관련성 시트의 구조적 한계, 전문가 평가가 직접 행해지지 않는 점, 재해자의 직력 전체에 대한 조사가 되지 않는 점 등은 근골격계질환 사건에서 공단이 보여주는 문제점이다. 따라서 개정안은 개선안이 아니라 당연한 판례 법리의 확인일 뿐이다. 직업성 암에 관한 부분은 과연 개선됐는가. 질병 범위가 확대돼 산재승인율이 높아질 것인가. 고용노동부는 설명자료(2013년 2월)를 통해 현행 기준이 산업구조 및 작업환경의 변화에 따라 새롭게 제기된 발암물질 등의 유해요인을 제대로 반영하지 못하고 근로자들이 사용하기 쉽지 않아 이를 개선한다고 했다.

일단 개정 내용의 핵심은 직업성 암의 원인물질 14종류를 추가하고, 확인된 12종류의 암을 추가한 것이다. 국제암연구소(IARC)에서 인간에게 발암성이 확실하다고 한 물질은 총 106종이다. 이에 반해 우리나라는 23종류의 물질과 21종류의 암을 직업성 암으로 규정했다. 고용노동부의 설명자료에서 확인할 수 있듯이, 개정안에 추가된 물질과 암은 이미 국내에서 산재로 승인된 전례가 있다. 또한 ILO 목록에 있는 것이며, 직업환경의학교과서에도 기술된 것들이다.

그 밖에 호흡기계 질병·급성중독 등을 유발할 수 있는 유해물질이 추가됐다. 이 또한 고용노동부의 표현을 빌리자면 "교과서에 언급되는 대표적인 화학물질, 국내 다수 사례가 있음, 근기법에 명시된 것"이다. 30년 동안 한번도 제대로 개선하지 않고 있다가 수많은 비판이 제기되자 ILO 목록에 있거나 교과서에 언급된 일부 물질과 암을 추가하면서 '개선'이라고 선전한다.

또 신경정신계질환에 있어 "업무와 관련해 정신적 충격을 유발할 수 있는 사건에 의해 발생한 외상후스트레스장애"를 명시했다. 이에 대해 고용노동부는 "다른 정신질환에 비해 평가가 용이하다고 하며, 전쟁·테러·산업재해·폭행·강간 등 노출 시"라고 한다. 현재의 신경정신의학에서 외상후스트레스장애의 발병요인이 명백히 생명을 위협하는 외상에 대해서만 진단되는 것이 아니다. 생명을 위협하는 수준이 아니더라도 외상후스트레스장애가 발병하는 증례가 많이 보고된다. 고용노동부의 개정안은 외상(trauma)의 개념에 대해 과거의 기준을 고수하는 것이다. 다수 노동자들이 고통을 겪는 우울증·공황장애, 특히 수면장애 등에 대해 아무런 기준이 없다.

고용노동부는 "근로자가 알기 쉽게 개편했다"라고 밝혔다. 그러나 〈산재보험법〉 시행령 '별표3'을 읽을 노동자는 0.0001%도 되지 않을 것이다. 유해요인·직업성 암 및 발암물질이 추가됐지만 노동자에게 바뀌는 것은 사실상 없다. 여전히 높은 산재신청의 장벽, 자신의 질병이 직업병인지도 모르는 현실, 무거운 입증책임, 역학조사라는 의학적 판단으로 귀결되는 현실, 역학조사 등 규정에서 불리한 현실, 행정기관의 불합리성 등 많은 난관이 존재한다. 바뀐 것은 없다. 오늘도 현장 노동자들은 발암물질이 무엇인지도 모른 채 묵묵히 일할 뿐이다.

(2013.03.07.)

산재를 말하다

2015년 정부는 노동개혁을 화두로 노사정 합의(?)를 도출하고, 출퇴근 재해를 법제화했다. 당시 새누리당이 제출한 〈산재보험법〉 개정안(원유철 의원 대표발의)을 보면 〈산재보험법〉 법리에 어긋나거나 법의 근간을 흔들 수 있는 위험한 내용이 포함돼 있다. 일단 개정안은 통상적 방법으로 출퇴근 중 발생한 사고를 출퇴근 재해로 인정한다. 이를 위해 출퇴근을 "취업과 관련해 주거와 취업장소 사이의 왕복 또는 한 취업장소에서 다른 취업장소로의 이동"으로 정의하는 규정을 신설했다(제5조 제8호). 즉 개정안은 출퇴근에 대해 2가지 개념을 상정한다. 첫째는 '주거와 취업장소 사이의 왕복'이며, 둘째는 '한 취업장소에서 다른 취업장소로의 이동'이다. 전자의 개념은 〈공무원연금법〉 및 시행규칙 제14조에 대한 대법원 판례(대법원 1993. 10. 08. 선고 93다16161 판결)에 부합한다.

그러나 두 번째 정의규정은 출퇴근 재해가 아니라 '출장 중 재해'에 포함된다. 한 취업장소에서 다른 취업장소로 이동이 잦은 직종인 경우 첫 번째 취업장소로 출근하는 행위는 출장 개념에 포함되지 않는다. 그렇지만 첫 번째 취업장소에서 다른 취업장소로 이동하는 행위는 출장이다. 이는 법원(대법원 2007. 12. 27. 선고 2007두3824, 대법원 2002. 09. 04. 선고 2002 두5290 판결)과 실무부서인 공단의 일관된 태도다. 개정안은 출퇴근과 출장을 혼동함으로 인해 출장 중 재해에 포함되는 업무상사고의 보상 범위를 축소한다.

개정안은 '근로자의 중과실이 있는 통상적 출퇴근 재해' 시 보험급여를 제한한다. 〈산재보험법〉 제83조 3호를 신설해 '제37조1항3호나목에 따른 출퇴근 재해 중 대통령령으로 정하는 근로자의 중대한 과실로 인해 재해가 발생한 경우' 보험급여를 제한한다. '중대한 과실'로 인한 재해의 경우 〈공무원연금법〉과 마찬가지로 장해·유족급여의 절반만 지급한다.

새누리당은 〈공무원연금법〉 제62조 3항과 이 법 시행령 제53조에 '중과실 개념'을 개정안에 도입했다. 기존 〈공무원연금법〉 운용에서도 가장 큰 비판을 받았던 대목이 '중과실 개념의 자의적 적용'이었다. 특히 공무원연금공단은 옛 〈공무원연금법〉 시행규칙 제15조3호 '공무수행에 따른 과로와 부주의한 음식물 섭취, 개선이 필요한 생활습관이 경합되거나 기타 요양에 관한 지시 등의 위반으로 인해 질병이 발생·악화된 경우'를 적용해 중과실 처분을 남발했다. 대법원에서 이런 처분의 위법성을 지속적으로 판시하면서 해당 조항은 2008년 10월 15일 삭제됐다(대법원 1996. 04. 12. 선고 96누716, 대법원 1992. 05. 12. 선고 91누13632 판결). 그럼에도 공무원연금공단은 지금도 중과실 처분을 남발한다.

현행 〈산재보험법〉 제37조는 업무와 재해 사이에 상당인과관계가 있는 경우 업무상재해로 간주한다. 다만 제2항에서 "근로자의 고의·자해행위나 범죄행위 또는 그것이 원인이 돼서 발생한 부상·질병·장해 또는 사망은 업무상의 재해로 보지 않는다"라고 규정한다. 〈산재보험법〉은 근로자의 과실 또는 중과실 유무를 따지지 않는다. 이는 입법적 또는 법리적 측면에서 볼 때 〈산재보험법〉의 중요한 근간이다. 중과실 개

넘 도입은 이런 입법체계를 한꺼번에 훼손하는 것이다.

또한 기여금을 공무원이 부담하는 〈공무원연금법〉과 사업주가 전액 부담하는 〈산재보험법〉은 입법 취지나 보험료체계가 다르다. 이를 무시하고 출퇴근 재해에 '중과실 개념'을 도입하는 것은 앞으로 〈공무원연금법〉과 마찬가지로 다른 업무상재해에서도 급여를 제한하는 시도로 이어질 가능성이 높다.

덧붙여 중과실 개념 도입과 이를 근거로 한 급여 제한조치는 1964년 제정된 ILO의 제121호 협약(업무상재해급여에 관한 협약)에 반한다. 해당 협약은 출퇴근 재해를 산업재해로 정의하는데, 보상수준 감액이 아니라 전체 급부액의 동일성(다른 사회보장제도 수준)을 요구한다. 일본의 노재보험법도 출퇴근 재해 급여를 다른 업무상재해와 동일한 수준으로 지급하도록 정한다. 이외에 개정안은 통상적 출퇴근 재해에는 〈근로기준법〉에 따라 사용자 재해보상 책임을 배제한다(근기법 제8장 재해보상 규정과 그 처벌규정 적용 제외). 이는 '3일 이내 요양 및 휴업 치료'와 '〈산재보험법〉 비적용 사업장의 출퇴근 재해'의 경우는 피해자가 보상받지 못하는 부작용을 초래한다. 새누리당이 개정안 취지로 명시한 '취약근로자 보호'에도 맞지 않는 결과다.

〈산재보험법〉 비적용 사업장 근로자는 더욱 보호받아야 한다. 그러나 이 조항은 개정안의 "출퇴근 경로와 방법이 일정하지 않은 직종의 경우 출퇴근 재해를 적용하지 않는다"라는 신설 조항(〈산재보호법〉 제37조 제4항)과 결합해 〈산재보험법〉과 근기법 모두의 보호를 받지 못하는 노동자를 양산할 것으로 우려된다.　　　　　　　　　　　(2015.10.05.)

출퇴근재해 〈산재보험법〉 개정안에 대한 소고

헌법재판소는 2016년 9월 29일 〈산업재해보상보험법〉 제37조1항1호 다목이 위헌이라는 헌법소원 사건에서 헌법불합치 결정을 했다. 이로 써 2018년 1월 1일부터 출퇴근 재해가 사실상 시행될 수밖에 없는 환 경이 조성됐다. 현재 국회에는 이완영 자유한국당 의원과 한정애 더불 어민주당 의원, 김삼화·이찬열 국민의당 의원이 발의한 〈산재보험법〉 개정안이 계류돼 있다. 이 중 김삼화 의원안은 〈자동차손해배상 보장 법〉(이하 '〈자동차손배법〉')에 의해 우선 청구하도록 규정해 사실상 이완영 의원안 내용과 동일하다. 이완영 의원안은 고용노동부 입장과 동일한 것으로, 이를 위주로 살펴보면 다음과 같은 문제점을 알 수 있다.

일단 출퇴근을 "취업과 관련해 주거와 취업 장소 사이의 왕복"이라 고 정의한 규정이 문제다. 일면 타당해 보이나 주거 개념을 단수로 한정 할 수 없는 점, 기존 〈공무원연금법〉상 재해 관련 판례에서도 다수의 주 거 개념을 인정하고 있는 점을 볼 때 주거 개념을 넓힐 필요가 있다.

둘째, "통상의 경로와 방법으로 출퇴근 중 발생한 사고"라는 개념 이다. 참고로 공무원의 경우 출퇴근재해는 〈공무원연금법〉 시행규칙(14 조)에 규정돼 있었으나 지난해 7월 같은 법 시행령을 개정해 29조1항2 호에 "통상적인 경로와 방법으로 출근·퇴근하던 중 발생한 사고로 인한 부상"이라는 규정을 넣었다. '통상'이라는 부사는 "일상적으로 또는 일 상적인 경우"라는 의미로 쓰인다. 출퇴근이 반드시 일상적인 경로와 방법일 필요는 없다. 오히려 노동자에게 '합리적인 경로와 방법'인 경우에는 일상적인 경우를 벗어나더라도 보호해야 한다. 헌법재판소 결정에서도 '합리적인 경로와 방법'을 지적하고 있으며, 기존 대법원 판례(대법원 2007. 09. 28. 선고 2005두12572 전원합의체 판결)에서도 근거를 찾을 수 있다.

셋째, "출퇴근 경로 일탈 또는 중단이 있는 경우에는 해당 일탈 또는 중단 중의 사고 및 그 이후의 왕복 중 사고에 대해서는 출퇴근재해로 보지 않는다"는 규정 문제다. 일탈 또는 중단 이후의 왕복 중 사고라고 하더라도 기존 경로에 다시 복귀했을 경우 통상 출퇴근재해에 포함해야 한다. 합리적 이유 없이 일탈 또는 중단 이후 사고를 모두 배제하는 것은 입법 취지에도 맞지 않고, 출장 중 재해에서 인정되는 범위보다 좁은 개념이다.

넷째, "출퇴근 경로와 방법이 일정하지 않은 직종은 출퇴근재해를 적용하지 않는다"라는 개념이다. 헌법재판소 결정 취지는 사업주에게 교통수단을 제공받지 못하는 '비혜택 근로자'에 대한 차별을 해소하라는 것이다. 출퇴근 경로와 방법이 일정하지 않은 직종이 이에 해당한다. 즉 많은 서비스노동자 또는 일용노동자 등에게 문제가 발생할 수 있다. 경로와 방법이 일정하지 않더라도, 노동자에게 합리적 경로와 방법일 경우에는 보호돼야 마땅하다.

다섯째, '자동차보험 우선 적용' 규정이다. 이를 위해 〈산재보험법〉에 따른 보험급여를 받기 전에 보험회사에 보험금을 먼저 청구해야 한다. 이는 헌법재판소 결정 취지에 위배된다. 헌법재판소 결정문에도 명시돼 있듯이 비혜택 근로자는 가해자를 상대로 고의·과실 등 입증책임의 어려움, 엄격한 인과관계 요구, 손해배상액 제한, 구제 기간 장기화 등으로 충분한 구제를 받지 못하는 것이 현실이다.

보험회사 특성상 재해자에게 부담을 전가하거나 재해자 과실을 상향하고 배상액을 제한할 수밖에 없다. 이런 과정 이후 다시 근로복지공단에 보험급여를 청구하는 것은 재해자에게는 고통의 연속이다. 공단이 재해자에게 보험급여를 지급한 뒤 보험회사 간 문제를 전문기관에서 조율하는 시스템을 구축해야 한다.

여섯째, "출퇴근재해 중 대통령령으로 정하는 근로자의 중대한 과실로 인해 재해가 발생한 경우"를 열거하고, 급여의 전부 또는 일부를 지급하지 않도록 한 규정이다. 중과실 개념은 〈공무원연금법〉상 개념이고, ILO 제121호 〈업무상 상해 급부 협약〉에서도 급여를 제한하지 않는다는 점에서 타당하지 않다. 이와 관련해 대법원은 "음주운전이라고 해서 바로 업무수행 행위가 부정되는 것은 아니다"라고 판시했다(대법원 2001. 07. 27. 선고 2000두5562 판결). 게다가 음주운전이라는 범죄행위를 원인으로 발생한 것이라는 뚜렷한 자료가 없는 이상 업무상재해를 인정했다(서울행정법원 2010. 07. 08. 선고 2010구합17656 판결, 대법원 확정). 〈근로기준법〉 제81조도 중과실의 경우라도 휴업보상과 장해보상만 제한하며, 유족 급여는 제한하지 않는다.

중과실 개념 도입은 〈산재보험법〉 근간을 흔들 수 있는 위험한 발상이다. 현재 대법원 판례와 공단 실무지침보다 못한 개념을 도입하려는 시도는 반드시 재고돼야 한다. (2017.03.09.)

산재를 말하다

고용노동부는 2017년 10월 25일 '상시근로자 1인 미만, 소규모 건설공사 등 영세사업장 산재보험 적용, 개별실적요율제 개선, 통상적 출퇴근 재해에 대한 범위 규정, 사업주 날인 첨부 폐지'를 주요 내용으로 하는 산재보험 관련법령 개정안을 입법예고했다.

고용노동부 입법예고안에서 문제는 '추정의 원칙'이다. 고용노동부는 입증책임을 완화한다면서 시행령 '별표3(업무상질병에 대한 구체적인 인정 기준)'의 13호를 "1호에서 12호에 제시된 노출기간·노출량·잠복기 등을 충족하지 못했거나, 이외의 질병이라 하더라도 업무와의 상당인과관계가 인정되는 경우 해당 질병을 업무상질병으로 본다"로 바꿨다. 이러면서 '추정의 원칙' 적용을 명확히 하는 근거규정이 마련됐다고 밝혔다. 이어 "추정의 원칙은 작업(노출)기간·노출량이 인정 기준(당연인정 기준)을 충족하면 반증이 없는 한 상당인과관계를 인정하고, 인정 기준을 충족하지 못하더라도 의학적 인과관계가 있으면 인정한다는 의미"라고 덧붙였다.

고용노동부 입법예고 이전에 만들어진 근로복지공단의 '업무상질병 추정의 원칙 적용을 위한 재해조사 관련 업무지시' 지침을 보면 공단은 "인정 기준에 노출 수준·기간이 구체적으로 규정(당연인정 기준)돼 있는 경우 재해조사·역학조사 결과 노출 수준·노출기간 등이 당연 기준을 충족하고 반증이 없으면 업무상질병으로 인정한다"며 "당연인정 기준을 충족하지 않는 경우에도 업무와 발병한 질병 간에 상당인과관계가 인정되면 현행과 같이 업무상질병으로 인정한다"라고 규정했다.

인정 기준의 구체적 규정을 충족하고, 반증요인이 없으면 업무상 질병으로 인정된다는 것이다. 반증은 업무상질병을 부정하거나 관련성을 약화시키는 요인이라고 보면 된다. 결과적으로 고용노동부는 "반증요소가 없고 기준을 충족하면 산재인정이 쉬워지며, 신청인의 입증부담이 완화된다"라고 주장한다.

이는 산재보험 관련법령을 몰이해한 데에서 비롯된 것이다. 우선 〈산재보험법〉 시행령에서 열거한 '업무상재해로 명시된 기준'은 예시 기준이자 당연인정 기준이다(대법원 2012. 11. 29. 선고 2011두28165 판결). 즉 시행령과 시행령 '별표'에 명시된 것은 하나의 예시이며, 이외 명시된 기준과 상이한 개별 사안의 경우 법리상 상당인과관계에 비춰 판단해야 한다. 예를 들어 소음성 난청 인정 기준에서 고용노동부와 공단은 "85dB 이상의 소음에 3년 이상 노출돼야 한다"라는 기준을 엄격히 해석해 기준치 이하 소음(가령 84dB)에 장기간(가령 10년 이상) 노출되더라도 업무상질병으로 인정하지 않는다. 고용노동부와 공단이 시행령 내용을 법원과 달리 '제한적 열거 기준'으로 운영했던 명확한 과오였다. 법리나 법해석상 당연한 내용을 개정안에 명시하면서 지금까지의 적폐를 모두 덮으려는 것이다.

둘째, 추정의 원칙과 관련한 공단 지침에는 "반증요인이 있는 경우 일반적으로 업무상질병이 부정될 수 있다"라고 명시했다. 〈산재보험법〉에 따라 업무상질병은 공동원인을 고려해 판단해야 한다. 질병의 주된 발생 원인이 업무수행과 직접적인 관계가 없더라도 업무상 원인이 질병의 주된 발생 원인에 겹쳐서 질병을 유발 또는 악화시켰다면 상당인과관계가 있다고 봐야 한다(대법원 2009. 04. 09. 선고 2008두23764 판결). 반증요인이 있더라도 업무상 원인이 주된 판단요소가 될 수 있는지, 기존질환이나 질병을 악화시켜 자연적인 진행속도 이상으로 악화됐는지 여부를 판단해야 한다. 공단 지침은 법리적 측면에서도 판례와 배치된다.

셋째, 공단이 뇌심혈관계질환에서 반증요인으로 명시한 '조절되지 않는 고혈압·당뇨, 충분한 휴게시간 보장, 기저질환을 제대로 치료받지 않는 경우(뇌동맥류·부정맥·협심증), 개인의 심리·육체적 부담'은 업무상질병 판단에서 주된 요인이 돼서는 안 된다. 공단은 지침에서 "반증책임이 공단에 있으므로 지사에서 질판위에 반증요소로 제시한 사실을 토대로 발병한 질병과 업무와의 상당인과관계 여부를 판단한다"라고 명시했다. 이제 공단이 반증의 책임 주체가 된 셈이다. 공단이 일부 사업주를 대신해 산재인정을 방해하는 기관으로 자리매김하는 것은 아닌지 우려스럽다.

넷째, 공단이 제시한 반증요인이 매우 추상적이다. 일부 요인은 산재인정과 상관없다. 조절되지 않는 고혈압의 수준이 무엇인지, 제대로 치료받지 않은 경우가 무엇인지, 개인의 심리·육체적 부담의 경중이 무엇인지도 객관적이지 않다. 또한 뇌출혈 위험 요인인 뇌동맥류는 전문적 뇌검사를 하지 않으면 알 수 없다. 오히려 산재보험 관련법령은 '뇌실질내출혈·지주막하출혈'을 인정상병으로 명시하고, 뇌출혈의 가장 많은 선행요인이라고 할 수 있는 뇌동맥류를 업무상질병을 부정하는 요소로 삼고 있지 않다.

　여전히 공단은 업무시간 이외 요인(업무량·강도·책임·정신적 긴장도 등) 조사는 현행 지침(제2013-32호)에 맡기고 있다. 현행처럼 스트레스 요인을 조사하지도 반영하지도 않겠다는 의미다. 공단이 업무시간과 반증요인에만 집중하게 돼 업무상질병 인정이 적어질 것이라는 우려가 들 수밖에 없다. (2017.10.30.)

근골격계질환 추정의 원칙 고시, 무엇이 문제인가

고용노동부는 2022년 4월 28일 〈뇌혈관 질병 또는 심장 질병 및 근골격계 질병의 업무상질병 인정 여부 결정에 필요한 사항〉 일부개정 고시(고용노동부고시 제2022-40호)를 발표했다. 근골격계질환 추정의 원칙을 적용받는 직종과 상병을 추가한 이번 고시가 과연 진일보한 것인지 의심하지 않을 수 없다. 노동부가 도입하려 했던 복합부위 상병은 아예 삭제됐다.

　그밖에 문제점을 짚어보면, 첫째, 추정의 원칙 적용 요건인 근무 기간이 일부 축소됐다. 6개 신체 부위(목, 어깨, 팔꿈치, 손·손목, 허리, 무릎) 중 목(경추간판탈출증), 어깨(회전근개파열)의 경우 근무 기간이 각각 '8년→10년' '9년→10년'으로 늘어났다. 이에 대한 합리적인 이유나 설명이 전혀 제시돼 있지 않다.

둘째, 기존 적용 직종이 누락됐다. 기존 근로복지공단 지침으로 운영된 근골격계질환 추정의 원칙(발생빈도가 높은 근골격계 6대 상병 재해조사 요령)에서 요추간판탈출증 직종 중 돌봄노동과 운전업무(화물차·중장비·승객버스)가 삭제됐다. 노동부는 '승인율, 신청 빈도가 낮아지는 등'의 이유로 제외했다고 한다. 돌봄노동이 요추부에 강한 외력이 작용하는 업무이며, 요추 부담이 적다는 의학적 연구가 명확하지 않은데도 이를 삭제하는 것은 납득하기 어렵다. 또한 운전업무는 전신진동 등으로 요추에 부담이 된다는 역학적 근거가 변경된 바 없다. 덴마크의 업무상질병 판단 지침(2010)에도 진동의 정도, 의자의 쿠션 상태 등을 감안해 8~10년 이상 업무수행을 근골격계질환 요건으로 한다는 점을 볼 때 납득하기 어렵다.

셋째, 상병 미확인 문제에 대한 대책이 없다. 추정의 원칙을 적용받는 상병별 직종으로 추가된 것은 5회 이상 80% 이상 승인된 것을 기준으로 삼아 선정됐다. 대부분 이미 근로복지공단에서 승인되고 있는 것에 불과하다. 고시 적용 직종인데도 산재승인을 받지 못하는 이유로는 상병 미확인(9%)이 가장 많다. 산재보험 지정 의료기관에서 '산재보험 요양급여신청 소견서'를 의사가 작성한 뒤 병원의 직인을 통해 확인하고 있는 바, 의학적 판단에 대한 책임은 의사와 병원이 져야 한다. 근로복지공단 지사 자문의사의 상병 검토 시 이견이 있거나 확인되지 않으면 해당 의료기관에 '산재보험 요양급여신청 소견서'를 다시 요청해야 한다. 잘못된 상병 진단으로 소견서를 작성한 의료기관이나 의사에게 적절한 패널티를 강하게 부과하지 않으면 노동자의 고통은 줄어들지 않는다.

넷째, 노동부·경총·한국노총이 이전 합의를 이행하지 않았다는 점이다. 근골격계질환 산재 판정이 오래 걸려(2021년 113일) 노동자의 고통이 가중된 것은 어제오늘 일이 아니다. 민주노총을 제외한 노사정이 2006년 12월 13일 옛 노사정위에서 〈산재보험법〉 개정안에 합의할 때 "주치의, 사업장, 자문의 의견을 종합 고려해 업무상질병이 명확할 경우 업무상질병판정위원회 심의를 제외"하도록 했다. 그럼에도 모든 업무상 질병을 질병판정위에서 심의해왔다. 애초 근골격계질환의 특수성을 감안해 주치의사·자문의사 등 의학적 소견을 종합해 심의에서 제외해 신속한 판정을 해야 했다. 제도개선을 15년간 미뤄오다가, 2021년에 와서야 특별진찰 시 '매우 높음' 소견에만 심의에서 제외하도록 한다('매우 높음'이 거의 없는 현실을 볼 때 실효성이 없다).

다섯째, 산재신청조차 어려운 비정규·미조직·하청 노동자 등의 현실을 외면한 것이다. 지난해 기준 기존 추정의 원칙 사건은 전체 업무상 질병 사건 중 3.6%에 불과하다. 노동부 설명자료에서도 알 수 있듯이 '금번 패스트트랙 대상 66개 직종 중 건설업 21개, 조선업 13개, 타이어 7개, 자동차 5개'다. 대부분 노동조합이 있는 곳이며, 현재도 일반 근골격계질환 승인율에 비해 10% 이상 높다. 2019년 기준 인구가 우리나라와 비슷한 프랑스가 4만 4,492건의 근골격계질환이 발생한 반면, 우리나라는 6,844건에 불과하다. 산재신청을 엄두도 내지 못하는 비정규·미조직 노동자에 대한 고려가 전혀 없다. 기존 틀을 바꾸려는 노력이 사실상 없었다.

여섯째, 가장 큰 문제는 사용자의 이의제기권을 도입한 것이다. 경총 등의 반발로 업무상질병판정위원회 규정 개정을 통해 '판정위원회 사건 접수 시, 판정위원회 심의회의 개최 시' 사용자에게 통지하도록 규정했다. 또한 개정안은 사용자의 의견 개진 절차를 적극적으로 보장하며, 사용자의 의견진술 등으로 심의회의 보류를 가능하게 했다. 현재에도 산재보험 가입자 의견을 대체해 사용자의 의견서와 자료가 제시되지만 노동자에게 제때 전달되고 있지 않다. 또한 질판위 회의 참가 시 제출되는 자료 등은 신청인이 알 수 없고, 반론권이 보장되지 않는다. 공단 조사 시 사용자의 문답서 제출, 현장 조사 등 재해조사서 작성 시까지 사용자의 의견진술 및 자료 제출 기회 등이 충분히 보장돼 있는데도 최종 판정 절차에서 사용자의 새로운 의견으로 보류한다면 신속성은 결국 저해될 수밖에 없다. 업무상질병 사건 중 3.6%에 불과한 사건 때문에 나머지 96.4%의 사건의 판정절차 지연 문제가 초래될 수 있다. 노동자가 산재신청을 위한 자료제출 요구권이 없는 점, 사용자의 산재신청 조력의무가 없는 점, 증명책임은 여전히 노동자에 있는데도 '객관적 자료'의 우위는 사용자가 가지고 있는 점 등 현실을 외면한 것이다. 향후 산재보상위, 산재재보상위에서도 사용자의 이의제기권 도입 명분을 심어준 몰지각한 제도 변경이다. (2022.05.31.)

근골격계 다빈도 상병 조사 판정 지침의 문제점

2022년 4월 28일 개정된 〈뇌혈관 질병 또는 심장 질병 및 근골격계 질병의 업무상질병 인정 여부 결정에 필요한 사항〉 고시에 근거한 〈발생빈도가 높은 근골격계 상병 업무상질병 조사 및 판정 지침〉이 지난달 1일 제정·시행됐다. 이 지침은 고시의 문제점을 기본적으로 내포하고 있을 뿐만 아니라 신속하고 공정한 판단이라는 〈산재보험법〉의 취지, 그리고 법리에 위반된 내용이 많다. 아래에서 그 구체적인 내용을 살펴본다.

첫째, 재해조사 절차에 각 조사 및 자문기간이 명시되지 않아 개별 조사 담당자의 특성과 여건에 따라 조사가 장기화될 수 있다. 재해조사 절차는 '요양신청서 접수→기초자료 수집→근골격계 다빈도 상병 적용 기준 해당 여부 기초조사→의학자문 실시→현장조사 생략 및 필요 여부 확인→전산입력'의 과정을 거친다. 조사와 의학자문 등은 얼마의 기간으로 이뤄지는지 알 수 없다. 사업장에서 제출 의견이 있다면 다시 직업환경의학 전문의의 의학자문을 거치도록 하고 있다. 신속한 조사 판정을 위해 조사일정과 기간을 명확히 하고, 기초자료 수집 단계에서 사업주의 의견을 충분히 제출하도록 해서 의학자문을 반복하지 않도록 해야 한다.

둘째, 고시 적용 대상임에도 노동자에게 현장조사를 사실상 강제하는 측면이 있다. 지침은 고시 적용 대상임을 노동자에게 안내해 현장조사를 생략할 수 있도록 하고 있다. 그럼에도 노동자가 필요하다는 의견을 제출하는 경우 현장조사를 실시하도록 규정한다. 붙임 서식 하단에는 "심의 과정에서 현장조사가 필요해 우리 지사에 현장조사를 요청하는 경우 현장조사가 실시될 수 있음을 알려드립니다"라고 명시한다. 이와 같이 불필요한 오해를 초래하는 문구는 삭제해 고시 적용 대상 노동자가 현장조사를 선택하는 경우가 없도록 해야 한다.

셋째, 현장조사에 대한 사업주의 이의제기권을 축소 또는 삭제해야 한다. 지침은 사업장에서 적용 대상이 아니라고 현장조사를 요청하는 경우 '예시'를 참고해 필요성을 판단하라고 규정한다. 예시는 "직종에 대한 사업주 이의, 혼재업무에 대한 이의, 부담업무 미수행에 대한 이의, 기타 방문조사를 통해 확인이 가능한 경우"로 나뉜다. 사실상 사업장에서 당해 노동자가 해당 직종에 근무하지 않았다고 주장하면 현장조사를 실시할 수밖에 없다. 노동자가 근무이력에 대한 세부사항을 가지지 못한 상태에서 사업주의 이의제기에 대해 담당자는 '현장조사 미수행에 대한 부담'을 가질 수밖에 없다. 가령 고시의 대표적인 직종인 건설 노동자의 경우 고용보험 일용내역서상 직종명(코드)이 포괄적이므로, 정확한 직종을 알 수 없다. 또한 건설 노동자 경력증명서상 종사 직종 구분도 정확한 업무를 반영하지 못하는 경우가 많다. 당연히 원청 건설업체에서는 이런 점을 악용해 직종 불명확성에 대한 이의를 제기할 것이다. 이로 인해 현장조사 등 장기간 조사를 실시해 사실상 추정의 원칙을 도입한 취지는 형해화할 수밖에 없다. 이를 방지하기 위해서는 충실한 기초자료 수집 후 최초 의학자문 단계에서 현장조사 여부를 결정할 수밖에 없다. 진술이 아닌 명확한 서류에 근거한 직종의 이의제기만 수용하되, '업무상질병 현장조사 매뉴얼'에 "어떻게 직종 조사를 하는지"의 내용을 만들어 추가해야 한다.

넷째, 불합리한 근무 기간 산정 지침을 변경해야 한다. 근로복지공단은 근무기간을 산정할 때 "건설 현장 일용직은 200일을 근무한 경우 1년으로 인정한다"라고 한다. 이는 건설 현장 실태를 전혀 반영하지 못하는 내용이다. 건설노동자의 경우 2004년 이전 고용보험 일용 근로 내역은 없다. 또한 한 달에 20일을 일하든 업체 사정상 10일을 일하든 노동자의 직종과 업무부담은 변함이 없다. 정규직 제조업 노동자가 한 달에 10일 일했다고, 해당 월은 10일만 일하는 것으로 업무 부담을 판단한 것을 본 적이 없다. 최소 고용보험 일용근로 내역서에 타 직종으로 가입한 적이 없다면, 직무의 연속성을 인정해 판단해야 한다. 산업재해재심사위원회에서도 건설노동자의 이런 특수성을 반영해서 누적 기간을 합산해 업무관련성을 인정한 바 있다.

다섯 째, 〈산재보험법〉의 법리 및 해석과 반하는 내용은 수정해야 한다. 근로복지공단은 조선 용접공 4년, 조선 비계공 2년, 조선 배관공 7년을 근무한 경우 발병된 경추간판탈출증의 예시를 제시하고 있다. 이 경우 '적용 직종(a)→비적용 직종(b)→적용 직종(c)→상병 진단'으로 근무한 경우 비계공 근무기간 2년이 제외될 뿐만 아니라 적용 직종인 용접공 4년도 제외된다. 결국 배관공 7년만 고려해 업무관련성을 판정(결국 부정)한다. 공단의 논리라면 예시에서 용접공으로 40년을 일했더라도 적용 대상이 아니다. 이는 업무상 상당인과관계 법리뿐만 아니라 질병의 발현 과정이라는 의학적 지식과도 배치되는 논리다.　　[2022.08.12.]

〈공무원연금법〉은 1960년 1월 1일 시행된 사실상 우리나라 최초의 사회보험제도다. 일반 노동자에게 적용된 〈산재보험법〉이 1964년 1월 1일 시행된 것과 비교해볼 때도 상당한 의의가 있다. 공무원 재해보상제도는 〈공무원연금법〉의 일부 장에 불과했다. 2016년 7월 26일 시행령 개정으로 인해 보상제도가 확대되고 공상 심의 전 전문조사제, 용어개선(공무상사망→순직, 순직→위험직무순직) 등이 이뤄진 바 있으나 이는 일부 개선에 불과했다. 그러던 중 2018년 9월 21일 〈공무원 재해보상법〉이 〈공무원연금법〉에서 분리돼 제정·시행됐다. 공무원 재해보상제도가 별도 법률로 제정·운영되면서 한 단계 높은 수준으로 도약할 수 있게 됐다. 공무원 재해보상제도는 노동조합의 관심사항이 아니었다. 법률 제정 이후에도 공무원 재해보상제도의 구체적인 내용과 의의, 한계가 논의되지 않았다. 공무원 재해보상제도를 간략히 검토해본다.

먼저 대상 범위가 확대됐다. 이는 법률상 공무원인데도 배제됐던 시간선택제공무원이 적용 대상에 포함됐으며(3조1항1호나목), 공무수행사망자 개념을 신설해 공무를 수행하다 목숨을 잃었는데도 일반 노동자라는 이유로 순직·위험직무순직에서 배제됐던 문제를 해결했다(3조1항2호). 이는 세월호 참사 때 숨진 기간제교사의 순직 불인정과 현장에서 공무를 수행하다 숨진 노동자들의 순직 불인정 등 차별 문제를 입법적으로 해결한 것이다.

둘째, 공무상재해 인정 기준을 시행령이 아닌 법에 명시함으로써 그 요건을 명확히 했다(4조). 구체적인 인정 기준은 시행령 '별표2'에 규정함으로써 〈산재보험법〉 체계를 모방했으나 너무 간소하게 규정했다. 이에 공무상재해 인정 기준이 불명확하다. 자의적인 인정 기준 운영이 이뤄질 여지가 있다. 또한 중요 질병 중 뇌심혈관계질환만 일부 내부규정(공무상과로 인정 기준 개선, 2017년 5월 연금본부 재해보상실)이 있을 뿐 근골격계 질환이나 정신질환, 직업성 암은 구체적인 기준이 불비하다.

셋째, 위험직무순직 공무원 요건을 확대했고, 순직·위험직무순직의 유족연금지급률을 인상했다. 그동안 위험직무순직 인정 범위가 자의적이고 좁았다는 비판이 있었다. 이에 대해 인정 범위를 넓히는 한편 일반 노동자에 비해 급여수준이 적은 연금지급률을 높였다. 순직유족연금지급률은 26.5 ~ 32.5%에서 최소 38%(유족가산금 추가시 42~58%), 위험직무순직유족연금지급률은 35.75 ~ 42.25%에서 최소 43%(가산금 추가시 48~63%)로 인상했다. 또한 순직유족보상금은 본인 기준소득월액의 23.4배에서 공무원 전체 기준소득월액의 24배로, 위험직무순직유족보상금은 44.2배에서 45배로 인상했다. 고도의 위험업무에 대한 보상성격인 위험직무순직의 의의를 인정할 수 있지만 일반 공무원 순직과 비교할 때 보상의 경중을 달리하는 방식의 규정은 타당하지 못하다. 그리고 보상금이라는 일시금 성격을 연금과 병행해 지급하는 방식과 순직유족연금 및 위험직무순직연금이 〈산재보험법〉의 수준에 비해 훨씬 낮은 점을 고려할 때 향후 급여를 하나로 통합해 연금수준을 높이는 방향으로 제도를 설계할 필요가 있다.

넷째, 재활운동비(26조)·심리상담비(27조)·간병급여(34조) 신설로 인해 급여 항목이 다양해졌다. 그러나 〈산재보험법〉과 달리 요양급여 지급기한이 원칙적으로 3년으로 규정된 점(22조 2항), 휴업급여 규정이 없는 점은 개선되지 않았다. 그리고 장해급여 지급사유가 "퇴직"으로 한정된 것 또한 개정되지 않았다. 이는 장해로 인한 보상의 성격을 축소한 것이다. 장해가 확정된 시점부터 그에 대한 보상을 하는 것이 사회보험의 기본원칙이다. 또한 공무원의 장해급여 수준이 〈산재보험법〉에 비해 훨씬 낮은 점도 여전히 문제다.

다섯째, 공무상재해보상 신청 및 판정절차가 변경됐다. 기존에는 공무원은 반드시 연금취급기관장의 확인을 거쳐야 공무원연금공단에 재해보상을 청구할 수 있었다. 개정 이후에는 요양급여는 소속기관을 경유하지 않아도 된다(〈공무원 재해보상법〉 시행령 14조 6항). 사망사건에서 소속기관의 비협조가 있을 수 있으니 유족급여에서도 직접청구제가 시행됐어야 한다. 또한 순직청구 이후 위험직무순직을 청구하는 2단계로 구분됐던 절차가 일괄 청구로 가능해졌다. 무엇보다 재해보상 심사기능을 공무원연금공단에서 분리해 인사혁신처가 1심 기능(공무원재해보상심의회, 7조)을 담당하고, 국무총리 소속으로 공무원재해보상연금위원회(52조)를 설치해 독립성과 전문성을 강화한 것이 돋보인다.

마지막으로 공무원 재해보상법은 연구용역부터 〈산재보험법〉을 많이 참고했지만, 정작 당사자인 노동자와 노동조합의 관심과 참여는 부족했다. 이 점이 무엇보다 아쉽다.   〔2019.01.21.〕

산재보험, 공정성과 신속성을 토대로 개혁해야

〈산재보험법〉과 제도의 개혁은 법의 이념과 목적이라고 할 수 있는 "신속성하고 공정한 보상"에 기반을 두어야 한다. 필자는 지난 십여 년간 산재보험 특히 보상과 관련된 부분에서 문제점과 개선조치를 지적해왔다. 2018년 고용노동행정개혁위원회 위원으로서 활동해 작성한 권고안 일부가 고용노동부와 공단의 개선조치를 이끌어내기도 했다. 요양 중 사고에 대한 시행령이 개정되어 보장의 범위가 넓어졌다. 이제 업무지침, 산재 판례, 전문조사 사례 등을 공단 홈페이지에서 검색할 수 있다. 산재신청 서류 및 산재처리 절차가 일부 간소화되었다. 그러나 여전히 판정기구의 전문성과 독립성 강화, 산재신청에 대한 노동자 권리 강화, 증명책임의 전환, 인정 기준의 합리화, 행정서비스의 개선 등 중대한 과제는 남아 있다. 중대재해 처벌 등에 관한 법률이 2020년 1월 27일부터 시행되어 기업과 사회의 "노동안전과 산업재해"에 대한 관심은 커졌지만, 이에 맞는 산재보험의 사회적 기능 확대와 〈산재보험법〉의 재정립에 대한 관심은 부족하다. 산재사망 노동자 추모관 건립은 논의

조차 되고 있지 않으며, 중대재해기업처벌법은 제대로 된 시행을 하기 도 전에 시행령 개정을 통해 그 적용범위를 축소하려고 한다.

소위 태아산재에 대한 법 개정은 2021년 12월 9일 국회를 통과해 서 2022년 1월 11일부터 시행되었다. 그 내용은 〈산재보험법〉에 "제3 장의3 건강손상 자녀에 대한 보험급여의 특례"를 추가한 것이다. 세부 내용을 보면 정부가 제출한 내용보다 후퇴했다. 남성의 유해인자 노출 은 제외되었을 뿐 아니라 입증책임을 완화하지 않았다. 이와 관련하여 2022년 12월 20일 산재보험법 제83조의4(건강손상자녀 관련 유해인자) 조항 및 별표 11의 4 '건강손상자녀 관련 유해인자'를 신설했다. 유해인자의 범위를 화학적, 약물적, 물리적, 생물학적 인자로 구분했으며, 그 범위 가 매우 좁아 노동자 보호기능을 하기 어렵다. 이제는 우리 내부의 법 제도뿐 아니라 프랑스를 비롯한 외국의 산재보험에도 눈을 돌려서 산 재보험 개선방향과 내용을 고민해야 한다. 장기적으로 '책임추정원칙 의 법제화, 인정 기준의 합리화와 추정의 원칙 법제화, 선 보장 후 정산 제도 도입'의 목표를 가지고 천천히 접근해야 한다.

〈산재보험법〉은 1963년 11월 5일 제정돼 37개 조문으로 시행됐다. 〈근로기준법〉에서 분리된 뒤로 조문이 확대(129개)됐을 뿐 아니라 50년 이상 법 개정 과정에서 보험재정과 급여체계의 합리화, 업무상재해 기준 확대, 근로복지공단의 효율화가 이뤄졌다. 그러다 2000년대 중반에 들어서는 민주노총이 빠진 채 이뤄진 2006년 12월 13일 노사정위원회 합의에 따라 법안을 전부 개정했다(2007년 12월 14일 법률 제8694호, 시행 2008년 7월 1일).

현행 산재보험제도는 "공정하고 신속한 보상을 통한 노동자의 생존권 보장"이라는 이념을 달성하기에 여전히 미흡하다. 〈산재보험법〉 개정과 제도 정비에 대한 몇 가지 개선 과제를 제시하고자 한다. 일단 적용 범위를 확대하는 문제다. 요양급여와 휴업급여 범위를 '3일 이내'에서 2일 이상으로 변경해야 한다. 현행법에 따르면 부상·질병으로 취업하지 못한 기간이 3일 이내면 휴업급여와 요양급여를 받을 수 없다. 적용 범위 확대는 보상과 더불어 산재사고에 대한 정확한 통계를 위해서도 필요하다. 또 〈산재보험법〉 적용 대상을 〈근로기준법〉에 따른 근로자로 한정한 것을 확장시켜야 한다. 특수고용 노동자 등 인적 범위를 사안에 따라 신설하는 것이 아니라 사회보험 취지를 살펴 포괄적인 규정을 둬야 한다.

근로복지공단과 산재 판정기관, 산재 판정절차에도 문제가 있다.

공단과 고용노동부로 분리된 재해조사와 예방 기능, 공단의 자의적 판단, 공단 지침과 법원 판례의 충돌, 질판위의 모호한 법률적 지위와 책임 회피, 쟁송의 걸림돌로 작용하는 산재재심사위 등을 감안할 때 재해조사기관과 판정기관을 분리할 필요가 있다. 근로복지공단은 보험료 징수와 재해 조사기관으로 자리매김해야 한다. 판정기관과 행정심판위원회는 국무총리 또는 대통령 산하 별개 기관으로 두고 노동자들이 판례에 따라 공정하고 신속한 판단을 받게 할 필요가 있다. 다만 근로복지공단은 재해조사에 대한 전문성이 부족하고 실질적 권한이 없는 점, 산업안전 담당 근로감독관 숫자가 적은 점을 감안해 일부 안전보건공단 인력과 근로복지공단 재활보상부 인력에게 안전·보건 관련 근로감독권을 주고, 재해조사를 공동 수행하게 해서 사업장 감독 기능까지 확보할 수 있도록 해야 한다.

보험료율과 보험료 부담은 '보험료의 사업주 부담원칙'과 '사고위험 부담의 자기책임 원칙'이라는 전제에서 접근해야 한다. 특수형태 근로 종사자의 경우 사업주 부담원칙을 적용하고 당연가입제도로 변경해야 한다. 또한 실질적인 산재은폐 수단으로 작용하는 개별실적요율제도를 폐지해야 한다. 하청사업주에게 산재보험료를 전가해 원청사업주의 책임회피 기능으로 전락한 도급사업 일괄 적용 단서규정도 폐지해야 한다. 신속한 보상과 접근의 용이성이라는 측면에서 사고뿐 아니라 질병에도 당연인정 기준 제도를 도입할 필요가 있다. 가령 자문의사 1인이 산재인정 의견을 내면 질판위에 회부되지 않도록 기준과 제도를 설정해야 한다. 또한 현행 인정 기준을 공단이 제한적 열거규정으로 운영하는 잘못된 관행에 제동을 걸 필요가 있다. 법률에 예시적 열거규정임을 명시해 공단의 모든 지침에서 이를 관철해야 한다.

과다한 성공보수금으로 고통받는 노동자와 그 가족을 위해 국선 노무사제도를 도입해 산재신청을 전문적으로 조력할 수 있도록 하는 제도개선이 시급하다. 허울뿐인 사업주 조력제도(《산재보험법》 제116조)를 변경해 사업주 조력 의무와 노동자의 자료제출 요구권 범위를 구체적으로 명시하고, 이를 위반할 경우 처벌함으로써 사용자에 의한 산재은폐와 방해 문제를 해결해야 한다.

급여제도에서는 불합리한 차별인 고령자 휴업급여 감액제도를 폐지해야 한다. 재요양 시 휴업급여 기준을 최초 요양 시 (증감된) 평균임금과 비교해 선택하는 제도개선이 필요하다. 2006년 노사정 합의 때 한국경총 주장을 수용해 제정된 현행 법률이 재요양 시점에서 급여발생 사실이 없는 경우 최저임금을 기준으로 지급하기 때문이다. 공단의 위법한 휴업급여 지침 탓에 통원치료 기간에도 실제 병원을 다닌 날짜만 계산해 휴업급여를 지급하는 관행도 개선 대상이다. 아울러 장해 규정은 한시적 장해 개념을 포괄하는 것으로 볼 수 없기에 장해등급이 변경될 가능성이 있다는 이유로 일정 기간이 지난 뒤 장해등급을 재판정하는 제도는 폐지해야 한다.

무엇보다 산재은폐 관행을 없애야 한다. 2일 이상 요양이 필요한 산재 사건에서 사업주에게 산재신청 의무를 부과하고, 위반 시 처벌하는 규정을 도입하자. 특히 제3자 산재신고 제도를 두고, 합리적 근거가 제시되는 경우 의무적으로 재해조사를 하도록 해야 한다. 현행 제도는

산재를 말하다

재해자와 유족에게 과도한 입증책임을 부과하고, 경제적 부담과 정신적 고통을 야기한다. 〈환경오염피해 배상책임 및 구제에 관한 법률〉(환경오염피해구제법)과 제조물 책임법 등 다른 법률을 참고해 최소한 직업성 암 같은 업무상질병에서는 인과관계를 추정하거나 입증책임을 전환하는 법률 개정이 시급하다. (2017.04.03.)

고용노동행정개혁위 산재보상 권고안에 대해

2018년 8월 1일 고용노동부 고용노동행정개혁위원회는 9개월간의 활동을 종료하고, 15대 과제에 대한 권고안을 발표했다. 그중 '산재보상 실태와 개선 권고안'은 18개 부분, 65개 세부 권고사항으로 구성돼 있다. 권고안의 기본 방향과 내용을 간략히 설명하고자 한다.

〈산재보험법〉의 기본정신은 사회보험 원리에 맞게 노동자의 접근성과 보장성을 강화하는 것이다. 운용 기준의 법 규범적 원칙은 '사회보장제도로 사회적 안전망의 사각지대에 대한 보호 강화'(대법원 2017. 08. 29. 선고 2015두3867 판결)다. 이러한 기본정신과 원칙은 산재보험제도 운영과 제도개선을 할 때 전제가 돼야 한다.

권고안은 △판정구조 독립성과 전문성 강화 △산재신청에 대한 권리 확대 홍보 △업무상질병 사안에서 재해자 자료제출 요구권과 사업주 의무사항 명시 △직업병 노출 매트릭스 구축 △업무상부상으로 인한 질병 인정 기준 정립 △요양 중 사고 인정 기준 확대 △산재처리 절차에서 서면통지 의무화 △산재처리 절차 검색서비스 개설 △산재신 청서류 간소화 △대리인 진술·참석권 보장 △국선대리인 제도 도입 △ 업무지침 등 공개 △규정·지침·요령·업무지시 등 제·개정 절차 신속화 및 공개 △전문^(역학)조사 행정 개선 △질판위 △산재심사위 △산재재 심사위 △기타 급여파트로 구성됐다.

판정구조 독립성은 중요한 과제다. 2018년 업무상질판위가 출범 한 지 10년이 지난 시점인데도 아직도 공정성과 전문성은 논란 중이다. 이는 기본적으로 판정구조를 근로복지공단에서 독립시키는 방향으로 해결해야 한다. 공단은 법원 판단과 규범적 원리를 기초로 판단하는 것 이 아니라 내부 지침이나 의학적 원인주의에 매몰돼 판단하는 경향이 강했다. 산재심사위와 산재재심사위도 마찬가지다. 최근 정부가 공무 원 재해보상 판정에서 1심인 공무원연금공단의 공무원연금급여심의회 를 인사혁신처 공무원재해보상심의회로, 2심인 인사혁신처 공무원연 금급여재심위원회를 국무총리 소속 공무원재해보상연금위원회로 격 상시킨 점을 참고할 수 있다.

단기적으로 질판위·산재심사위·산재재심사위 참여위원의 전문성 과 책임성을 강화하고, 의학적 판단 경향을 축소해야 한다. 고용노동행 정개혁위는 참여위원 교육프로그램을 신설하고, 프로그램을 수강한 뒤 회의에 참여하도록 했다. 심사위원회 결정서^(재결서)뿐 아니라 위원 참여 현황도 투명하게 공개하게 했다. 또한 증거조사신청(《산재보험법》 제105조)

을 활성화하고 패소 판결 원인과 대책을 수립해 집행하라고 주문했다.

둘째, 〈산재보험법〉상 노동자의 권리를 확대시키는 일이 필요하다. 사업주 방해와 비협조, 브로커 난립이라는 외부적 문제와 산재로 인식하지 못하는 문제나 미흡한 권리보장 같은 구조적 문제를 해결해야 한다. 증명책임을 노동자에게 전가하는 한계를 개선해야 한다. 단기적으로 산재신청서류 간소화와 산재신청 권리 확대, 특진소견과 동일하다면 질판위 심의 생략, 취약 노동자에 대한 국선대리인 도입, 직업병 노출 매트릭스 구축 공개를 권고했다. 아울러 노동자 자료제출 요구권을 신설해 산재신청 권리를 확대하는 한편 조력 의무에 불과한 사업주 책임을 강화하도록 했다.

셋째, 산재인정 기준을 합리화해야 한다. 단순히 퇴행성 질환이라는 이유만으로 업무상사고(부상)가 명백한데도 산재가 불승인되는 불합리한 관행을 근절해야 한다. 요양 중 사고 기준 정립과 범위 확대도 필요하다. 중요한 것은 공단과 고용노동부 기준을 법원 판례에 위배되지 않도록 구조화해야 한다는 점이다. 고용노동행정개혁위는 고용노동부와 공단의 지침·지시 등 개정절차를 공개하고, 이의제기를 할 수 있도록 했다. 법원의 확정된 판결을 빠르게 수용해 공단이나 고용노동부 인정 기준이 합리적으로 시행될 수 있도록 개선을 권고했다.

넷째, 행정 편의수준을 높여야 한다. 외부에서 산재보상 신청 시 공단이 어떻게 조사하는지, 불승인이나 행정소송 이후 어떻게 처리되는지, 신청한 사건이 어떻게 진행되는지 쉽게 알 수 있어야 한다. 그래야 공단도 불필요한 오해를 줄이고, 산재 사건에 집중할 수 있다. 특히 장기간 이어지는 역학조사 때문에 노동자가 불편을 겪었는데 이 문제는 전문조사기관의 행정서비스를 강화하는 방향으로 9가지로 구분해 권고했다.

고용노동행정개혁위 권고안은 〈산재보험법〉 원칙을 강화하고, 산재보험을 사회보장제도로 자리매김하도록 만들기에는 여전히 부족하다. 장기적으로 적용 대상 확대와 선 보장 후 정산 시스템 구축 같은 다양한 해법을 찾는 데 권고안이 논의의 시발점이 됐으면 하는 바람이다.

(2018.08.27.)

자녀 건강손상에 대한 〈산재보험법〉 개정 기본방향

대법원은 2020년 4월 29일 산재보험 역사상 획기적인 판결을 했다(대법원 2020. 04. 29. 선고 2016두41071 판결). 이른바 제주의료원 산업재해 사건이다. 업무상 유해요소에 노출돼 선천성질환을 가진 아이를 출산한 여성 노동자에게 산재급여를 지급해야 한다는 내용이다. 행정소송에만 거의 6년 가까운 시간이 소요됐지만, 관련한 입법 논의와 토론은 거의 없다. 20대 국회에 발의된 법안은 모두 5개이며, 21대 국회에 발의된 법안은 3개다. 고용노동부는 〈자녀 건강손상에 대한 산재보상 방안 및 자녀 유족수급권 보장방안〉과 같은 연구용역을 시행했다. 이를 바탕으로 20대

국회 당시 이용득 더불어민주당 의원을 통해 정부의 〈산재보험법〉 개정안을 제출했다(의안번호 19433).

이용득 의원안은 구체적이지만 대부분 법안이 산재보험의 기본 법리와 내용을 기반으로 하지 않았으며, 현실에 대한 고려도 미흡했다. 자녀의 건강손상에 대한 〈산재보험법〉의 개정안에 대해 몇 가지 논의 사항을 제시해보려고 한다. 일단, 대법원판결의 가장 중요한 판단은 태아를 노동자로 볼 것이냐보다는 피해 자녀가 선천성질환이 있을 경우 엄마인 여성 조력 의무들에게 요양급여 수급권이 있다는 데 맞춰졌다. 근로복지공단은 자녀는 노동자의 개념에 포함되지 않으며 자녀의 건강손상은 업무상재해에 해당하지 않는다고 주장했다. 그러나 대법원은 요양급여 수급권의 주체는 원고인 노동자임을 확인했다. 또한 어머니의 건강손상으로 인한 자녀의 질병은 업무상재해이므로, 〈산재보험법〉에 따라 급여 범위 내에서 보상해야 한다고 본다. 즉 산재보험급여의 성질상 배제될 이유가 없다면 보상하는 것이 타당하다.

첫째, 자녀의 건강손상에 대한 범위를 어디까지로 할 것인지가 중요하다. 기존 정부안에서는 "임신 중 근로자"라고 해 "모"의 경우만 상정했지만 이는 다양한 노동환경에서 일하는 노동자의 산재 실태를 반영하지 못한 것이다. 장철민 더불어민주당 의원안과 같이 "근로자가 업무수행 과정에서"라고 해, 여성뿐 아니라 남성의 유해인자 노출로 인한 자녀의 건강손상도 포함해야 한다.

둘째, 노동자의 입증책임을 완화한 내용을 규정해야 한다. 제출된 법안들의 경우 기존 산재보험과 같이 '업무수행 과정에서 건강장해를 일으키거나 노출된 경우'를 업무상재해 기준으로 규정한다. 이번 판결에서 알 수 있듯이 자녀의 건강손상은 입증하기가 어렵고 입증하더라도 근로복지공단이 수용하는 구조는 아니다. 노동자가 유해물질이나 발암물질 노출을 주장할 경우 현행과 같이 엄격한 입증을 요구할 것이며, 길고 긴 쟁송으로 이어질 수밖에 없다.

셋째, 자녀가 태어난 뒤 사망했다면 유족급여를 지급하도록 해야 한다. 이용득 전 의원이 제출한 법안의 기초가 된 고용노동부 연구용역 보고서에는 "선천성질환으로 출생한 자녀가 그 질환으로 사망했더라도 자녀의 소득으로 생계의 전부 또는 상당 부분을 유지해야 하는 기본 요건을 충족하지 못하므로 유족급여 지급요건이 성립되지 않는다고 봐야 할 것"이라고 나와 있다. 이는 〈산재보험법〉상 유족급여 중 유족연금에 해당하는 부분이며, 유족급여 법리를 오해한 것이다.

〈산재보험법〉에 따르면 유족급여는 업무상 사유로 사망한 경우 유족에게 지급한다. 이는 유족보상연금이나 유족보상일시금으로 하되, 유족보상일시금은 노동자가 사망할 당시 〈산재보험법〉 제63조에 따른 유족보상연금을 받을 수 있는 자격이 있는 사람이 없는 경우에 지급한다(제62조). 즉 유족급여는 반드시 자녀의 소득으로 생계의 전부 또는 일부를 유지해왔던 부모에게만 지급되는 것이 아니다. 노동자인 자녀가 사망한 경우 자녀의 소득으로 생계를 유지하지 않은 부모에게 일시금으로 지급된다. 보고서와 법안들은 독일법을 상정한 것으로 보인다. 독일의 경우 반드시 연금 지급이 원칙이다. 다양한 연금이 지급될 뿐 아니라 유족이 재혼했다가 다시 이혼하는 등의 경우도 지급될 정도로 탄력성이 있다. 우리나라와 비교하기 힘들다. 또한 대법원판결 취지상 자녀의 건강손상이 업무상재해이며, 이 때문에 사망에 이를 경우 유족급여 지급 사유에 해당된다고 보는 게 타당하다.

넷째 자녀의 건강손상에 의한 치료는 비급여 항목이 매우 많아 보완이 필요하다. 또한 휴업급여 지급 기한을 2년으로 한정하는 것은 질환의 특성과 다양한 상황에도 부합하지 않는다. 일반 노동자가 지급 기한을 한정하는 경우가 없다는 사실과 비교할 때도 형평성에 반한다. 장해급여 판정 시기를 15세가 아니라 성인에 가까운 시기인 18세 혹은 20세로 하는 게 타당하다. 재판정 시기도 일반 노동자와 마찬가지로 1회로 한정해야 한다. 직업훈련에 필요한 비용 등이 지급되는 직업재활급여와 장의비 지급은 배제될 이유가 전혀 없다. 다만 최저보상 기준금액이 일률적인 보험급여 산정 기준이 되는 게 타당한가에 대해서는 추가적인 논의가 필요하다.

근로복지공단은 2012년 9월 8일 제주의료원 피해 당사자들에게 요양보험급여결정 통지서 하나만 송부했다. 여전히 고용노동부는 법 개정을 위해 노력하지 않는다. 지난 7년간 본인 때문에 아이들이 병에 걸렸다는 죄책을 안고 살아가는 노동자들의 현실은 전혀 달라지지 않았다. (2020.12.29.)

필자는《매일노동뉴스》2021년 4월 5일에 산재보험 제도 문제와 관련해 강순희 근로복지공단 이사장에게 질문하는 글을 기고했다. 이에 대해 강 이사장은 2021년 4월 13일 자로 답변했는데, 그의 글을 읽고 공단의 수준과 역량에 대해 심각한 회의가 들었다. 강 이사장이 개선됐다면서 제시한 산재보험 제도는 모두 필자가 수년간《매일노동뉴스》를 통해 지적한 공단의 문제 중 일부에 불과했다. 그조차 공단이 주체가 된 것이 아니라 대부분 고용노동부의 지시를 통해 이뤄진 것이다. 공단의 제도개선 몇 가지를 통해서는 노동자와 산재 유가족의 어려운 처지와 산재보험의 본질적 문제를 개혁할 수 없다. 강 이사장이 공단과 산재보험의 문제를 제대로 인식하지 못하기에 이를 기초적인 문제, 단기·장기적인 문제와 개선 과제로 구분해 알려주고자 한다.

공단은 노동자들이 해고를 감내하면서도 산재신청을 해야 하는 현실적 어려움을 외면한다. 통계만 보더라도 이를 알 수 있다. 한국의 기초적인 산재보험 문제 중 하나다. 2020년 한국에서는 사고재해 9만 2,382건, 질병재해 1만 5,996건이 발생했다. 반면 한국과 노동자 수가 비슷한 프랑스는 2016년을 기준으로 사고 63만 5,028건, 통근재해 8만 8,903건, 질병재해 4만 8,762건이 있었다. 노동자 수가 비슷한데도 프랑스 산재가 압도적으로 많은 것은 그만큼 한국에서 산재인정을 받기가 어렵거나 산재가 숨겨진다는 이야기다. 사업주의 산재은폐와 방해

행위가 심각한 점, 증명 책임이 노동자에게 전가되는 점, 복잡한 서식과 절차를 요구하는 점, 신속한 판정이 없는 점 등에 더해 공단의 불합리한 행정이 겹쳐 한국의 노동자는 더욱 고통스럽다.

가장 중요한 것은 공단이 기본적으로 적극적인 행정을 하지 않는다는 점이다. 지금까지 공단의 보상행정은 자의적 지침에 의해 이뤄졌다. 고용노동행정개혁위원회의 권고가 없었다면 지금까지 지침을 공개하지조차 않았을 것이다. 판례가 수년간 축적되거나 고용노동부 기준으로 변경이 없을 경우 중요한 산재 기준이나 정책을 거의 바꾸지 않았다. 단적인 예가 노조 전임자의 근로자성 인정 문제일 것이다. 게다가 소음성 난청, 뇌심질환, 자살, 직업성 암 등 중요한 산재판결에 대해서 적극적으로 수용하는 모습을 보이지 않았다. 이는 공단이 보험급여지급 기관이 아니라 산재 판정기관으로 군림하려는 태도에서 기인한다. 난청 인정 기준 변경은 전무후무한 50% 이상의 공단 패소율과 국회 국정감사에서의 지속적인 문제제기가 없었다면 이뤄지지 않았을 것이다. 변경 당시 공단의 보도자료에서 볼 수 있듯이 자신들의 잘못은 한마디도 언급하지 않은 채 "수혜 대상"으로 노동자를 표시했다.

산재보험, 특히 보상에서 산재조력 의무 해태 시 미처벌되는 현실, 산재보험 초진 소견서 징구제도의 존재, 근골격계질환 추가상병 신청 시 업무관련성 판정이 아닌 임상의의 판정 및 불승인 남발 문제, 산재보험 비급여 과중 문제, 산재처리기한의 장기화 문제, 비현실적인 간병료 문제, 휴업급여 지급 기준을 일반인으로 간주해 미지급하는 문제, 고령자 휴업급여 감액 문제, 장해특별진찰로 인한 판정의 장기화 및 검사비용 낭비 문제, 요양 중 자살사건을 자문의사 회의에서 처리하는 문제, 유족사건의 높은 패소율 문제, 장기간 소송 이후 공단 패소 시 보험급여 지급 지연에 따른 이자 미지급과 미사과 문제, 업무상부상으로 인한 사고 불승인 남발 문제, 진단 오류나 상병 미확인 판정으로 인한 불승인 시 주치의나 의료기관이 아닌 노동자에게 불이익을 전가하는 문제, 근골격계질환 판정 시 형식적 조사와 특진기관의 소견 배제 문제, 뇌심질환 판정 시 업무시간과 가중 요인에만 매몰된 형식·비법리적 판정 문제, 자녀 건강손상 패소 판결 이후 후속 조치가 전혀 없는 문제, 질판위 및 심사위원회 임상의의 자의적 판정 개입 문제, 질판위의 심의·판정 장기화 문제, 질판위의 당일 1·2회차 회의 연속 심의로 인한 부실 심사의 문제 등 많은 문제와 과제가 존재한다.

장기적으로 산재보험은 3가지 방향으로 개혁돼야 한다. 첫째 사업장 내 사고 발생 시 산재로 추정해 빠르게 처리해야 한다. 프랑스는 이를 '책임추정의 원칙'으로 법제화했다. 노동자가 재해 사실을 알리면, 사업주가 빠르게 산재로 신고해야 할 의무를 부과한다. 재해로 인한 진단이 질병이든 자살이든 가리지 않고 일단 업무상재해로 간주해야 한다. 둘째, 산재인정 기준의 합리화와 추정의 원칙 법제화다. 공단은 〈산재보험법〉 시행령을 여전히 제한적 열거주의로 해석한다. 〈산재보험법〉에 따르면 직업병으로 인정할 수 있는 기준도 빈약하다. 노출 기간, 유해 요인, 업무의 성격 등을 구분하고 매년 직업병으로 인정될 수 있는 기준과 이를 제정할 수 있는 위원회를 법제화해야 한다. 인정 기준 충족 시 질판위 등을 거칠 필요도 없이 신속하게 승인해야 한다. 셋째,

선 보장 후 정산 제도 도입이 필요하다. 질병 산재 사건의 경우 법정 판정 기간 7일 이후에는 공단이 치료비와 노동자의 생활비를 부담하도록 해야 한다.

현재 산재보험은 사업주와 국가의 시혜적인 보험이며, 노동자들의 고군분투 보험일 뿐이다. 노동자들은 연차휴가를 사용하고, 업무상 질병 판정을 받기까지 168일 이상의 장기간 무급과 불안정한 상태에서 고통 속에 있다. 이런 문제를 개선해 달라는 노동자들의 요구가 그렇게 외면돼야 하는 것인지 강순희 이사장은 다시 한번 생각해봤으면 좋겠다. (2021.05.17.)

산재를 말하다

산재의 문제, 변화, 그리고 과제

ⓒ 권동희, 2023

발행일 초판 1쇄 2023년 1월 10일
　　　　　초판 2쇄 2023년 4월 4일

지은이 권동희

편집 윤현아

디자인 이진미

펴낸이 김경미

펴낸곳 숨쉬는책공장

등록번호 제2018-000085호

주소 서울시 은평구 갈현로25길 5-10 A동 201호(03324)

전화 070-8833-3170 **팩스** 02-3144-3109

전자우편 sumbook2014@gmail.com

홈페이지 https://soombook.modoo.at

페이스북 /soombook2014 **트위터** @soombook **인스타그램** @soombook2014

값 16,500원 | ISBN 979-11-86452-87-5